상징형식의 철학 Ⅱ

신화적 사고

상징형식의 철학 Ⅱ

신화적 사고

에른스트 카시러

심철민 옮김

도서출판 b

| 일러두기 |

1. 이 책은 에른스트 카시러의 다음 저서를 완역한 것이다.

   Ernst Cassirer, *Die Philosophie der symbolischen Formen Bd.II. Das mythische Denken*, 1925.
2. 원문에서 격자체로 강조되어 있는 낱말은 번역문에서 굵은 글씨체[고딕체]로 표기하였다.
3. 각주는 모두 카시러 자신의 주이며, 옮긴이 주는 [역주]라고 표시하였다.
4. 본문에서 [ ] 속의 내용은 옮긴이가 가독성이나 내용 이해를 돕기 위해 보충한 것이다.
5. 본문에서 이탤릭 위첨자로 표기된 숫자(예: [35]신화적……)는 원문 쪽수로서, Wissenschaftliche Buchgesellschaft 판본 쪽수에 따랐다.

| 차 례 |

서 문

VII 『상징형식의 철학』의 제2권인 이 책에서 수행하고자 하는 '신화적 의식 비판'은 오늘날의 비판적, 학적 철학의 상황에 비추어보자면, 무모한 모험일 뿐 아니라 역설적인 시도로까지 보여짐에 틀림없다. 왜냐하면 칸트 이래로 비판이라는 표현에는, 철학적인 물음이 향해 있는 어떤 사실(Faktum)이 앞에 놓여 있다는 전제가 포함되어 있기 때문이다. 여기서 말하는 사실이란 철학에 의해 그 고유의 의미나 타당방식이 창출되는 것이 아니라, 우선 거기에 존재하는 것으로서 발견되고 그런 가운데서 '그 가능성의 조건들'이 탐구되는 것이다. 하지만 과연 신화의 세계는 이론적 인식의 세계나 예술의 세계, 도덕적 의식의 세계와 어떠한 방식에서 비교될 수 있는 그러한 사실인가? 오히려 이 신화의 세계는 애초부터 가상의 영역에 속하는 것은 아닌가? 만일 그렇다고 한다면, 본질에 대한 학인 철학은 그러한 가상의 세계로부터 거리를 두어야 하고, 또 그런 세계에 몰두하는 것이 아니라 그 세계에 대해 어디까지나 명확하고 엄밀하게 자신을 분리시켜야 하지 않는가? 사실 학으로서의 철학의 역사 전체를, 이러한 신화로부터 자신을 분리하고 해방하려고 하는 일련의 투쟁으로 간주할 수도 있을 듯하다. 이론적인 자의식의 도달 단계에 따라 이 투쟁의 형식은 다양하게 변모하지만, 그러나 그 기본적

방향과 일반적 경향은 명확히 드러나고 있다. 이 대립이 그 엄정한 전체 모습을 최초로 보이는 것은 특히 철학적 관념론에서이다. 이 관념론이 자기 자신의 개념에 도달하게 되고 존재에 대한 사고야말로 그 근본문제이자 근원적 문제라는 것을 의식한 그 순간부터, 신화의 세계는 비존재의 영역에 편입된다. 그리고 이 영역 앞에는 예로부터 "순수한 사고에서는 비존재자와 접촉하거나 전념하는 것이 금지되어 있다(ἀλλὰ σὺ τῆσδ᾽ ἀφ᾽ ὁδοῦ διζήσιος εἶργε νόημα)"라는 파르메니데스의 말이 경고의 표지로서 세워져 있다. 철학은, 경험적 지각의 세계에 대해서는 오래전에 극복해버린 이 경고를, 신화의 세계에 관해서는 아직도 변함없이 견지하고 있기나 한 것처럼 보인다. 신화의 세계는, 적어도 순수한 사고가 자신의 고유한 영토와 고유한 자립적 법칙성을 획득한 이후에는, 결정적으로 ^{VIII}극복되고 잊혀져버린 것으로 보였다. 그런데 19세기 초 낭만주의가 이 가라앉은 세계를 다시금 발견하고 셸링이 철학 체계 내에 이 신화의 세계를 위한 확고한 위치를 부여하려고 시도한 이래, 분명 거기에 하나의 전환이 일어난 것으로 여겨졌다. 하지만 신화나 비교신화학의 근본문제에 대한 새로이 활성화된 이러한 관심도 실은 신화의 형식의 철학적 분석보다는 그 소재의 연구에 훨씬 더 공헌해왔던 셈이다. 체계적 종교학, 종교사, 민족학이 이 영역에서 수행한 연구 덕분에 이 소재는 오늘날 대단히 풍부하다. 그러나 이 다양하고 불균일한 재료를 어떻게 통일하는가라는 체계적인 문제는 현재 전혀 세워져 있지 않거나 또는 문제가 제기되어 있는 경우에도 그것은 오로지 발달심리학과 일반적 민족심리학의 방법에 의해 해결하려고 시도되고 있다. 즉 신화의 기원이 '인간의 본성'이라는 특정한 기반에 의해 잘 설명되었을 때, 그리고 이 근원적 맹아상태로부터의 전개 과정이 따르는 심리학적 규칙이 밝혀졌을 때, 신화는 '이해'되었다고 간주되는 것이다. 이러한 방식의 설명이나 추론은 논리학이나 윤리학, 미학에서도 자주 시도되어 왔지만, 그것에 대해 이들 학문은 결국은 항상 각각의 체계의 고유한 권리를 주장해왔다. 이는 이들 학문 모두가 온갖 심리학주의적 해명에 저항하는 '객관적' 타당성이라는 자립적인 원리에 호소하고 이것에 의거할 수 있었기 때문이다. 이에 반해 그러한 지지물이 일체 결여된 듯 보이는 신화는, 바로 그 때문에 최종적으로 심리학만이 아니라 심리학주의에게까지 몸을 내맡기고 그 희생이 되어버린 것처럼 보인다. 여기에서는 신화의 발생의 조건들을 이해하는 것은 곧 신화의 자립적인 존재를 부정하는 것과 같은 의미로 여겨졌다. 신화의 내용을 이해하는 것 —— 이것은 신화가 객관적으로는 아무것도 아님을 증명하는 것, 신화의 존재가 근거로 하고 있는 것이 분명 보편적으로는 있지만 그럼에도 불구하고 전적으로 '주관적인' 환영에 지나지 않는다는 것을 통찰하는 이상의 의미는 갖지 않는 것으로 보였던 것이다.

그러나 이 '환영주의(Illusionismus)'는 —— 이는 단지 신화적 표상의 이론에서만이 아니라 미학과 예술이론의 정초를 위한 시도에서도 항상 새로이 모습을 나타내는바 —— 이것을 정신적 표현형식들의 체계라는 견지에서 고찰하면, 지극히 중대한 문제와 위험을 내포하고 있다. 왜냐하면 이러한 형식들의 전체가 진정 하나의 체계적인 통일을 이루고 있다고 한다면, 그것은 어떤 형식의 운명이 다른 모든 형식의 운명과 긴밀히 결합되어 있는 것이 되기 때문이고, 따라서 어떤 형식에 향해지는 부정(否定)은 직접 또는 간접적으로 다른 형식에도 적용될 수밖에 없기 때문이며, —— 전체가 단순한 집적이 아니라 정신적-유기적 통일체라고 생각되는 한에서, 개개의 부분의 어떠한 파괴도 전체를 위협하는 것이 되기 때문이다. 그리하여 신화가 이 전체 속에서 ^{IX}그리고 이 전체에 있어 결정적인 의미를 지니고 있다는 것은, 정신문화의 기본적 형식들이 신화적 의식으로부터 발생했다는 점에 착안한다면, 즉각 명확해진다. 이들 형식 중 그 어떤 것도 처음부터 자립적 존재나 명확히 한정된 고유 형태를 지니고 있는 것은 없으며, 모든 것은 말하자면 위장(僞裝)되어 있고, 어떠한 신화적 형태를 덮어쓴 채로 나타나기 때문이다. 이와 같이, 원래 신화적 정신과 융합하고 구체적으로 합체되어 있는 것을 제시할 수 없을 법한 '객관적 정신'의 영역은 하나도 없다. 예술에 의한 형성물도 인식에 의한 형성물도, 그리고 도덕, 법률, 언어, 기술의 내용들 모두가 이 점에서는 동일한 기본적 연관을 보이고 있다. '언어의 기원'에 대한 물음은 '신화의 기원'에 대한 물음과 서로 뗄 수 없을 만큼 얽혀 있으며, 이 둘의 물음은 대체로 이와 같이 결합되어 있고 이와 같이 상호 의존관계 속에 서 있는 것이다. 예술의 기원, 문자의 기원, 법률이나 과학의 기원에 대한 문제도 마찬가지로, 그것들 모두가 아직 신화적 의식이라는 무매개적·무차별적인 통일체 속에 쉬고 있는 어떤 단계로까지 우리를 거슬러 올라가게 한다. 이와 같이 신화 속에 감춰지고 에워싸여 있는 상태로부터, 인식의 이론적 기초개념, 즉 공간이나 시간이나 수의 개념 그리고 예컨대 소유권의 개념과 같은 법적, 공동체적 개념들, 더 나아가 경제, 예술, 기술의 개개 형성물들이 아주 점진적으로 풀려나 나타나는 것이다. 그리고 이러한 발생적 연관은, 이것을 단지 발생적인 연관으로서만 고찰하고 받아들이고 있는 한, 그 참된 의미와 깊이에서는 파악될 수 없다. 정신의 생활이 모두 그러하듯이, 여기에서도 생성(Werden)은 어떤 존재(Sein)로 거슬러 올라가도록 지시한다. 이 존재 없이는 '생성'은 이해될 수 없고, 그것에 고유한 '진리'에서 인식될 수도 없는 것이다. 현대과학의 형태를 띠면서 이 연관에 대해 가르쳐 주는 것은 다름 아닌 심리학이다. 왜냐하면 발생적 문제는 결코 그것만으로 해결되는 것이 아니라 '구조의 문제'와 지극히 긴밀하게 연결되고 또 일관되게 그것에 연관됨으로써만 해답을 찾아낼 수 있을 것이라는 견해가 심리학에서 더욱 더 지배적이 되어가고 있기 때문이다. 정신의 특수하고 개별적인 형성물이 보편적이고 무차별적인 신화적 의식으로부터 생겨난다는 것은, 이 근원이 되어 있는 신화적 의식 그 자체가 불가해한 수수께끼로 남아있는 한——거기에서 정신의 **형성작용**의 어떤 고유한 방식을 인정하는 일 없이, 오히려 그것을 단지 무정형한 혼돈으로서 받아들이는 한——진정으로 이해될 수는 없는 것이다.

이런 점에서 볼 때, 신화의 문제는 모든 심리학적 내지 심리학주의적인 좁은 틀로부터 벗어나, 헤겔이 '정신현상학'이라고 일컬은, 어떤 일반적인 문제영역에 끼워 넣어지게 된다. 신화가 정신현상학이라는 보편적 과제와 어떤 내적 필연적인 관계에 있다는 것은 ^{X}정신의 현상학이라는 개념에 대한 헤겔 자신의 파악방식과 규정으로부터 이미 간접적으로 짐작할 수 있다. 『정신현상학』의 서문에는 다음과 같이 서술되어 있다. "자신을 전개하고 …… 자신이 정신임을 알게 된 정신, 그것이야말로 학이다. 학이야말로 정신의 현실태이자, 정신이 자신의 고유한 터전에서 스스로 건설하는 왕국이다. …… 철학의 시초는 의식이 이 터전에 있음을 전제로 하고 요구한다. 하지만 이 터전 자체가 자신의 완성과 투명성을 얻는 것은 오직 그 생성의 운동을 통해서뿐이다. 이 터전은 단순한 직접태라는 방식을 지닌 보편적인 것으로서의 순수한 정신성이다. …… 학은 학 나름대로 자기의식에 대해, 자기의식이 이 에테르로 높아져서 학과 더불어 그리고 학 속에서 살 수 있게 되고 또한 실제로 거기에서 사는 것을 요구한다. 그런데 역으로 개인으로서는, 학이 적어도 이 입장에 이르는 사다리를 건네주도록, 또한 학이 그 자신 속에 이 입장이 있음을 제시하도록 요구할 권리가 있다. …… 대상적 사물은 자기 자신에 대립하는 것이고 자기 자신은 대상적 사물에 대립하고 있는 것이라는 식으로 알고 있는 의식의 입장이, 학에게 있어서는 다른 것으로 간주된다 …… 고 한다면, 역으로 의식에게는 학의 터전은 아득히 먼 피안의 것이 되어, 의식은 더 이상 그 터전 속에서 자기 자신을 갖지 않게 된다. 이 양 편의 어느 쪽도, 상대 쪽에게는 진리의 전도된 모습으로 보여진다. …… 그 자신에 있어 어떠한 것이든 간에, 직접적인 자기의식과의 관계에서는, 학은 자신에 대해 거꾸로 되어있는 것으로서 나타난다. 바꿔 말하면, 직접적인 자기의식은 자기 자신에 대한 확신 속에서 자기의 현실성의 원리를 지니고 있기 때문에, 이 자기의식이 학의 바깥에 있음으로써 학은 비현실성이라는 형식을 떠맡게 되는 것이다. 그러므로 학은 자기의식의 자기 확실성이라는 터전을 자신과 결합시키지 않으면 안 된다. 또는 오히려 그러한 터전이 학 자체에 귀속되어 있음을, 또한 그것이 어떻게 귀속되어 있는가를 보여주지 않으면 안 된다. 이러한 현실성을 결여하고 있는 한, 학은 즉자(卽自, Ansich)로서의 내용에 지나지 않고, 아직 내적인 것으로 머무르는 목적에 지나지 않는다. 목적은 정신으로서 존재하는 것이 아니라 아직 정신적 실체에 불과한 것이다. 이러한 즉자는 자기를 외화해야만 하며 대자적으로 되어야만 한다. 이는 즉자가 자기의식을 자신과 하나인 것으로서 정립해야 한다는 것에 다름 아니다. …… 지(知)가 최초로 있는 모습, 즉 직접적인 정신은 아직 정신을 결여한 것, 감각적 의식이다. 그것이 본래의 지에 이르기 위해서는, 다시 말해 학의 순수한 개념 자체인 학의 터전을 만들어내기 위해서는 지는 장구한 도정을 통과해가지 않으면 안 된다." 헤겔이 '학'과 감각적 의식의 관계를 특징짓고 있는 이 문장들은 그대로 고스란히 인식과 신화적 의식의 관계에도 들어맞는다. 왜냐하면 학의 모든 생성의 참된 출발점, 즉 직접태에서의 학의 시원은 감성적인 것의 영역에 있기보다는 오히려 신화적 직관의 영역 속에 있기 때문이다. 일반적으로 감각적 의식이라 불리고 있는 것, 즉 '지각세계'—이것은 더 나아가 명확히 분리된 개개의 지각영역들, 색이라든가 음이라든가 등등의 감각적 '요소들'로 구분되는 것인바— 의 존재는 그 자체 ^{XI}이미 추상의 소산이자, '주어져 있는 것'에 대한 이론적 가공의 소산이다. 이러한 추상으로까지 높여지기 전에는, 자기의식은 신화적 의식의 형성물들 속에 있으며 거기에 살고 있다. 그것은 '사물'과 그 '속성'의 세계이기보다는 오히려 신화적인 힘들의 세계, 악령이나 신들로 이루어진 세계이다. 따라서 헤겔이 요청하고 있듯이 '학'이 자연적 의식에 대해 학 자체로 이끄는 사다리를 제공해야 한다면, 학은 이 사다리를 이제 한 단계 낮은 곳에 세우지 않으면 안 된다. 시간적인 의미에서가 아니라 이념적인 의미에서 고려한다면, 이 학의 '생성'은, 그것이 신화적 직접태의 영역으로부터 나타나고 만들어지는 모습이 제시되며 이 운동의 방향과 법칙이 명확하게 될 때에 비로소 이해되게 된다.

그리고 여기에서 문제가 되고 있는 것은, 단지 철학적 체계구성의 요구에 머무는 것이 아니라 인식 자체의 어떤 요구이다. 왜냐하면 인식은 신화를 단지 자신의 경계 바깥으로 추방하는 것만으로는, 신화를 지배한 것이 되지 않기 때문이다. 오히려 인식에게 중요한 것은, 인식이란 자신이 미리 신화의 독자적인 내용으로서 그리고 신화에 고유한 본질에 따라 파악해둔 것만을 진정으로 극복할 수 있다는 점이다. 이 정신적 작업이 완료되어 있지 않은 한, 이론적 인식이 항상 승리했다고 믿어온 싸움이 부단히 거듭 일어나게 된다. 인식은 자신이 결정적으로 패배시킨 듯 보이는 적의 모습을 자신의 한복판에서 다시금 발견하는 것이다. '실증주의'의 인식이론은 확실히 이러한 사태의 명백한 증거를 보여준다. 거기에서는 순수한 사실, 현재 사실로서 주어져 있는 것을 신화적 내지 형이상학적인 정신의 모든 '주관적' 부가물로부터 분리시키는 것이 그 고찰의 참된 목적이 되어 있다. 학은 자신 속으로부터 모든 신화적 및 형이상학적 구성부분을 축출하는 것에 의해 비로소, 그 고유의 형식에 도달하는 것이다. 그런데 다름 아닌 **콩트**의 학설의 전개는, 출발점에서 이미 극복했다고 생각한 바로 저 계기나 동기가 여전히 그 학설 속에서 생생하게 작용하고 있음을 보이고 있다. 신화적인 모든 것을 학의 원시시대나 선사시대로 추방하는 것에서 시작된 콩트의 체계 그 자체가 신화적-종교적인 상부구조에 의해 종결되고 있는 것이다. 이리하여 요컨대, 이론적 인식의 의식과 신화적 의식 사이에는—콩트의 '3단계의 법칙'에서 말해지고 있는 의미에서의—명확한 **시간적** 분기점에 의해 양자가 분리된다는 의미에서의 단절은 전혀 없는 것이 명백하다. 학은 오랜 세월에 걸쳐 태고의 신화적 유산을 보존하고 있되, 단지 이것에 다른 모습의 각인을 부여하고 있는 데 지나지 않는다. 이론적인 자연과학에 관해 말한다면, 수 세기 동안 오늘날도 여전히 결말이 나지 않은 투쟁, 즉 온갖 신화적 구성부분들에서 힘의 개념을 떼어내어 [XII]이것을 순수한 함수개념으로 바꿔 놓으려고 계속되어온 저 투쟁을 떠올려보는 것만으로 충분할 것이다. 그리고 여기에서 문제인 것은 단지 개개의 기본개념의 내용을 확립할 때에 거듭 나타나는 대립만이 아니라 이론적 인식의 고유 형식에까지 깊게 뿌리를 내리고 있는 갈등이다. 이 인식형식의 내부에서 신화(Mythos)와 논리(Logos) 간의 진정 엄밀한 구별이 거의 되지 않는다는 것은, 신화가 오늘날 순수한 **방법론**의 영역에서조차도 다시금 거주권이나 시민권을 요구하고 있는 상황이 무엇보다도 잘 말해주고 있다. 신화와 역사 사이에 결코 어떤 명확한 논리적인 경계선도 끌어들일 수 없고 오히려 모든 역사학적 파악은 순수 신화적인 요소와 섞여 있고 필연적으로 그것과 결합되어 있는 것이라는 견해가 이미 노골적으로 공언되고 있다. 만일 이러한 주장이 정당하게 성립한다고 한다면, 단지 역사 자체만이 아니라 역사를 하나의 기초로서 구성하고 있는 정신과학의 체계 전체가 학의 영역으로부터 퇴출되어 신화의 영역에 맡겨지게 될 것이다. 학의 영역으로의 신화의 이러한 침입과 간섭을 잘 막으려면, 미리 신화 고유의 영역 내에서 과연 정신에게 신화란 무엇이고 무엇을 할 수 있는 것인가를 인식해둘 수밖에 없다. 신화의 참된 극복은 신화를 인식하고 승인하는 것에 의할 수밖에 없다. 즉 신화의 정신적 구조의 분석에 의해 비로소, 한편에서는 신화의 독자적인 의의가, 다른 한편에서는 그 한계가 명확히 될 수 있는 것이다.

　연구의 진행과정에서 이러한 일반적인 과제가 차츰 엄밀하게 규정되어감에 따라, 물론 나는 한층 더 명확하게 이 연구의 수행이 맞닥뜨린 어려움들을 절감하지 않을 수 없었다. 제1권에서 다룬 언어철학의 문제들의 경우보다 더, 여기에는 잘 닦여진 안정된 길이란 없었고 그뿐만 아니라 다소나마 마련되어 있는 길조차 없었다. 언어에 관한 체계적인 고찰은 내용적으로는 아니더라도 방법적인 측면에서 빌헬름 폰 훔볼트의 기초적인 연구에서 의지할 곳을 찾을 수 있었던 데 비해, 신화적 사고의 영역에서는 그런 종류의 방법적인 '해결의 실마리'는 전혀 없었던 것이다. 지난 세기의 연구가 세상에 내놓은 풍부한 자료도 그것을 위한 어떠한 벌충도 되지 않았다. 그뿐만 아니라 반대로, 그것들은 신화적인 것의 '내적 형식'에 대한 체계적인 통찰의 빈곤을 더욱 더 선명하게 부각시켰을 뿐이다. 이 연구는, 그러한 통찰에 가까워지기 위한 하나의 길을 밟아나갔다고 생각한다. 하지만 나는 이 연구가 그 길을 제대로 다 통과했다고는 생각지 않는다. 여기에 담겨 있는 것은 결코 종착점이 아니라 그 첫걸음에 지나지 않는다. 여기에서 시도된 문제제기가 체계적인 철학에 의해서만이 아니라 개별적인 학문교과, 특히 종교사나 ^{XIII}민족학에 의해 수용되고 더욱 더 전개되어간다면, 그 때에 비로소 이 연구에서 본래 지향하고 있었던 목표가 착실한 연구의 진행에 의해 실제로 달성되는 것도 기대할 수 있을 것이다.

이 책[제2권]의 구상과 준비는 내가 함부르크로 초빙되어 바르부르크 도서관을 가까이 접하게 된 때에는, 이미 꽤 진행되어 있었다. 이 도서관에는 신화연구와 일반 종교사의 영역에 관한 대단히 풍부하고 거의 비교될 수 없을 만큼 충실하며 특색 있는 자료들이 갖추어져 있을 뿐만 아니라, 이들 자료는 그 분류의 방식과 선택의 방식에서 볼 때, 즉 바르부르크에 의해 주어졌던 그 정신적 각인에서 볼 때, 내 자신의 연구의 근본문제와 지극히 밀접하게 닿아있는 하나의 통일적이고 중심적인 문제에 연결되어 있는 것으로 보였다. 이러한 일치에 의해 나는 이미 걷기 시작한 길을 새로이 계속 걸어 나갈 수 있도록 부단히 고무되었다. 왜냐하면 이 책이 제기하는 체계적인 과제가 정신과학들 자체의 구체적 연구에서 그리고 그것을 역사적으로 정초하고 심화하기 위한 노력에서 생겨났던 경향이나 요청과 내적으로 깊이 연관되어 있는 것도, 역시 그곳으로부터 분명해진 것으로 보였기 때문이다. 바르부르크 도서관을 이용하는 중에 프리츠 작슬 씨가 늘 친절한 도움과 전문적인 지식을 가지고 나를 이끌어 주었다. 나의 연구에 대해 그가 처음부터 보여주었던 든든한 지원과 막역한 협력이 없었다면, 이만큼의 자료를 입수하고 읽어나가는 데 따르는 많은 곤란을 극복하는 것은 거의 불가능했을 것이다. 이 책을 출간함에 있어, 나는 이 자리에서 그 점에 대한 나의 진심어린 감사의 인사를 드리지 않을 수 없다.

함부르크, 1924년 12월
에른스트 카시러

서 론

'신화 철학'의 문제

I

³신화적 의식의 내용을 철학적으로 고찰하고 그 내용을 이론적으로 파악·해석하고자 하는 시도는 학적 철학의 최초의 시원에까지 거슬러 올라간다. 철학은 다른 중요한 문화영역들보다 앞서서 신화 및 신화적 형상에 주의를 향하고 있다. 이는 역사적으로도 체계적으로도 납득될 수 있다. 왜냐하면 철학은 신화적 사고와 대결하는 가운데서 비로소 자기 자신의 개념을 명확하게 파악하고 자신의 과제를 명료하게 의식할 수 있게 되기 때문이다. 철학이 자신을 이론적 세계고찰 및 세계해석으로서 구성하려고 하는 때에는 항상, 직접적인 현상계의 현실 자체와 대립하기보다는 오히려 이 현실의 신화적인 파악이나 신화적인 변용과 대립하는 것이다. 철학이 '자연'을 발견하는 것은, 발달되고 완성된 경험적 의식에 의해 후에 주어지는 형태 ── 여기에서도 철학적 반성 자체의 결정적인 협력이 미치고 있지 않는 것은 아니다 ── 에서가 아니다. 존재의 모든 형태는 우선 신화적 사고와 신화적 공상의 분위기에 감싸여져 나타난다. 이 신화적 분위기를 통해 비로소 자연은 그 모습과 색을 얻으며, 그 특수한 규정을 받는 것이다.

세계가 경험적 '사물들'의 전체로서 그리고 경험적 '성질들'의 복합체로서 의식에 모습을 보이기 훨씬 이전에, 세계는 신화적인 힘과 작용들로 이루어진 전체로서 의식되고 있다. 그리고 철학적인 관점이나 철학의 독자적인 시선조차도, 그 정신적 근저이자 모태를 이루는 이것으로부터 곧바로 세계개념을 떼어 놓을 수 없다. 철학적 사고의 시초는 그 후에도 역시 오랫동안 시원(始源)의 문제에 대한 신화적인 파악방식과 진정 철학적인 파악방식 사이에서 중간적인, 말하자면 미정(未定)의 입장을 계속 취하고 있다. 이 시원의 문제에 관해 초기 그리스 철학이 창안한 개념, 즉 άρχή[아르케, 시원(始源)]라는 개념 속에, 이 이중의 관계가 간결 명료하게 나타나 있다. 이 아르케라는 개념은 신화와 철학의 경계선을 가리키고 있지만, 이 경계선 자체는 ^{4}그것에 의해 분리된 두 영역의 어느 쪽에도 관여하고 있다. 이 개념이 나타내 보이는 것은 시원이라는 신화적 개념과 '원리'라는 철학적 개념 사이의 이행점이자 무차별점인 것이다. 철학의 방법적인 자기성찰이 진척해가면 갈수록, 그리고 그것이 엘레아학파 이래 '비판(Kritik)' 즉 존재개념 자체 내에서의 κρίσις[크리시스, 분리]를 예리하게 주장하면 할수록, 자율적 형성체임을 주장하는 생겨난 지 얼마 안 된 새로운 로고스의 세계가 신화적인 힘들이나 신화적인 신적 형상의 세계로부터 더욱 더 명확히 분리되어간다. 하지만 이 두 세계는 이제는 더 이상 직접 병존할 수 없으면서도, 결국 적어도 한 쪽을 다른 쪽의 전(前)단계로서 주장하고 이를 정당화하려고 하는 시도가 이루어진다. 고대의 학문 형성의 확고한 존립기반을 이루고 있는 '알레고리적[우의적(寓意的)]'인 신화 해석의 맹아가 여기에서 보여진다. 즉 철학적 사고가 조금씩 획득해가는 새로운 존재개념과 세계개념에 대해, 신화가 여전히 어느 정도의 본질적인 의미를 지니며, 또 간접적인 것에 지나지 않지만 어느 정도의 '진리'로서 계속 존재한다고 한다면, 그것은 다름 아닌 이 신화가 이러한 세계개념을 시사하고 준비한 것임이 인정됨으로써만 가능한 것으로 보인다. 신화적 형상의 내용에도, 반성에 의해 가려내고 그 핵심으로서 드러낼 수 있는 어떤 합리적인 인식내용이 포함되고 은폐되어 있다는 것이다. 특히 기원전 5세기 이후, 즉 그리스 '계몽'의 세기 이후, 이러한 신화 해석의 방법이 계속해서 이용된다. 소피스트들의 철학이 그들에 의해 새로이 정초된 '성현의 가르침'의 힘을 즐겨 행사하고 또 이를 늘 시험해보았던 것도 바로 이 신화 해석에서였다. 신화가 이해되고 '해명'되는 것은, 그것이 통속철학의 개념용어로 옮겨져서 사변적 진리이든 자연과학적 진리이든 또는 도덕적 진리이든 어떠한 진리에 덧입혀진 외피로서 파악됨에 의한 것이다.

신화적인 것의 독자적인 형성력이 아직 직접 살아있고 작용하고 있는 그리스의 한 사상가[플라톤]가 결국 신화적인 형상세계의 완전한 표준화로 인도해 가는 이러한 견해에 가장 엄격하게 저항했던 것은 결코 우연이 아니다. 플라톤은 소피스트들의 철학이나 수사학에서 행해졌던 신화 해석의 시도에 비아냥 섞인 우월감을 지니고서 대립한다. 그에게는 그러한 시도는 재치의 유희 이외의 어떤 것도 아니며, "세련되지 못하고 억지스런 지혜를 쥐어짜낸 것"(ἄγροικος σοφία, 『파이드로스』 229D)에 다름 아닌 것이다. 일찍이 괴테가 플라톤의 자연관의 '단순성'을 기려, 이것을 근대 자연이론의 과도한 다양함 및 세분화, 착종과 대조시켰던 적이 있지만, 신화에 대한 플라톤의 태도에도 [5]동일한 기본적 특징이 보여진다. 왜냐하면 플라톤의 시선은, 신화적 세계의 고찰에 있어 다양한 개별적 주제에 머물러 있는 것이 아니라 그 세계가 그의 눈에는 하나의 자기완결적인 전체로서 나타나며, 이것이 순수인식의 전체와 비교 대조되어 양자가 서로 상대편에 의해 측정되기 때문이다. 신화의 철학적 '구제'는 동시에 신화의 철학적 지양을 의미하는 것으로, 이제 그 구제의 본령은 신화를 지(知) 자체의 한 형식이자 한 단계로서 파악하는 데에, 더욱이 어떤 특정 대상영역에 필연적으로 적합하며 그것에 합당한 표현으로 대응하는 그런 하나의 형식으로서 파악하는 데에 있게 된다. 그러고 보면, 플라톤에게도 신화는 일정한 개념내용을 내포하고 있는 셈이다. 왜냐하면 신화란, 오로지 거기에서만 생성의 세계가 표현될 수 있는 개념언어이기 때문이다. 존재하는 것이 아니라 부단히 '생성하고 있는' 것에 대해, 즉 논리적–수학적으로 인식되는 형상들처럼 항상 동일한 명확성을 지닌 채 계속 정지해 있는 것이 아니라 매 순간마다 다른 것이 되어 나타나는 것에 대해서는, 신화적 서술 이외의 서술 방식은 있을 수 없다. 그러므로 신화의 단순한 '진실인 듯함'과 엄밀과학의 '진리'는 명확히 구별되기는 하지만, 그럼에도 다른 한편으로 이 구분에 의해 신화의 세계와, 우리가 현상들의 경험적 '현실', '자연'의 현실이라고 흔히 부르고 있는 세계 사이에, 지극히 밀접한 방법적 연관이 생겨난다. 이리하여 여기에서 신화는 단순한 소재적인 의미를 넘어가게 된다. 즉 신화가 세계를 파악하기 위한, 그 나름대로 필요불가결한 특정한 하나의 기능으로서 여겨지는 것이다. 그리고 이제 신화는 플라톤 철학의 구축에 있어 진정 창조적인 동기, 즉 산출적이고 형성적인 동기로서 작용했음이 상세하게 입증될 수 있다. 물론 여기에서 획득된 보다 심원한 견해가, 그리스 사상의 진전 과정에서 지속적으로 계속 주장되거나 확고한 지위를 점할 수 있었던 것은 아니다. 스토아학파나 신플라톤주의도 예전의 사변적–알레고리적인 신화 해석의 길로 다시금 되돌아가버리기 때문이다. 그리고 그들에 의해, 그러한 신화해석이 중세로, 또한 르네상스로 전승되기에 이른다. 플라톤의 교설을 최초로 르네상스에 전했던 바로 그 사상가가 신화 해석에 관한 그러한 사상경향의 전형적인 예로 간주될 수 있다. 즉 게오르기오스 게미스토스 플레톤(Georgios Gemistos Plethon) 하에서는 이데아론의 서술이 신들에 대한 신화적–알레고리적인 교설의 서술로 옮겨가서 양자가 분리될 수 없는 하나의 전체로 융합되고 있는 것이다.

신플라톤주의의 사변에서 신화적 형상들에 가해졌던 이 대상화하는 '실체화(Hypostase)'에 맞서, 근대 철학에서는 [6]이 점에 관해서도 점차 한층 더 명확하게 '주관적인' 방향으로의 전환이 이루어지게 된다. 신화 속에 정신의 하나의 근원적인 방향, 의식의 하나의 자립적인 형성방식이 나타나 있는 한에서, 신화는 철학의 문제가 된다. 대체로 정신의 포괄적인 체계성이 요구되는 때에는, 고찰은 필연적으로 신화에까지 거슬러 올라간다. 이 점에서 잠바티스타 비코(Giambattista Vico)는 근대의 언어철학의 창시자인 동시에 완전히 새로운 신화철학의 창시자이기도 했다. 그의 경우, 정신의 순수하고 참된 통일개념은 언어, 예술, 신화의 삼자 속에서 나타난다.[1] 하지만 비코의 이 사상은 낭만주의의 철학에서 수행되는 정신과학의 정초에 의해 비로소 충분한 체계적 명확성으로까지 높여지게 된다. 여기에서도 또한, 낭만주의 문학과 낭만주의 철학이 서로 작용하면서 길을 마련했다. 왜냐하면 셸링이 스무 살 때 확립한 객관적 정신의 체계의 최초 구상에서 '이성의 일신론'과 '상상력의 다신론'의 통합을 요청하고, 특히 '이성의 신화학'을 요구한 것은 아마도 휠덜린의 정신적 자극에 따른 것이었기 때문이다.[2] 하지만 이 요구를 실현하는 데는, 절대적 관념론의 체계는 다른 경우와 마찬가지로 여기에서도 또한 칸트의 비판이론에 의해 형성된 개념장치로 되돌아가도록 지시된다. 칸트가 이론적, 도덕적, 미적 판단에 대해 제기한 '기원'에 관한 비판적 문제가 셸링에 의해 신화와 신화적 의식의 영역으로 옮겨지게 된다. 칸트의 경우와 마찬가지로 이 문제는 심리학적 생성에서가 아니라 순수한 존립과 내실(內實)에 관계되는 것이다. 이제 신화는 인식, 도덕, 예술과 같이, 자기완결적인 자립적 '세계'로서 나타나며, 외부로부터의 이질적인 가치척도나 현실성의 척도에서 측정되어서는 안 되고 거기에 내재하는 구조적 법칙성에 의해 파악되어야 하는 것이다. 신화의 세계를 단순한 간접적인 것으로 보고, 다른 어떤 것을 감싸는 단순한 외피로 보는 그러한 방식으로 그것을 '이해가능한' 것으로 만들려고 하는 모든 시도가 이제 이론(異論)의 여지없는 결정적인 논증에 의해 거부되는 것이다. 언어철학에서 헤르더가 수행했듯이, 셸링은 신화철학에서 알레고리의 원리를 극복하며, ── 헤르더와 마찬가지로, 셸링은 알레고리에 의한 표면상의 설명으로부터 상징적 표현이라는 근본문제로까지 거슬러 올라간다. 신화의 세

• • •

1. Band I, S. 91 ff.를 참조할 것.
2. 이에 관한 좀 더 상세한 내용은 나의 글 "Hölderlin und der deutsche Idealismus"(In: *Idee und Gestalt*, 2. Aufl., Berlin 1924, S. 115ff.)을 볼 것.

계의 알레고리적 해석은 '자의적(自意的, tautegorisch)' 해석[3] —— 즉 신화적 형상들을 정신의 자율적인 형성체들로서 간주하여 그것들을 그 자신으로부터, 즉 어떤 독자적인 의미부여, 형태부여의 원리로부터 이해해야 한다고 보는 해석 —— 에 의해 교체된다. 셸링의 『신화철학』의 서론을 이루는 강의에서 상세히 서술되고 있듯이, 신화를 역사로 바꾸어버리는 에우헤메로스적인 해석[4]이나 또는 신화를 일종의 소박한 자연해석이라고 보는 자연학적 해석은 모두 동일하게 이 원리를 무시하고 있다. 이들 해석은 신화적인 것이 의식에 대해 가지고 있는 독자적인 실재성(Realität)을 설명하지 않고, 이것을 사라지게 하며 부정한다. 하지만 참된 사변의 길은 그같이 해소시켜버리는 고찰과는 정면으로 대립한다. 그것은 분석적으로 분해하려고 하는 것이 아니라 종합적으로 이해하려고 하며, 정신 및 생명의 궁극적 사실성으로 되돌아가려고 한다. 신화도 그와 같이 전적으로 사실적인 것으로서 파악할 필요가 있는 것이다. 신화의 철학적 이해의 첫걸음은 다음과 같은 통찰, 즉 신화란 순전히 '창안된' 세계 또는 '날조된' 세계 속에서 작용하는 것이 아니라 그것에는 독자적인 방식의 필연성이 갖추어져 있으며, 따라서 관념론 철학의 대상개념에 따라 말하면, 독자적인 방식의 실재성이 갖추어져

• • •

3. [역주] '자의적(自意的, tautegorisch)'이란 '알레고리적'과 대비되어 사용되는 셸링의 용어이다. 통상 '우의(寓意)로 번역되는 Allegorie는 그리스어 αλληγόρια[알레고리아]에서 유래하는데, 이것은 άλλος[알로스, 다른 것]와 άγορεύειν[아고레우에인, 말하다]을 결합하여 만든 말로서, "말해지고 있는 것과는 다른 것을 함의하도록 하는 언어방식"을 뜻한다. 그에 반해 Tautegorie는 ταῦτα[타우타, 바로 그것]와 άγορεύειν을 결합한 것으로, "자기 자신을 직접 의미하는 언어방식"을 뜻한다. 셸링은 영국 작가 콜리지가 처음 만든 이 말을 차용하면서 『신화철학』(XI, S. 196)에서 "신화는 알레고리적이 아니고 자의적(自意的)이다"라는 자신의 주장을 논증한다.

4. [역주] 에우헤메로스(Euhemeros)는 기원전 300년경에 활동한 그리스의 신화 작가이자 에피쿠로스학파의 한 사람으로, 그는 신화의 신들이란 원래 위대한 왕이나 영웅, 현인들을 신격화하여 만들어진 것이라는 일종의 합리적 해석을 내놓았다. 그의 이름을 따서 '에우헤메리즘'이라 불리는 신화의 이 역사적 해석은 특히 초기 그리스도교들에 의해, 고대 신화란 단지 인간이 만들어낸 이야기를 모아놓은 것에 불과하다는 자신들의 믿음을 확증하는 데 널리 사용되었다.

있다고 보는 그러한 통찰과 더불어 시작된다. 그러한 필연성이 제시될 수 있는 곳에서만, 이성은, 따라서 철학은 자신의 자리를 발견하는 것이다. 철학에게는 단지 자의적(恣意的)인 것, 전적으로 우유적(偶有的)·우연적인 것은 결코 문제의 대상이 될 수 없을 것이다── 왜냐하면 전적으로 공허한 것, 그 자신 속에 본질적 진리를 갖지 않는 영역에서는, 본질에 관한 학인 철학은 전혀 발붙일 곳을 발견할 수 없기 때문이다. 물론 언뜻 보기에 진리와 신화만큼 멀리 떨어져 있다고 생각되는 것은 없으며, 따라서 또한 철학과 신화만큼 정반대의 것은 없는 듯 보인다. "그렇지만 바로 이같이 대립하고 있기 때문에, 거기에는 이 일견 비이성으로 보이는 것 속에서 이성을, 무의미하게 보이는 것 속에서 의미를 발견해야 한다는 확고한 요청과 과제가 놓여있는 것이다. 게다가 그것은, 지금까지 한결같이 시도되어 왔듯이 어떤 자의적인 구별, 즉 사람들이 억지로 이성적 내지 유의미하다고 믿어왔던 것만을 본질적인 것으로 간주하고 그 이외 모든 것은 단지 우연적인 것으로 여겨, 본질적인 것을 덮어 가리거나 왜곡시키거나 하는 것으로 편입시켜 버리는 자의적인 구별에 기초하여 행해지는 것이 아니다. [8]그 목표는 오히려, 그 형식조차도 필연적인 것으로서, 그리고 그런 한에서 이성적인 것으로서 나타나도록 하는 데에 있지 않으면 안 된다."[5]

그런데 셸링 철학의 전체적 구상에서 보자면, 이 기본적인 의도는 주관과 객관의 이중의 방향에서, 즉 한편으로는 자기의식에 관해, 다른 한편으로는 절대자에 관해 실행에 옮겨지지 않으면 안 된다. 자기의식에 관해, 즉 신화적인 것이 거기에서 **경험되는** 형식에 관해 말한다면, 엄밀하게는 이 형식은 그것만으로도 이미, 신화를 단순한 '창안'으로 설명하려고 하는 모든 학설을 배제하기에 충분한 것이다. 왜냐하면 그러한 학설은 이미, 그 학설에 의해 설명되어야 하는 현상이 순전한 사실로서 존립하고 있다는

• • •

5. Schelling, Einleitung in die Philosophie der Mythologie, in: *Sämmtliche Werke*(Zweite Abteilung) I, 220f., 특히 I, 194ff.를 참조.

점을 간과하고 있기 때문이다. 여기에서 이해되어야 하는 참된 현상이란, 물론 신화적 표상내용 그 자체가 아니라 그 내용이 인간의 의식에 대해 갖는 의미이며, 인간의 의식에 미치는 정신적인 힘이다. 신화의 소재적 내용이 아니라 이 내용이 체험되고 또한——어떠한 의미에서 객관적으로 존재하고 현실적인 것과 다름없이——믿어지는 그 강도(强度)야말로 문제인 것이다. 이러한 신화적 의식의 근원사실에 직면해서는, 그 궁극적인 근원을 ——시적인 것이든 철학적인 것이든——어떤 창작에서 찾으려고 하는 일체의 시도는 좌절되어 버린다. 왜냐하면 신화적인 것의 순수하게 이론적인 내용, 지적인 내용은 이러한 방식으로 이해가능하게 된다는 것은 인정한다고 하더라도, 신화적 의식의 역동적인 힘, 즉 인간 정신의 역사 속에서 끊임없이 증명되는 그 유례없는 힘은 전혀 설명되지 않은 채로 끝나기 때문이다. 신화와 역사를 비교하면, 신화가 전적으로 일차적인 것이고 역사는 이차적인 것, 파생적인 것임이 분명하다. 한 민족에게 있어 그들의 역사에 의해 그들의 신화가 규정되는 것이 아니라, 반대로 그들의 신화에 의해 그들의 역사가 규정되는 것이다——아니, 신화가 역사를 **규정한다**고 하기보다는 오히려 신화는 그 자체 그 민족의 운명이자 민족에 처음부터 드리워진 숙명인 것이다. 인도인이나 그리스인 등등의 신들의 이야기와 함께, 이미 그들의 역사 전체가 주어져 있었던 것이다. 따라서 개개의 민족에게도 또 인류 전체에게도, 어떤 일정한 신화적 표상을 선택하거나 거부하거나 할 수 있는 선택의 자유, *liberum arbitrium indifferentiae*[무차별한 선택의 자유]는 없으며, 거기에는 두루 엄격한 필연성이 지배하고 있다. 신화 속에서 의식에 엄습해 오는 것은 의식에 대립하는 **실재적인 힘**, 즉 더 이상 의식의 제어가 미치지 않는 힘이다. [9]신화라는 것은 본래 어떠한 창안에도 의존하지 않는 무언가에 의해, 창안과는 형식적으로도 본질적으로도 대립하는 무언가에 의해 생겨난 것이다. 그 무언가라는 것은, 그 기원이 초역사적인 것 속에서 사라져 버리는 (의식에게는) 필연적인 과정인 것으로, 의식은 이 과정의 개개 계기에 대해서는 거스를 수 있을지 모르지만, 전체적으로 이 과정을 저지하거나 하물며 역행시킬 수 있는 것은 아니다. 우리는 여기에서, 개인에서 시작되는 것이든 민족에서 시작되는 것이든 창안이 행해지는 겨를도 없이, 작위적인 의상을 두르거나 곡해하거나 할 틈도 없이 어떤 영역으로 되돌려지고 있는 셈이다. 한 민족에게 그 신화란 무엇인가, 그 신화가 어떠한 내적 지배력을 그 민족 위에 발휘하는 것인가, 신화는 그 민족의 어떠한 현실을 증언하고 있는가, 이러한 것들을 이해하는 사람이라면, 신화가 개인에 의해 창안될 수 있다고 생각하는 것은 마치 한 민족의 언어가 그 민족에 속하는 개인의 노력에 의해 생길 수 있다고 생각하는 것과 동일하다는 것을 알 것이다. 따라서 셸링에 따르면, 사변철학의 고찰에 의해 비로소 신화의 생명의 참된 근원이 파악되는 것이지만, 그러나 이 고찰에 의해선 단지 그 근원이 제시될 수 있을 뿐, 거기에 그 이상으로 '설명'되어야 할 무언가가 있다는 의미는 아니다. 셸링은, 창작자나 시인 또는 일반적인 의미의 개인 대신에, 무엇보다도 먼저 인간 의식 자체를 정립하여, 이것이 신화의 발상지이자 신화의 *subjectum agens*[작용주체]임을 명확하게 한 것을 자신의 사상적 공적이라고 주장하기를 주저하지 않았다. 확실히 신화는 의식의 **바깥**에서는 어떠한 실재성도 갖지 않는다. 하지만 비록 신화가 의식의 규정들 내에서만, 즉 표상 속에서만 진행되는 것이라고 할지라도, 역시 이 진행의 과정, 이 표상의 연속 자체는 그 또한 표상으로서 단순히 마음에 **그려질** 만한 것이 아니다. 그 과정은 **현실**에서 일어난 것임에 틀림없고, 의식 속에서 실제로 발생한 것임에 틀림없는 것이다. 따라서 신화는 결코 단지 순차적으로[연이어] 표상된 신들의 이야기가 아니다. 신화의 기반이 되고 있는 순차적 다신론은, 인간의 의식이 잇달아 그 다신론의 모든 계기들 하에서 실제로 머물러 왔다고 생각함으로써만 설명될 수 있는 것이다. "잇달아 등장하는 신들이 실제로 의식을 차례차례로 점유해왔던 것이다. 신들의 이야기로서의 신화는 생활 그 자체 속에서만 생겨날 수 있었던 것이며, 무언가 체험되고 경험된 것이었음에 틀림없는 것이다."

하지만 이렇게 해서 신화라는 것이 어떤 고유하고 근원적인 **생활형식**

(Lebensform)이라는 점이 명확하게 된다고 한다면, 그것에 의해 신화는 일면적인 주관성에 지나지 않는다는 일체의 외관으로부터도 해방된다. 왜냐하면 셸링의 기본적 견해에서 보자면, '생(生)'이란 단지 주관적인 것도 또 단지 [10]객관적인 것도 아니라, 전적으로 양자의 경계에 있는 것, 즉 주관적인 것과 객관적인 것의 무차별성이기 때문이다. 이 점을 신화에 적용해본다면, 여기에서도 인간의 의식에서의 신화적 표상의 운동과 전개에는, 만일 이 운동이 내적 진리를 가져야 하는 것이라고 한다면, 어떠한 객관적인 사건, 즉 절대자 자체에서의 필연적인 전개가 대응하고 있지 않으면 안 된다. 신화의 과정은 신들의 발생의 과정이다. 즉 신이 신 자신이 되는 과정이며, 신이 단적으로 참된 신으로서 자신을 산출해가는 과정이다. 이 산출의 각 단계는 그것이 필연적인 이행점으로서 파악될 수 있는 한에서는, 각각 그 독자적인 의미를 지니고 있다. 하지만 그 완전한 의미와 참된 목표가 드러나는 것은 전체 속에서만, 즉 신화적인 것의 모든 계기를 통과해가는 운동의 끊임없는 연관에서만이다. 확실히 이 전체 속에서야말로, 각각 특수한 상대적 개별단계도 필연적인 것으로서, 그리고 그런 한에서 정당한 것으로서 나타난다. 신화의 과정은 자신을 재생하고 그럼으로써 자신을 현실화해가는 진리의 과정이다. "따라서 물론 그것은 개개의 계기에 관해서는 진리가 아니다. 왜냐하면 만일 그렇지 않으면, 다음 계기로 진행해가는 것은 필요 없게 될 것이고, 어떠한 과정도 없게 될 것이기 때문이다. 그러나 이 과정 자체 속에서 진리가 산출되며, 따라서 이 과정 속에서야말로 — 자신을 산출하는 것으로서의 — 진리가 있는 것인바, 이러한 진리야말로 과정의 목적이며, 따라서 완결된 것으로서의 이 과정의 전체가 진리를 포함하고 있는 것이다."

좀 더 상세히 고찰해보자면, 셸링의 눈에는 이 전개는 다음과 같은 구조로 되어 있다. 즉 단지 존재할 뿐 그것으로서 알려져 있지 않은 하나인

• • •
6. *Philosophie der Mythologie*, a. a. O., I, 124f.; 특히 I, 56ff., I, 192ff.를 참조.

신으로부터, 다수(多數)로 발전하고, 이 다수로부터 즉 이 다수에의 대립에 의해 비로소, 단지 존재할 뿐 아니라 그것으로 인식된 참된 하나인 신이 얻어진다는 것이다. 우리가 거슬러 올라갈 수 있는 최초의 인간의 의식부터가 이미, 필연적으로 동시에 신적인 의식이자 신에 대한 의식이라고 생각된다. 인간의 의식은 그 참된 의미, 특수한 의미에서 볼 때, 신을 자신의 바깥에 갖는 그러한 의식이 아니요, 분명 지(知)나 의지에 의해서가 아니고 더욱이 자의(恣意)의 자유로운 작용에 의해서도 아니라, 그 자신의 본성에 의해서 신과의 관계를 자신 속에 포함하고 있는 것이다. "원초(原初)의 인간은 actu [현실로 보아서]가 아니라, natura sua[그의 본성으로 보아] 신을 정립하는 존재이며, 게다가 …… 원초의 의식에게는 자신이 바로 신을 그 진리와 절대적 통일성에서 정립하는 의식이라는 점에 모든 것이 놓여 있다." 하지만 이것은 일신교라고 하더라도, 단지 상대적인 일신교에 지나지 않는다. 여기에서 정립되는 신은, 아직 그 속에 어떠한 내적인 구별도 존재하지 않으며, 비교되고 대립될 수 있을 법한 것이 아직 전혀 없다고 하는 그런 추상적인 의미에서의 일자(一者)에 불과하다. //뒤이어 다신교로 발전해감에 의해 비로소 이 '타자'가 획득되게 된다. 종교적 의식은 이제야말로 자신 속에서 어떤 분열, 어떤 개별화, 어떤 내적 '변질'을 경험하는 것이다. 신들의 다수성이란 이 분열, 개별화, 내적 '변질'의 대상적 표현에 다름 아니다. 하지만 다른 한편으로는 이 과정을 통해 이제 비로소 상대적인 일자로부터, 그 속에서 진실로 숭배되고 있는 절대적인 일자로 자신을 높여가는 길이 열려지는 것이다. 다신교라는 이 구별, 이 분리(Krisis, [=위기])를 우선 통과하지 않으면, 의식에게 있어서는 참된 신, 즉 항상 하나이면서 영원한 것이 원초의 신으로부터 구별되는 데에는 이르지 않는 것이다. —— 그리고 이제 이 원초의 신은 의식에게 상대적인 일자가 되어, 단지 일시적으로 영원한 것에 불과한 것이 되어 버린다. 제2의 신이 나타나지 않았다면, 즉 다신교에의 '촉진'이 없었다면, 참된 일신교에의 진척도 있을 수 없었을 것이다. 원초의 시대의 인간에게, 신은 아직 어떠한 교의에 의해서도 어떠한 지식에 의해서도 매개되지 않았다. ──"그 관계는 실재적인 것이고, 그러므로 신의 현실성과의 관계밖에 있을 수 없으며, 그 본질에서의 신, 따라서 참된 신과의 관계에는 있을 수 없었다. 왜냐하면 현실적인 신이 그대로 참된 신은 아니기 때문이다. …… 태고의 신은 현실적이고 실재적인 신으로서, 그 속에는 확실히 참된 신도 또한 존재하고는 있지만, 그러나 그러한 신으로서 알려지지는 않은 것이다. 그러므로 인간은 자신이 알지 못하는 것, 즉 그것에 대해 이념적인(자유로운) 관계를 갖지 않고 단지 실재적인 관계만을 지니는 것을 숭배하고 있었던 셈이다."[7] 이러한 이념적이고 자유로운 관계를 만들어내고, 존재하는 단일성을 그것으로 의식된 단일성으로 바꾸는 것, 이제 이것이야말로 신화적인 과정 전체의, 즉 진정으로 '신들이 발생하는' 과정의 의미와 내용임이 밝혀진다. 지금까지의 모든 철학이 단지 '이성종교'만을, 즉 신에 대한 합리적인 관계만을 알 뿐이고 모든 종교적 발전을 단지 이념 속에서의, 즉 표상과 사고 속에서의 발전으로서만 생각했던 데 대해, 여기에서 다시금 신에 대한 인간 의식의 실재적인 관계가 나타난다. 그리고 셸링에 따르면, 이렇게 해서 비로소 설명의 원환이 닫히게 된다. ── 즉 주관성과 객관성이 신화적인 것의 내부에서 그 올바른 관계에 놓이게 된다. "원래 신화의 과정에서 인간이 관련을 맺는 것은 사물이 아니다. 의식을 움직이는 것은 의식 자체의 내부에서 나타나는 힘인 것이다. 신화를 성립하게 하는 신들의 발생 과정은, 그것이 의식 속에서 일어나고 표상들의 산출에 의해 증명되는 한에서는 주관적인 과정이다. 그러나 이들 표상의 원인과, 따라서 또한 이들 표상의 대상조차도, 현실에서 그리고 그 자체에서 신을 [12]발생시키는 힘들인 것이며, 다름 아닌 이들 힘에 의해서야말로 의식은 근원적으로 신을 정립하는 의식인 것이다. 이 과정의 내용은 단지 표상된 활력들(活力, Potenzen)이 아니라 활력들 자체이다. 이 활력들이야말로 의식을 창조하는 것이요, 그런데 의식은 자연의 최후의 것이므로 자연을 창조하는 것이며

• • •

7. [역주] *Philosophie der Mythologie*, a. a. O., S. 175f.

그러므로 또한 현실적인 힘들이기도 한 것이다. 신화의 과정이 관계되는 것은 자연적 대상물이 아니라, 그 원초의 산출물이 의식 자체인, 순수하게 창조적인 활력들인 것이다. 따라서 여기에서야말로 해명은 완전히 객관적인 것 속으로 파고들며, 전적으로 객관적이 된다."[8]

　　사실 여기서 도달된 것이야말로, 일반적으로 셸링의 철학체계가 알고 있는 한에서의 최고도의 '객관성'의 개념이자 형태이다. 신화는, 절대자의 자기전개 과정에서의 필연적인 하나의 계기로서 파악됨으로써, 자신의 '본질적인' 진리에 도달하게 된다. 신화는 결코 소박 실재론적인 세계관이 말하는 의미에서의 '사물'과 관련을 갖는 것이 아니고, 신화 속에서 나타나는 것은 오로지 현실이요 정신의 하나의 활력이라는 바로 이 점에 대해서는, 신화의 객관성, 즉 신화의 본질성과 진리성에 맞선 그 어떤 종류의 반론도 자신의 근거를 마련할 수 없다. 왜냐하면 자연도 또한 이 이외의 그리고 이 이상의 진리성을 가지고 있는 것은 아니기 때문이다. 자연도 또한 정신의 발전과 자기전개의 한 단계에 다름 아닌 것이며, 그리고 자연철학의 과제는 바로 자연을 그러한 것으로서 이해하고 해명하는 데에 있는 것이다. 우리가 자연이라고 일컫고 있는 것은—이미 [셸링의] 『선험론적 관념론의 체계』[1800년]에 표명되어 있는 바대로—경이로운 비밀의 문자 속에 숨겨진 한 편의 시와 같은 것이다. 그러나 설령 그 수수께끼가 밝혀진다고 해도, 우리가 거기에서 발견하는 것은, 완전히 기만당한 채 자신을 찾아가면서도 자신으로부터 도피하고 있는 정신의 오디세이[표류담(漂流譚)]일 것이다. 이 자연의 암호가 이제 신화와 그 필연적인 발전의 단계들의 고찰을 통해 새로운 측면에서 해명된다. 신화에서 '정신의 오디세이'는 우리가 그 최종목표를, 더 이상 감각계에서와 같이 단지 반투명한 안개를 통해서가 아니라, 아직 정신에 의해 완전히 꿰뚫려 보여지고 있다고는 말할 수 없다 할지라도 정신 속에 직접 친숙해져 있는 모습으로 간파할 수 있는 어떤 단계에 도달하

• • •

8. *Philosophie der Mythologie*, a. a. O., S. 207 ff. 특히 S.175 ff., 185 ff.를 참조.

는 것이다. 신화란, 그 전개에 있어 자아의식에 의해서와 같이 자연의식과 세계의식에 의해서도 제약되고 매개되어 있는, 신에 대한 순수한 의식의 오디세이인 것이다. 거기에서 나타나는 내적 법칙은 자연계를 지배하고 있는 법칙과 전적으로 유사하며, [13]더욱이 그것보다 더욱 더 고차의 필연성을 지니고 있다. 우주는 정신으로부터, 즉 주관성으로부터 출발하여 비로소 이해되고 해석될 수 있는 것이기 때문에, 역으로 일견 단지 주관적인 것밖에 보이지 않는 신화의 내용도 그대로 우주적인 의미를 지니는 것이다. "신화는 자연의 영향 아래에서 발생한 것이 아니다. 인간의 내적인 것은 [신화의] 이 과정을 거쳐 오히려 자연의 영향으로부터 거리가 두어져 있었던 것이다. 실은 신화의 과정은 **동일한 법칙에 따라**, 원래 자연이 걸어갔던 것과 동일한 법칙에 따라, 동일한 단계를 걸어가는 것이다. …… 그러므로 신화의 이 과정은 단지 종교적인 의미만이 아니라 **보편적인** 의미를 갖고 있다. 왜냐하면 거기에서 되풀이되고 있는 것은 보편적인 과정이기 때문이다. 따라서 신화가 그 과정 속에서 가지고 있는 진리도 또한, 아무것도 배제하는 것이 없는 보편적인 진리인 것이다. 통상 행해지고 있듯이, 신화의 역사학적 진리성이라는 것을 부정할 수 없다. 왜냐하면 신화가 성립하는 과정은 그 자체 진정 일어난 것[역사]이며, 현실적인 사건이기 때문이다. 마찬가지로 또한 신화로부터 자연적 진리성을 배척할 수도 없다. 자연은 보편적 과정에서와 똑같이 신화적 과정에서도 동일하게 필연적인 통과점이기 때문이다."[9]

셸링의 관념론의 설명방식에서의 특징적인 장점과 한계가 여기에서 명료하게 나타나고 있다. 절대자의 단일성이라는 개념이야말로, 인간의 의식에도 그 절대적 단일성을 진정 결정적으로 확신시키는 것이다. 왜냐하면 인간의 의식 속에 정신의 특수한 작용, 특정한 방향으로서 나타나는 모든 것을, 이 개념이 하나의 공통된 궁극적인 근거로부터 이끌어내기 때문이다. 하지만 물론 그것과 동시에, 이 단일성의 개념에는, 많은 구체적이고

• • •
9. *Philosophie der Mythologie*, neunte Vorlesung, S. 216.

개별적인 구별들이 최종적으로는 그것에 의해 흡수되어 분간하기 어렵게 되어버리는 위험도 포함되어 있다. 이리하여 셸링에게 신화가 제2의 '자연'이라고도 불릴 수 있는 것은, 사전에 자연 자체가 일종의 신화로 변해버리고 있었기 때문인 것이지만, 이것은 자연의 순수하게 **경험적인** 의미와 진리성이 그 정신적인 의미로, 즉 절대자의 자기계시라는 그 기능으로 지양됨으로써 달성된 것이다. 만일 이 최초의 첫걸음을 내딛는 것을 주저한다면, 그로 인해 두 번째 걸음도 단념할 수밖에 없는 것으로 보이며, 그렇게 되면, 신화적인 것에 고유한 본질과 진리에, 그 독자적인 '객관성'에 도달할 수 있는 길은 더 이상 남겨지지 않을 것으로 보인다. 만약 그렇지 않다면, 과연 셸링의 『신화철학』이 제기한 **물음**을 그대로 견지하면서도 [14]동시에 그 물음을 절대자의 철학이라는 지반으로부터 비판철학의 지반으로 옮길 수 있는 수단이나 가능성이 있는 것일까? 그 물음에는 형이상학의 문제만이 아니라 그 자체 비판철학적-선험론적 해결이 가능한 순수하게 '선험론적인 (transzendental)' 문제도 포함되어 있는 것은 아닐까? 만일 '선험론적'이라는 개념을 엄밀하게 칸트가 말하는 의미에서 취한다면, 이러한 물음을 제기하는 것 자체도 물론 역설적인 것으로 보인다. 왜냐하면 칸트의 선험론적인 문제설정은 명백하게 **경험의 가능성의 조건**에 관계되는 것이며, 이 조건에만 한정되어 있기 때문이다. 하지만 신화의 세계가 거기에서 자신의 보증을 얻어내고 또 그것에 의해 자신을 위해 무언가 객관적 진리나 대상적인 타당성을 증명할 수 있는 '경험'이라는 것이 과연 제시될 수 있을까? 신화를 위해 일반적으로 그러한 진리나 타당성이 증명가능하다고 할지라도, 어쨌든 그것은 신화의 **심리학적인** 진리성, 심리학적인 필연성 속에서만 발견될 수 있는 것으로 보인다. 신화가 정신의 어떤 발전단계와 비교적 유사한 모습으로 **성립해간다**는 필연성이야말로, 동시에 신화 고유의 객관적으로 파악가능한 **내용**을 이루고 있다고 생각되는 것이다. 사실 독일의 사변적 관념론의 시대 이후, 신화의 문제는 단지 이러한 방향에서만 제기되고 이러한 방식에서만 그 해결이 시도되어왔다. 신화의 궁극적인 절대적 근거에의 통찰 대신에 이제 그 발생의 자연적 원인에의 통찰이 들어서게 되고, 형이상학의 방법론 대신에 민족심리학의 방법론이 들어서게 되었다. 신화의 세계와 그 해명에의 참된 통로는, 셸링과 헤겔의 변증법적인 발전개념이 경험적인 발전개념에 의해 결정적으로 교체된 후에 비로소 열려진 것으로 보인다. 신화의 세계란 단순한 '표상들'의 총체였다는 사실에 이제 의문의 여지는 없다는 것이다.── 그리고 이 표상의 이해는, 그것을 표상형성 일반의 보편적 규칙으로부터, 즉 연상과 재생의 기본적인 법칙으로부터 명확히 할 수 있었을 때 비로소 달성된 것이 된다. 이제 신화는 전적으로 다른 의미에서, 그 이해에 경험적 자연과학과 경험적 심리학의 방법 이외의 것을 필요로 하지 않는 정신의 '자연적 형식'으로서 나타나게 되었던 셈이다.

그러나 신화적인 것의 세계를 절대자의 본질로부터 해명하려고 하는 것도 아니고 또한 그것을 단지 경험–심리학적인 힘들의 작용으로 해소시켜 버리는 것도 아닌, 신화적인 것의 제3의 '형식규정'도 마찬가지로 생각될 수 있다. [15]만일 이 규정조차도, 신화의 *subjectum agens*[작용주체]는 인간의 의식 이외의 어디에서도 구할 수 없다고 보는 점에서, 셸링과도 또 심리학적 방법과도 일치한다고 한다면, 우리는 필연적으로 의식 자체를 경험–심리학적인 개념에서 파악하거나 아니면 형이상학적 개념에서 파악할 수밖에 없는 것이 아닐까? 혹은 이들 두 고찰방법 이외에, 의식의 비판적 분석의 형식은 없는 것일까? 현대의 인식비판, 즉 지식의 법칙과 원리의 분석은 형이상학의 전제로부터도 심리학주의의 전제로부터도 더욱 더 명확하게 해방되어가고 있다. 인식비판의 영역에서 행해져 온 심리학주의와 순수논리학 간의 투쟁은 오늘날에는 결정적으로 결말이 지어진 것으로 보이며, 그러한 투쟁이 지금까지와 동일한 모습으로 재현될 리는 없으리라고 예상하는 것도 허용된다. 하지만 논리학에 적합한 것은, 또한 정신의 모든 자립적인 영역들에도 그리고 모든 근원적인 기본적 기능들에도 마찬가지로 적합하다. 그것들 모두에 있어서, 그 순수한 내용의 규정, 즉 그것들이 과연 무엇이고 무엇을 의미하는가에 관한 규정은 그 경험적 생성이나 그 심리학적 발생조건의 문제와는 다르다. 학문의 '존재(Sein)'에 대해서는 그리고 그 진리의 내용과 원리에 대해서는, 순수하게 객관적으로, 즉 어떠한 시간적 순서에서 개개의 진리, 특수한 인식이 경험적 의식에 나타나는가와 같은 것을 반성하는 일 없이, 물을 수 있고 또 물어져야 하지만, 동일한 문제는 정신의 모든 형식들에 대해서도 되풀이된다. 여기에서도 그 '본질'에 대한 물음은 결코 경험적-발생적인 물음으로 바뀜으로써 침묵당할 수는 없다. 본질에 그러한 통일성이 있다는 것을 전제하는 것은 인식에서와 마찬가지로 예술이나 신화에서도, 개별적인 것의 모든 형성을 제약하는 의식의 일반적 법칙성이 있음을 상정하는 것이다. 비판철학의 기본적 견해에 따르면, 우리가 자연의 통일성을 가지는 것은 우리가 현상 속에 이것을 '넣는' 것에 의한 것인바, 다시 말해 우리가 사고형식의 통일성으로서의 그 통일성을 개개의 현상으로부터 꺼내 오는 것이 아니라 오히려 그 통일성을 개개의 현상 곁에서 그려내고 만들어내는 것에 의한 것인바, 그것과 동일한 것이 문화의 통일성에 대해서도 그리고 문화의 근원적인 모든 방향에 대해서도 말해지는 것이다. 문화의 통일성의 경우에도, 그것을 현상 곁에서 사실로서 제시하는 것만으로는 충분하지 않고, 우리는 오히려 그것을 정신의 특정한 '구조형식'의 통일성이라는 것으로부터 해명하지 않으면 안 된다. 따라서 여기에서도 인식이론의 경우와 마찬가지로, 형이상학적-연역적 방법과 심리학적-귀납적 방법의 사이에 비판적 분석의 방법이 성립한다. [16]그것은 심리학적-귀납적 방법과 같이, 항상 '주어져 있는 것'으로부터, 즉 경험적으로 확정되고 확인된 문화의식의 사실로부터 출발하지 않으면 안 된다. 그러나 그것은 단순히 주어져 있는 것으로서의 그 사실 곁에 머물러 있을 수 없다. 비판적 분석의 방법은 사실의 현실성으로부터 거슬러 올라가 '그 가능성의 조건들'을 묻는 것이다. 그것은 이 조건들 속에서 일정한 단계적 구조를 밝혀내어, 해당 영역의 구조법칙들의 상위질서와 하위질서, 개개의 형성적 계기들의 연관과 상호규정을 명확히 하려고 한다. 이러한 방향에서 신화적 의식의 '형식'을 묻는 것은 그 궁극적인 형이상학적 근거를 찾는 것도 아니며 또한 그 심리적, 역사적, 사회적인 원인을 추구하는 것도 아니다. 오히려 이것에 의해 제기되는 것은, 모든 차이와 한눈에 조망하기 어려울 정도의 경험적 다양성 속에 있는, 모든 개별적 형성물을 궁극적으로 지배하고 있는 정신적 원리의 통일성에의 물음이다.[10]

이렇게 해서 신화의 '주체'의 문제도 새로운 방향을 취하게 된다. 이 문제에는 형이상학과 심리학에 의해 서로 대립하는 방향에서의 해답이 주어져 있다. 형이상학은 '신들의 계통적 생성(Theogonie)'이라는 기반에 서 있고, 심리학은 '인간의 계통적 생성(Anthropogonie)'이라는 기반에 서 있다. 전자에서는 신화적 과정은, 그것을 '절대적인 과정'의 특수 예로서, 즉 그 과정의 필연적인 특정 개별단계로서 해석함에 의해 설명되고,[17] 후자에서는 신화적 통각을 표상형성의 보편적 요인과 보편적 규칙으로부터 이끌어냄으로써 설명된다. 하지만 이러한 설명으로는, 근본적으로 셸링의 『신화철학』이 원리적으로 이미 극복했음이 분명한, 저 '알레고리적인' 신화 해석으로 되돌아가는 것이 되지는 않는가? 둘 중 어느 쪽의 경우에도 신화는, 신화 그 자체대로이자 그것이 의미하는 바와는 다른 무언가와 연관되고 환원됨으로써 '이해'되는 셈이 되지는 않는가? 셸링은 이렇게 말하고 있다

• • •

10. 후설의 현상학이 정신의 '구조형식들'의 차이에 거듭 예리하게 주의를 향하고 그 고찰에 심리학적인 문제설정이나 방법론과는 다른 새로운 길을 나타내 보인 것은 그의 기본적인 공적 중 하나이다. 특히 심적인 '작용'과, 거기서 지향되고 있는 '대상'을 엄밀하게 구분한 것이 여기에서는 결정적으로 중요하다. 후설 자신이 『논리학 연구』[1900~1901년]로부터 『순수현상학 및 현상학적 철학을 위한 구상들』[1913년]로까지 나아간 도정에서, 그가 생각하고 있는 현상학의 과제는 인식의 분석에서 끝나는 것이 아니라 그 분석에서는 전혀 다른 대상영역의 구조가 그것이 '의미하는' 바에 의해 그리고 그 대상의 '현실성'을 고려함 없이 추구되어야 한다는 것이 더욱 더 명확하게 드러나고 있다. 이러한 연구는 신화적인 '세계'도 그 권역 내에 끌어들여, 그 독자적인 '존립'을 다양한 민족학적 및 민족심리학적 경험으로부터 귀납적으로 이끌어 내는 것이 아니라, 이것을 순수하게 '이데아화하는(ideierend)' 분석에서 파악해야만 한다. 하지만 이러한 방향에서의 시도는 내가 보는 한, 지금까지 현상학 자체의 편에서도, 구체적인 신화연구의 편에서도 시도된 적이 없다. 구체적인 신화연구에서는 발생적-심리학적인 방향의 문제설정이 아직도 거의 이론(異論)의 여지 없이 지배권을 주장하고 있다.

―― "신화가 그 진리에서 인식되는 것은, 따라서 진정으로 인식되는 것은, 그것이 과정에서 인식되는 때뿐이다. 하지만 신화에서 특수한 모습으로 반복되는 과정은 실은 보편적, 절대적인 과정이다. 그러므로 참된 신화학은 신화 속에서 절대적인 과정을 제시하는 학이다. 그러나 이것을 제시하는 것은 철학의 사안이다. 따라서 참된 신화학이란 신화철학에 다름 아니다." (『전집』 제2부 제1권, 209쪽 이하). 민족심리학의 방법은 절대적인 것의 이 동일성 대신에 인간성의 동일성에 대한 확신을 취한다. 이 인간성이야말로 항상 필연적으로 자신 속으로부터 신화의 동일한 '기본적 관념'을 만들어 낸다는 것이다. 하지만 이와 같이 인간성의 항상성과 통일성으로부터 출발해, 이것을 모든 설명 시도의 전제로 삼아 버리면, 그것에 의해 민족심리학도 또한 결국은 petitio principii[선결문제 요구의 오류][11]에 빠지게 된다. 왜냐하면 이 심리학은, 정신의 통일성을 분석에 의해 명시하고 이것을 분석의 결과로서 확보하는 대신에, 이 정신의 통일성을 그 자체 존립하고 그 자신에 의해 확증된 소여(所與)로서 다루고 있기 때문이다. 그런데 인식에서와 같이 신화에서도, 체계적 통일의 확실성은 시초에 있는 것이 아니라 결말에 주어진다. 그것은 고찰의 출발점이 아니라 목표를 의미한다. 그러므로 비판적 고찰방법의 범위 내에서는, 우리는 앞서 존재하고 있는 또는 전제되어 있는, 형이상학적 내지 심리학적 기체(基體, Substrat)의 통일성으로부터 기능(Funktion)의 통일성으로 추론해갈 수 없고, 또한 이 기능의 통일성을 기체의 통일성에 정초할 수도 없는 것이며, 우리는 단지 이 기능 자체로부터 출발할 수밖에 없는 것이다. 개개의 주제는 다양하게 변화함에도 불구하고, 이 기능에는 비교적 항상적인 '내적 형식'이 발견된다고 하더라도, 우리는 거기로부터 거슬러 올라가 정신의 실체적인 통일성을 추론하지는 않는다. 오히려 우리는 이 실체적 통일성이란 바로 내적 형식의 항상성에 의해 구성되고 명명되는 것으로 여긴다. 달리 말하자면, 이 통일성은 근거가

• • •

11. [역주] 해결되지 않은 전제에 기초를 두고 논점을 세우는 오류.

아니라, 바로 이 형식이 갖는 명확성 자체의 다른 표현인 것으로 보인다. 이 명확성은 순수하게 내재적인 명확성이기 때문에 그 내재적 의미에서 파악되지 않으면 안 되며, 우리로서는 초월적인 것이든 경험적인 것이든 그 근거에 대한 물음에 답할 필요는 없는 것이다. [18]이리하여 신화의 기능에 관해서도 그 순수한 본질규정 — 소크라테스가 말하는 의미에서의 τί ἔστι [티 에스티, 왜 있는가] — 이 물어지며, 신화의 이 순수한 형식이 언어기능, 미적 기능, 논리적-개념적 기능과 대비되게 된다. 셸링에게 신화가 철학적인 진리성을 갖는 것은, 신화 속에는 신과 인간 의식 간의, 단지 생각된 관계만이 아니라 실재적인 관계도 표명되어 있기 때문이며, 여기에서 절대자, 즉 신 자체가 '자신 내의 존재'라는 제1의 활력(Potenz)으로부터 '자신 외의 존재'라는 활력으로 이행하고, 나아가 이것을 거쳐서 완성된 '자기 곁에 있는 존재'로 이행해가기 때문이다. 이와 정반대의 관점, 즉 포이어바흐와 그 계승자들로 대표되는 '인간의 계통적 생성'의 입장에서 보자면, 이번에는 거꾸로 출발점이 되는 것은, 즉 신화과정의 근원적이고 인과적인 결정인(決定因)이 되는 것은 인간성의 경험적-실재적인 통일성이다. 신화과정이 지극히 다양하게 상이한 조건 하에서 그리고 지극히 다양한 시간적-공간적 위치로부터 발생하면서도 본질적으로는 동일한 방식으로 전개되어 감을 설명하고 있는 것은 인간성이 지닌 이 통일성인 셈이다. 반면 신화적 의식의 비판적 현상학은, 형이상학적 원(原)사실로서의 신성으로부터 출발하는 것도, 또 경험적인 원사실로서의 인간성으로부터 출발하는 것도 허용하지 않고, 그것은 문화과정의 주체 즉 '정신'을 단지 그 있는 그대로의 현상에서, 즉 그 형성작용의 다양한 작용방식에서 파악하고 그 형성작용 각각이 따르고 있는 내재적 규범을 규정하려고 하게 될 것이다. 이러한 활동의 전체 속에서 비로소, 이념적 개념으로서의 '인간성'도, 구체적·역사적 존재로서의 '인간성'도 구성된다. 또한 이 활동의 전체 속에서 비로소, '주관'과 '객관', '자아'와 '세계'의 분리도 점차로 추진되며, 그것에 의해 의식은 그 어슴푸레한 상태로부터, 즉 단순한 존재나 감성적인 인상과 정감에 둘러싸여 있는 상태로부터 벗어나, 자신을 문화적 의식으로 형성해간다.

이러한 문제설정의 입장에서 보자면, 신화에 상대적인 '진리성'이 인정되어야만 하는 점에 더 이상 의문의 여지는 없다. 이제 그 진리성은 더 이상 어떤 초월적인 과정의 표현이나 반영이라는 것에 의해서는 정초될 수 없으며, 또한 그 경험적인 생성 속에서 의미를 같이 하는 특정한 정신적 힘들이 작용하고 있다는 것에 의해서조차도 정초될 수 없다. 신화의 '객관성'은——비판적 입장에서 보자면 이 점은 어떠한 종류의 정신적 객관성에도 유효한 것인바——사물적으로가 아니라 기능적으로 규정되지 않으면 안 된다. 즉 그 객관성은, 신화의 배후에 내재하는 형이상학적인 존재 속에 있는 것도, 또 경험적-심리학적인 존재 속에 있는 것도 아니라, 신화가 실제로 그렇게 있으면서 달성하는 바의 것, [19]즉 신화가 수행하는 객관화의 방식과 형식 속에 있는 것이다. 신화가 '객관적'인 것은, 신화도 또한, 의식이 감성적 인상에 수동적으로 사로잡혀 있는 상태로부터 해방되어 어떤 정신적 원리에 의해 형성된 고유한 '세계'의 창출에로 나아가는 것을 가능하게 하는 규정요인들 중 하나로서 인식되는 그런 한에서이다. 문제를 이러한 방향에서 파악한다면, 신화적 세계의 '비실재성'이라는 것으로부터 그 의미와 진리성을 부정하는 가운데 도출될 수 있는 이론(異論)들은 모두 소멸해버린다. 확실히 신화적 세계는 '단순한 표상들'로 이루어진 세계이자 그러한 세계로 계속 남아 있다. 하지만 인식의 세계도 그 내용, 그 단순한 소재로부터 보자면 동일한 것이다. 그리고 과학적 자연개념에 도달하는 것도, 우리가 우리 자신의 표상 배후에 그 절대적 원상(原像), 초월적인 대상을 파악하는 것에 의해서가 아니라, 우리가 표상 자체 속에서 그리고 표상 자체에 입각해서 표상의 질서와 경과를 규정하고 있는 어떤 규칙을 발견하는 것에 의한 것이다. 표상이 우리에게 대상적 성격을 띠는 것은, 우리가 표상으로부터 그 우연성을 벗겨내어 표상 속에 있는 보편적인 것, 어떤 객관적-필연적 법칙을 명백히 제시하는 때이다. 따라서 신화에 관해서도 객관성의 문제를 제기할 수 있는 것은 우리가 신화에도, 거기에 내재하는 규칙, 거기에 고유한

'필연성'을 인정할 수 있을지를 탐구해본다는 의미에서의 일일 수밖에 없다. 물론 이 경우에도 낮은 단계의 객관성이 항상 문제가 될 수 있는 것으로 보인다. 왜냐하면 이 규칙이란 본래의 진리인 과학적 진리 앞에서, 즉 순수인 식에서 획득되는 자연개념이나 대상개념 앞에서 소실되도록 정해져 있는 것이기 때문이다. 과학적 통찰의 최초의 서광과 함께, 신화의 꿈과 주술적 세계는 영구히 사라져서 무(無) 속으로 가라앉는 듯 보인다. 하지만 이 관계 도, 만일 우리가 신화의 내용과 인식의 궁극적 세계상의 내용을 비교하는 것이 아니라, 신화적 세계구축의 과정과 과학적 자연개념의 논리적 발생을 대조시켜 본다면, 또 다른 빛을 얻게 된다. 여기에서 문제가 되고 있는 것은 다양한 객관화의 단계나 객관화의 영역이 아직 뚜렷한 경계선으로 구분되어 있지 않은 개개의 단계들과 개개의 국면들인 것이다. 사실 우리의 직접적 경험의 세계——의식적인 반성, 비판적-학문적인 반성의 영역 바깥 에 있는 한, 우리 모두가 항상 거기에 살며 존재해 있는 세계——도 또한, 이러한 반성의 입장에서 보자면, 신화적이라고밖에 표현할 수 없는 많은 특징을 포함하고 있다. 특히 원인성의 개념이나 보편적인 [20]'힘'의 개념은, 그것이 수학적-논리적인 함수개념으로 해소되기까지는, 작용이라는 신화 적 직관의 영역을 반드시 통과하지 않을 수 없는 것이다. 이와 같이 우리의 지각세계의 형성에 이르는 모든 장면에서, 즉 우리가 소박한 입장으로부터 참된 '현실'이라 일컬어오고 있는 영역에까지의 모든 장면에서, 신화의 근본적이고 근원적인 주제(Motive)가 독특한 모습으로 존속하고 있는 점이 보여진다. 이들 주제는 대상과 직접 대응하고 있는 것은 아니지만, 그러한 주제 속에 정신적 형성작용의 특정한 양식, 즉 우연적이 아니라 필연적인 양식이 나타나고 있는 한, 역시 '대상성' 일반에의 길 위에 있는 것이다. 따라서 신화의 객관성은 무엇보다도 우선, 사물의 실재성, 즉 소박한 실재론 이나 독단론에서 말하는 '현실성'으로부터는 가장 멀리 떨어져 있는 듯한 곳에 있다. 신화의 객관성은, 신화가 소여(所與)된 존재의 모상이 아니라 형성작용 자체에 고유한 전형적 양식——그것에 의해 의식이 감성적 인상을 단지 수용하는 상태에서 벗어나 이것과 대치하게 되는 그 양식 — 이라는 점에 그 근거를 갖는 것이다.

이러한 관계의 입증을, 물론 위에서 내려다보는 방식으로, 즉 그 구조를 순수하게 구성해보는 방식으로 시도할 수는 없다. 그 입증은 신화적 의식의 사태들, 즉 비교신화학이나 비교종교학의 경험적 자료를 전제로 한다. '신화철학'의 문제는 이러한 자료, 특히 19세기 후반 이후 더욱 더 풍부하게 발견되어온 자료에 의해 현저하게 확대되기에 이르렀다. 셸링은 특히 **크로이처**의 『고대 민족들의 상징의 사용과 신화(*Symbolik und Mythologie der alten Völker*)』에 의지하고 있지만, 그에게는 모든 신화는 본질적으로 신들에 대한 이론과 역사이다. 그에게는 신 개념과 신 인식이야말로 모든 신화적 사고의 시초인 것이며, 신화적 사고의 참된 출발점이 되는 'notitia insita[본유지식]'인 것이다. 그는, 인류의 종교적 발전을 신 개념의 단일성으로부터가 아니라, 전적으로 부분적으로, 아마도 처음에는 지역적인 다수의 표상들로부터 출발시키는 사람들, 이른바 주물숭배(呪物崇拜, Fetischismus)나 자연의 신격화 — 이것은 개념이나 유(類)가 아니라 개개의 자연물, 예컨대 이 나무 또는 이 강을 신격화하는 것을 말한다 — 로부터 출발시키는 사람들에 대해 격렬한 어조로 반대한다. "아니, 인류는 그러한 비참한 상태로부터 출발한 것이 아니다. 역사의 당당한 행보는 전적으로 다른 출발점을 지니고 있다. 인류의 의식의 기조를 이루고 있었던 것은 항상 저 위대한 일자(一者), 아직 자신에 필적하는 것을 알지 못하나 하늘과 땅, 즉 만물을 진정으로 가득 채운 일자였다."[12] [21]현대의 민족학적 연구도 또한 — 앤드류 랭이나 빌헬름 슈미트의 이론에서 — 셸링의 이 '원초적 일신교(Urmonotheismus)'라는 기본명제를 갱신하여 이것을 풍부한 경험적 자료로 뒷받침하려고 해왔다.[13] 하지만 이 연구가 진전하면 할수록, 신화적 의식의 형태들을 순수

• • •

12. *Philosophie der Mythologie*, achte Vorlesung, a. a. O. I, 178.
13. 이 자료의 종합, 그리고 A. Lang의 이론에 맞서 제기된 반론들의 검토는 P. W. Schmidt의 *Der Ursprung der Gottesidee*, Münster, 1892에서 보여진다. 또한 P. W. Schmidt, *Die Stellung*

하게 내용적으로 하나로 총괄하고 그 형태들을 이 공통의 뿌리에서 발생한 것으로서 도출하는 것은 불가능하다는 점이 더욱 더 명백하게 되었다. 타일러(Tylor)의 기초적인 업적 이후 오랜 기간 신화해석 전체를 지배해온 애니미즘 이론은, 원초적인 신관(神觀)에서가 아니라 원시적인 영혼관에서 그 뿌리를 발견했다고 믿었던 것이지만, 오늘날에는 이러한 설명방식도 점차 억제되고, 적어도 그것만이 타당한 설명이라든가 보편타당한 설명이라는 견해는 그 기반이 혼들린 것으로 보인다. 신화의 근본을 이루는 직관은, 어떤 뚜렷한 신 개념도 그리고 어떤 뚜렷한 영혼개념이나 인격개념도 알지 못하는 것이며, 오히려 아직 전적으로 미분화된 주술적 작용에 대한 직관, 사물에 내재하는 주술적 힘의 실체에 대한 직관으로부터 출발하는 것이라는, 그 같은 특징들이 더욱 더 명확하게 두드러져온 것이다. 신화적 사고 내부의 독특한 '성층(成層)구조' ── 즉 구성요소의 상위질서와 하위질서 ── 가 여기에서 나타나고 있다. 이 성층구조는, 이것을 근거로 하여 신화의 시간적으로 최초의 요소는 무엇인가, 경험적인 시초는 어디에 있는 것인가 라는 물음에 굳이 답하려고 하지 않는 사람에게도, 순수하게 현상학적인 의미에서 중요하다.[14] 무엇보다 우리는 이렇게 함으로써 고찰의 방향은 다를지라도, 셸링이 자신의 신화철학의 기본적 요청으로서 제시한 것과 동일한 요구에 이끌리게 된다. 그 요구란 다름 아닌 신화적 사고의 진행과정의 어떠한 계기도, 비록 그것이 아무리 비현실적이고 환상적, 자의적으로 보일지라도, 전적으로 하찮은 것으로 간주하지 않고, 그것에 [22]신화적 사고 전체 내에서 점하는 위치를 지정하며, 그것에 그 이념적인 의미를 부여하고자 하는 요구이다. 신화적 사고 전체는, 인류가 독자적인 자기의식과 독자적인

• • •

der Pygmäenvölker in der Entwicklungsgeschichte des Menschen, Stuttgart 1910도 참조할 것.

14. 이른바 '전(前)애니미즘' 이론에 대해서는 Konrad Th. Preuss, "Ursprung der Religion und Kunst,"(*Globus*, 1904f., Bd. 86/87)의 논문들 및 Vierkandt, "Die Anfänge der Religion und Zauberei,"(*Globus*, 1907, Bd. 92) 외에, 특히 Marett, "Pre-Animistic religion" 및 "From Spell to Prayer"(*Folk Lore*, 1900, 1904; 단행본 *The Threshold of Religion*, London, 1909에 수록)를 참조할 것.

대상의식으로 진전해왔던 도정 중 하나를 나타내고 있는 한에서, 독자적인 내적 '진리'를 내포하고 있다.

Ⅱ

순수 경험적인 연구와 경험적 비교신화학의 내부에서도, 단지 신화적인 사고와 표상의 범위를 정하는 것만이 아니라 이것을 명확히 눈에 띄는 특징적인 성격들을 지닌 통일적인 의식형식으로서 기술하려고 하는 노력이 최근 수 년 동안 한층 더 뚜렷이 나타나고 있다. 거기에서는, 다른 영역, 예를 들면 자연과학이나 언어학에서도 또한 문제설정의 어떤 전환, 즉 '실증주의'로부터 '관념론'으로 회귀하게 된 것과 동일한 철학적 경향이 나타나 있다. 물리학의 경우에는 '물리학적 세계상의 통일성'을 묻는 것이 그 통일성의 일반적 원리론을 갱신하고 심화하는 쪽으로 이끌었지만, 그와 마찬가지로 민족학의 내부에서도 '일반신화학'의 문제가 바로 개별연구 자체의 방향으로부터 지난 10년 사이에 점점 더 명확히 제기되어 왔다. 개개 학파나 경향 간의 알력에서 벗어나는 길은, 여기에서도 또한 결국 연구의 통일적인 노선과 확고하고 명확한 목표점으로까지 되돌아가 성찰해보는 것 외에는 없다고 생각되었던 것이다. 하지만 이 기본적 노선을 또한 단순히 신화학의 대상들로부터 끌어낼 수 있다고 믿고 신화적 대상들의 분류에 출발점을 두고 있는 한, 이러한 방법에서는 기본적 견해들 사이의 갈등을 제거할 수 없다는 것이 금세 분명해졌다. 확실히 전 지구상에 널리 퍼져 있는 신화의 기본적 주제, 더욱이 직접적인 공간적-시간적인 연관이나 직접적 차용관계가 전혀 있을 수 없는 경우에도 상호간의 친근성이 발견되는 신화적 주제를 유형별로 개관하는 것이 가능해지긴 했다. 그렇지만 이러한 주제 자체 내에서 선별을 시도하여 그 안의 어떤 몇몇을 본연의 근원적인 주제로서 부각시키고 그것들을 다른 파생적인 주제와 대치시키려고 시도하자마자, 즉각 또다시 견해들 간의 대립이 공공연하게 되어 그것이 지극히 첨예한 양상으로 표출되었다. [23]민족심리학과 협력하여 여러 가지로 변화하는 현상들 내에서 보편타당한 것을 확립해내고 모든 개별적인 신화적 형성물의 근저에 있는 원리를 규정하는 것이야말로 민족학의 과제라고 언명되기까지 했다.[15] 그러나 이러한 원리의 통일성이 확인될 수 있었다고 생각하자마자 곧바로 또한 그것은 다종다양한 구체적인 대상들로 흩어지게 되었다. 자연신화 외에도 영혼신화가 있었고, 자연신화는 다시금 여러 방향으로 갈라져 각각 단호하고도 끈기 있게 어떤 특정한 자연대상이야말로 모든 신화형성의 핵심이자 근원임을 증명하려고 노력했다. 개개의 신화에는 —— 본래 그것이 학문적으로 '설명가능'해야 한다면 —— 모종의 자연적인 존재 또는 사건과의 명확한 연결이 요구되어야 한다는 것이 고찰의 출발점이었다. 이러할 때에만 공상이 빚어내는 자의성이 억제되고 연구를 엄밀하게 '객관적인' 궤도에 올릴 수 있기 때문이라는 것이다.[16] 하지만 이처럼 자칭 엄밀하게 객관적이라는 방법에 따른 가설의 구성은 결국 공상작용의 가설 못지않게 자의적이라는 것이 판명되었다. 오래된 형식의 폭풍이나 뇌우(雷雨)의 신화에 천체 신화가 대립하였고, 이 천체 신화 자체 또한 곧바로 여러 형식의 태양신화, 달의 신화, 행성의 신화 등으로 나누어졌다. 이들 형식 각각이 서로 나머지 형식들을 배척하면서 단 하나의 설명원리로서 구성되고 또 그것이야말로 유일한 설명원리라고 주장되면 될수록, 특정한 대상영역과의 연결은 그 설명이 추구하고 있는 객관적 일의성을 결코 보증할 수 없다는 점이 점점 더 명백하게 되었다.

그 다음으로, 신화형성의 통일성을 자연적인 통일성으로서가 아니라

● ● ●

15. 특히 Paul Ehrenreich, *Die allgemeine Mythologie und ihre ethnologischen Grundlagen*, Leipzig 1910; Heinrich Leßmann, *Aufgaben und Ziele der vergleichenden Mythenforschung*, Leipzig 1908을 참조할 것.
16. 이 원칙은 모든 신화해명의 '요청'으로서, 예를 들면 에렌라이히(Ehrenreich, a. a. O., S. 41, 192 ff., 213)에 의해 제기되어 있다.

정신의 통일성으로서 규정하려고 함으로써, ── 즉 대상영역의 통일성으로서가 아니라 역사적인 문화권의 통일성으로서 파악함으로써, 신화형성의 궁극적인 통일성으로 접근하는 또 다른 길이 열리는 것처럼 생각되었다. 만일 그러한 문화권이 신화의 기본 주제들 전체의 공통적 원천임을 입증하고 또 그것을 중심으로 신화의 주제들이 지구상의 전 영역으로 점차 전파되었다는 것을 증명할 수 있다면, 그것에 따라 저절로 [24]이들 주제의 내적인 연관과 체계적 정합성도 해명될 수 있다고 생각되었던 셈이다. 파생적·간접적인 형식들에 있어서는 이러한 연관은 아직 불명확할지도 모르지만, 궁극적인 역사적 원천으로까지 소급하여 비교적 단순한 발생조건에까지 거슬러 올라간다면, 그 연관은 그 즉시 다시금 밝혀지게 됨에 틀림없다는 것이다. 그 점에 관해 오래된 학설들 ── 예를 들면 벤파이(Benfey)의 설화이론 ── 은 신화의 가장 중요한 주제의 본연의 고향을 인도에서 찾았지만, 신화형성의 그러한 역사적 연관이나 역사적 통일성에 관한 적확한 증명이 주어질 수 있었던 것은 바빌로니아 문화의 내용이 연구되고 점차 해명되고 나서였던 것으로 보인다. 이제는 인간 문화의 발상지에 대한 물음과 더불어, 신화의 근원적·통일적인 구조에 관한 물음도 대답된 것처럼 보였다. 사실 '범(汎)바빌로니아주의' 이론에 따라 보자면, 만일 신화가 단지 원시적인 주술적 표현이나 꿈 체험, 또는 영혼신앙이나 그 밖의 미신에서 생겨난 것이라 한다면, 신화가 그처럼 수미일관된 '세계관'으로까지 전개될 수는 없었을 것이다. 그러한 세계관으로의 길은 오히려 질서 있는 전체로서의 세계에 관한 어떤 특정한 개념, 하나의 사상이 선행하고 있던 곳에서만 열려졌던 것이지만 ── 이러한 조건을 만족하고 있었던 것은 바빌로니아의 천문학과 우주론의 단서에서뿐인 것이다. 이러한 사상적·역사적인 방향 정립으로부터 출발하여 처음으로 신화를 단순한 공상의 소산으로서가 아니라 그 자체에서 이해될 수 있는 완결적인 체계로서 파악하는 가능성이 열려진 듯이 보였다. 이 범바빌로니아주의 이론의 경험적인 기초에 관해서는 여기에서 상세하게 들어갈 필요는 없지만,[17] 그럼에도 이 학설이 순수하게 방법론적인 의미에서도 주목할 가치가 있는 것은 좀 더 면밀히 검토해보면 그것이 신화의 사실상·역사상의 기원에 관한 단순한 경험적 주장이 아니라 [25]신화연구의 방법과 목표에 관한 일종의 선험적인 주장임이 분명해진다는 사정에 의한 것이다. 모든 신화가 천체에 기원을 두고 있고 궁극적으로는 '달력의 신화'임에 틀림없다는 가정은 범바빌로니아주의 신봉자들에 의해 바로 방법상의 기본적 요청으로 간주되고 그것만이 신화의 미궁에서 빠져나오는 것을 가능하게 하는 '아리아드네의 실'로 여겨지고 있다. 이 일반적 요청이 경험적인 전승이나 경험적 실증의 결핍된 부분을 보충하는 데 거듭 도움을 주었던 것임은 분명하다. 그러나 그것이 바로 그와 더불어 또한 더욱 분명하게 시사했던 점은, 신화적 의식의 통일성이라는 근본문제는 순수하게 경험적인 고찰이나 역사적-대상적인 고찰이라는 방법으로는 결코 결정적인 해결에 이르게끔 할 수 없었다는 사실이다.

그리하여 기본적인 신화적 형성물의 단순한 사실상의 통일성은, 비록 그처럼 통일되어 있는 것이 전적으로 의문의 여지가 없는 것일지라도, 그것이 신화적 상상과 신화적 사고의 보다 심층의 구조형식으로까지 되돌려지지 않는 한, 여전히 하나의 수수께끼로 남지 않을 수 없다고 하는 견해가 더욱 더 고착되었다. 그러나 순수하게 기술적인 고찰의 입장을 견지하려고 하는 한, 이러한 구조형식을 나타내 보이는 것으로는 결국 바스티안(Bastian)의 '민족적 사고'라는 개념 외엔 어떠한 것도 주어지지 않았다. 원리적으로 보자면 이 개념은, 순수하게 대상의 방향으로 향하는 모든 설명방식에 비해,

• • •

17. '범바빌로니아주의'의 기본테마의 정초에 관해서는 특히 Hugo Winckler, *Himmelsbild und Weltenbild der Babylonier als Grundlage der Weltanschauung und Mythologie aller Völker*(Der alte Orient III, 2 u. 3, Leipzig 1901); *Die Weltanschauung des alten Orients, Der alte Orient und die Bibel*(Ex oriente lux I/II), Leipzig 1905f.; *Die babylonische Geisteskultur*, Leipzig 1907; A.. Jeremias, *Handbuch der altorientalischen Geisteskultur*, Leipzig 1913을 참조. '범바빌로니아주의' 비판에 관해서는, 예를 들면 B. M. Jastrow Jr., *Religious belief and practice in Babylonia and Assyria*, New York & London 1911, S. 413ff.; Bezold, *Astronomie, Himmelsschau und Astrallehre bei den Babylon- iern*(Heidelberger Akademievortrag 1911)를 볼 것.

더 이상 단지 신화의 내용이나 대상에가 아니라 신화적인 것의 기능 자체에로 물음이 향해져 있다는 결정적인 장점을 갖고 있다. 바스티안은, 설령 그 기능이 작용되는 조건들이 아무리 다양하더라도 또한 그 기능이 자신의 영역 내로 끌어들이는 대상들이 아무리 가지각색이라 하더라도, 이 기능의 기본적인 방향은 항상 동일한 것으로서 입증된다고 말한다. 따라서 여기에서는 요구되고 있는 통일성이 애초부터 이를테면 바깥으로부터 안으로, 사물의 현실성으로부터 정신의 현실성으로 바뀌어져 있다. 그러나 이 이념성조차도, 그것이 단지 심리학적으로만 파악되고 심리학의 범주들에 의해 규정되어 있는 한, 일의적으로 성격이 부여되지는 않는다. 만일 신화를 인류의 정신적인 전(全)자산이라고 말하고 그 통일성이란 결국 인간의 '마음(Seele)'의 통일성과 그 행위의 동질성에 의해 설명된다고 해도, 그 마음의 통일성 자체란 금방이라도 다시 다 함께 달라진 다수의 힘(Potenz)이나 '능력'으로 해체되어버리고 만다. 이들 힘 내의 어떤 것이 신화적 세계의 구축에 결정적인 역할을 담당하는가라는 문제가 제기되자마자 그 즉시 또한 다종다양한 설명방식의 경쟁과 갈등이 나타나기 마련이다. [26]결국 신화는 주관적 상상의 유희로부터 비롯되는가, 그렇지 않으면 개개의 경우들 하나하나에서 기저가 되어 있는 '실재적 직관'으로 되돌릴 수 있는 것인가? 신화는 인식의 원초적인 형태를 나타내고 있고 그런 한에서는 본질적으로 지성의 소산인 것인가, 아니면 그 기본적 표현 형태에 따라 감정이나 의지의 영역에 속하는 것인가? 이러한 물음에 어떠한 해답을 마련하는가에 따라 학문적인 신화연구 및 신화해석에 전적으로 상이한 길들이 열려지는 것으로 보인다. 이전에는 이론들이 신화형성에 있어 어떤 대상영역을 결정적으로 보는가에 따라 구별되었지만 오늘날에는 신화를 마음의 기본적인 힘들 내의 어느 것으로 환원하는가에 따라 구분된다. 그리고 여기에서도 또한 원리적으로 가능한 여러 가지 설명방식이 부단히 갱신되며 서로 일종의 주기를 띠면서 이어지는 듯 보인다. 일찌감치 극복된 것으로 여겨진 순수하게 '지적인 신화학'의 방식, 즉 신화의 핵심은 현상들의 합리적 해석에서 찾아야 한다는 견해도 최근 다시금 보다 강력하게 등장하였다. 셸링이 신화적 형태들의 '자의적(自意的)' 해석을 요구했던 데 반해, 이제 다시금 '알레고리[우의(寓意)]와 알레고리적 해석법(Allegorese)'의 일종의 명예회복이 시도되었다.[18] 신화의 통일성에 대한 물음이 언제나 어떤 개별적인 것 내에서 헤매다 그것에 만족하고 마는 위험에 노출되어 있는 점이 이러한 사태 전체 속에서 보여진다. 이 개별적인 것이 자연의 개별적인 대상영역으로 간주되거나 아니면 역사 안의 어떤 특정한 개별적 문화권으로 간주되거나 또는 마음의 특수한 개별적 기본적 힘으로서 간주되거나 간에 이 경우 원리적으로는 모두 동일한 것이다. 왜냐하면 이들 모든 경우에서, 요구되어 있는 단일성이란 요소들로 그릇되게 바뀌어 질 수 있는 것으로서, 이들 요소로부터 하나의 새로운 정신적인 전체, 상징적인 '의미'의 세계를 만들어내는 특징적인 형식 속에서 그 단일성이 찾아지고 있는 것은 아니기 때문이다. 그런데 비판적 인식론은 인식이라는 것을—— 인식이 향해 있는 대상들이 무한히 다양함에도 불구하고, 그리고 인식이 그 실제적 수행에서 의존하는 심적 능력이 지극히 다양함에도 불구하고—— 하나의 이념적인 전체로서 취하고 그 전체를 구성하는 보편적 조건들을 찾지만, 이와 동일한 고찰방법은 '의미'라는 정신적 통일체 전체에 적용될 수 있다. 이 통일체는 최종적으로는 언제나 발생적–인과적 관점 하에서가 아니라 **목적론적인 관점** 하에서 —— 즉 의식이 정신적 현실을 구축할 때 향하는 목표로서—— 확인되고 확정되어야 한다.[27] 그러한 목표를 향하면서 소생되고 마침내 완결된 형성물로서 우리 앞에 나타나는 바로 그것은, 우리가 그 발생의 방식을 꿰뚫어볼 수 있을지 또 그것에 관해 어떻게 생각하는가에 관계없이, 어떤 자족적인 '존재'를 지니며, 어떤 자율적인 의미를 갖는 것이다. 그리하여 신화도 또한, 비록 그것이 사물이나 사건 개개의 영역에 제한되지 않고 존재의 전체를

• • •

18. Fritz Langer, *Intellektualmythologie. Betrachtungen über das Wesen des Mythos und der mythischen Methode*, Leipzig 1916. 특히 10-12장을 참조.

포섭하며 관통하는 것이라고 할지라도, 그리고 다종다양한 정신적 활력들을 자신의 기관으로서 이용하는 것이라고 할지라도, 의식의 어떤 통일적 '관점(Blickpunkt)'을 나타내 보이는 것이며, 이 관점으로부터 볼 때 '자연'과 '영혼', '외적' 존재와 '내적' 존재가 어떠한 새로운 형태로 나타난다. 필요한 것은, 관점의 이 '양상'을 포착하고 그 조건들을 이해하는 데에 있다.[19] 경험 과학은, 민족학이든 비교신화학이든 종교사이든, 그 고찰의 범위를 확장하면 할수록 신화형성의 '평행성'에 더욱 더 밝은 빛을 던져줌으로써, 이 점에 관해 단지 문제만을 제기하고 있는 셈이다.[20] 그러나 이 경우에서도 중요한 것은 이러한 경험적인 규칙성의 배후에서, 이 규칙성이 의거하고 있는 정신의 근원적 법칙성을 우선적으로 탐구하는 일이다. 인식 내부에서 단순한 '지각의 광상곡'이 사고의 일정한 형식법칙에 의해 지식의 체계로 개편되는 것과 마찬가지로, 무한히 다양한 형태를 지닌 신화의 세계가 자의적인 표상들이나 무관계한 생각들을 단지 모아놓은 것이 아니라 하나의 특징적인 정신적 형성체로 총괄되게끔 하는 어떤 형식적 통일성의 성질이 물어지는 게 당연하며 또한 물어지지 않으면 안 된다. [28]여기에서도 사실의 지식이 단지 증가해도, 그것이 동시에 —— 단순한 개개의 제재(題材)의 집적

• • •

19. '양상'의 개념에 대해서는 제1권, S. 29ff.를 볼 것.
20. 이 '평행성'에 포함되어 있는 문제가 순수한 '실증주의'의 입장에서 가장 예리하게 지적되어 있는 것은, 내가 아는 한, 비뇰리(Vignoli)에 의해서이다(*Mito e scienza*, 1879, 독일어역은 *Mythus u. Wissenschaft*, Leipzig 1880). 비뇰리는 엄밀하게 경험주의적인 기본적 방향을 취하고 있음에도 불구하고 신화를 '지성의 자발적이고 필연적인 기능', 정신의 '생득적인' 활동이라고 보며, 그 근원을 동물의 사고에까지 소급하여 추구하려고 한다. 동물의 사고에서 이미 대상화에의 경향, 감각적 인상의 '실체화(Entifikation)', '인격화'의 경향이 지배하고 있고, 이 경향이 개별로부터 보편으로, 개별적인 것으로부터 유형적인 것으로 향할 때, 거기에서 더 나아가 신화적인 형성의 세계가 전개된다는 것이다. 이런 의미에서 신화에는 독자적인 '선험론적 원리'가 인정된다. —— 이 독자적인 형성작용의 법칙은 정신이 경험적인 정밀과학으로 나아갈 때에도 전적으로 소실되어 버리는 것이 아니라 엄밀한 학의 형성과 나란히 자기를 계속 주장한다. "왜냐하면 신화의 진보적 발전에서 완수하는 순수사고의 공헌은 과학의 성립을 촉진하고 가능하게 하는 것과 전적으로 동일한 지성의 활동이기 때문이다."(a. a. O., S. 99 f.)

이 아니라 그것들 사이에 일관된 분절화와 그리고 형식부여적 계기들의 일정한 상하관계가 분명하게 됨으로써 — 원리적 인식을 심화하는 데로 이르지 않는다면, 완전히 성과가 없게 끝나는 것이다.

그런데 이러한 측면으로부터 신화를 '상징형식들'의 전 체계 내에 위치짓는 것이 직접적으로 유익하다는 사실은 분명하다고 하더라도, 물론 거기에는 모종의 위험도 포함되어 있는 것으로 보인다. 왜냐하면 신화형식을 정신의 다른 기본적 형식들과 비교한다는 것이 순수하게 내용적인 의미에서 받아들여지고 단순한 내용상의 합치 내지 관계에 의거해 비교가 시도된다면, 그 즉시 신화형식의 독자적 내용이 수평화 되어버릴 우려가 있기 때문이다. 사실 신화를 다른 정신적 형식들의 어느 것 — 인식형식이든 예술이든 언어이든 간에 — 으로 되돌림으로써 '이해가능'하게끔 하려는 시도가 없지 않다. 셸링이 언어와 신화의 연관을 규정하면서 언어를 '색바랜 신화'로 간주했던 것에 대해,[21] 후대의 비교신화학적 연구의 방향은 그와 반대로 언어야말로 최초의 형성체이고 신화는 두 번째 형성체라는 점을 증명하려고 했다. 예를 들어 막스 뮐러는 말(Wort)과 그 다의성이 신화적 개념형성의 최초의 계기라는 것을 증명하려고 시도하는 방식으로 신화와 언어를 연결하려고 했다. 그에게 양자를 잇는 연결고리가 되는 것은 은유(Metaphor)이다. 은유는 언어 그 자체의 본질과 기능에 뿌리를 두면서 한편으로는 표상작용 자체에게도 신화의 형성체들로 인도해 가는 방향을 부여하는 것이다. "신화는 불가피적인 것이다. 우리가 언어를 사상의 외적 형식으로서 인식한다면, 신화란 언어에 내재하는 필연성이기 때문이다. 신화는 …… 언어가 사상에 투사하는 어두운 그림자이며, 언어와 사상이 완전히 일치하지 않는 한에서 — 이러한 일치는 결코 있을 수 없는 경우이다 — 이 그림자는 결코 사라지지 않을 것이다. 말의 최고의 의미에서의 신화란 언어에 의해 사상으로 가해진 힘인 것이며, 더욱이 이것은 정신활동의 가능

• • •

21. *Philosophie der Mythologie*, dritte Vorlesung, a. a. O., S. 52를 참조.

한 모든 영역에서 작용하고 있다." 동일어근어로부터의 '파생'의 사실, 즉 동일한 단어가 전적으로 다른 표상 형성물에 이용된다는 사정이, 여기에서 의 신화해석의 열쇠가 된다. 모든 신화적 의미의 원천과 근원은 [29]언어의 이중 의미이다. 따라서 신화 자체가 '언어의 병'에 그 궁극적 근거를 갖는 일종의 정신의 병에 다름 아니다. 월계수를 가리키는 그리스어 δάφνη[다프네]는 서광을 의미하는 산스크리트의 어근 Ahana에까지 소급된다. —— 따라서 아폴론에게서 벗어나면서 월계수로 변하는 다프네의 신화는 그 핵심에 따라볼 때 바야흐로 서광인 자신의 신부를 쫓는 태양신을 나타내고 있는 것이며, 서광은 이 태양신을 벗어나면서 마침내 그 어미인 대지의 품에서 구원을 얻는다. —— 그리스어에서 인간과 돌을 나타내는 표현(λαοί[라오이]와 λᾶας[라아스])은 서로 소리가 비슷하므로, 그리스 신화에서는 데우칼리온과 퓌라의 유명한 이야기에서 보여지듯이, 인간은 돌로부터 나오게 되었다.[22] 물론 신화적 주제의 언어상의 '설명'이 언제든 이와 같이 소박한 모습으로 행해진다고는 할 수 없지만, 전체로서도 또 개별적으로도 언어야말로 신화형성의 본래적인 수단이라는 점을 증명하려고 하는 시도는 역시 여전히 매력적이라고 생각된다.[23] 사실 비교신화학과 비교종교사는 언제나 매번 numina[신성] = nomina[이름]이라는 등식을 여러 측면에서 증명한다고 생각되는 사실로 이끌려 간다. 이 등식의 근저에 있는 사상은 우제너(Usener)에 의해 전적으로 새로운 깊이를 얻게 되었고 결실이 풍부한 것이 되었다. 그의 연구에서 '신들의 이름'의 분석과 비판은, 온당하게 이용될 경우, 종교적 개념들이 형성되는 과정을 이해하게끔 할 수 있는 정신적 도구로서 나타나고 있다. 그런 점에 의해, 언어적인 요소와 신화적인 요소가

• • •

22. F. Max Müller, *Über die Philosophie der Mythologie* (Max Müller, *Einleitung in die vergl. Religion- swissenschaften*, 2. Auflage. Straßburg 1876이라는 독역의 부록으로서 인쇄됨)을 참조.
23. 막스 뮐러의 기본테제는 약간 모습이 바뀌어 최근에는 예컨대 브린톤에 의해 다시금 채택되고 있다. Brinton, *The religions of primitive peoples*, S. 115 ff.를 참조.

불가분하게 결합되어 있고 서로 관계되어 있는 일반적 의미론으로의 전망이 열려진다. 우제너의 이 이론에 의해 언어학과 종교사가 철학적인 견지에서 달성한 진보의 본령은, 여기에서도 또한 더 이상 개개의 신화의 단순한 내용에 대한 물음이 아니라 전체로서의, 즉 그 자체 합법칙적인 정신적 형식들로서의 신화와 언어에 대한 물음이 향해지고 있다는 점에 있다. 우제너에게 신화학이란 신화에 관한 이론(λόγος), 또는 '종교적 표상들의 형태학'에 다름 아니다. 신화학이 [30]추구하는 것은 다름 아닌 "신화적 표상작용의 필연성과 법칙성을 밝히고 그것을 통해 단지 민간종교의 신화적 형성물만이 아니라 일신교적 종교의 표상작용을 이해하게끔 하는 것"이다. 신들의 본질을 그 이름과 이름의 역사로부터 읽어내는 이 방법이 과연 어디까지 나아갈 수 있는가, 그리고 이 방법이 신화적 세계의 구조에 얼마나 밝은 빛을 비쳐줄 수 있는가 라는 것에 관해서는 우제너의 『신들의 이름(Götter-namen)』이 경이로울 만한 실례를 제공하고 있다. 거기에서는 그리스 신들의 형상의 의미와 생성변화가 언어학이나 언어사의 입장에서 낱낱이 해명되어 있을 뿐 아니라 그와 동시에 신화적 표상작용과 언어적 표상작용 자체의 일정한 보편적 · 전형적인 순서를 밝혀내고 또한 그것에 의해 양 측면의 전개상의 상호 대응관계를 밝혀내고자 하는 시도도 이루어지고 있다.[24] 그리고 다른 한편으로 신화는 세계인식의 단서와 최초의 시도를 내포하고 있고 또한 미적 환상의 아마도 최초이자 가장 보편적인 소산이기도 한 까닭에, 우리는 신화 안에서 다시금 정신 그 자체의 어떤 직접적 통일성 —— 모든 특수한 형식들이 단지 그 단편에 지나지 않고 그 개별적인 현시들에 지나지 않는 듯한 통일성 —— 을 보게 된다는 것이다. 그러나 여기에서도 또한 우리의 일반적 과제가 요구하는 바는, 여러 대립들이 용해되고 상호 이행되어 구별이 되지 않는 듯 보이는 원초적 단일성을 찾는 것이 아니라 오히려

• • •

24. S. Usener, *Götternamen, Versuch einer Lehre von der religiösen Begriffsbildung*, Bonn 1896.
—— 자세한 것은 나의 논저인 *Sprache und Mythos. Ein Beiträg zum Problem der Götternamen*, Leipzig 1924를 참조.

특수한 형식들의 보존을 목표로 하는, 즉 이들 특수한 형식들의 명확한 규정과 한정을 목표로 하는 비판적·선험론적인 개념상의 통일성을 찾는 일이다. 이러한 특수화의 원리는, 의미의 문제를 표시의 문제와 결합해보면, 즉 정신의 여러 표현형식들에서 '대상'이 '상(像)'과, '내용'이 '기호'와 결합하고 그와 동시에 양자가 풀어져서 서로 자립적인 것으로서 유지되는 방식에 관해 반성해본다면, 분명해진다.

　왜냐하면 물론 여기에서 이들 특수한 형식들이 서로 일치하는 기본적 요인의 하나는 기호가 갖는 능동적인 힘, 창조적인 힘이 신화에서도 또 언어에서도, 그리고 예술적 형태화에서도 또 세계나 세계의 연관에 관한 이론적인 기본적 개념들의 형성에서도 마찬가지로 실증되는 점에 있다는 것이 밝혀지기 때문이다. 훔볼트는 [31]언어에 관해 이렇게 말하고 있다. 즉 인간은 자기와 자기 안팎에서 작용하는 자연 사이에 언어를 두고 있고, 인간이 자기를 음성의 세계로 둘러싸는 것은 대상의 세계를 자신 속에 거두어들여 그것을 공들여 마무르기 위함이라는 것이다. 이러한 생각은 신화적 상상이나 미적 상상의 형성물에도 정확히 그대로 해당된다. 이 형성물들은 외부로부터 정신으로 작용되는 인상들에 대한 반응이라기보다는 오히려 정신의 참된 활동인 것이다. 신화의 최초의 표현들, 즉 어떤 의미에서 '가장 원초적인' 표현들에서 이미 뚜렷해지고 있는 점은, 거기에서 문제가 되고 있는 것이란 존재의 단순한 반영이 아니라 독특한 형성적인 가공과 표출이라는 사실이다. 여기에서도 또한 '주관'과 '객관', '안'과 '밖'이라는 두 세계 사이에 점차로 형태를 다양화하며 풍부하게 하는 어떤 새로운 중간영역이 출현함으로써, 양자 사이에 있던 최초의 긴장관계가 점차 해소되어가는 과정이 추적될 수 있다. 정신을 에워싸고 지배하고 있는 사물의 세계에, 정신은 자기의 자립적인 형상세계(Bildwelt)를 대치시킨다. 한층 더 명확하고도 의식적으로 '표현(Ausdruck)'으로 향하는 활동력이 점차 '인상(Eindruck)'의 힘에 맞선다. 그러나 물론 이 창조작용은 그 자체 아직은 자유로운 정신적 행위라는 성격을 지니고 있는 것은 아니고, 자연적 필연성이라는 성격, 어떤 특정한 심리적 '기제'라는 성격을 띠고 있다. 이 단계에서는 아직 자립적·자의식적인 자아, 자기의 소산 내에서 자유로이 살고 있는 자아가 존재하고 있는 것이 아니라 여기에서 우리는 간신히 '자아'와 '세계'가 서로 구별되게끔 규정되어 있는 정신적 과정의 문턱에 서 있는 것이기 때문에, 기호라는 새로운 세계는 의식 자체에 대해 완전히 '객관적인' 현실로서 나타날 수밖에 없다. 신화의 모든 시원, 특히 모든 주술적인 세계파악은 기호의 객관적 존재, 객관적인 힘에 대한 이러한 신앙으로 가득 차 있다. 말에 의한 주술, 상(像)에 의한 주술, 문자에 의한 주술이 주술적 활동이나 주술적 세계관의 기본적 부분을 형성하고 있는 셈이다. 신화적 의식의 전체적 구조로 눈을 돌려본다면, 여기에서 특유한 역설을 발견할 수 있을 것이다. 생각건대 일반적으로 지배적인 견해에 의하면, 신화의 근본충동이란 생명부여의 충동, 즉 존재의 모든 요소들을 구체적-직관적으로 파악해 나타내 보이려고 하는 충동일 터이지만, 만일 그렇다고 한다면 도대체 어떻게 이 충동이 하필이면 '가장 비현실적인 것', 가장 생명을 결여한 것에 특히 강력하게 향하게 되는 것일까? 그리고 도대체 어떻게 말이나 상이나 기호와 같은 그림자의 영역이 그러한 실질적인 힘을 신화적 의식에 미칠 수 있게 되는 것일까?[32] 보편적 개념이 무와 동일한 것처럼 보이고 감각이나 직접적 충동, 감성적 지각이나 직관이 모든 것인 듯이 보이는 세계에서, 도대체 어떻게 '추상적인 것'에의 이러한 신앙, 상징의 이러한 숭배가 일어나는 것일까? 이러한 물음에 대한 답은 이들 물음이 적어도 다음과 같은 형식 하에서는 그릇되게 제기되어 있는 것임을 인식할 때 비로소 발견될 수 있다. 즉 이러한 물음은 우리가 사고에 의한 고찰의 단계, 반성의 단계, 학문적 인식의 단계에서 행하며 또 필연적으로 행하기 마련인 구별을, 이러한 구별에 선행하고 또 이러한 구별과는 무관한 정신생활의 영역으로 가지고 들어오는 한에서, 그 물음 자체가 그릇되게 제기되어 있는 것이다. 신화의 세계가 '구체적'인 것은, 이 세계가 단지 감성적-대상적인 내용에만 관계되고 단지 '추상적'일 뿐인 듯한 모든 계기, 단지 의미와 기호에 지나지 않는 듯한 모든 것을 배척하고 배제하기 때문이 아니다. 오히려 사물적 계기와 의미의 계기 양자가 그 세계에서는 구별 없이 용해되어 있고, 또한 직접적인 통일성 속으로 합쳐지고 '유착되어' 있기 때문에, 신화의 세계는 구체적인 것이다. 신화도 또한 **형태화 작용**의 근원적인 한 양식으로서, 애초부터 감성적-수동적인 인상의 세계와는 명확한 경계선을 두고 있다. 신화도 또한 예술이나 인식과 마찬가지로 어떤 구별의 과정에서, 즉 직접적 '현실' 내지 단순한 '소여'로부터의 어떤 분리 속에서 성립한다. 그러나 신화가 이러한 의미에서 '소여'를 넘어서는 첫걸음들 중 하나를 의미한다고 하더라도, 그럼에도 그것은 자신이 산출한 것과 함께 금세 다시금 소여성의 형식으로 후퇴하고 만다. 신화는 정신적으로는 사물의 세계를 넘어서 있지만 그러나 그 사물의 세계 대신에 세우는 형태나 상(像) 내에 다른 형식의 존재성이나 구속성을 이입하고 있는 셈이다. 정신을 사물의 속박으로부터 해방시킨다고 여겨졌던 것이 이제 정신에게 새로운 속박이 되며, 여기에서 정신이 경험하는 힘은 단순한 자연력이 아니라 이미 어떤 정신적인 힘인 만큼, 그 속박은 한층 더 떼어내기 어려운 것이 된다. 그러나 그러한 강제는 물론 그 자체 내에 이미 장래에서의 자신의 폐기의 내재적 조건을 포함하고 있다. 즉 그것은 **주술적-신화적** 세계관의 단계로부터 본연의 종교적인 세계관으로의 진전에서 사실상 실현되는 정신의 해방과정의 가능성을 포함하고 있는 것이다. 이 연구가 진행됨에 따라 상세하게 밝혀지듯이, 이 같은 이행을 조건짓고 있는 것은 정신이 '상'과 '기호'의 세계에 대해 하나의 새롭고 자유로운 관계로 들어가는 것, 즉 정신이 계속 직접적으로 상이나 기호 속에 살면서 또한 그것들을 직접적으로 사용하면서도 또한 동시에 이전과는 다른 방식으로 이것들을 통찰하고 그럼으로써 이것들을 넘어서는 사태이다.

[33]그런데 우리가 여기에서 신화를 상징적 표현의 다른 영역들과 비교해볼 때, 정신이 스스로 창조한 자기 자신의 형상세계를 통해 경험하는 속박과 해방이라는 이 기본적 관계의 동일한 변증법은 한층 더 대규모로

그리고 훨씬 더 명료하게 나타난다. 언어의 경우에도 처음에는 단어와 그 의미, '표상'의 사실내용과 단순한 기호의 내용이 서로 구별되는 듯한 명확한 경계선이 있는 것은 아니며, 양자는 직접적으로 서로 뒤섞여 있고 이행해 있다. 단어를 단지 관습적인 기호, 단순한 flatus vocis[소리로 나타나는 바람]으로 보는 '유명론적인' 견해는 사후적인 반성의 소산이지, '자연적인' 언어의식, 무매개적인 언어의식의 표상은 아니다. 이 자연적인 언어의식에 있어서는 사물의 '본질'은 단어에 의해 단지 간접적으로만 지칭되는 것이 아니라 어떠한 방식으로든 그 단어 가운데에 포함되어 있고 그것에 현재해 있는 것이다. '자연민족'의 언어의식이나 유아의 언어의식 내에서 이름과 사태가 완전히 '유착'하고 있는 이러한 단계가 존재하는 것은 지극히 간명한 실례 —— 여기에서는 다양한 형식의 명칭-타부(Namen-Tabu)를 생각해보는 것만으로 충분할 것이다 —— 에 의해 제시된다. 그러나 언어의 정신적 발전이 진행됨에 따라 물론 이 경우에 있어서도 더욱 더 명확하고 의식화된 분리가 관철된다. 처음에는 언어가 아직 말하자면 신화의 세계에 파묻혀 있고 또 직접 신화의 세계에 달라붙어 있는 것으로 보이듯이, 언어의 세계도 처음에는 말과 본질, '의미하는 것'과 '의미되는 것'의 동일성을 철저하게 견지하고 있지만, 머지않아 언어 내에는 그 자립적인 사고의 기본적 형식, 로고스의 참된 힘이 나타남에 따라 한층 더 명확한 분리가 일어난다. 그 이외의 모든 단순한 자연적인 존재나 자연적인 활동에 대치하는 형태로, '의미부여'의 기능을 갖춘 순수하게 이념적인 것, 독자적인 것으로서 말이 출현한다. 그 다음에 우리는 예술에 의해 이 '분리'의 새로운 단계로 이끌려져 감을 보게 된다. 여기에서도 또한 애초에는 '이념적인 것'과 '실재적인 것'의 엄밀하고 명확한 구별은 없다. 즉 여기에서도 '형성물(Gebilde)'은 직접 조형(Bilden)이라는 창조적 과정의 소산으로서, 즉 '생산적 상상력'의 순수한 창작으로서 추구되거나 그러한 것으로서 의식되거나 하지는 않는다. 조형예술의 시작은 오히려, 조형의 활동 자체가 아직 주술적 표상영역에 직접 뿌리를 두고 있고 일정한 주술적 목적으로 향해져 있는 영역, 따라서 상 그 자체가 아직 자립적 의미, 순수하게 '미적'인 의미를 갖고 있지는 않은 영역에까지 거슬러 올라가 추적될 수 있는 것으로 보인다. [34]그럼에도 정신적 표현형식의 단계적 전개에서 보여지는 진정 예술적인 형성작용의 최초의 활동 가운데서도 이미 어떤 전적으로 새로운 시작, 어떤 새로운 '원리'가 나타나 있는 것이다. 왜냐하면 여기에서 무엇보다도 정신에 의해 단순한 사태세계나 사물세계와 대립되는 형상세계가 순수하게 내재적인 어떤 효력과 진리성을 획득하기 때문이다. 이 형상세계는 무언가 다른 것으로 향해져 있지 않으며 또한 다른 것을 지시하고 있는 것도 아니다. 그것은 단지 단적으로 '있는' 것이며 그것 자신에서 존립해 있는 것이다. 신화적 의식이 머무르고 있는 효력의 영역으로부터, 그리고 언어기호가 머무르고 있는 의미의 영역으로부터, 우리는 이제 말하자면 상(像)의 순수한 '존재'만이, 즉 상에 내재해 있는 그 고유한 본질 자체만이 포착되는 영역으로 옮겨지고 있는 셈이다. 이렇게 해서 비로소 상의 세계는 자기 자신의 중심에 위치하는 자기완결적인 하나의 우주로까지 형성된다. 그리고 이제 비로소 정신도 이 세계에 대해 진정으로 자유로운 관계를 발견할 수 있게 된다. 미적 세계는, 사물적인 관점, '실재론적'인 관점을 척도로 할 경우, '가상'의 세계가 되어버린다. 그러나 바로 이 가상이, 주술적-신화적 직관 역시 거기에서 움직이고 있는 직접적 현실, 즉 존재와 활동의 세계와의 관계를 방기함으로써, 그와 더불어 진리로 향하는 전적으로 새로운 걸음을 포함하게 된다. 그리하여 신화와 언어와 예술의 관계 내에서는 구체적인 역사적 현상으로서의 그 형성체들이 아무리 직접 서로 관련되고 또 어떤 일정한 체계적인 단계적 전개, 어떤 이념적인 진보를 나타내더라도, 그 진보의 목표는 정신이 자기 자신의 형성물들, 자신이 창조한 상징들 내에 단지 존재하고 거기에 사는 것에만 머무르지 않고 확실히 그것들을 그 본질에 있어 이해하는 데 있다고 말할 수 있다. 따라서 이 문제에 관해서도 헤겔이 『정신현상학』의 일관된 주제로 일컬은 것의 유효성이 실증된다. 즉 발전의 목표는 정신적 존재가 단지 실체로서만이 아니라 '같은 정도로 주체로서'도 파악되고 표현되는 데 있다는 주장이 그것이다. 바로 이 점에 있어 '신화철학'으로부터 싹튼 문제는 철학과 순수인식의 논리학으로부터 발생하는 문제와 다시금 직접 결합된다. 왜냐하면 과학 또한 그것이 정신생활의 다른 단계들과 구별되는 것은, 과학이 기호나 상징에 의한 어떤 매개도 필요로 함이 없이 명백한 진리, '물 자체'의 진리와 대립하는 것에 의해서가 아니라 과학이 그 사용하는 상징들을 다른 단계들과는 달리 그리고 그것들보다는 더 깊이 그것으로서 알고 이해하는 것에 의해서이기 때문이다. 그리고 과학에 있어서도 이 성과는 일거에 이루어질 수 있는 것은 아니다. [35]오히려 과학에서도 정신이 자기 자신의 창조물로 취하는 유형적인 기본적 관계가 새로운 단계에서 거듭 되풀이될 따름이다. 여기에서도 또한 정신에 의한 그러한 창조물에 대한 자유가 끊임없는 비판적 노력에 의해 재차 획득되고 확보되지 않으면 안 된다. 지식의 내부에서도 가설이나 '정초'의 사용 방식이 가설이나 정초에 고유한 기능을 인식하는 것보다도 [사실상] 정초짓는 일로서 선행해 있다. 그리고 이 인식이 [아직] 획득되지 않은 한에서, 지식도 또한 자신의 원리를 사물적인 형식으로서만, 즉 절반은 신화적인 형식으로서만 표현하고 직관할 수밖에 없는 것이다.

　　그러나 우리는 신화가 정신적 형식들의 체계 내에서 점하는 위치를 잠정적으로 지시하고 한정하기 위한 이 일반적 고찰을 여기에서 종결짓기로 하자. 그리하여 그 다음에 '실재성'에 관한 신화적 개념과 객관성에 관한 독자적인 신화적 의식의 특수성을 좀 더 명확하게 파악해보고자 한다.

제1부

사고형식으로서의 신화

제1장

신화적인 대상의식의 특성과 기본적 방향

[39]비판철학의 가장 우선하는 본질적 견해에 의하면, 대상은 이미 완성되고 고정된 형태로, 즉 있는 그대로의 즉자태로 의식에 '주어져 있는' 것이 아니라 표상이 대상과 맺는 관계는 의식의 자립적이고 자발적인 작용을 전제로 하고 있다. 즉 대상이란 종합적 통일에 앞서거나 종합적 통일 바깥에 존재하는 것이 아니라 오히려 종합적 통일에 의해 비로소 구성되는 것이다. 다시 말해 대상이란 의식에 단순히 찍혀지거나 새겨질 수 있는 어떤 주형(鑄型)이 아니고, 의식의 기본수단인 직관과 순수사고라는 조건들에 힘입어 수행되는 형성작용의 결과이다. '상징형식의 철학'은 비판주의적인 이 근본사상, 칸트의 '코페르니쿠스적 전회'가 의거해 있는 이 원리를 받아들이며 이를 한층 더 확장하려고 한다. 그것은 대상의식의 범주들을 단지 이론적–지적 영역에서만 찾는 것이 아니라, 모름지기 다양한 인상들의 혼돈으로부터 하나의 우주, 곧 어떤 특징을 지닌 유형적인 하나의 '세계상'이 형성되는 곳이면 어디든 간에, 이러한 범주들이 작용하고 있음에 틀림없다는 생각으로부터 출발하는 것이다. 그러한 세계상은 제각기, 단순한 '인상들'을 그 나름대로 명확하고 일정한 형태를 띤 '표상들'로 재가공한다고 하는 독자적인 객관화 작용에 의해서만 형성될 수 있다. 하지만 이와 같이

해서 객관화의 목표는 우리의 경험이나 우리의 과학적 세계상에 갖추어진 이론적인 대상의식보다도 앞서 있는 층위들로까지 거슬러 추구될 수 있는 것이지만, 이러한 층위들로까지 내려갈 경우에도 또한 객관화 과정의 경로와 수단이 변화된다. 그렇다면 이러한 경로의 방향이 인식되고 일반적인 모습으로 나타나지 않는 한에서는, 그 특수한 경과나 개개의 단계, 그 정지점이나 전환점도 명료하게 밝혀지지 않게 될 것이다. 이 방향은 결코 '일의적(一意的)'이지도 않고 유일무이한 것이지도 않다는 것, 감각인상의 다양이 정신의 여러 단위에 통합되는 방식이나 경향 자체에 [40]또한 다시금 지극히 다양한 의미의 뉘앙스가 인정된다는 것 —— 지금까지의 우리 연구의 이러한 성과 전체는, 만일 우리가 신화적 사고에서의 객관화 과정과 이론적 사고, 순수한 경험적 사고에서의 그것 간의 대립에 주목한다면, 명료하고도 확실한 증명을 얻을 수 있게 된다.

경험적 사고의 논리형식이 가장 선명하게 부각되는 것은 우리가 이 사고를 그 최고의 소산인 과학의 형태와 구조, 특히 '엄밀한' 자연과학의 정초에 입각해서 고찰하는 경우일 것이다. 그러나 거기에서 최고도로 완전한 모습으로 수행되어 있는 것은 개개의 경험판단이라는 가장 단순한 작용, 즉 일정한 지각내용을 경험적으로 비교하고 질서짓는 그러한 작용 내에 이미 소질로서 들어 있던 바의 것이다. 과학의 발전이란, 칸트의 말을 빌린다면, "모든 지각의 가능성"의 근저에 있는 원리를 완전히 현행화시키고 전개하며 일관된 논리적 규정으로까지 가져오는 것일 뿐이다. 하지만 실제로는 우리가 지각의 세계라고 부르고 있는 것조차도 이미 결코 단순한 것이거나 처음부터 자명하게 주어져 있는 것이 아니다. 오히려 그것은, 어떤 종류의 이론적인 기본적 작용을 통과하고 그 작용에 의해 파악되며 '이해'되고 규정되는 한에서만, '존재하는' 것이다. 이러한 일반적인 기본적 관계는, 우리가 지각세계의 직관적 원형 및 이것의 공간적 형태로부터 시작하는 경우에, 아마 가장 명확하게 나타나게 될 것이다. 공간 내에서의 공존이나 병존, 상호 분리와 상호 공존이라는 관계 그 자체는 '단순한' 감각, 즉 공간 내에 위치해 있는 감각적 '소재'와 더불어 결코 단적으로 함께 주어지는 것이 아니라, 오히려 그것은 경험적 사고의 극히 복잡한 소산이자 철저하게 간접적인 소산인 것이다. 공간 내의 사물들이 일정한 크기를 지니고 일정한 위치와 일정한 거리에 있다고 우리가 말하는 경우, 그것은 감관 지각의 단순한 자료를 언표하고 있는 것이 아니라 이 감각 자료를 하나의 관계적 연관 및 체계적 연관 내에 위치짓는 것으로, 이때의 연관이란 결국 순수한 판단의 연관과 다름없는 것임이 분명하다. 공간 내의 모든 구분은 판단에서의 하나의 구분을 전제하고 있다. 위치, 크기, 거리의 구별이 파악되고 설정된다고 하는 것은, 개개의 감각 인상이 판단에 의해 여러 가지로 평가되고 또 그것에 여러 가지 의미가 부여됨에 의해 비로소 가능해지는 것이다. 공간 문제의 인식비판적 분석 및 심리학적 분석은 이 사태를 모든 측면으로부터 조명하고 그 기본적 특질을 확인했다. 이것을 표현함에 있어서 [4]우리가 헬름홀츠와 함께 '무의식의 추론'이라는 개념을 선택하든 아니면 이 용어에는 사실상 모종의 위험과 애매함이 숨겨져 있는 탓에 이 표현을 물리치든 간에, 어쨌든 다음과 같은 점 하나는 '선험론적' 고찰과 생리학적–심리학적 고찰의 공통의 귀결로서 인정되지 않으면 안 된다. 즉 지각세계의 공간적 질서는 전체로서도 또 개별적으로도 동일화, 구별, 비교, 배열이라는 작용에서 유래하며, 이것들은 그 기본적 형식에서 보더라도 순수하게 지적인 작용들인 것이다. 여러 인상들이 이러한 작용 그 자체에 의해 분절되고 여러 의미층들에 배분됨으로써 비로소 우리에게는 말하자면 이 이론적인 의미의 중층화작용의 직관적 반영으로서, 공간 '내'의 분절이 생겨난다. 그리고 생리학적인 광학이 상세하게 가르쳐 주는 인상들의 이와 같은 다양한 '중층화' 그 자체도, 그 근저에 다시금 어떤 보편적 원리, 어떤 일관되게 사용되는 척도가 없으면, 행해질 수 없을 것이다. 직접적인 감각인상의 세계로부터 매개된 직관적 '표상'의 세계에로, 특히 공간적 '표상'의 세계에로의 이행은, 언제나 똑같이 흘러가는 여러 인상들의 계열 안에서 이들 인상이 놓여져 있는 항상적인 관계, 이들 인상이 거기에 따라서 재현되는 항상적인 관계가 점차 자립적인 것으로서 두드러지게 되고 또 그럼으로써 매순간마다 변화하는 불안정한 감각내용들과 특정적으로 구별되고 있는 것에 의거한다. 이제 이 항상적인 관계가 확고한 구조가 되고, 말하자면 '객관성'의 확고한 구조물이 되는 것이다. 인식론적인 회의나 의문에 동요되지 않는 소박한 사고는 통상 얽매이지 않은 채 '사물'과 그 성질의 항상성이라는 말을 하곤 하지만, 비판적 고찰에서는 이 항상적인 사물과 성질에 관한 이러한 주장도, 그 기원과 그 궁극적인 논리적 근거에까지 소급된다면, 위에서 말한 관계에 관한 확신으로, 특히 항상적인 양적 관계나 수적 관계에 관한 확신으로 해소되어버린다. 경험 대상들의 존재는 이러한 관계에 의존하며, 그러한 관계에 의해 구성되어 있는 것이다. 그러나 이와 동시에, 개개의 경험적인 '사물'이나 특정한 경험적인 사건의 파악이 모두 어떤 평가작용을 포함하고 있다는 점도 이미 주어져 있다. 단순한 표상의 세계나 상상의 세계와는 구별되는 경험적 '현실', 즉 '객관적' 존재의 확고한 핵은 흘러가는 것에 대해 머무는 것, 변화하는 것에 대해 항상적인 것, 변동하는 것에 대해 부동하는 것이 더욱 더 확연하고 명확하게 구별되는 것에 의해 두드러진다. [42]개개의 감각인상도 단지 그 있는 그대로, 즉 단지 그것이 직접 주어져 있는 그대로 받아들여지고 있는 것은 아니고, 그것이 과연 경험 전체 내에서 어디까지 확증되고 또 이 경험 전체에 대해 어디까지 주장되는가라는 물음에 노출된다. 감각인상이 이 물음, 이 비판적 검토에 견뎌낼 때에야 비로소 그것은 현실의 영역, 즉 객관적 확실성의 영역에 수용된 것으로서 인정되는 것이다. 그리고 이 검토, 이 확인은 경험적 사고 및 경험지의 어떠한 단계에서도 결코 끝나지 않고 언제나 새로이 재발되고 재개되지 않으면 안 된다. 우리의 경험의 상수(常數)는 어디까지나 상대적인 상수에 지나지 않고, 그것은 바로 다른 한층 더 확고한 것에 의해 유지되고 정초되어야 할 필요가 있다는 것이 언제나 다시금 입증된다. 따라서 단지 '주관적'일 뿐인 것과 '객관적인 것'의 경계선은 처음부터 부동(不動)인 것으로서 규정되어 있는 것이 아니라, 경험과 그 이론적 정초가 진전해가는 과정에서 비로소 형성되고 결정되는 것이다. 그것은 끊임없이 갱신되어가는 정신의 작업으로서, 이것에 의해 우리가 객관적 존재라고 부르고 있는 것의 윤곽이 항상 지연되고 다른 새로운 모습으로 회복되기에 이른다. 그러나 이 작업은 본질적으로 비판적인 성격을 띤 것이다. 그때까지 확실한 것, 유효한 것이라고 여겨지고 '객관적-현실적'이라고 간주되어온 요소들이 끊임없이 떨어져나가는데, 그 이유는 이들 요소들이 경험 전체의 통일성에 모순 없이 끼워 넣어질 수 없다는 사실, 또는 적어도 이 통일성에 비추어보면 단지 상대적이고 한정된 의미를 지닐 뿐 어떤 절대적인 의미를 지니지 않는다는 사실이 분명해지기 때문이다. 현상 일반의 질서와 법칙성이 되풀이되며, 또한 이것은 개별적인 경험적 현상 및 이 현상에 귀속되어 있는 '존재'의 진리성의 규준으로서 사용된다. 즉 경험계의 연관의 이론적 구축이 문제가 되어있는 여기에서도 모든 특수한 것은 직접 또는 간접적으로 보편적인 것에 관계되며 보편적인 것에 의해 측정되고 있는 것이다. '표상이 대상과 맺는 관계'란 결국 다름 아닌 그 표상을 하나의 포괄적인 체계적 전체 연관 내에 배치하여 그것에 일의적으로 명확한 위치를 할당한다는 것을 의미하며, 또한 근본적으로 말해 그것 이외 다른 의미일 수 없다. 따라서 개별적인 것의 이해나 그것의 단순한 파악조차도 이러한 사고형식 내에서는 이미 법칙개념의 상(相) 아래에서(sub specie) 행해지게 된다. 존재하고 존립하는 것은 개별적인 것, 특수적 존재, 구체적-개별적인 사건이다. 그러나 그러한 것들의 이 존립이 확증되고 보증되는 것은 우리가 그것을 어떤 보편적 법칙의 특수 예로서 또는 좀 더 정확히 말하면 보편적 법칙의 어떤 총체, 즉 그 체계의 특수 예로서 생각할 수 있고 또한 생각하지 않을 수 없다고 하는 것에 의해서이다. 그러므로 이 세계상의 객관성이란 [43]이 세계상이 완전히 완결된 것이라는 점을 표현하고 있을 뿐이며, 결국은 우리가 모든 개별적인 것 안에서 또한 개별적인 것과 더불어 전체의 형식을 함께 생각하고, 개별적인 것을 말하자면 이 전체 형식의 하나의 특수한 표현, 하나의 '대표사례'로서 간주한다는 사실을 표현하고 있을 뿐이다.

그런데 이론적인 경험적 사고에 부과되어 있는 이 과제로부터, 그 사고가 이 과제의 달성을 위해 계속해서 이용하지 않으면 안 되는 사상적 수단 또한 분명해진다. 이 과제의 목표는 가장 보편적인 최고도의 종합에 있고, 모든 개별적인 것을 경험의 일관된 통일성으로 통합하는 데 있다면, 이 목표가 달성될 수 있기 위한 유일한 방법은 오히려 외견상 그 반대라고도 생각되는 길을 지시하고 있다. 내용은, 그것이 이러한 방식으로 다른 질서에 자리잡기에 앞서, 즉 그것이 체계적 전체의 형식에로 파고 들어갈 수 있기에 앞서, 그 자체에서 이미 어떤 변형을 겪은 것이지 않으면 안 된다. 즉 내용은, 더 이상 직접적인 감각인상 내에서는 파악할 수 없고 오히려 이론적 사고 내에서만 정립될 수 있는 궁극적 '요소들'로 환원되며, 말하자면 그것들에로 해소되지 않으면 안 되는 것이다. 이러한 요소들을 정립하고 있지 않으면, 경험과 과학의 법칙적 사고는 말하자면 그것이 결합될 수 있는 기체(基體)를 결여하는 것이 될 것이다. 왜냐하면 미분화된 지각의 내용이나 형상들은 그 자체로는 이 사고에 어떠한 발판이나 지지점도 제공하지 않기 때문이다. 그것들은 어떠한 확고하고도 연속적인 질서에도 끼워 맞춰지지 않고 진정 일의적인 명확성이라는 성격도 전혀 지니고 있지 않으며, 오히려 그 직접적 존재에 있어 파악된다면 단지 흘러지나가고 멀리 도망칠 만한 것이며, 그것에서 실로 엄밀하고 정확한 '경계선'을 분간하려는 모든 시도에 저항할 것이다. 이러한 경계선의 설정은, 현상의 직접적 존재와 직접적 상태로부터 시작해서 그 자신은 더 이상 현상하지 않고 오히려 현상의 '근거'로서 생각되는 다른 것으로 거슬러 올라갈 때 비로소 가능하게 된다. 이렇게 해서 예컨대 우리가 운동의 주체를 단순히 지각가능한 구체적 대상의 영역에서 여전히 찾고 있는 한에서는 운동의 진정 '정밀한' 법칙의 정식화에는 이를 수 없다. 사고가 이러한 대상영역을 넘어서고 운동의 '참된' 주체로서의 원자들을 정립하는 데까지 나아갈 때 비로소, 사고에 있어서는 운동이라는 현상이 이 새로운 이념적 요소들에 입각해 수학적으로 파악될 수 있게 된다. 이것과 마찬가지로, 또한 이론적인 경험적 사고가 추구하는 **종합**은 일반적으로 그것에 대응하는 **분석**을 전제로 하고 있으며 그러한 분석에 의거해서만 종합을 구축할 수 있다. 여기에서는 결합은 분리를 전제로 하며, ⁴⁴다른 한편 분리는 다름 아닌 결합을 가능하게 하고 준비시키는 것을 목표로 하고 있다. 이 의미에서 모든 경험적 사고는 그 자체에서 변증법적이다 ── 특히 변증법이라는 개념을 플라톤에 의해 주어진 역사적 본뜻에 따라 수용하여 변증법이라는 이 개념에서 결합과 분리, 즉 συναγωγή[synagoge] 와 διαίρεσις[diairesis] 간의 통일을 생각한다면 말이다. 하지만 거기에 존재한다고 여겨지는 논리적 순환은 경험적 사고 자체의 끊임없는 순환의 표현에 다름 아니다. 경험적 사고는, 그것이 개별적인 내용들을 그 구성요인들로 분해하고 그리하여 다시 전제로서의 이 요인들로부터 '발생적'으로 그 내용들을 생기게 한다는 점에서, 항상 분석적인 동시에 종합적이고, 전진적인 동시에 퇴행적으로 작용하지 않으면 안 된다.

이들 두 근본적 방법의 상호작용과 상호연관에 의해 비로소, 지(知)의 세계는 그 독자적인 형식을 얻게 된다. 지의 세계를 감각인상의 세계로부터 구별하는 것은 그것을 구성하는 소재가 아니라 그 소재가 끼워 넣어지는 새로운 질서이다. 이 질서의 형식은, 직접적 지각에서는 단지 미분화적으로 병존해 있던 것이 점차로 한층 더 명확하고 엄밀하게 분리되는 것을, 직접적 지각에서는 단지 공존해 있던 것이 상하의 질서 ── '이유'와 '귀결'의 체계 ── 로 개편되는 것을 요구한다. 이 이유와 귀결이라는 범주에서야말로 사고는 진정 유효한 분리의 수단을 찾아내는 것이며, 이 수단에 의해 이제는 사고가 감각자료에 적용하려고 하는 새로운 방식의 결합작용도 비로소 가능하게 된다. 감성적인 세계관이 '사물'의 평화적인 공존, 즉 그 집적만을 볼 뿐인 곳에서, 경험적-이론적인 세계관은 오히려 '조건들'의 긴밀한 맞물림, '조건들'의 복합체를 본다. 그리고 이제 조건들의 이러한 계층적 구조 내에서 각각의 개별적 내용에 일정한 위치가 할당된다. 감성적인 파악이 개개 내용의 '무엇[일까]'의 확인에 만족하는 데 반해, 이제 이 단순한 '무엇'이 '[……]이기 때문에'의 형식으로 변환되며, 내용들의 단순한 공존과 연속, 시간·공간 내의 함께 있음이 그 이념적인 의존관계(상호적인 근거지음)로 치환된다. 그러나 이렇게 함으로써 동시에, 반성을 거치지 않은 당초의 사물관의 단순함이나 이를테면 소박함에 대해, 객관개념의 의미 자체에 놀랄 만한 정밀화와 세련됨이 얻어진다. 이론적인 세계관과 그 인식 이상(理想)이라는 의미에서의 '객관적인 것'이란 더 이상 감각의 증거에 따라 단순히 '거기에 있는 것(Dasein)'으로서, 단순히 '그러그러한 것'으로서 우리 앞에 내세워지는 것이 아니라 [45]그 자체 안에 항상성의 보증, 일관되고 불변하는 확정성(Bestimmtheit)의 보증을 지니고 있음을 뜻한다. 이 확정성 은——모든 '착각' 현상이 나타내 보일 수 있듯이——지각의 직접적인 성질에 적합하지 않으므로, 지각은 처음에 자신이 거기에 위치해 있다고 여겼던 객관성의 중심으로부터 점차 주변부로 옮겨간다. 경험의 한 요소의 객관적인 의미는 이제는 더 이상 그것이 개체로서의 자신을 의식에 행사하는 감각적인 힘에 의존하는 것이 아니라 자신 안에서 전체의 형식과 법칙성을 표현하고 반영하는 그 명확함에 의존하는 것이 된다. 그렇다고는 해도, 이 형식은 결코 일거에 나타나는 것은 아니고 부단한 단계적 진행을 거쳐 구축되는 것이므로, 이로부터 경험적 진리 개념 자체의 분화와 계층화도 생겨나는 것이다. 단순한 감각적 가상과 객관의 경험적 진리는 물론 구별되지만, 이 진리도 역시 직접 파악될 수 있는 것은 아니고 이론의 발전, 과학적인 법칙적 사고의 발전에서 비로소 쟁취될 수 있는 것이다. 그러나 바로 그 때문에 이러한 진리 그 자체도 또한 절대적 성격을 지니는 것이 아니라 어떤 상대적인 성격 밖에 갖지 않게 된다. 왜냐하면 이 진리는, 그것이 거기에서만 획득가능한 일반적인 조건연관이나 또는 이 조건연관이 의거해 있는 전제들, '가정들'과 생사를 같이하기 때문이다. 항상적인 것은 변화하는 것과, 객관적인 것은 주관적인 것과, 진리는 가상과 언제나 다시금 그렇게 구별된다. 그리고 이 운동 내에서 비로소, 사고에 있어 경험적인 것의 확실성, 사고 본연의 논리적 성격이 나타난다. 경험적 대상의 긍정적인 존재는 말하자면 이중의 부정에 의해 획득된다. 즉 한편에서는 그것을 '절대자'와 구별하는 것에 의해, 다른 한편에서는 그것을 감각적 가상과 구별하는 것에 의해서이다. 이 경험적 대상은 '현상'으로서의 객관이지만 그러나 현상은 '가상'이 아니다. 그것은 인식의 필연적 법칙에 의해 근거지어져 있기 때문이며, phaenomenon bene fundatum[충분히 근거지어져 있는 현상]이기 때문이다. 다시금 또한 밝혀지는 것은, 객관성이라는 일반적 개념도 또 그 개별적인 구체적 현실도, 양자가 이론적 사고의 영역에서 형성되는 방식에서는 경험적 요소들의 분리 내지 선별 작용의 진전, 즉 '우유적인 것'과 '본질적인 것', 변화하는 것과 항상적인 것, 우연적인 것과 필연적인 것을 점차로 명확하게 구별해가는 정신의 비판적 작업에 모두 기초를 두고 있다는 점이다.

경험적 의식상의 아무리 '원초적'이고 무반성적인 단계를 뽑아보더라도 이러한 기본적 성격이 아직 명확하게 식별될 수 없을 듯한 단계는 하나도 없다. [46]물론 자주 사람들은 인식론적 고찰에서 순수한 직접성의 상태, 단순한 소여성의 상태를 모든 경험적 인식의 단서로서 간주하며, 거기에서는 인상이 그 단순한 감각적 상태에서 수용되고 이 상태에서 '체험'되고 있어, 이 상태에서는 어떠한 종류의 형식부여 작용도 또 사고에 의한 가공도 행해지지 않으리라고 생각한다. 따라서 여기에서는 모든 내용이 아직은 말하자면 동일 평면상에 있어, 그저 단순히 '거기에 있는 것'이라는 성격, 즉 그 자체 내에서 아직 분열도 분화도 일으키지 않은 단일한 성격을 이루고 있는 것으로 여겨진다. 그러나 그 경우에 너무나 쉽게 잊고 있는 것은 여기에서 전제되어 있는 경험적 의식의 단적으로 '소박한' 단계라는 것 자체가 어떤 사실이 아니라 이론상의 구축물이라는 점, 즉 그것은 궁극적으로는 인식비판적 반성이 만들어낸 한계개념(Grenzbegriff)과 다름없다고 하는 점이다. 경험적인 지각의식이 아직 추상적인 과학적 인식의 의식으로까지 전개되어 있지 않은 경우에도, 거기에는 이미 구별과 분리의 작용이 잠재적으로 포함되어 있는 것이며, 이것이 과학에서 명확한 논리형식이 되어 나타나는 셈이다. 이 점은 이미 공간의식의 예에서 제시된 바 있다. 그런데 공간의식에 적용되는 이 점은, '경험의 대상'이 기초해 있고 또 그에 의해 구성되는 그러한 다른 질서짓는 형식들에도 마찬가지로 적용된다. 왜냐하면 어떠한 단순한 '지각(Wahrnehmung)'도 이미 '참으로 간주하는 작용(Für-Wahr-nehmen)'을 포함하고 있으며, 따라서 객관성의 일정한 규범과 척도를 포함하고 있기 때문이다. 지각이란 좀 더 면밀하게 보자면 이미 의식이 '인상들'의 혼돈에 가까운 더미에 가하는 선택과 구별의 과정인 것이다. 그때그때마다 밀려들어오는 이러한 인상들에 대해 어떤 특징은 되풀이해서 나타나는 '유형적'인 것으로서 파악되고, 단지 우연적이고 일시적인 다른 특징과 대립되는 것임에 틀림없다. 어떤 계기는 강조되고 그에 반해 다른 계기는 '비본질적'인 것으로서 버려지는 것임에 틀림없다. 온갖 방향에서 밀려들어오는 지각의 소재에 가하는 그러한 '취사선택'을 기초로 해서, 이 소재에 일정한 형식을 부여하고 또 그럼으로써 일정한 '대상'을 만들어내는 모든 가능성도 생겨난다. 그리고 지각 일반을 하나의 객관에 관계 맺게 하는 가능성도 거기에서 생겨나는 것이다. 따라서 지각의 대상의식과 과학적 경험의 대상의식은 원리적으로 구별되는 것이 아니라 단지 정도의 차가 있을 뿐이다. [47]왜냐하면 지각 내에서도 이미 존재하고 작용하고 있는 가치의 구별이 과학에서 인식의 형식으로까지 높여지며, 즉 개념이나 판단으로서 고정되는 것이기 때문이다.[1]

그러나 신화적 의식 내에서 일어나는 다른 종류의 대상이나 대상성에 눈을 돌려보면, 우리는 이 '직접적인 것'을 향해 한층 더 걸음을 내딛지 않으면 안 된다. 신화도 또한, 의식에 대해 전적으로 객관적인 것으로서, 아니 객관적인 것 그 자체로서 나타나는 순수한 형태(Gestalt)의 세계 안에 살고 있다. 그러나 이 형태의 세계와의 관계 내에서는 경험적·개념적 지식의 출발점이 되는 어떤 결정적인 '분리(Krisis)'를 나타내는 것은 아직 전혀 없다. 신화의 내용이 대상적으로 파악되고 '현실적인 내용'으로서 의식에

• • •

1. 이 인식론적 예비고찰의 기초 마련에 관해서는 나의 저서 『실체개념과 함수개념』(특히 제4장과 제6장)의 보다 상세한 서술을 지시할 수밖에 없다.

주어진다고 해도, 역시 그 현실성의 형식은 아직 전적으로 균질적이고 미분화인 채이다. 인식이 그 객관개념에서 만들어내는 의미나 가치의 뉘앙스, 그리고 또한 그것에 의해 다양한 대상영역의 엄밀한 구별이나 '진리'의 세계와 '가상'의 세계의 구분에 도달하는 그러한 의미나 가치의 뉘앙스가 여기에서는 아직 완전히 결여되어 있다. 신화는 오로지 그 객관의 현전 내에서만, 다시 말해 어떤 순간에 그 객관이 의식을 엄습하여 이것을 점유하는 강렬함 가운데서만 유지되는 것이다. 따라서 거기에서는 순간 그 자체를 넘어 확장케 하거나 순간의 전후로 눈을 돌려 그 순간을 하나의 특수로서 현실의 요소 전체에 관련시킬 수 있는 가능성은 없다. 주어져 있는 모든 특수한 것 각각은 그것을 다른 특수와 결합시켜 다른 것과 함께 계열화하고 이렇게 해서 마침내 사건의 보편적인 법칙성에 편입시키기 위한 단순한 계기에 지나지 않는다고 보는 사고의 변증법적 운동이 여기에는 없다. 그 대신 여기에서는 어떤 인상 자체에의 그리고 그때그때의 인상의 '현재'에의 단순한 헌신이 존재한다. 의식은 단지 거기에 있는 것으로서의 인상에 사로잡혀 있다── 이 때문에 거기에는 지금 여기에 주어지고 있는 것을 수정하고 비판하며 더 나아가 지금 주어져 있지 않은 과거의 것이나 미래의 것에 비추어 그것을 측정함으로써 그것을 그 객관성에 한정하고자 하는 그러한 충동이나 가능성이란 없다. 하지만 이러한 매개가 되어야 하는 척도가 결여되어 있고 모든 존재, 모든 '진리', 모든 현실이 내용의 단순한 현재로 해소된다고 한다면, 그와 함께 필연적으로 현상하는 모든 것이 단지 하나의 평면에 밀집해버리게 된다. 거기에는 실재성의 다양한 단계들도 없으며, 또한 객관적 확실성의 서로 구별되는 단계도 없게 된다. [48]이렇게 해서 생겨나는 실재성의 상(像)에는 말하자면 깊이 차원이 결여되어 있다. 다시 말해 경험-과학적 개념에서 '근거'와 '근거지어진 것'의 분리라는 지극히 특징적인 방식으로 행해지는 바와 같은 전경(前景)과 후경(後景)의 구별이 결여되어 있는 것이다.

여기에서는 신화적 사고의 기본적 특징의 하나를 우선은 극히 일반적으로 제시한 셈이지만, 이미 그것만으로도 이제 그로부터의 단순하고 필연적인 귀결로서 이끌어지는 신화적 사고의 여타 많은 특징들도 규정되며, 결국은 신화의 현상학이라는 특수한 학문의 특색이 이미 넓은 구간에 걸쳐 나타나게 된 셈이다. 실제로 신화적 의식의 사실들을 대충 바라본 것만으로도, 이 의식에는 경험적 개념이나 경험-과학적 사고가 단적으로 필요로 하고 있는 명확한 경계선이 아예 결여되어 있다는 것이 이해된다. 무엇보다도 우선 여기에는 단지 '표상되었을 뿐인 것'과 '현실적' 지각 간의, 소망과 성취 간의, 상과 사물 간의 확고한 구별이 결여되어 있는 것이다. 이 점은 꿈의 체험이 신화적 의식의 발생과 구성에 결정적인 의미를 지니고 있다는 점에서 가장 명백하게 드러난다. 물론 신화의 내용 전체를 근본적으로 이 꿈 체험이라는 단 하나의 원천으로부터 이끌어내려고 하고 신화는 무엇보다도 우선 꿈의 경험과 각성시의 경험의 '혼동'이나 혼합에 의해 비롯된다고 하는 설인 애니미즘 이론은, 특히 타일러에 의해 주어진 것 같은 형식으로는, 일면적이고도 불충분한 것이긴 하다.[2] 그럼에도 신화적 사고나 신화적 '경험'에 있어서는 꿈의 세계와 객관적 '현실'의 세계 간에 끊임없이 유동하는 이행이 있다고 생각함에 따라 비로소 신화의 어떤 기초개념들도 그 독자적인 구조에 관해 이해가능하게 되고 명백하게 된다는 것에는 의문의 여지가 없다. 순수하게 실천적인 의미에서도, 즉 인간이 단순한 표상에서가 아니라 행위나 행동 속에서 현실에 직면하는 태도에 있어서도, 특정한 꿈의 경험에는 각성시에 체험되는 것에 갖추어져 있는 것과 동일한 힘이나 중요성이 갖추어져 있는 것이며, 따라서 간접적으로는 동일한 '진리성'이 갖추어져 있다. 많은 '자연민족들'의 생활이나 활동의 전체는, [49]그 세부에 이르기까지 그들이 꾸는 꿈에 의해 규정되고 지배되어 있다.[3] 그리고 꿈과 각성 사이에

• • •

2. 원시적인 '영혼개념'의 내용 또한, 그 전체는 물론 지극히 현저한 특징만을 취하더라도, 꿈체험으로부터는 결코 도출되지 않고 설명도 될 수 없다는 것이 최근 특히 Walter F. Otto, *Die Manen oder Von den Urformen des Totenglaubens*, Berlin 1923(특히 S. 67 ff.)에 의해 강조된 바 있으며, 이것은 정당한 것이다.

확고한 구별이 없는 것과 마찬가지로, 신화적 사고에 있어서는 생의 영역과 죽음의 영역도 확연하게 나누어지지 않는다. 이 둘은 존재와 비존재 같은 관계에 있는 것이 아니라 동일한 존재의 동종적이고 등질적인 부분들이다. 신화적 사고에서는 생이 죽음으로, 죽음이 생으로 이행하는 어떤 명확하게 구분된 특정한 순간이란 존재하지 않는다. 탄생이 재래(再來)로 생각되듯이, 죽음은 영속으로 생각된다. 신화의 '영혼불멸설'은 모두 이 의미에서 원래 적극적-교의적인 의미를 지니는 것이 아니라 오히려 소극적인 의미를 지닌 것이다. 미분화되고 무반성적인 의식은 구별을 행하는 것을 거부한다. 사실 구별이라는 것은 체험내용 자체에 직접 확실한 것으로서 포함되어 있는 것은 아니며 결국 생의 경험적 조건들을 생각하는 때에 요구되는 것, 즉 인과적 분석의 특정 형식에 의해 요구되는 것에 지나지 않는다. 만일 모든 '현실'이 그저 직접적 인상 속에 주어져 있는 바로서만 받아들여진다면, 그리고 현실이란 그것이 표상생활, 감정생활, 의지생활에 미치는 힘에 의해서 충분히 확인된다고 여겨진다면, 죽은 자는 설령 그의 현상방식이 지금까지 변했다고 하더라도, 즉 감성적-물리적인 존재(Existenz) 대신에 한갓 육체를 갖지 않는, 그림자 같은 존재(Dasein)로서 나타났다고 하더라도, 오히려 실제로 '존재하고 있는' 것이다. 살아있는 자가 꿈의 현상들 속에서나 사랑과 공포 등의 감정 속에서 여전히 죽은 자와 관계하고 있다는 사실은, 여기에서는—즉 '현실에 존재하고 있는 것'과 '현실에 작용하고 있는 것'이 하나로 결합되어 있는 곳에서는—확실히 죽은 자의 영속이라는 말로서밖에 달리 표현되거나 설명될 수 없다. 보다 진전된 경험적 사고가 생과 죽음의 현상 사이 및 이들의 경험적 전제들 사이에서 분석적인 분별을 행하긴 하지만, 이 경우 우리는 오히려 단적으로 '거기에 존재하는 것'에 대한 미분화된 관점에 서있는 것이다. 이러한 관점에서는, **육체적 존재조차도**

• • •

3. 이것에 관해 상세하게는 현재 Lévy-Bruhl, *La mentalité primitive*, Paris 1922에 수록되어 있는 풍부한 자료를 참조할 것. 또한 Brinton , *Religions of primitive peoples*, S. 65 ff.도 볼 것.

죽음의 순간에 갑자기 파괴되는 것이 아니라 단지 그 무대를 바꾼 것에 지나지 않는다. 사자(死者) 숭배는 모두 본질적으로, 죽은 자도 또한 그 존재를 보존하는 물리적 수단 —— 식량이나 의복이나 소유물 —— 을 끊임없이 필요로 하고 있다는 신념에 기초를 두고 있다. [50]따라서 사고의 단계, 즉 형이상학의 단계에서는 사후의 영혼의 영속을 '증명'할 수 있도록 사고가 전력을 기울여야만 하지만, 인간의 정신사의 자연적 진전에서는 오히려 그 정반대의 관계가 성립된다. 여기에서 '증명'되어야만 하는 것, 이론적으로 인식되어야 하는 것, 즉 진보된 반성이 직접적인 경험내용 안에 투입하는 경계선에 의해 점차로 밝혀지고 확정되어야 하는 것은 불멸성이 아니라 가사성(可死性)인 것이다.

만일 신화적 의식의 내용을 외부로부터 반성하는 것만이 아니라 내부로부터 이해하고자 한다면, 우리는 경험적 사고와 비판적 지성이 구별하는 다양한 객관화의 단계 전체의 이러한 미분화 상태, 이러한 독특한 혼융상태를 언제나 눈앞에 현전화하지 않으면 안 된다. 우리는 신화적 의식의 이러한 내용을 '상징적'인 것으로서 파악하는 것이 예사이지만 그것은 그 배후에 그 내용에 의해 암시되고 있는 숨겨진 다른 의미가 추구되고 있기 때문이다. 이렇게 해서 신화는 신비(Mysterium)가 된다. 즉 신화의 본연의 의미와 본연의 깊이는 신화가 그 고유한 형상 내에서 드러내는 것에서가 아니라 그것이 은폐하고 있는 것 속에 존재한다. 신화적 의식은 암호와 같은 것으로서, 그것을 푸는 열쇠를 지니고 있는 자에게만 이해되고 해독될 수 있는 것이다. 그 사람에게는 이 신화적 의식의 개개 내용은 근본적으로는 거기에 포함되어 있지 않은 어떤 '다른 것'을 나타내기 위한 관례적인 기호와 다름없다. 이로부터 신화해석의 다양한 방식과 방향이 생겨난다. 신화해석이란 이론적 의미내용이든 도덕적 의미내용이든 신화가 그 안에 은폐하고 있는 것을 분명하게 드러내려는 시도이다.[4] 중세철학은 이 해석에 있어 다음과 같은

• • •

4. 신화 해석의 역사에 관해서는 Otto Gruppe, *Gesch. der klassischen Mythologie und*

세 가지 단계를 구별했다. 즉 sensus allegoricus[알레고리적 의미], sensus anagogicus[정신적 의미], sensus mysticus[신비적 의미]가 그것이다. 낭만주의는 신화의 '알레고리적' 파악을 순수하게 '자의적(自意的, tautegorisch)' 파악으로 치환하고자 하여 신화라는 근본현상을 다른 것과의 관계에서가 아니라 그 자체로부터 이해하려고 대단히 노력하였음에도 불구하고, 그 낭만주의조차도 이 '알레고리적 해석(Allegorese)'을 원리적으로는 극복하지 못했다. 크로이처의 『고대민족의 상징과 신화』나 괴레스의 『아시아세계의 신화의 역사』는 둘 다 신화에서 알레고리적-상징적인 언어를 간파하여, [51]구상적 표현을 통해 보여지는 감추어진 깊은 의미, 순수하게 이념적인 내용이 그 언어에 내장되어 있다고 생각했다. 그러나 신화 그 자체로 눈을 돌려 신화가 무엇이며 신화는 자기 자신을 어떠한 것으로 알고 있을지에 주목한다면, 바로 이념적인 것과 실재적인 것의 이러한 **구분**, 직접적인 존재의 세계와 간접적인 의미의 세계의 이러한 구별, '상'과 '사물'의 이러한 대립이 신화와는 전적으로 무관한 것임을 깨닫게 된다. 그러한 구별은, 더 이상 신화 속에 살고 있지도 또 존재하고 있는 것도 아니라 신화를 앞에 두고서 반성하고 있을 뿐인 우리 관찰자가 비로소 신화 안에 투입하는 것이다. 우리가 단순한 '표출'의 관계 밖에 보지 않는 곳에서도, 신화에 있어서는——신화가 그 기본적 원형으로부터 아직 일탈하지 않고 그 근원성으로부터 아직 이반하지 않은 한——오히려 참된 동일성의 관계가 존재하고 있다. '상'은 '사물'을 나타내고 있는 것이 아니라 사물 그 자체인 것이다. 상은 사물을 대신할 뿐만 아니라 사물처럼 작용하는 것이며 따라서 직접 현전하고 있는 사물을 대체한다. 그러므로 '이념적인 것'이라는 범주가 결여되어 있다는 것이야말로 신화적 사고의 특징인 것이며, 또한 신화적 사고에 순수하게 의미부합하는 것이 나타날 때에는 이것을 파악하기 위해

. . .

Religionsgeschichte während des Mittelalters im Abendland und während der Neuzei(Supplem. zu *Roschers Lexikon der griech. u. röm. Mythologie*), Leipzig 1921을 참조.

서 그 의미부합하는 것 자체를 그대로 하나의 사물적인 것, 존재하는 것으로 치환해야만 한다는 것이야말로 신화적 사고의 특징인 것이다. 이러한 기본적 관계는 신화적 사고의 지극히 다양한 단계들에 되풀이되는 것이지만 이 관계는 단순한 사고 내에서보다도 신화적 행위 내에서 훨씬 더 명료하게 나타난다. 모든 신화적 행위에는 진정한 화체(化體, Transsubstantiation) ── 행위의 주체가 그 행위에 의해 나타나고 있는 신이나 악령(Dämon)으로 변해버리는 것 ── 가 행해지는 순간이 있다. 이 기본적 특징은 주술적 세계관의 가장 원초적인 표현으로부터 시작하여 종교적 정신의 최고의 표명에 이르기까지 추적될 수 있다. 신화와 의례(儀禮)의 관계에서, 의례가 앞선 것이고 신화가 그 뒤에 오는 것이라는 점이 강조되었던 것은 온당한 일이다. 의례의 행위를 단순한 표상내용으로서의 신앙내용으로부터 설명하는 것이 아니라 우리는 오히려 그 역의 방향을 취하지 않으면 안 된다. 다시 말해 신화에서 이론적 표상의 세계에 속하는 부분, 즉 단순한 전문(傳聞)이나 전승은 인간의 행위나 감정이나 의지 안에서 직접적으로 작용하고 있는 것의 간접적인 해석으로서 이해하지 않으면 안 된다. 그러나 그렇게 생각한다면, 모든 의례는 근원적으로는 결코 단지 '알레고리적', 모사적, 표출적 의미를 지니는 것이 아니라 어디까지나 실재적인 의미를 지니는 것이 된다. 즉 의례는 작용이 갖는 실재성 속으로, 그 불가결한 성분을 이루는 것과 같은 방식으로 집어넣어지고 있는 것이다. [52]의례를 올바르게 치르는 것에 인간 생활의 존속이, 아니 세계의 존재가 의존해 있다는 것은 지극히 상이한 문화형식에서 다양한 모습을 취하면서도 일관되게 보여지는 신앙이다. 프로이스는 코라(Cora) 인디언과 우이토토(Uitoto) 인디언에 관해, 그들에게는 신성한 제의의 집행이, 즉 제사를 지내고 노래를 부르는 것이 경작 노동 전체의 소산보다도 더 중요하다고 여겨지고 있지만 그 이유는 바로 [작물의] 번식과 성장의 모든 것이 그것에 의존해 있기 때문이라고 보고하고 있다. 제사는 인간이 세계를 정신적으로보다는 오히려 순수 물리적으로 지배하기 위한 참된 도구이다 ── 이 세계의 창시자, 창조자가 인간에게 베푼 주요한 배려는 인간에게 자연의 힘들을 지배하게끔 하기 위한 여러 형식의 제사를 내려주었다는 점에 있다. 왜냐하면 자연은 자신의 규칙적인 경과를 따라가 기는 하지만 의식(儀式) 없이는 아무것도 주지 않기 때문이다.[5] 그리고 존재가 주술적-신화적 행위로 이와 같이 이행하여 화하는 것이나, 이 행위가 존재 에 직접 반응하는 것은 주관적인 의미에서도 객관적인 의미에서도 중요하 다. 신화적 드라마를 연기하는 춤추는 자가 하고 있는 것은 단순한 구경거리 도 연극도 아니다. 춤추는 자는 신인 것이며, 신이 되는 것이다. 특히 신의 죽음과 재생을 기리는 모든 식물제의에서는 이 동일성, 이 실재적 동일화의 근본감정이 반복적으로 표명된다. 다른 많은 비의적 제사에서와 같이 이 제의에서 행해지는 것은 어떤 사건의 모방적 표현이 아니라 사건 그 자체이 며 그 직접적인 수행이다. 그것은 δρώμενον[드로메논, 행해진 것]이며 충분한 효력을 가지기 때문에 실재적이기도 하면서 현실적이기도 한 사건 인 것이다.[6] [53]모든 연극예술을 거슬러 올라가면 이르게 되는 이 몸짓의 형식에서 중요한 것은 결코 단순한 미적인 연기가 아니라 비극적인 엄숙함

• • •

5. Preuß, *Ursprünge der Religion und Kunst*, Globus Bd. 87(1905), S. 336; *Die Nayarit-Expedition*, Leipzig 1912, I, S. LXVIII, LXXXIX ff., *Religion und Mythologie der Uitoto*, Göttingen und Leipzig 1921, I, 123 ff. 및 논문 "Die höchste Gottheit bei den kulturarmen Völkern", Psychologische Forschung Bd. II(1922), S. 165를 참조.

6. 고대의 비의(秘儀)에 대해서는 특히 Reitzenstein, *Die hellenistischen Mysterienreligion*[2], Leipzig 1920, 또한 우제너에 의한 결정적인 논증 Usener, *Heilige Handlungen*(Kleine Schriften, IV, 424)를 참조할 것. 신화적 의식(儀式)이 Drama로 불리는 것은 클레멘스의 저서의 한 군데뿐이 고, 보통은 'Dromena'라고 불리는데, 이것은 통상적으로 의식(儀式), 특히 비밀의 의식을 뜻하지, 결코 무대에서의 상연을 의미하는 것이 아니다(de Jong, *Das antike Mysterienwesen*, S. 19). 그리고 무용이 없는 제식(祭式)은 있을 수 없는 것이어서, 비의를 누설하는 행위에 대해서는 함부로 지껄여 새어나갔다는 것이 아니라 '춤을 빠뜨리다(ausgetanzt)'라는 말이 사용된다. 이와 동일한 점이 '원시인'의 제의에도 적용된다. 프로이스는 다음과 같이 지적한 다. "동물춤이나 정령춤에 공통된 것은 그것들이 어떤 주술력을 목적으로 하고 있는 점에 있다. 어떠한 신화적 이야기도 단지 표현되기만 하는 것은 아니며, 그 목적은 결코 장면이나 관념을 단순히 표현하는 데 있지 않다. 이러한 것[장면이나 관념의 단순한 표현]이 일어날 수 있는 것은 이들 춤이 [이미] 세속의 것이 되었거나 또는 보다 높은 발전단계에 도달했기 때문이다."(*Ursprung der Religion und Kunst*, Globus Bd. 86, S. 392.)

—— 신성한 행동에 특징적인 어떤 엄숙함 —— 이다. 따라서 주술적 활동의 한 경향을 규정하는 데 흔히 이용되는 '모방주술'이라는 표현은 이 작용의 참된 의미에 결코 합치하지 않는다. 왜냐하면 우리가 단순한 기호나 기호의 유사성밖에 보지 못하는 곳에서도, 주술적 의식에게는 그리고 또한 말하자면 주술적인 지각에게는 오히려 대상 그 자체가 현전해 있는 것이기 때문이다. 이와 같이 생각함으로써만 주술에의 '신앙'도 이해 가능하게 된다. 주술은 단지 주술적 수단의 효력을 믿을 필요가 있는 것만이 아니라 그것은 우리에게는 수단의 의미밖에 없는 것에서 사물 그 자체를 소유하고 그것을 직접적으로 파악하는 것이다.

단순히 의미부합하는 것, 순전히 이념적이고 기호적인 것을 신화적 사고가 파악할 수 없다는 것은 신화 내에서 언어에 주어져 있는 지위에 가장 적확하게 나타나 있다. 신화와 언어는 끊임없이 서로 접촉하면서 그 내용을 서로 떠맡고 제약하고 있다. 상(像)의 주술과 함께 말과 이름의 주술이 있으며, 이것 역시 주술적 세계관의 불가결한 구성성분을 이루고 있다. 그러나 여기에서도 또한 결정적인 전제가 되는 것은 말과 이름이 단순한 표시기능을 지닐 뿐만 아니라 이 양자 모두에 대상 자체와 그 대상의 실재적인 힘이 포함되어 있다는 점이다. 말과 이름은 지시하거나 의미하는 것이 아니라 오히려 그것들이 존재하고 작용하고 있는 것이다. 언어를 구성하는 단순히 감각적인 소재 그 자체에, 즉 인간이 내는 소리 그 자체에 이미 사물에 가해지는 독특한 힘이 내재해 있다. 자연민족들이 그들에게 직면하는 사건이나 재앙에 맞서 노래를 부르거나 큰 소리를 지르거나 호소하거나 하는 것을 통해, 그것을 회피하고 '물리치는' 것은 잘 알려져 있는 사실이다. 그들은 일식이나 월식, 격렬한 폭풍우나 뇌우를 이렇게 외침이나 소음을 내는 것으로 내쫓으려고 시도한다.[7] 그러나 언어 본연의 신화적-주술적인

• • •

7. 자연민족에 대해서는 Preuß, *Ursprung der Religion und Kunst*, Globus Bd. 87, S. 384. 고대 문헌상의 동일한 사고방식의 전거는 예를 들면 Rohde, *Psysche*[2] II, 28, 각주 2와 II, 77에서 보여진다.

힘이 처음으로 나타나는 것은 언어가 이미 구분되고 분절화된 음성이라는 형식을 취할 때이다. [54]형성된 단어는 그 자체 내에 한정된 것, 하나의 개별적인 것이다. 따라서 이 단어에는 말하자면 각각 특수한 존재영역, 어떤 개별적인 영역이 예속되어, 그 단어는 이 영역을 절대적으로 지배하고 관리한다. 특히 고유명사는 이와 같이 신비적인 유대로 그 지칭된 존재의 특질과 연결되어 있다. 우리 안에서도 또한 고유명사에 대한 이러한 독특한 두려움, 곧 고유명사는 그 사람에게 외부로부터 붙여지는 것이 아니라 어떠한 모습으로든 간에 그 사람에 '부속'되어 있다는 감정이 여러 영향을 끼치고 있다. 괴테는 『시와 진실』의 한 유명한 구절에서 이렇게 쓰고 있다—"한 인간의 이름은 단지 몸에 걸치고 있는 외투와는 사정이 다르다. 외투라 한다면, 때에 따라서는 벗어버리거나 억지로 늘릴 수도 있지만 이름은 신체에 딱 맞는 옷, 아니 그 인간에 완전히 착 달라붙은 피부 자체와 같은 것이어서 그 사람 자신을 상하게 하지 않고서 깎거나 벗길 수 있는 것이 아니다." 하지만 근원적인 신화적 사고에게 있어 이름이란 그러한 피부 이상의 것이다. 즉 이름은 그 사람의 내적인 것, 그의 본질적인 것을 나타내고 있으며, 또한 바로 이 내적인 것'이다.' 이름과 인격은 여기에서는 하나로 용해되어 있다.[8] 남성이 되는 성년식이나 그 외 입문의례(入門儀禮) 때에 사람은 새로운 이름을 부여받는데 그것은 여기에서 그 사람이 어떤 새로운 자기를 몸에 갖추기 때문이다.[9] 하지만 다른 무엇보다도 한 존재자의 본질과 활동의 실재적인 일부를 이루는 것은 신의 이름이다. 신의 이름은 각각의 개별적인 신이 존재하고 활동하고 있는 힘의 영역을 표시한다. 따라서 기원이나 찬가,

• • •

8. 로마의 국법에서는 아직 노예에게 이름이 없다. 이것은 그들에게 법률상 인격이 인정되지 않았기 때문이다. Mommsen, *Röm. Staatsrecht* III, 1, S. 203(Rudolf Hirzel, *Der Name, ein Beitrag zu seiner Geschichte im Altertum und besonders bei den Griechen*, Abh. der Kgl. Sächs. Ges. der Wiss., Bd. XXVI, Nr. II, Leipzig 1918에서 인용)을 볼 것.

9. 이에 대한 많은 예증은 Brinton, *Primitive religion*, S. 86 ff.; James, *Primitive ritual and belief*, London 1917, S. 16 ff.에서 보여진다. 또한 van Gennep, *Les rites de passage*, Paris 1909도 참조.

그리고 온갖 형식의 종교적인 발언에서는 각각의 신이 자신에 적격인 이름으로 불리어지도록 세심한 주의가 기울여져야만 한다. 왜냐하면 올바른 방식으로 불려지는 때에만 신은 자신에게 바쳐진 것을 받기 때문이다. 로마인의 경우에는 합당한 신성을 언제라도 적절한 모습으로 불러내는 능력이 신관(神官)들이 행하는 특별한 기술로까지 발달하여 그들이 관리하는 기도문에 적혀 있었다.[10] 그밖에도 종교사 내에서는 ⁵⁵신의 본성과 그 행동의 격렬함이나 다양성이 신의 이름 속에 포함되어 있으며 말하자면 거기에 농축되어 있다는 기본적 견해가 거듭 나타나 있다. 이름 속에 신적인 풍요의 신비가 감추어져 있다. 즉 신의 이름의 다채로움, 신의 '다명성(多名性, Polyonymie)'이나 '만명성(萬名性, Myrionymie)'이란 바로 신의 작용이 무궁무진하다는 것의 참된 표시이다. 신의 이름이 지닌 힘에 대한 이러한 신앙이 구약성서 내에도 그대로 스며들어 있다는 것은 주지의 사실이다.[11] 주술이나 이름을 사용하는 주술이 전형적으로 보여지는 나라로서, 그 종교사에서도 이러한 특징을 가장 명료하게 드러내고 있는 이집트에서는, 우주 전체가 신들의 로고스에 의해 만들어진 것으로 여겨지고 있을 뿐만 아니라 최초의 신 자체조차도 그의 강력한 이름의 힘으로 만들어졌다고 여겨지고 있다. — 최초에 이름이 있고 그 다음에 이 이름이 신들의 존재를 포함한 모든 존재를 자신으로부터 출발케 했다는 것이다. 따라서 신이나 악령의 참된 이름을 아는 자는 그 이름을 지닌 자의 힘까지도 무제한적으로 자신의 것으로 삼을 수 있다. 이집트의 한 설화에서는 위대한 마력을 지니고 있는 여신 이시스가 태양신 라(Ra)에게 계략을 써서 그의 이름을 폭로하여, 이를 통해 이시스가 라와 다른 모든 신들에 대한 지배권을 획득한 사정이 말해지고 있다.[12]

• • •

10. Wissowa, *Religion und Kultus der Römer*[2], S. 37; 이에 대해서는 특히 Norden, *Agnostos Theos*, S. 144 f.를 참조.
11. 이 점에 관해 상세한 것은 Giesebrecht, *Die alttestamentliche Schätzung des Gottesnamens und ihre religionsgeschichtliche Grundlage*, Königsberg 1902를 볼 것.

[56]이름과 마찬가지로, 특히 인물과 사물의 상(像)도 또한, 신화적 사고가 '객관화의 단계'의 차이에 일체 무관심하다는 것을 직접 명시해준다. 신화적 사고에서는 모든 내용이 존재의 동일 평면 속으로 함께 밀어 넣어져서, 지각된 모든 것이 그 자체로서 이미 실재적 성격을 갖는 것이기 때문에, 발음되었거나 청취된 말에 대해서와 동일한 것이, 보여진 상에 대해서도 적용된다. 즉 이 사고에서는 상도 실재적인 힘들을 갖추고 있다. 상도 또한 단지 제3자 내지 방관자의 주관적 반성에 대해 사태(Sache)를 나타낼 뿐만 아니라 그 사태 자체의 현실성과 활동의 일부를 이루고 있는 것이다. 한 사람의 고유이름과 마찬가지로 이 상도 하나의 또 다른 자아(alter ego)인 것이며, 그 상에 일어나는 것은 그 사람 자신에게도 일어나는 것이다.[13]

• • •

12. 이 '이름의 전능함'과 이름이 갖는 실재적 우주론적 의미에 대한 상세한 서술은 우선 나의 시론 *Sprache und Mythos. Ein Beitrag zum Problem der Götternamen*(Stud. der Bibl. Warburg VI, Leipzig 1924)을 참조할 것. 덧붙여 지적해둘 수 있는 점은, 신화적 사고를 일관되게 지배하고 있는 '말'이 지닌 완전한 '실체성'에 대한 신앙은 거의 변하지 않은 형태로 특정한 병적 현상에서도 관찰될 수 있으며, 이 경우에서도 그 신앙은 아마도 동일한 정신적 징후, 즉 비판적 사고나 분석적 개념구성에서는 구별되고 있는 '대상화의 단계들'이 여기에서는 상호 침투되어 있다는 점에 기초를 두고 있는 것 같다. 쉴더(Schilder)가 *Wahn und Erkenntnis*, Berlin 1918, S. 66 ff.에서 전하고 있는 병리적 사례는 이 점에서 중요하고도 유익하다. 거기에 보고되어 있는 환자는, 이 세계에서 진정 힘을 지닌 것은 무엇인가라는 물음에 대해 '말이야말로 그렇다'고 대답했다. 천체가 일정한 말을 '부여하며', 이것을 앎으로써 인간은 사물을 지배하는 것인 셈이다. 그리고 각각의 말 전체가 힘을 갖는 것만이 아니라 그 구성부분들 하나하나도 또한 동일하게 힘을 갖는 것이다. 그 환자는, 예컨대 '혼돈(Chaos)' 과 같은 단어는 분해할 수 있고, 그 분해된 단편들도 역시 의미를 지니고 있다고 확신한다. 왜냐하면 그는 "마치 화학자가 복잡하게 합성된 화합물에 대해 관계하는 것과 똑같이 자신의 말에 대해" 관계하기 때문이다.

13. 중국의 표상영역에서 이러한 관계를 보이는 많은 실례가 de Groot, *Religious system of China*, IV, S. 340 ff.에 의해 제공되어 있다. "상(像), 특히 그림이나 조각의 상은 실재물에 매우 유사하기 때문에, 살아있는 실재물의 또 다른 자아(alter ago)이자 실재물의 영혼의 거처이며, 아니 실재물 그 자체이다. 수많은 사람들에 의해 사자(死者)의 그러한 상이 만들어 지지만, 이것은 명백히 인간에게 사자가 수호자이자 조언자로서 직접 현전할 수 있게끔 하기 위함이다. …… 사실, 이 같은 강력한 연상작용은 중국의 뿌리 깊은 우상숭배와 주물숭배의 근간이 되어왔으며, 따라서 중국의 종교체계 내에서 가장 중요한 현상의 하나가 되어 있다."

따라서 주술적 표상영역에서는 상을 사용하는 주술과 사태를 사용하는 주술이 명확하게 구별되지는 않았다. 주술은 인간의 특정 신체부분——가령 손톱과 머리카락 같은—— 을 수단이자 매체로서 이용할 수 있는 것과 마찬가지로, 상을 그 출발점으로서 선택해도 동등한 효과를 낼 수 있다. 적을 본뜬 상이 바늘로 찔린다거나 화살로 쏘아 맞춰진다면 이것이 주술적인 힘에 의해 즉시 적에게도 미친다. 그리고 상에게는 이처럼 수동적으로 영향을 입는 힘과 똑같이, 지극히 능동적인 영향력도 갖추어져 있다. 즉 상에게는 대상 자체가 지니는 것과 전적으로 동일한 영향력이 갖추어져 있는 것이다. 밀랍으로 만들어진 대상의 모상은 그 속에 나타나 있는 객관과 동일한 것이며 동일한 작용을 한다.[14] 상과 동일한 역할은 특히 사람의 **그림자**에도 주어진다. 그림자도 또한 인간의 다치기 쉬운 실재적인 부분이며 그림자에 위해를 가하는 것은 모두 그 사람 자신에게 위해를 가하는 것이다. 사람의 그림자를 밟는 것이 금지되는 것은 그것이 그 사람에게 병을 초래하는 것이 되기 때문이다. 몇몇 자연민족에 관해서, 그들은 무지개를 보면 두려움에 부들부들 떤다고 보고되어 있는데 이는 그들이 무지개를, 자신들의 그림자를 붙잡기 위해 강력한 주술사에 의해 펼쳐놓여진 망이라고 생각하고 있기 때문이다.[15] [57]서아프리카에서는 때때로 손톱이나 칼로 사람의 그림자를 베어냄으로써 은밀하게 살인이 저질러지는 일이 있다고 한다.[16] 그림자가 지닌 이러한 의미를, 그것은 사람의 그림자가 그 **영혼**과 동일시되고 있기 때문이라고 애니미즘에 의해 설명하려고 시도하는 것은 아마도 우리가 신화적 사고의 현상들에 나중에서야 도입한 사후적인 반성에 지나지 않는다. 사실 여기서 행해지고 있는 것은 훨씬 더 단순하고 근원적인

• • •

14. 이에 대한 특징적인 실례는 Budge, *Egyptian Magic*[2], London 1911에서의 'Magical pictures'에 관한 절(節), S. 104 ff.에서 보여진다.

15. 이에 관해서는 프레이저가 총괄한 풍부한 민족학적인 자료 Frazer, *The Golden Bough*, Vol. II: Taboo and the perits of the soul[3], London 1911, S. 77 ff.를 참조할 것.

16. Mary Kingsley, *West African Studies*, p. 207.

동일화인 것으로 보인다. 그것은 각성과 꿈, 이름과 사물을 상호 통합하여, '모상'적 존재형식과 '원형'적 존재형식 간에 어떠한 명확한 분리에도 이르게끔 하지 않는 동일화인 것이다. 왜냐하면 그러한 분리는 내용 그 자체에 단지 직관적으로 몰입하는 것과는 다른 무언가를 요구할 터이기 때문이다. 즉 그러한 분리에서는 개개의 내용이 단지 그 현존하는 모습으로 포착되는 것이 아니라 오히려 그것이 의식 내에서 생성되기 위한 조건들이나 그 생성을 지배하는 인과법칙에까지 되돌려지는 것이 필요할 것이다. 그러나 이는 다시금 신화적 사고와는 전적으로 멀리 떨어져 있는 분석 방식, 즉 순수한 사고에 의한 분해 작업을 전제로 하고 있는 것이다.

일반적으로 신화적 사고의 특성, 즉 신화적 사고가 순수 '이론적'인 세계관과 대비되는 결정적인 차이는 그 대상개념의 편에서와 같이 그 인과개념의 편에서도 명확히 파악될 수 있다. 왜냐하면 이들 두 개념은 서로 상대편을 조건짓고 있기 때문이다. 즉 인과적 사고형식이 대상적 사고형식을 규정하며 그 역의 관계도 또한 성립하는 것이다. '원인'과 '결과'라는 일반적 범주가 신화적 사고에는 결코 결여되어 있지 않다. 어떤 의미에서는 이 범주는 신화적 사고의 기본적 구성요소를 이루고 있다. 그것은 세계의 생성이나 신들의 탄생에 관한 물음에 답하고자 하는 신화적인 우주생성론이나 신들의 계보만이 아니라 철저하게 '설명적'인 성질을 지닌 수많은 신화적 설화에 의해 증명된다. 이들 신화적 설화는 태양이나 달, 인간이나 동식물의 기원과 같은 구체적인 개개 사물의 기원에 대한 특수한 '설명'을 해주려고 하는 것이다. 또한 [58]일정한 문화재의 소유를 어떤 개개 영웅이나 '구원자' 편으로 돌리는 문화적 설화도 이러한 견해와 같은 영역 내에 속해 있다. 그러나 과학적 인식에 의해 요청되고 제시되는 인과적 설명의 형식과 신화의 인과성이 구별되는 것은 여기에서도 또한 양자의 대상개념의 대립이 결국 귀착하는 바와 동일한 특성에 의한 것이다. 칸트에 따르면 인과법칙은 '종합적 원리'로서, 이는 현상을 경험으로서 읽을 수 있기 위해 현상을 하나하나 더듬어나가는 데 도움이 되는 법칙이다. 그러나 이 인과개념의 종합에는 대상개념 일반의 종합과 마찬가지로 전적으로 명확한 분석의 경향도 동시에 포함되어 있다. 종합과 분석이 서로 보완적이고 서로 상대방을 불가결한 것으로서 요구하는 방법이라는 점이 여기에서도 밝혀진다. 인과개념에 관한 흄의 심리학적 이해와 그 심리학적 비판의 근본적 결함은 이 개념에 내재하는 **분석적** 기능이 그것에 걸맞게 인식되고 평가되어 있지 않다는 점에 있다. 흄에 따르면 인과성의 모든 표상은 결국 단순한 공존의 표상으로부터 도출될 수 있다는 것이다. 두 내용이 의식 내에서 충분히 빈번하게 함께 나타나 있을 때, 그것은 결국 '상상력'이라는 매개적인 심리학적 기능에 의해 단순한 근접관계 —— 단지 공간적으로 병존해 있거나 시간적으로 연이어 있는 관계 —— 에서 인과관계로 합쳐진다. 공간적 내지 시간적 근접이 '연상'이라는 단순한 메커니즘에 의해 인과성으로 변형된다. 그런데 실제로는 과학적 인식이 인과개념과 인과판단을 획득하는 방식은 전혀 상반된 절차를 보이고 있다. 이 개념과 판단에 의해, 직접적인 감각인상에서는 인접해 있는 것이 점차 분해되며, 조건들의 상이한 복합체들로 나뉘는 것이다. 단순한 지각에서는 시점 A_1에서의 어떤 특정한 상태 A에 시점 A_2에서의 다른 상태 B가 이어진다. 그러나 이 이어짐만으로는 그것이 아무리 자주 반복될지라도 A가 B의 '원인'이라는 생각으로는 이르지 않을 것이다. 어떤 새로운 매개개념이 여기에 끼어들지 않는다면, post hoc[이 다음에]는 결코 propter hoc[이 때문에]으로 변하지 않을 것이다. 전체적 상황 A로부터 사고는 어떤 특정한 계기 α를 끄집어내어 그것을 상황 B 내의 한 계기 β와 연결시킨다. α와 β가 서로 하나의 '필연적인' 관계, 즉 '원인'과 '결과', '조건짓는 것'과 '조건지어지는 것'이라는 관계에 있는 것은 주어져 있는 하나의 지각 또는 주어져 있는 다수의 지각으로부터 단지 수동적으로 읽혀지는 것이 아니다. [59]그것은 α라는 조건이 그 자체로 세워지고 그런 다음 이것에 연결된 결과가 탐구됨으로써 검증되는 것이다. 특히 물리학의 인과판단이 최종적으로 귀착하고 있는 물리학적 실험에서는 항상 그와 같이 일어난 일을 개개의 조건군, 다양한 관계의 층들로 분해시켜내는 작업이 근저에 놓여 있다. 계속 진행되어가는 이 분석에 의해 비로소, 우리에게 처음에는 단순한 인상들의 유희, '지각의 광상곡'으로서 주어져 있었던 공간적-시간적 사건이, 그것을 인과적 사건으로 삼게 하는 새로운 의미를 얻는 것이다. 눈앞의 개개의 사건은 이제는 더 이상 단지 그것만의 것으로는 여겨지지 않는다. 그것은 거기에 나타나 있는 보편적이고 포괄적인 법칙성의 담지자이자 표현이 된다. 갈바니(Galvani)의 실험실에서 개구리의 뒷다리가 움찔하며 움직이는 것은 단지 그것만의 불가분한 현상으로서가 아니라 그것에 결부되는 분석적 사고과정에 의해 '갈바니전기(電氣)'라는 새로운 힘의 증명이자 증거가 되는 것이다. 그렇게 본다면, 과학이 정립하는 인과관계를 통해 감각적-경험적 존재가 단순히 확인되면서 되풀이되는 것이 아니라 오히려 거꾸로 경험의 요소들의 단순한 인접관계가 단절되고 타파되는 것이다. 즉 한편에서는 단순한 존재에 따라 병존해 있는 내용이 '근거'와 '본질'에 의거하여 서로 구분되며 다른 한편에서는 직접적인 감각적 견해로부터 보자면 멀리 떨어진 것 사이가 개념적으로는, 즉 현실이 지닌 사상적 구조에서 보면, 서로 가까워지며 관계 맺게 된다. 이렇게 해서 뉴턴은 인력이라는 새로운 원인의 개념을 발견한 것인바, 그것에 의해 물체의 자유낙하, 행성의 운행, 조수간만이라는 매우 다양한 현상이 하나로 총괄되어 동일한 보편적인 규칙에 종속되는 것이 되었다.

하지만 복합체 전체로부터 일정한 개별계기를 '조건'으로서 파악하고 선별해내는 이러한 고립화에 의한 추상작용은 신화적 사고방식과는 전혀 무관한 것이다. 여기에서는 모든 동시성, 모든 공간적 수반이나 접촉이 그 자체로 이미 어떤 실재적 인과적인 '계열'을 포함하고 있다. 공간적, 시간적인 모든 접촉이 그대로 원인-결과의 관계로 받아들여지는 것이 곧바로 신화적 인과성의 원리로서나 신화적 인과성에 기초를 둔 '자연학'의 원리로서 불리어져 왔다. 'post hoc, ergo propter hoc[이 다음에, 따라서 이 때문에]'라는 원리와 함께, 특히 'juxta hoc ergo propter hoc[이것에 인접해서, 따라서 이 때문에]'라는 원리도 신화적 사고의 특징을 보이고 있다. [60]이리하여 어떤 일정한 계절에 등장하는 동물은 그 계절을 가져온 자, 그 계절을 만든 자라고 하는, 신화적 사고에 익숙한 견해가 생겨난다. 즉 신화적인 견해에서는 여름을 만드는 것은 실제로 제비인 것이다.[17] 예를 들면 올덴베르크는 베다 종교의 공희(供犧)나 주술의 관습의 근저에 있는 기본적인 사고방식을 다음과 같이 묘사한다. ——"공상적일 정도로 자의적인 관계들의 망이 온갖 존재자들을 포괄하며 이들 존재자의 작용에 의해 공희의 구조나 공희가 세계의 운동 및 자아에 대해 미치는 영향이 밝혀진다고 믿어지고 있다. 이들 존재자는 접촉에 의해 또는 자신들에 내재하는 수(數)에 의해 또는 자신들에 부착하는 무언가에 의해 서로에게 작용한다. …… 그것들은 서로를 기피하면서도 상대편 속으로 들어가며 서로 얽히면서 서로 짜여진다. …… 한 편은 다른 편으로 옮겨가 다른 편으로 되고 다른 편의 형태를 이루며 다른 편으로 있다. …… 여기에서는 두 표상이 일단 어느 정도까지 접근한다면 더 이상 그것들을 분리해둘 수 없으리라고 생각해도 좋을 것이다."[18] 만일 그렇다고 한다면 흄은 일견 과학적 인과판단을 분석하고 있는 듯이 보이지만 오히려 모든 신화적인 세계해석의 근본을 밝혀낸 것이라는 놀랄 만한 결과가 주어진다. 사실 신화적 표상은——언어들의 분류에 사용되는 표현을 빌려와—— '다종합적(polysynthetisch)'이라고 불리고 있지만, 그 의미는, 신화적 표상에서는 하나의 전체적 표상을 개개의 요소로 분해하는 일은 꾀해질 수 없고 단지 하나의 미분화된 전체적 직관이 주어져 있을 뿐이며, 또한 거기에서는 아직 개개의 요소의 어떠한 '분리'도 없으며 특히 객관적인 지각요소와 주관적인 감정요소의 분리가 이루어지지 않은 것이라고 설명되고 있다.[19] 프로이스는 신화적-복합적인 표상방식의 이 특성을

• • •

17. 이 점에 관해 상세한 것은 예컨대 Preuß, *Anfänge der Religion und Kunst*를 볼 것. 'juxta hoc ergo propter hoc'라는 신화적 원리에 대해서는 특히 Lévy-Bruhl, *Les fonctions mentales dans les sociétés inférieures*, Paris 1910에 집약된 풍부한 실례를 참조할 것(독역판, *Das Denken der Naturvölker*, Leipzig und Wien 1921, S. 252 ff.).

18. Oldenberg, *Die Lehre der Upanishaden und die Anfänge des Buddhismus*, Göttingen 1915, S. 20 ff.

84 · 제1부 사고형식으로서의 신화

개념적 사고의 분석적 이해와 대비시켜 다음과 같이 설명한다. 즉 예를 들면 코라-인디언의 우주론적, 종교적 표상에서는 개개의 별, 달, 태양 등이 지배력을 갖는 것이 아니라 오히려 여기에서는 천체의 총체가 아직 미분화된 전체로서 받아들여지며, [61]이 전체에 종교적 숭배가 바쳐진다. 그리고 개개의 천체의 파악에 앞서 밤의 하늘이나 낮의 하늘이 전체로서 우선 파악되는 것이다. 그 이유는 "전체가 하나의 통일적인 존재로서 파악되는 가운데 천체와 연결된 종교적인 표상들이 천체를 자주 하늘[지] 전체와 혼동하여 이 전체관로부터 벗어날 수 없었기 때문이다."[20] 그런데 우리의 지금까지의 해명과 연관하여 이해되는 것은, 자주 강조되고 기술되어온 신화적 사고의 이 특징[21]이 이 사고에 결코 외적으로 또는 우연적으로 부착되고 있는 것이 아니라 이 사고의 구조로부터 필연적으로 생겨난 것이라는 점이다. 우리는 여기에서, 과학적 인과개념의 기초에 있는 논리적 기능이란 지각에 이미 주어져 있는 요소들을——'상상력'에 의해서건 또는 지성에 의해서건——나중에 '결합시키는' 데서 끝나는 것이 아니라 오히려 이들 요소를 바로 그것들로서 설정하고 규정해야만 한다는 중요한 인식비판적 통찰의 이면과 같은 것을 보게 된다. 이 같은 규정이 결여되어 있는 이상;—— 이미 완전히 인과적 '추론'으로 관철되어 있는 우리의 발달된 경험의식에서 보자면 다양한 대상이나 대상군이 서로 나누고 있는——구획이나 경계선도 모두 없는 셈이 될 것이다.

따라서 경험적인 인과성에 의한 사고형식은 본질적으로 일정한 '원인' 과 일정한 '결과' 사이에 일의적인 관계를 설정하는 것을 겨냥하는 데 반해, 신화적 사고에 있어서는 시원에의 물음이 바로 그것으로서 제기되어 있는

* * *

19. Lévy-Bruhl, *Das Denken der Naturvölker*, S. 30.

20. Preuß, *Die Nayarit-Expedition*, S. L ff.; *Die geistige Kultur der Naturvölker*, Leipzig 1914, S. 9 ff.를 참조.

21. 예를 들면, Rich Thurnwald, *Zur Psychologie des Totemismus*(*Anthropos* XIV [1919] , S. 48 ff.) 에서는 '복합적' 사고가 아니라 '전체상적(全體像的) 사고'라는 말이 사용되고 있다.

경우조차도 아직 '원인' 그 자체는 전적으로 자유로운 선택에 맡겨져 있다. 여기에서는 아직 모든 것이 모든 것으로부터 생겨나는 것이 가능한 것이다. 왜냐하면 모든 것이 모든 것과 시간적 내지 공간적으로 접촉할 수 있기 때문이다. 그러므로 경험적-인과적 사고가 '변화'라는 말을 사용하며 또한 이 변화를 하나의 보편적인 규칙으로부터 이해하고자 하는 곳에서, 신화적 사고는 오히려 (괴테적인 의미에서가 아니라 오비디우스가 말하는 의미에서의) 단순한 변신(Metamorphose)만을 볼 따름이다. 과학적 사고가 '변화'라는 사실에 눈을 돌릴 때, 그 관심이 본질적으로 향하고 있는 것은 개별적인 감각여건으로서의 어떤 사물의 다른 사물로의 이행이 아니다. [62]오히려 이러한 이행이 과학적 사고에서 '가능'하게 생각되고 용인될 수 있는 것으로 생각되는 것은 거기에 어떤 일반적인 법칙이 표현되어 있는 한에서, 즉 그 이행의 근저에 —— 단순한 지금 여기와는 무관하게, 다시 말해 지금 여기에서의 사물들의 그때그때의 배치와는 독립하여 —— 보편적으로 타당한 것으로서 보이는 어떤 함수적인 관계나 규정이 있다고 여겨지는 한에서인 것이다. 이에 반해 신화에서의 '변신'은 항상 하나의 개별적인 사건에 대한 보고이며, 개별적·구체적인 사물의 형식이나 존재의 형식으로부터 다른 형식으로의 진행에 대한 보고이다. 세계는 심해의 근저에서 낚아 올려지거나 거북이로부터 만들어진다. 대지는 거대한 동물의 신체로부터 또는 물 위에 떠있는 연꽃으로부터 형성된다. 태양은 돌에서 생겨나며, 인간은 바위라든가 나무들로부터 생겨나는 것이다. 이 같은 다종다양한 신화적 '설명'은 모두 그 내용만으로는 그야말로 혼돈적이고 무법칙하게 보여지지만 그럼에도 동일한 세계파악의 방향을 보이고 있다. 개념적 인과판단이 사건을 항상 적인 요소들로 분해하고 그 사건을 이들 요소의 복합과 상호침투로부터 그리고 이들 요소의 동류적인 반복으로부터 '이해'하려고 하는 반면, 전체적 표상 그 자체를 고수하는 신화적 표상작용에 있어서는 그 사건 자체의 단순한 경과의 상(像)으로 충분한 것이다. 경우에 따라서는 신화적 표상작용에 어떤 유형적인 특징들이 되풀이될지도 모르지만 그럼에도 어떤 하나의 규칙이 문제로 되거나 생성을 제한하는 특정한 형식적 조건들이 문제로 되는 일은 있을 수 없다.

물론 법칙성과 무법칙성, '필연성'과 '우연성'의 대립 또한 그것이 신화적 사고와 과학적 사고의 관계에 응용될 수 있기 위해서는 이보다 앞서 한층 더 정밀한 비판적 분석과 한층 더 엄밀한 규정을 필요로 한다. 레우키포스나 데모크리토스는, 세계에서는 어떠한 것도 '우연히' 생성되는 것은 없으며 모든 것은 어떤 근거로부터 필연의 힘에 의해 생겨난다(οὐδὲν χρῆμα μάτην γίνεται, ἀλλὰ πάντα ἐκ λόγου τε καὶ ὑπ' ἀνάγκης)는 명제를 제시함으로써 단도직입적으로 과학적인 세계설명의 원리를 표명하며 신화로부터의 최종적인 이반(Abkehr)을 언명하고 있는 듯이 보인다. 하지만 잠깐 일별하더라도 바로 이 인과성의 원리는 신화적 세계의 구조에도 똑같이 타당하며, 오히려 신화적 세계에서야말로 이 원리는 특수한 강화(强化)와 첨예화를 겪는다고 생각될 수 있다. 적어도 어떠한 의미에서도 '우연적' 사건이라는 것은 생각될 수 없다는 것이 신화적 사고의 하나의 독특한 특징으로 언명되어 왔다. [63]자주 보여지듯이, 우리가 과학적인 세계설명의 입장에서 '우연'이라는 말을 하는 곳에서도 신화적 의식은 어디까지나 '원인'을 요구하며 각각의 개별적 사례에서 그러한 원인을 상정하는 것이다. 이리하여 예를 들면 자연민족의 사고에서는 토지에 덮치는 불행, 한 사람이 초래하는 재해, 그리고 병이나 죽음도 결코 '우연적인' 사건이 아니라 그것들은 항상 그 참된 원인으로서의 주술적인 작용으로 거슬러 올라가려고 한다. 특히 죽음은 결코 '저절로' 오는 것이 아니라 반드시 외부로부터 주술의 영향에 의해 초래되는 것이다.[22] 따라서 신화적 사고의 내부에서는 무법칙적인 자의성은 거의 문제가 되지 않는 것으로 보이며, 오히려 거꾸로 인과관계를 감지하는 '본능'이나 인과적 설명에 대한 요구가 일종의 비대화

• • •

22. 아프리카 종교들에서 보여지는 이에 관한 실례는 Meinhof, Die Religion der schriftlosen Völker, S. 15 ff.를 볼 것.

(肥大化)되어 있는 점이야말로 문제 삼아야 할 사안일 법하다. 사실 세계에는 우연에 의해 일어나는 것은 아무것도 없고 모든 것은 의식적인 의도에 의해 일어나는 것이라는 명제가 바로 신화적 세계관의 근본명제가 되었던 적이 이따금 있어 왔다.[23] 이렇게 보면 여기에서도 또한 [과학과 신화라는 두] 정신적 세계 간의 구별과 대립을 가능케 하는 것은 인과성 개념 그 자체가 아니라 인과적 설명의 특수한 형식인 셈이다. 순수한 인식적 의식과 신화적 의식에서는 흡사 '설명'의 지점을 전혀 다른 곳에 두고 있기나 하는 양 말하는 것이다. 전자는 시간 공간 내의 개개의 사건을 보편적 법칙의 하나의 특수 예로서 파악할 수 있다면 그것으로 만족하고 개체화 자체, 지금 여기라는 그 점에 관해서는 그 이상의 '왜'를 물으려고는 하지 않는다. 이에 반해 후자는 바로 이 특수한 것, 개별적이고 일회적인 것에 대해 '왜'라는 물음을 던진다. 그것은 개개의 의지의 작용을 가정하고 상정함으로써 개개의 사건을 '설명'한다. 우리의 인과법칙의 개념은 그것이 아무리 특수적인 것을 파악하고 규정하는 데로 향해지더라도 그리고 이 의도를 충족하기 위해 그것이 아무리 분화되고 서로 보충되거나 한정될지라도, 거기에서는 항상 얼마간은 이 특수적인 것에 미결정성의 영역을 남겨둔다. 왜냐하면 개념인 이상, 이 인과법칙의 개념은 직관적-구체적인 존재나 사건을 모조리 길어낼 수 없으며, 보편적 사례의 그때그때의 '변양들'을 모두 길어낼 수 없기 때문이다. 그러므로 여기에서는 모든 특수는 보편에 의해 [64]빈틈없이 지배되긴 하지만 그러나 그 특수는 보편으로부터만 남김없이 이끌어낼 수 있는 것은 아니다. 이미 '특수적 자연법칙'이 보편적 원리, 즉 인과법칙 자체에 대해 어떤 새로운 독자적인 것을 보이고 있다. 이들 특수적 법칙은 이 인과법칙에 따르고는 있다. 즉 그 아래에 두어져 있기는 하다. 그러나 그렇다고 해서 구체적으로 정식화된 이들 [특수적] 법칙이 오로지 인과법

• • •

23. Brinton, *Primitive religion*, S. 47 f.; Lévy-Bruhl, *La mentalité primitive*, Paris 1922를 참조할 것.

칙에 의해서만 정립되거나 규정되는 것은 아니다. 이론적 사고나 이론적 자연과학에서 '우연'의 문제가 발생하는 일이 여기에서도 있다. ―― 왜냐하면 이 양자에서 '우연적'이라고 말하는 것은 보편적 법칙성이라는 형식에서 벗어나는 것이 아니라 이 형식으로부터 그 이상 도출될 수 없는 변양에 기인하는 것이기 때문이다. 이론적 사고가 보편적 인과법칙의 관점에서 본 이 '우연적인 것'까지를 어떻게든 파악하고 규정하려고 한다면, 그 사고는 ―― '목적론적 판단력의 비판'에서 상세하게 제시되어 있듯이 ―― 다른 범주로 넘어가지 않으면 안 된다. 순수한 인과의 원리 대신에 이제 목적의 원리가 나타난다. 왜냐하면 '우연적인 것의 합법칙성'이란 '합목적성'이라 불리는 것과 다름없기 때문이다.[24] 그런데 이 점에서 신화가 나아가는 것은 정반대의 길이다. 신화는 우선 목적을 지닌 작용을 직관하는 데서 **출발한다.** 자연의 모든 '힘'은 신화에서는 악령 내지 신들의 의지의 나타남과 다름없기 때문이다. 이 원리야말로 신화에게 존재 전체를 점차 비추어주는 광원이며, 이 원리를 떠나서는 신화에게는 세계이해의 어떠한 가능성도 없는 것이다. 과학적 사고에서 어떤 사건을 '이해한다'는 것이 의미하는 바는 특정한 일반적 조건들로 소급하는 것, 우리가 '자연'이라 부르는 어떤 보편적 조건들의 복합체 내에 그 사건을 편입시키는 것에 다름 아니다. 가령 한 인간의 죽음과 같은 현상은, 이 복합체 내에 그 현상의 위치를 지정할 수 있는 때에, 즉 생명의 생리학적 조건들로부터 그 현상이 '필연적'이라고 인정되는 때에, 이해된 것이 된다. 그런데 보편적인 '자연의 운행'의 이러한 필연성조차도 신화에게는 ―― 설령 신화가 이 필연성을 사고하는 데까지 높여질 수 있다고 할지라도 ―― 여전히 단순한 우연성으로 남아 있다. 왜냐하면 신화의 관심을 사로잡고 신화의 시선이 유일하게 향해져 있는 것, 즉 개별적인 사례의 '여기'와 '지금', 즉 다름 아닌 이 사람의 이 시점에서의 죽음이,

• • •

24. 여기에서의 언급을 보완하는 것으로서 나의 저서 *Kants Leben und Lehre*, 3. Aufl., Berlin 1922, S. 310 ff.의 『판단력비판』의 분석을 참조할 것.

필연성에 의해서는 설명되지 않기 때문이다. 이러한 개개의 사건은 그에 못지않은 개체적인 것에로, 인격적 의지작용에로 그것을 환원시킬 수 있을 때에 비로소 '이해될 수 있는' 것으로 여겨진다. 그런데 [물론 이 경우] 자유로운 활동으로서의 의지작용은 더 이상 설명될 수 없거나 [65]혹은 설명을 필요로 하지 않는 것이다. 보편적 개념에서는 행위의 모든 자유도 또한 일의적인 인과적 질서에 의해 규정되어 있다고 생각되는 경향이 있지만, 신화는 거꾸로 사건의 모든 규정성을 행위의 자유로 해소시켜버린다. — 양자는 각각의 특수한 관점으로부터 사건을 해석해냈을 때에 그것을 '설명' 했다고 생각하는 것이다.

인과개념의 이러한 파악방식과 관련하여, 특히 신화적 세계관의 특색을 보여주는 것으로서 항상 강조되어온 또 하나의 특징이 있다. 그것은 신화적 세계관이 구체적 대상의 **전체**와 그 개개의 **부분들** 사이에 상정하는 독특한 관계이다. 우리의 경험적인 사고방식에서 보자면 전체는 부분들로 '이루어져 있다.' 자연인식의 논리, 즉 분석적 과학적 인과개념의 논리에서는 전체는 부분들로부터 '귀결한다.' 그런데 신화적 사고방식에서 볼 때, 실제로는 이 중 어느 쪽도 인정되지 않는다. 여기에서는 아직 참된 미분성, 즉 전체와 부분들 간의 사고상 및 사실상의 '무차별성'이 지배하고 있는 것이다. 전체는 부분들을 '갖고' 있는 것도 아니고 또한 부분들로 분할되는 것도 아니다. 부분은 여기에서 즉시 전체이며, 전체로서 작용하고 전체로서 기능한다. 이러한 pars pro toto[부분 즉 전체]의 원리도 바로 '미개한 논리'의 근본원칙으로 불리어져 왔던 것이다. 거듭 여기에서 중요한 것은 부분이 단지 전체의 대리를 이룬다는 것이 아니라 하나의 실재적인 규정이다. 즉 문제가 되어 있는 것은 상징적으로 생각된 연관이 아니라 사물적-현실적인 연관이다. 신화적으로 말하자면, 부분은 여전히 전체와 동일한 것이다. 왜냐하면 부분은 실재적인 작용을 맡고 있는 것이며 부분이 감당하거나 행하고 있는 것, 능동적이든 수동적이든 부분에서 일어나는 것 모두는 동시에 전체가 감당하거나 행하고 있는 것이기 때문이다. 부분에 지나지 않는다는 의식,

'단순한' 부분이라는 의식은 현실적인 것에 관한 직접적인 견해, '소박'한 견해에 속하는 것이 아니라 구체적인 하나의 것으로서의 대상으로부터 그 구성적 조건들에로 거슬러 올라가게 하는 매개적인 사고가 지닌 분화하고 분절화하는 기능에 의해서 비로소 생겨나는 것이다. 과학적 사고의 진행 과정을 더듬어보면, 거기에서는 인과개념의 형성과, 전체와 부분이라는 범주의 형성은 서로 보조를 맞추며, 양자가 동일한 분석방향에 속해 있음이 밝혀진다. 그리스 초기의 사변에 있어서의 존재의 '기원'에 관한 물음은 그것이 동시에 존재의 '원소'에 관한 물음으로 관철되어 있다는 점에서, 신화적 우주생성론에서의 기원의 물음과는 구별된다. 그 새로운 철학적인 의미에서의 ἀρχή, [66]'원리'라는 의미에서의 아르케는 이후 다음 두 가지를 의미하는 것이 된다. —— 즉 그것은 기원이기도 하면서 원소이기도 하다. 세계는 신화에서처럼 원초적인 물에서 '발생한' 것만이 아니다. 물은 세계의 '구성요소', 그것도 불변적인 구성요소를 이루는 것이다. 그리고 이 구성은 우선은 아직 개개의 물질, 하나의 구체적인 원(原)소재에서 구해지지만, 그럼에도 세계의 자연학적 통찰 대신에 수학적 직관이 그리고 이와 함께 수학적 분석의 기본형식이 나타남에 따라 요소의 개념 자체가 즉각 변화하기 시작한다. 이제는 땅, 물, 불, 공기 등은 더 이상 사물의 '원소'를 이루는 것이 아니며, 또한 '사랑'과 '증오'는 더 이상 반(半)신화적인 근원력으로서 저 원소들을 상호 결합시키고 또 다시금 분리시키는 것이 아니다. 오히려 극히 단순한 공간적 형태나 운동, 그리고 그것들을 질서짓게 하는 일관된 필연적 법칙들이 이제는 존재를 수학적–물리학적 우주로서 구축하게 된다. 요소에 관한 어떤 새로운 개념, '전체'와 '부분' 간의 어떤 새로운 관계를 요구하고 자신으로부터 만들어낸 것은 바로 '근거'라는 새로운 개념, 그리고 '인과성'이라는 새로운 개념이라는 사실이 고대 원자론의 성립과정에서 명료하게 추적될 수 있다. 원자(Atom)라는 관념은 데모크리토스의 자연법 칙성이라는 개념, '원인론(Aitiologie)'이라는 개념에 나타나 있는 일반적인 존재관의 구성과 전개에 있어서의 하나의 개별 계기를 이룰 뿐이다.[25] 그리고 과학사에서 보여지는 원자 개념의 그 이후의 전개도 또한 일관되게 이러한 연관을 입증하고 있다. 원자가 존재의 더 이상 분해될 수 없는 궁극적인 부분이라고 인정되는 것은 생성의 분석이 거기에서 궁극적인 정지점을 발견했다고 생각하는 한에서일 따름인 것이다. 그에 반해 생성을 인과적으로 그 개개의 요인들로 분해하는 작업이 계속 추진되고 이 정지점마저도 넘어 나아가게 되면, 원자의 상도 변화된다. 그것은 보다 단순한 다른 요소들로 '분해'되어, 이 요소들이 이제는 일어나는 일의 참된 담지자로서, 결정적인 인과관계의 정식화의 출발점으로서 세워진다. 이리하여 과학적 인식이 존재에 대해 꾀하는 구분이나 세분화는 항상, 과학으로 하여금 생성의 세계를 포섭케 하고 일의적으로 규정하게끔 하는 그러한 법칙적 연관들의 표현일 뿐이자 말하자면 개념적 외피와 같은 것임이 밝혀진다. 여기에서는 전체는 부분들의 총합이라기보다는 [67]오히려 부분들의 상호관계로부터 구축되는 것이며, 다시 말해 개별적인 것들이 '역할 분담'하여 자신들의 입장에서 완성을 도모하는 동력학적인 결합에 의한 통일체를 의미하는 것이다.

그런데 신화는 여기에서도 또한 이 관계의 이면을 보여주며 따라서 이 관계를 이면으로부터 증명하는 것을 가능하게 한다. 신화는 인과적 분석이라는 사고형식을 알지 못하기 때문에 이러한 사고형식이 처음에 전체와 부분 사이에 설정하는 엄밀한 경계라는 것도 신화에 있어서는 성립할 수 없다. 경험적–감각적 직관이 우리에게 사물들을 이른바 그 자체에서 분리되고 나누어진 것으로서 부여하고 있는 듯 보이는 곳에서조차, 신화는 사물의 이 감각상의 분리나 병존을 신화에 독특한 '상호내재'의 형식으로 치환하는 것이다. 전체와 부분은 서로 짜이어져 있으며 말하자면 운명을 함께 하듯이 결합되어 있다. 그리고 전체와 부분이 설령 순전히 사실상으로는 서로 단절되어버렸다고 할지라도 양자는 여전히 그러한 관계 속에 계속 놓여 있다.

• • •

25. 이에 관해 상세하게는 나의 그리스 철학사의 서술을 볼 것. *Lehrbuch der Philosophie*, herausgeg. von Max Dessoir, Bd. I.

이러한 분리가 일어난 뒤에도 부분에 주어지는 운명은 동시에 전체의 운명이기도 한 것이다. 한 인간의 신체의 지극히 사소한 일부라든가 그의 이름, 그의 그림자, 그의 거울상——이것들은 신화적인 견해에서 보자면 마찬가지로 그 사람의 철저하게 실재적인 '부분'이다——을 차지하는 자는 그로 인해 그 인간을 소유하며, 그 인간을 지배하는 주술적 힘을 획득한 것이 된다. '주술의 현상학' 전체는 순수하게 형식적으로 본다면 이러한 하나의 근본전제로 귀착하는 것이며 거기에서야말로 신화의 '복합적'인 직관과 '추상적' 개념——혹은 좀 더 정확히 말하면 추출적·분석적인 개념——간의 특성이 특히 명확히 구별되는 것이다.

이러한 사고형식의 영향을, 공간의 방향에서와 마찬가지로 시간의 방향에서도 추구해볼 수 있다. 즉 이 사고형식은 동시적인 것의 이해와 마찬가지로 계기적인 것의 이해를 자기 식으로 변형해버린다. 어느 경우에도 신화적 사고에서는, 과학적 자연파악의 출발점이자 그 전형을 이루고 있는 방식인, 존재를 자립적인 부분계기와 부분적 조건들로 분석적으로 나누어가는 방식을 될 수 있는 한 멀리 하려고 하는 경향이 있다. '공감주술(共感呪術)'의 기본적 견해에 따른다면, 공간적 근접관계에 의해서나 또는 모든 것이 동일한 하나의 사물적 전체로 결부되어 있음에 의해 아직은 매우 피상적인 의미로서만 '공속되어 있다'고 할 수 있는 모든 것 사이에, 철두철미한 결합, 참된 인과연관이 존재하게 된다. 사람이 먹고 남긴 식물, 먹어치운 동물의 뼈 등을 그대로 놔두면, 중대한 위험을 초래한다. 왜냐하면 [68]이렇게 남아 있는 것에 적의 주술적 힘이 끼치는 온갖 현상은 동시에 신체 안의 식물에도 또 그것을 먹은 사람에게도 일어나기 때문이다. 한 사람이 잘라낸 머리카락이나 손톱, 배설물 등은 적의 주술사의 손에 들어가지 않게끔 하기 위해 땅에 묻거나 불로 태워져야 한다. 인디언의 한 종족은 적의 타액을 손에 넣는 데 성공하게 되면, 이것을 감자 속에 숨겨 굴뚝 연통에 달아맨다. 감자가 연기로 건조해짐에 따라 적의 힘도 사라져버린다는 것이다.[26] 신체 각 부분들 간에 있다고 여겨지는 '공감적인' 연관은 이들 부분이 물리적 공간적으로 분리될지라도 이에 전혀 구애받지 않는다. 유기체 전체를 부분들로 나눠 이 부분들이 그 자체로서 어떤 무엇이라거나 또는 전체에 대해 어떠한 의미를 지니는가를 확연하게 한정짓는다고 할지라도 이는 그 연관에 의해 무효로 되어버린다. 개념적-인과적 이해가 생명 과정을 기술하고 설명할 때에 유기체에서 일어나는 일 전체를 낱낱의 특징적인 활동이나 능력으로 분할해가는 데 반해, 신화적 이해는 그러한 요소적 과정으로 분리되지 않으며 따라서 또한 유기체 자체의 참된 '분절화'로 이르지 않는다. 신체의 얼마간 '무기적인' 임의의 부분, 예를 들면 손가락의 작은 손톱조차도, 그것이 전체에 대해 지니는 주술적인 의미로부터 보자면 다른 모든 부분들과 등가(等價)이다. 즉 거기에서 지배적인 것은 항상 유기적인 분화를 전제로 하고 있는 유기적 구조가 아니라 단순한 등가성인 것이다. 그러므로 여기에서도 또한, 각각이 그 특수한 조건들에 따라 구별되는 여러 기능들의 상하 질서에 이르는 일은 일어나지 않고 단지 사물의 부분들의 공존이 직관되는 데에 머무르고 있다. 또한 유기체의 신체 각 부분이 그 의미에 따라 엄밀히 구별되지 않듯이, 일어나는 일의 시간적인 규정, 개개의 시간적 계기가 그 인과적인 의미에 따라 명확히 구별되는 것도 아니다. 한 전사가 한 촉의 화살에 상처를 입었다고 해도, 주술적인 사고방식에서 보자면 그는 이 화살을 차가운 장소에 매달아 두거나 그것에 연고를 바르거나 한다면 통증이 치료되거나 누그러지게 된다. 이런 종류의 '인과관계'가 우리에게 비록 기묘한 것으로 생각된다고 할지라도, '원인'과 '결과'로서의 화살과 상처가 여기에서는 아직 완전히 미분화된 단일한 사물이라는 것을 고려한다면 그러한 인과관계도 즉시 납득할 수 있게 될 것이다. 과학적인 세계고찰의 관점에서 보자면, [26]'하나의 사물'이 그 정도로 다른 것의 원인이 되는 경우란 결코 없다. 그것이 다른 것에 무엇인가를 야기한다고 해도, 그것은 전적으로 특정한 상황 하에서, 무엇보다도 분명히 한정된 시점에서

• • •

26. Frazer, *The Golden Bough*[3], P. II, S. 126 f., 258 ff., 287 u. ö.을 참조.

의 일에 지나지 않는다. 원인-결과라는 관계는 여기에서는 사물 상호간의 관계가 아니라 오히려 일정한 시점에 어떤 대상에게 일어나는 **변화들** 상호간의 관계인 것이다. 일어나는 일의 시간적 경과를 이와 같이 뒤쫓아 가 명확하게 구별된 다양한 '국면'들에 그것을 분해시켜나감에 의해, 이 원인-결과의 관계는 과학적 인식의 진보와 함께 한층 더 복잡하고 한층 더 간접적인 것이 되어간다. 거기에서는 더 이상 '그' 화살이 '그' 상처의 원인이라고는 생각되지 않는다. —— 오히려 그 화살은 어떤 일정한 순간(t_1)에 신체에 꽂혀 거기서 일정한 변화를 야기하고 그 다음엔 그 변화에 거듭 (계속되는 순간 t_2, t_3, …… 으로) 다른 변화계열들, 신체의 유기조직에서의 특정한 변화들이 이어지는데, 이것들이 전체적으로 상처에 필요한 부분적 조건들이라고 생각되지 않으면 안 된다. 신화와 주술은 부분적 조건들——그 각각이 원인-결과의 작용연관 전체 내에서 일정한 **상대적** 가치밖에 갖지 않는다——로의 이러한 구분을 결코 수행하지 않기 때문에, 그것들에는 근본적으로 시간의 각 시점을 나누는 특정한 경계도 또 공간적 전체의 부분들을 나누는 특정한 한계도 없는 것이다. 공감주술적 연관은 공간적 구별도 시간적 구별도 마찬가지로 넘어간다. 즉 아무리 공간적 근접관계를 떼어놓아 신체의 일부를 신체 전체로부터 물리적으로 분리시켜 놓더라도 양자 사이의 작용연관이 상실되어버리지 않는 것처럼, '앞'과 '뒤', '이전'과 '이후'도 서로 동화되는 것이다. 좀 더 정확히 말하자면 주술적인 관계는 공간적, 시간적으로 분리된 요소들 사이에서 **새로 만들어질** 필요가 없는 것이며——만들어진 다는 것은 관계에 관한 반성을 매개로 한 표현에 지나지 않을 것이다——오히려 주술적 관계는 애초부터 대체로 그러한 요소들로의 분해가 일어나는 것을 막는다. 그리고 **경험적으로** 그러한 분리가 직접 직관되는 경우에조차도 그 분리는 주술적인 직관에 의해 곧바로 사라지며, 공간적 시간적으로 상이한 것들 간의 긴장은 말하자면 주술적 '근거'의 단순한 동일성으로 해소되어버린다.[27]

70신화적 사고방식이 지닌 이러한 한계로부터 비롯되는 하나의 귀결은 작용을 사물적-실체적으로 파악하는, 신화적 사고방식에 일관되게 특유한 견해에서 보여진다. 일어나는 일의 논리적-인과적 분석은 본질적으로 주어져 있는 것을 결국에는 단순한 과정들 — 이 과정 하나하나를 분리시켜 관찰할 때 그것들이 규칙적임을 간파할 수 있는 과정 — 로 분해하는 것을 겨냥하고 있다. 그에 반해 신화적인 견해는 비록 일어나는 일의 과정을 고찰하고 그 생성과 기원을 묻고 있는 때라고 할지라도 그 '발생' 자체를 항상 구체적인 소여된 존재와 결부되어 있는 것으로 보는 것이다. 신화적인 견해는 작용의 과정을 항상 단지 구체적-개별적인 존재형식들 간의 단순한 변화로 보며, 그러한 것으로서 파악한다. 논리적-인과적 분석에서는 길은 '사물'으로부터 '조건'으로, '실체적' 직관으로부터 '함수적' 직관으로 나아가지만, 이 신화적인 관점에서는 생성의 직관도 또한 여전히 단순한 존재의 직관과 결부되어 있다. 인식이 진행됨에 따라 인식은 생성이 '어떻게' 해서 일어나는가라는 것만을, 즉 그 법칙적 형식을 묻는 데에 만족하게 되지만, 그에 대해 신화는 오로지 '무엇이 생성하는가', 그리고 어디에서 어디로 라는 것을 물을 따름이다. 더욱이 이 어디에서 어디로 라는 양편을 완전한 사물적 규정성에서 보도록 요구한다. 여기에서는 인과성은 매개적인 사고 —— 이 사고는 말하자면 개개 요소들 '사이'에 독자적이고 자립적인 것으로서 나타나며 그 요소들의 결합과 분리를 수행하는 것이지만 —— 의 관계형식이 아니다. 신화에 있어서는, 생성이 분해되어가는 계기들은 아직 진정으로 '원-사물(Ur-Sachen)'[=원인]이라는 성격, 독립된 구체적 사물로서의 성격을 유지하고 있다. 개념적 사고가 계기적인 사건의 계열을 '원인'과 '결과'로 분해함으로써 본질적으로 이행의 한 방식, 그 일정성, 규칙성으로 향해가는 데 반해, 신화의 설명요구는 대략 과정의 시작과 결말이 명확히 구별되기만 한다면 그것으로 만족하게 되는 것이다. 많은 창세신화는 세계

• • •

27. 신화적 '인과성'에 대한 동일한 사고형식이 주술에서뿐만 아니라 신화적 사고의 최고의 단계, 특히 점성술의 체계 속에서도 작용하고 있는 점에 관해, 나는 "Die Begriffsform im mythischen Denken"(*Studien der Bibliothek Warburg*, I, Leipzig 1921)에서 해명을 시도했다.

가 어떻게 해서 그러한 단일한 원(原)사물, 시원의 사물로부터, 즉 세계알[卵]이라든가 [세계의 근원인] 상록수로부터 생겨났는가를 이야기하고 있다. 북구 신화에서는 세계는 거인 이미르(Ymir)의 신체로부터 형성된다. 이미르의 살[肉]로부터 대지가 만들어지며 피로부터 끓어오르는 대양이, 뼈로부터 산들이, [7]머리카락으로부터 나무들이, 두개골로부터 천공(天空)이 만들어졌다고 한다. 이것이 전형적인 사고방식인 것은 그것과 베다의 만물창조의 찬가가 서로 매우 유사하다는 점에 의해서도 입증된다. 베다에서도, 살아 있는 존재들은 공중의 동물이든 황야의 동물이든 태양이나 달, 대기와 마찬가지로 푸루샤(Purusha)라는 인간 —— 신들에 의해 희생으로서 바쳐진 인간 —— 의 사지(四肢)에서 새로 태어난다고 묘사되어 있다. 그리고 여기에서는 모든 신화적 사고에 본질적인, 독특한 사물화의 작용이 훨씬 더 선명하게 나타나 있다. 왜냐하면 이런 방식으로 그 생성이 설명되고 있는 것은 단지 개개의 구체적으로 지각되는 대상들만이 아니라 실로 복잡하고 간접적인 형식상의 연관들 또한 거기에 포함되어 있기 때문이다. 가사(歌詞), 멜로디, 운율, 공희의 헌사 등도 각각 푸루샤의 개개의 부분들로부터 생겨난 것이며, 사회적인 구별이나 질서도 동일한 구체적-사물적인 기원을 지니고 있다. "바라몬[제관(祭官)계급]은 푸루샤의 입이다. 그의 두 팔은 라쟈냐[왕족, 무인계급]가 되고, 그의 두 다리는 바이샤[서민계급]가 되며, 양발로부터는 수드라[노예계급]가 생겨났다."[28] 따라서 개념적-인과적 사고가 모든 존재자를 관계들로 분해시켜 그 관계들로부터 이해하려고 하는 데 반해, 신화에서의 기원의 물음은 뒤얽혀진 관계의 복합체 —— 예를 들면 어떤 멜로디의 운율이라든가 카스트 제도의 구조 등 —— 를 앞서 존재해 있는 사물적 존재로 되돌리는 것에 의해 비로소 도달된다. 어떠한 상태나 성질도 신화에서는 즉 신화의 근원적인 사고형식에 따르면, 최종적으로는 물체로 되지 않으면

• • •

28. 『리그베다 찬가』(Hillebrandt의 독역판, Göttingen und Leipzig 1913, S. 130 f.). 거인 이미르의 신체로부터의 창조를 묘사하고 있는 에다(Edda)의 노래에 대한 [독일어] 번역은 예컨대 Golther, *Handbuch der germanischen Mythologie*, Leipzig 1895, S. 517에서 보여진다.

안 된다. 바라몬과 라쟈냐와 수드라가 서로 구별된다는 것은 이들 각각 속에 다른 실체들인 브라만이라는 것, 크샤트라라는 것이 그 속에 포함되어 있고 이것들이 거기에 관여하는 것에 각각의 특수한 성질을 전달한다고 생각됨으로써 비로소 이해되는 것이다. 베다 신학의 사고방식에 따르면 사악하고 부실한 여자에게는 '남편을 살해하는 신체'가 살고 있으며, 불임의 여자에게는 '자식이 없는 신체(tanu)'가 살고 있다.[29] 이와 같은 규정 내에서 는 내재적 갈등이, 즉 신화적 표상방식에 항상 따라다니는 변증법이 특히 잘 감지된다. 신화적 판타지는 모든 것에 생명과 혼을 부여하며 일관되게 '정령화(Spiritualisierung)'해가는 방향으로 나아간다. 그렇지만 신화적 사고 형식은 모든 성질이나 [72]작용, 모든 상태나 관계를 고정적인 기체에 결부시 켜버리므로, 항상 그 정반대의 극으로, 즉 정신적인 내용의 일종의 물질화의 방향으로 다시금 되돌려져버리는 것이다.

물론 신화적 사고도 또한 '원인'과 '결과' 사이에 일종의 연속성을 설정하려고 한다. 그것은 시작의 상태와 결말의 상태에 일련의 중간항들을 삽입함에 의한 것이다. 그러나 이 중간항들 자체도 또한 거기에서는 단순한 사태적 성격을 유지하고 있다. 분석적-과학적인 인과성의 관점에서는, 일어 나는 일의 항상성은 그 일어나는 일 전체를 사상적으로 지배할 수 있게끔 하고 한 시점에서 다음 시점으로의 진행을 규정할 수 있게끔 하는 하나의 통일적 법칙, 하나의 해석함수가 제시됨으로써 본질적으로 그것으로서 인 정되게 된다. 즉 각각의 순간마다에, 일어나는 일의 일의적으로 규정된 '상태', 수학적으로 일정한 수치로 나타나는 '상태'가 배치된다. 그러나 이 상이한 수치들 모두가 그 전체성 속에서 다시금 단 하나의 변화계열을 구성하고 있다. 왜냐하면 이들 수치가 겪는 변화 자체가 하나의 일반적인 규칙에 복속되며 이 규칙으로부터 필연적으로 일어난다고 생각되기 때문이 다. 일어나는 일의 개개의 계기들의 통일성과 분화, '연속성'과 '비연속성'

• • •

29. 이에 관해 상세한 것은 Oldenberg, *Religion des Veda*[2], S. 478 ff.를 볼 것.

모두가 이 규칙에서 나타나는 것이다. 이에 반해 신화적 사고는 결합의 그러한 통일성도 또 그러한 분리도 알고 있지 않다. 신화적 사고는, 그것이 어떤 활동 과정을 분석하여 다수의 단계로 나누는 듯 보이는 경우에조차도, 철저하게 실체적인 형식으로 그 활동 과정을 파악하고 있다. 활동의 모든 특성은, 어떤 물체적인 성질이 그것에 부착되어 있는 사태로부터 다른 사태로 점차 옮겨간다는 것으로 설명된다. 경험적 사고나 과학적 사고에서는 단순한 비자립적 '속성' 또는 단순한 상태라고 생각되고 있는 것 모두가 신화적 사고에서는 완전한 실체성이라는 성질을 지니며 따라서 직접 전환 가능한 것으로 여겨진다. [캐나다의] 후파–인디언은 통증을 실체로서 생각하고 있다는 것이 보고되어 있다.[30] 게다가 순수하게 '정신적인', 순수하게 '도덕적인' 특성도 또한 이런 의미에서 전이가능한 실체로서 생각되고 있다는 것을 바로 이 전이를 규제하고 있는 다수의 의례상의 규칙이 나타내고 있다. 그리하여 한 공동체를 곤경에 빠뜨리는 오염이나 [전염성의] 독기는, 누군가 한 사람에게, 가령 노예에게 전이된 다음 이 인간을 희생으로 삼음으로써 제거될 수 있다. 그리스의 타르겔리아 제(祭)[31]에서 그리고 그 밖의 [73]특별한 행사 때에도 이오니아의 국가들에서는 그러한 속죄의 의식이 행해졌다.[32] 이것은 일반적으로 널리 분포되어 있었던, 지극히 오래된 신화적인 기본적 견해로까지 소급되는 것이다.[33] 이 풍습의 본래적인 의미로 눈을 돌려보자면, 이러한 정화나 속죄의 의식에서 중요한 점은 결코 단순한 상징적인 대리인 것이 아니라 어디까지나 실재적인, 아니 바로 물리적인 전이이

• • •

30. Goddard, *The Hupa*(Public. Americ. Archaeol. and Ethnol. University of California, Archaeol. I, Berkeley 1903/4).
31. [역주] 고대 아테네에서 해마다 가졌던 아폴로, 아르테미스 호라이의 축제. 유죄를 선고받은 두 명의 죄인이 끌려나와 부정을 씻는 예식에서 제물로 살해되거나 또는 추방되었다. 죄인의 처벌이 끝나면 사람들은 신의 축복을 노래하며 며칠 동안 성대한 축제를 열었다.
32. 이에 관해 상세하게는 예를 들면 Rohde, *Psyche2* II, 78을 볼 것.
33. '속죄양(贖罪羊)'이라는 표상의 광범위한 분포에 대해서는 특히 Frazer, *The Scapegoat* (*The Golden Bough*, Vol. II), 3. Aufl., London 1913을 참조할 것.

다.[34] [인도네시아 수마트라 북부의] 바탁(Batak) 족에게는, 무언가 저주를 받은 사람은 그것을 제비에게 전이시키고 이 제비를 날아가게 함으로써 그 저주를 '쫓아버리게' 할 수 있다.[35] 그리고 이러한 전이를 영혼이나 생명을 지닌 주체에게만이 아니라 단순한 객체에게도 행할 수 있다는 것은 예를 들면 신도(神道)로서 보고되어 있는 하나의 풍습이 알려주고 있다. 여기에서는 죄를 씻어야 하는 사람이 신관(神官)으로부터 의상의 형태로 재단된 흰 종이, 즉 [인간] 형태의 대리물인 형대(形代, Kata-shiro)라 불리는 것을 받아서 거기에 자신의 생년월일과 성을 적어 이것을 신체에 문지른 다음 자신의 숨결을 세게 내뿜는다. 이러한 과정에 의해 죄는 형대로 전이되는 것이다. 정화의 의식은, 이 '속죄의 산양(山羊)'을 강이나 바다로 던져 넣어, 정화하는 네 신들이 이것을 황천 나라로 데려가서 거기에서 흔적도 없이 사라져버리게 함으로써 끝난다.[36] 다른 모든 정신적인 특성이나 능력도 또한 신화적 사고에서는 어떤 특정한 사물적인 기체와 결부되어 나타난다. 이집트 왕의 대관식에서는 일정한 단계를 거쳐 신들의 모든 특성이나 속성이 왕권의 개개의 표시, 가령 왕홀,[74] 지휘봉, 검 등을 통해 파라오에게 전이되는 과정에 대한 엄격한 지침이 있다. 여기에서는 그것들은 단순한 상징인 것이 아니라 참된 호부(護符)인 것이며 신적인 힘이 담긴 것이자 그 보관자이다.[37] 일반적

• • •

34. 이에 관해 상세하게는 예를 들면, Farnell, *The evolution of religion*, New York & London 1905, S. 88 ff., 177 ff.를 참조.

35. Warneck, *Die Religion der Batak*, Göttingen 1909, S. 13. 전적으로 동일한 사고방식이 인도에서도 그리고 게르만의 민간 미신에서도 보여진다. 홉킨스는 이렇게 말한다. "병으로 고생하는 인도의 소작농 여성은 누구나, 그 병에 감염된 헝겊 조각 하나를 다른 누군가가 줍도록 길에 놓아둔다. 그녀는 자신의 병을 거기에 둔 것으로, 누군가가 이것을 집어 들면 이제 자신은 그 병으로부터 벗어나게 되기 때문이다."(Hopkins, *Origin and evolution of religion*, New Haven 1923, S. 163.) 게르만 권에 관해서는 예를 들면, Weinhold, *Die mythische Neunzahl bei den Deutschen*, Abh. der Berl. Akad. der Wiss., 1897, S. 51을 참조.

36. Karl Florenz, Der Shintoismus(in: *Kultur der Gegenwart*, Teil I, Abt. III, 1 f., S. 193 f.)

37. A. Moret, *Du caractère religieux de la royauté pharaonique*, Paris 1903을 볼 것. 전적으로 동일한 것이 다른 제의, 예를 들면 결혼의 의식에서도 보여진다. "이것은 상징적인 의미에서가 아니라 엄밀하게 구체적인 의미에서 취해져야 한다. 묶여 있는 끈, 손에 끼고 있는

으로 신화에서의 힘의 개념과 과학에서의 힘의 개념의 차이는, 신화에서는 힘이 결코 어떤 역동적인 관계로서, 인과관계의 총체의 표현으로서 나타나는 것이 아니라 항상 사물적, 실체적인 것으로서 나타난다는 점에 있다.[38] 이 사물적인 것은 세계 내의 도처에 확산되어 있다. 그러나 힘을 지닌 소수의 인물, 즉 주술사나 사제, 수장(首長), 전사에게는 그것이 말하자면 농축되어 나타난다. 그리고 이러한 실체적 전체, 힘의 저장소로부터 다시금 개개의 부분들이 벗겨져 떨어지며 접촉하는 것만으로 다른 사람에게 옮겨질 수 있다. 사제나 수장의 특성을 이루는 주술적인 마력,[75] 그들 속에 집약되어 있는 '마나(mana)'는 개개의 주체로서의 그들에게 계속 결합되어 있는 것이 아니라 다종다양하게 변화하며 타인에게 전해질 수 있는 것이다. 따라서 신화적인 힘은 물리적인 힘과 같이 단지 총괄적인 표현, 즉 그것들이 결부되

• • •

반지, 관(冠) 등은 영향권을 같이 하는 실재적인 영향력을 지니고 있는 것이다.'(van Gennep, *Les rites de passage*, S. 191.)

38. 신화적 사고에 대한 이러한 사고방식에 직접 모순한다고 생각되는 것은 그래브너가 최근 막 출간한 저서(*Das Weltbild der Primitiven*, München 1924)에서 관철하려고 하는 다음과 같은 주장이다. 즉 신화적 사고에 있어서는 "각각의 대상에서 그 성질, 작용, 다른 것과의 관계방식이 …… 실체로서 보여진 대상 자체보다도 더 선명하게 의식에 들어선다." "원시적 사고에서는 우리의 사고에서보다도 속성이 훨씬 더 커다란 역할을 하며, 실체는 월등히 작은 역할밖에 하지 않는다."(S. 23, 132) 그런데 그래브너가 이 주장을 근거짓기 위해 사용하고 있는 구체적인 실례를 고찰해보면, 이 모순은 사태 자체에 보다는 오히려 그의 정식화의 방식에 관련되어 있음이 밝혀진다. 왜냐하면 바로 이들 실례로부터 명확하게 유추할 수 있는 것은, 신화적 사고는 한편에서의 실체들 간의, 다른 한편에서의 '속성들', '관계들', '힘들' 간의 확연한 구별을 알고 있는 것이 아니라, 우리의 사고방식의 입장에서 보자면 '단순한' 속성이나 또는 단지 비자립적인 관계일 뿐인 것이 모두 독립적이고 자립적으로 존립하는 하나의 사물에로 농축되어 있는 것이기 때문이다. 실체개념의 비판적-학적 사고방식 — 칸트의 말을 빌리자면, '시간에서의 사상(事象)내용의 상주성(常住性)'이야말로 실체의 도식이요, 실체가 경험적으로 인식되는 징표라는 사고방식 — 은 물론 실체들의 무제한적인 상호 '변용(變容)'을 허용하는 신화적 사고와는 전혀 관계가 없다. 하지만 그렇다고 해서, 이 사실로부터 그래브너와 함께 다음과 같은 결론, 즉 "인간의 사고의 두 중요한 범주인 인과범주와 실체범주에 관해, 원시인의 사고에서는 전자 쪽이 후자와는 비교가 안 될 정도로 강력하게 작용하고 있다"(S. 24)는 결론을 이끌어낼 수는 없다. 왜냐하면 이미 제시했듯이, 신화적인 의미에서 '인과성'이라고 불릴 수 있는 것과 인과성의 학적인 개념 사이의 간격도, 실체의 표상의 경우에서 보여지는 간격 못지않게 크기 때문이다.

어 서로 관계함으로써 비로소 '효력을 갖는다'고 생각될 수 있는 그러한 인과적 요인들과 조건들의 결과나 '성과'에 지나지 않는 것이 아니다.——오히려 그것은 독자적인 물질적 존재로서, 그대로 장소에서 장소로, 주체에서 주체로 이동해가는 것이다. 예를 들면 [서아프리카의] 에웨(Ewe) 족에서는 주술의 장치나 비밀은 매매를 통해 얻어질 수 있다. 주술적 힘의 소유 자체가 물리적 전이에 의해서만 가능한 것이며, 그 전이는 주로 주술을 파는 자와 사는 자 양편의 타액이나 피를 혼합함에 의해 수행된다.[39] 사람이 겪는 병도 또한 신화적으로 말하자면 결코 경험적으로 알려져 있는, 경험적인 일반적 조건들 하에서 신체에 일어나는 과정인 것이 아니라 그 사람을 소유해버린 악령의 것이다. 그리고 이 경우 역점이 두어지는 것은 애니미즘적인 사고방식이기보다는 오히려 실체적 사고방식이다. 왜냐하면 병은, 활기를 띤 악령적 존재로서 파악될 수 있듯이, 단순히 인간에 침입해온 일종의 이물질로서도 파악될 수 있기 때문이다.[40] 이러한 신화적인 형식의 의학과 [76]그리스적 사고에서 비로소 기초지어진 경험적-과학적인 의학 사이를 떼어놓는 커다

● ● ●

39. Spieth, *Die Religion der Eweer*, S. 12. 주술적인 마력인 마나(mana)의 이러한 전이(轉移)는——신화적 관점에서 보자면 결코 전이가 아니라 오히려 거기에는 힘 같은 것이 완전히 실체적 동일성을 지니면서 보존되어 있는 것인바——마오리 족의 어떤 전승에 의해 완벽하게 예시되어 있다. 거기에서는 마오리인이 현재의 거주지에 쿠라호우포 내지 쿠라하우보 배[舟]로 불리는 통나무배로 도착했던 사정이 이야기되고 있다. "마오리인, 테 카후이 카라레헤에 의해 전해지고 있는 이 이야기의 이본(異本)에 따르면, 배는 [일반적으로 타히티로 여겨지는] 하와이키(Hawaiki) 해안에서 새 거주지를 향해 출발한 직후에 산산조각이 나버렸다. 이 배의 특별한 마나-쿠라(mana-kura)에 대한 질투에서 기인한 주술적 힘이 이것을 분쇄시킨 것이다. 그러나 '쿠라호우포 배의 마나의 화신(化身)'이라 불리는 쿠라호우포 배의 선장 테 모운가로아(Te Moungaroa)가, 다른 배로였긴 했지만, 뉴질랜드에 닿았기 때문에, 이 배의 마나를 파괴하려던 적의 계획은 좌절되어버렸다. ······ 도착했을 때 테 모운가로아는 (이 화신이론에 걸맞게) 다른 마오리 부족들에게 다음과 같은 말로 자신을 소개했다고 한다. "나는 쿠라호우보 배입니다." (The Kurahoupo Canoe, *Journal of the Polynesian Society*, N. S., II, S. 186 f.; Fr. Rud. Lehmann, *Mana——der Begriff des "außerordentlich Wirkungsvollen" bei Südseevölkern*, Leipzig 1922, S. 13에서 인용.)
40. 상세하게는 Thilenius, Globus Bd. 87, S. 105 ff. 및 Vierkandt, Globus Bd. 92, S. 45; Howitt, *The native tribes of South East Australia*, S. 380 ff.를 참조할 것.

란 간극은, 히포크라테스의 의학서를 예컨대 에피다우로스 태생의 의신 아스클레비오스를 기리는 신전의 사제가 행했던 치료술과 비교해 본다면, 일목요연해진다. 그 외에도, 신화적 사고에서는 도처에서 성질의 사물화 및 힘과 활동 과정의 사물화가 반복되며, 이는 자주 그러한 성질이나 힘의 직접적인 물질화로 귀결된다.[41] 단순한 성질이나 상태의 이러한 독특한 분리 가능성이나 전이가능성을 암시하기 위해 신화적 사고를 지배하는 '유출설 (Emanismus)'의 원리에 대해 언급한 사람도 있었다.[42] 그러나 과학적 인식에 서조차도 한편에 사물을 두고 다른 한편에 성질, 상태, 관계를 두는 식의 엄밀한 구별은 매우 점진적으로 그리고 지속적인 사상적 투쟁을 거쳐 간신히 확립되었던 점을 고려해본다면, 아마도 이 신화적 사고방식의 의의와 기원을 가장 잘 이해할 수 있을 것이다. 과학적 인식에서도 '실체적인 것'과 '기능적인 것'의 한계가 희미해지고 순수한 기능개념이나 관계개념의 반(半) 신화적인 실체화가 일어난다는 것은 거듭 인정된다. 물리학적인 힘의 개념도 이러한 뒤얽힘으로부터 풀려난 것은 매우 점진적으로 일어났을 뿐이다. 물리학의 역사에서도, 다양한 모습의 작용들을 특정한 소재와 결부시키거나 또는 공간 내의 한 점에서 다른 점으로, 한 '사물'에서 다른 사물로의 그 소재의 이행과 결부시켜 생각함으로써, 그 작용들을 이해하고 분류하려는 시도가 언제나 반복해 나타나고 있다. 18세기나 19세기 초의 물리학에서도 여전히 이러한 방식으로 '열소(熱素)'라든가 전기'물질', 자기'물질'이라는 말을 사용하고 있었다. 그러나 과학적 사고, 즉 분석적 비판적 사고의 참된 경향이 이러한 소재적인 사고방식에서 더욱 더 벗어나는 것을 추구하

• • •

41. 이리하여 예를 들면, 북미아메리카 족에게 마니투(Manitu)는 일종의 '신비적인 힘의 근원'으로서 특징지어지는데, 이것은 도처에서 모습을 나타내고 도처에 침입해갈 수 있다. "한증탕에 들어가는 사람들은, 마니투가 열 때문에 돌 속에서 눈을 뜬 채로 돌 위에 뿌려진 물을 통해 증기로 퍼져나가 자신들의 신체 속으로 들어올 수 있도록 자주 손과 발에 베인 상처를 만든다." Preuß, *Die geistige Kultur der Naturvölker*, S. 54.

42. Richard Karutz, Emanismus, *Zeitschr. für Ethnol.* Bd. 45를 볼 것. 특히 Fr. R. Lehmann, *Mana*, S. 14, 25, 111 u. ö를 참조할 것.

고 있는 데 반해, 신화에서는 그 대상과 내용이 '정신적임'에도 불구하고 그 '논리'와 그 개념들의 형식에서는 어디까지나 물체에 달라붙어 있는 것이 신화의 특징인 것이다. [77]우리는 지금까지 이 논리의 극히 일반적 특징들만을 밝혀보고자 시도했다. ─이제 한 걸음 더 나아가서 신화적 사고의 특수한 대상개념과 특수한 인과개념이 개개 사물의 파악이나 형성에 어떠한 효과를 발휘하며 또한 이에 의해 신화적인 것의 모든 개별 '범주들'이 얼마나 결정적으로 규정되어 있는가를 추적할 필요가 있다.

제2장

신화적 사고의 개별적 범주

⁷⁸경험적-과학적 세계상과 신화적 세계상을 서로 비교해보면, 양자의 대립은 현실을 고찰하고 해석함에 있어 전적으로 다른 범주들을 사용하는 점에 있는 것은 아니라는 사실이 즉각 분명해진다. 신화와 경험적-과학적 인식이 구별되는 것은 그 범주들의 성질이나 특성에 의한 것이 아니라 그 범주들의 양상에 의한 것이다.[1] 감각적 다양에 통일적 형식을 부여하기 위해서, 용해되고 확산되고 있는 것에 형태를 부여하기 위해서 이 두 세계상이 사용하는 결합방식에는 일관되게 유사성과 대응관계가 보여진다. 의식의 통일 자체를, 따라서 순수인식적인 의식의 통일과 똑같이 신화적 의식의 통일을 구성하고 있는 것은 가장 보편적인 동일한 직관 '형식들'과 사고 '형식들'이다. 이 점에서 볼 때, 그 형식들 각각이 특정한 논리적인 형태와 특성을 지니기에 앞서 우선 신화적인 전(前)단계를 통과해 왔음에 틀림없다고 말할 수 있다. 천문학이 그려내는 우주의 상(像)이나 세계공간의 상 그리고 이 공간 내에서의 물체들의 배치 상의 근저에는 본래 공간이나 이 공간 내에서 일어나는 일에 관한 점성술적 견해가 있었던 셈이다. 일반적인 운동

• • •
1. 양상 개념에 대해서는 제1권, S. 29 ff.를 볼 것.

이론은 순수한 역학, 즉 운동현상의 수학적 묘사가 되기에 앞서 우선 운동이 '무엇으로부터' 일어나는가라는 물음에 대답하려고 하였으며, 이 물음은 운동을 창조라는 신화적 문제로, 즉 '제일의 시동자(始動者)'의 문제로 되돌리는 것이다. 공간과 시간에 대해서만이 아니라 수(數)의 개념도 순수하게 수학적인 개념이 되기 이전에는, 신화적 개념이었음이 분명하다. 그것은, 원시적인 신화적 의식에게는 아직 이질적인 것이었지만, 그럼에도 수의 개념에 대한 그 이후의 한층 더 고도의 형성들 전체에 있어 기초를 이루는 하나의 전제였던 것이다. 수는 순수한 계량 수(Maßzahl)가 되기 훨씬 이전부터 '신성한 수'로서 숭배되고 있었다. [79]그리고 이 숭배의 여파는 학적인 수학의 시초에도 아직 남아 있었다. 따라서 추상적으로 보자면 동종의 관계, 즉 하나와 여럿의 관계, '공존', '모여 있음' 및 '잇따름'의 관계가 신화적 세계설명과 과학적 세계설명을 함께 지배하고 있는 것이다. 하지만 이들 개념 각각은 신화의 영역 속으로 되돌려 놓이자마자, 그 즉시 전적으로 특수한 성질과 어떤 독특한 '색조'를 띠게 된다. 신화적 의식 내부의 개개의 개념이 지니는 이 색조, 이 미묘한 뉘앙스는 언뜻 보기에는 단지 느껴질 뿐이고 그 이상으로는 인식되거나 '이해'될 수 없는 전적으로 개성적인 것으로 보인다. 그러나 바로 이 개성적인 것의 기저에도 여전히 보편적인 것이 놓여 있다. 좀 더 면밀히 고찰해보면, 각각의 개별적 범주의 특수한 성질이나 고유성 내에 어떤 특정 유형의 사고가 반복하여 나타나 있음이 밝혀진다. 신화적 대상의식의 방향이나 그 실재개념 및 실체개념, 인과개념의 특성 내에 나타나 있는 신화적 사고의 기본적 구조는 한층 광범위하게 미치고 있다── 즉 이 구조는 신화적 사고가 만들어낸 개개의 형상들을 포착하고 규정하며 그것들에 말하자면 자신의 각인을 찍는 것이다.

순수 인식 내부에서의 대상의 관계 및 대상의 규정은 종합 판단의 기본적 형식으로까지 소급한다. 즉 "우리는 직관의 다양 내에 종합적 통일을 생기게 했을 때에 대상을 인식한다고 말하는 것이다."[*] 그러나 종합적 통일이란 본질적으로 체계적 통일이다. 체계적 통일의 산출은 결코 한 점(點)에 머물러 있는 것이 아니라 전진을 거듭하면서 경험의 전체를 파악하고 그것을 단 하나의 논리적 연관——'원인'과 '결과'로부터 이루어진 하나의 전체——으로 변형한다. 이 원인과 결과의 구조, 이 위계조직 내에서 하나하나의 현상, 하나하나의 개별적인 존재나 사건에 각각 특정한 위치가 할당되는데, 이에 의해 그 각각이 다른 모든 것으로부터 구별되며 그러나 동시에 다른 모든 것과 일반적인 관계에 들어가게 되는 것이다. 이는 세계상(像)의 수학적 파악에서 가장 명확하게 나타난다. 거기에서는 존재 내지 일어나는 일의 특수성이 표시되는 것은 그 특성을 나타내는 전적으로 특정한 수량치가 주어짐에 의한 것이다. 그러나 이들 수치는 모두 특정한 등식이나 함수관계에 의해 다시금 서로 결합되며, 그 결과 그 수치들은 법칙적으로 분절된 하나의 계열, 정밀한 수량 규정으로 이루어진 확고한 '구조체'를 구성하는 것이다. 이런 의미에서는 예컨대 근대 물리학은 [80]하나하나의 특수한 사건의 진행을 네 개의 시공좌표 x_1, x_2, x_3, x_4 로 나타내고 이 좌표의 변화를 궁극적인 불변의 법칙성으로 되돌림으로써 사건의 전체를 '이해'한다. 과학적 사고에서는 결합과 분리는 두 개의 상이한 또는 전적으로 대립된 기초작업인 것이 아니라 특수한 것을 상호 명확하게 구별하는 일과 그것을 전체의 체계적 통일로 통합하는 일 이 두 가지가 수행되는 동일한 논리적 과정이라는 것이 이러한 예로부터도 또한 밝혀진다. 이 점에 대한 좀 더 깊은 근거는 종합판단의 특질 자체 내에 있다. 왜냐하면 종합판단이 분석판단과 구별되는 것은, 종합판단은 자신이 실현하는 통일을 개념상의 동일성으로서가 아니라 상이한 것의 통일로서 사고하는 점에 있기 때문이다. 이 판단에서 정립되는 각각의 요소의 특성은 단지 '그 자체 내에 있고' 논리적으로 그 자체 내에 머무르는 점에 있어서가 아니라 상관적으로 '다른' 것과 관계하는 점에 있다. 이 관계를 도식적으로 나타내기 위해, 관계하는 요소를 a와 b라 하고 양자를 결합하고 있는 관계를 R이라고 해보자. 그러면 이러한

• • •
2. [역주] 칸트, 『순수이성비판』 A 105.

관계는 모두 확연한 3중구조를 나타낸다. 즉 두 기본요소(a와 b)는 바로 이 둘이 놓여있는 관계를 통해 그리고 이 관계에 의해 서로 명석판명하게 구별될 뿐만 아니라, 관계의 형식 자체(R)도 또한 그 속에 편성되어 있는 내용들에 대해 어떤 새롭고 독자적인 것을 의미하고 있다. 이 형식은 말하자면 개개의 내용 그 자체와는 다른 의미차원에 속해 있다. 즉 이 형식은 그 자체 특수한 내용, 특수한 사물이 아니라 보편적이고 순수하게 이념적인 하나의 관계이다. 그러한 이념적인 관계 내에, 과학적 인식이 현상의 '진리'라고 일컫는 것의 근거가 있다. 왜냐하면 현상의 '진리'라는 것에서 생각되고 있는 것은 그 구체적인 현존재에서 받아들여지는 것이 아니라 지적인 연관——이것은 논리적 분리작용에 의거해 있는 것과 동일하게, 또한 동일하게 필연적으로, 논리적 결합작용에도 의거해 있다——의 형식으로 옮겨진, 현상들의 전체성 자체에 다름 아니기 때문이다.

신화도 또한 '세계의 통일'을 추구한다. —— 그리고 신화는 이 추구를 완성해가면서 그 정신적 '본성'에 의해 지시된 전적으로 특정한 궤도에 따라 움직여간다. 신화적 사고의 가장 낮은 단계, 즉 신화적 사고가 단지 직접적인 감각인상에 맡겨져 가장 원시적인 감성적 충동생활에 지배되어 있는 듯 보이는 단계에서조차도 이미, 세계를 ^{8}각양각색의 다양한 악령의 힘들로 분산시켜버리는 주술적인 견해에서조차도 이미, 이 힘들의 일종의 구성 즉 다가올 '조직화'를 시사하는 특징들이 나타나 있다. 그리고 신화가 보다 고도로 형성되어 감에 따라, 또 신화가 한층 더 명확하게 악령들을 독자적인 개성과 역사를 지닌 신들로 변형시켜감에 따라, 신화에 있어 신들의 본성과 작용은 상호간에 더욱 더 명료하게 구분되어간다. 과학적 인식이 법칙의 위계질서, 원인과 결과의 체계적 서열을 추구하듯이 신화도 또한 여러 힘들과 신들의 위계질서를 추구한다. 신화가 세계를 다양한 신들로 분할함으로써, 즉 존재나 인간 활동의 특정 영역 각각을 특정한 신의 비호하에 둠으로써, 신화에 있어 세계는 더욱 더 간파할 수 있는 것이 된다. 그러나 비록 신화의 세계가 그렇게 해서 전체로 짜여지더라도, 역시 이러한 신화의 세계관 전체는 인식이 현실을 총괄하고자 하는 저 개념의 전체와는 전적으로 다른 성질을 보이고 있다. 거기에서 보여지는 것은, 객관적 세계를 철두철미 법칙적으로 규정된 세계로서 구축하는 이념적인 관계형식이 아니다. 거기에서는 모든 존재가 용해되어 구체적 이미지를 띤 다양한 개개의 것들로 되어버린다. 그런데 그 결과에서 분명하게 되는 이러한 대립은 결국 원리의 대립에 의거하고 있는 것이다. 신화적 사고에서 수행되는 하나하나의 결합은 나중에 전체적으로 보면 비로소 완전한 명석성과 가시성을 획득하게 되는 성격을 이미 지니고 있다. 과학적 인식이 요소들을 결합시킬 수 있는 것은 동일한 기본적인 비판작용에 의해 그 요소들을 상호 분리시키기 때문이지만, 신화는 자신이 접촉하는 것을 말하자면 무차별적인 통일로 결집시켜버린다. 신화가 설정하는 연관은, 그 연관 내로 들어오는 항들이 그 연관에 의해 상호 이념적인 연관으로 들어올 뿐만 아니라 곧장 상호 동일화되며 동일한 것이 되어버리는 성격의 것이다. 적어도 신화적 의미에서 상호 '접촉해'있는 것은——그 접촉이 공간적 시간적인 곁에 있음이라는 의미에서 이해되든 그저 가까스로 유사하다는 의미 또는 동일한 '급(級)'이나 '유(類)'에 공속해 있다는 의미에서 이해되든 간에——근본적으로는 다종다양한 것임을 중지한 것이며, 본질의 어떤 실체적 통일성을 획득한 것이다. 이러한 견해는 신화의 가장 낮은 단계에서도 이미 분명하게 나타나 있다. 예를 들면 주술적인 세계관의 기본적 방향이 다음과 같이 묘사된 적이 있다. "개개의 대상은, [82]그것이 주술적 관심을 불러일으키는 즉시, 결코 제각각 분리되어 고찰되는 것이 아니라 언제나 다른 대상에 속해 있는 성질을 지니게 되며, 다른 대상과 동일시되어, 그 결과 외면적인 모습은 일종의 베일이나 가면에 지나지 않는다고 생각되기에 이른다."[3] 이러한 특징에 의해, 신화적 사고는 본래의 의미에서의 '구체적인[konkret, 합생적(合生的)]' 사고임이 밝혀진다. 즉 이 사고가 파악하는 것은 무엇이든, 독특한

• • •

3. Preuß, *Die geistige Kultur der Naturvölker*, S. 13.

모습으로 합체하고 합일하며 성장해가는 것이다. 과학적 인식이 명확히 분리된 요소들의 상호 잇닿음(Zusammenschluß)을 추구하는 데 대해, 신화적 직관은 스스로 결부시키는 것을 종국에는 합류시킨다(zusammenfallen). 여기에서 작용하는 것은 결합의 통일성 —— 종합적 통일, 즉 다른 것의 통일로서의 통일성 —— 이 아니라 사물의 일양성(一樣性), 합치(Koinzidenz)인 것이다. 신화적인 견해에서는 기본적으로는 관계의 단 하나의 차원밖에 없으며 '존재'의 단 하나의 수준밖에 없다는 것을 고려해보면, 이 점도 납득될 수 있다. 인식작용에서는 순수한 관계개념은 말하자면 그것이 연결시키는 요소들의 사이에서 나타난다. 왜냐하면 그 관계 자체는 이들 요소와는 다른 세계의 것, 즉 그 요소들에 필적하는 사물적 존재를 가지지 않고 단지 이념적인 의미를 지닐 뿐이기 때문이다. 철학의 역사와 과학의 역사는, 순수한 관계개념의 이러한 특수한 위치에 관한 자각이 처음 등장했을 때 바야흐로 과학적 정신의 새로운 시대가 정초되고 있음을 보여준다. 관계개념의 최초로 엄밀하게 논리적인 성격 묘사는 다름 아닌 이 대립을 결정적 요인으로서 강조한다. 즉 관계개념을 사물이나 감각적 현상에 독특한 존재양식과 구별하기 위해 직관과 사고의 순수한 '형식들'은 비-존재, μὴ ὄν[메 온, 존재하지 않는 것]이라고 불리는 것이다. 그런데 신화에 있어서는, 간접적으로 존재를 뒷받침하고 현상의 '진리'를 기초짓는 그러한 비존재란 없다. 신화가 알고 있는 것은 직접 존재하고 있는 것과 직접 활동하고 있는 것뿐이다. 따라서 신화가 설정하는 관계들이란, 사고에 있어서의 결합처럼 그리로 들어가는 것이 분리되는 동시에 또한 결합되는 그러한 결합이 아니라, 아무리 이질적인 것이라도 어떻게든 접합시켜버리는 일종의 접착제인 것이다.

신화적 사고에서의 관계항들의 합생(Konkreszenz) 내지 합치라는 이 독특한 법칙은 그 개별적 범주 모두를 통해 추적될 수 있다. 우선 양의 범주로부터 시작해보자. 이미 지적했듯이 신화적 사고는 전체와 부분 사이에 결코 명확한 경계를 짓지 않는다. [83]거기에서는 부분은 전체를 대신할 뿐만 아니라 전체 그 자체이다. 양을 종합적 관계형식으로 생각하는 과학의 기본적인 견해에서 보자면 양은 여럿[多] 내의 하나[一]이다. 즉 하나와 여럿은 양 속에서 동일하게 필요한, 그리고 엄밀히 상관적인 계기를 이루고 있다. 요소들을 하나의 '전체'로 결합한다는 것은 요소들이 요소들로서 명확히 분리되고 구별되어 있음을 전제로 하고 있다. 피타고라스학파가 수(數)를 정의하기를, 모든 것들을 혼의 내부에서 조화시켜 이를 통해 비로소 그 모든 것들에 물체성을 부여하며 유한적 및 무한적인 것들의 관계를 하나하나 분리시키는 것이라고 말하는 것도 이러한 의미에서이다. 그리고 바로 이 분리에, 모든 조화의 필연성과 가능성이 기초를 두고 있다. 왜냐하면 "동일한 것이나 유사한 것에는 결코 조화가 필요 없을 터이지만, 서로 다른 것이나 유사하지 않은 것, 고르지 않게 나누어진 것은 세계 질서 내에서 결합되는 것을 가능케 해주는 그러한 조화에 의해서 한데 묶여지지 않으면 안 되기"(딜즈, 철학적 단편 6)[4] 때문이다. 그런데 신화적 사고는 그러한 조화——"각양각색으로 뒤섞인 것들의 융화이자 다양하게 조율된 일치"인 조화——대신에 부분과 전체의 같음[일양성]의 원리만을 알 뿐이다. 전체는, 그것의 전적으로 신화적-실체적인 본성과 함께 부분 속으로 들어가며, 바로 감각적, 물질적으로 어떠한 방식으로든 부분 속에 '숨어 있다'는 의미에서, 부분이다. 한 사람의 머리카락, 깎은 손톱, 의복, 발자국에도 그 사람의 전체가 포함되어 있는 것이다. 사람이 남기는 모든 흔적은 그 사람의 실재적인 부분으로서, 이 부분으로부터 소급하여 전체로서의 그 사람에게 영향을 끼치고 전체로서의 그 사람에게 위해를 끼칠 수 있는 것으로 여겨진다.[5]

• • •

4. [역주] 딜즈(Diels), 철학적 단편: 소크라테스 이전 사상가들의 원 저작은 모두 흩어지고 없어져 후대인의 인용 등에 의한 약간의 단편들이 전해지고 있는 데 불과하지만, 20세기 초 베를린대학교 딜즈 교수가 그것을 편찬하고 독일어 번역을 붙여 *Die Fragmente der Vorsokratiker*, 3 Bde, 1903으로 간행했다. 이것이 그 후 크란츠에 의해 보완되고 또한 색인이 덧붙여져 통상 'Diels-Kranz의『단편집』'이라 불린다. 여기에는 개개의 사상가마다 그 단편들에 번호가 붙어 있으며, 일반적으로 그 번호로 특정 단편을 지시하는 것이 관례가 되어 있다. 국내에는 이 단편집의 완역은 아니지만 커크-레이븐-스코필드 등의 추후 판본에 의거해 선별, 번역된『소크라테스 이전 철학자들의 단편선집』(김인곤 외 옮김, 아카넷, 2005)을 참고할 수 있다.

'분여(分與, Partizipation)'라는 이 동일한 신화적 법칙은 이와 같이 단지 실재적 관계가 중시되는 곳에서만이 아니라 순수하게 이념적인──우리가 말하는 의미에서의── 관계가 문제로 되는 곳에서도 지배하고 있다. 유(類)도 또한, 그것이 포섭하고 있는 것, 종(種) 또는 개체로서 자신 속에 포함하고 있는 것에 대해 보편이 특수를 논리적으로 규정하는 식의 관계에 있는 것이 아니라, 유가 이들 특수 안에 직접 현전하고 거기에 살며 작용하는 것이다. 여기에서 지배하고 있는 것은 단순한 사고 상의 종속관계가 아니다. 오히려 개체가 그 유 '개념'에 현실적으로 종속되는 것이다. 예를 들면 토테미즘적 세계상(像)의 구조는 신화적 사고의 이 본질 특징에 기초하는 것 외에는 결코 다른 방식으로 이해될 수 없다. 왜냐하면 인간과 세계 전체에 관한 토테미즘적 분할에 있어서는 한편에 인간이나 사물의 부문을 두고 [84]다른 한편에 일정한 동식물의 부문을 두는 단순한 편입관계는 보이지 않고 거기에서는 개체가 토테미즘 상의 선조에 실재적으로 의존하며, 심지어 이 선조와 동일하다고까지 생각되고 있기 때문이다. 그래서── 칼 폰 덴 슈타이넨의 유명한 보고에 따르면──북브라질의 트루마이 족은 자신들이 수렵동물이라고 말하는 반면, 보로로 족은 붉은 앵무새라고 자랑한다.[6] 왜냐하면 신화적 사고는 일반적으로 종 또는 유에 대한 하나의 '표본'이라는 관계, 즉 논리적 포섭관계로 불리는 그러한 관계를 알지 못하고, 오히려 그러한 관계를 항상 실제의 작용 관계로 만들어버리며, 따라서──신화적 사고에 따르면 '동일한 것'은 오로지 '동일한 것'에 작용할 수 있으므로── 사태상의 동일관계로 구성해버리기 때문이다.

동일한 사태는 양의 관점에서가 아니라 질의 관점에서 고찰해 보면 ── 즉 '전체'와 그 '부분'의 관계가 아니라 '사물'과 그 '성질'의 관계에

• • •
5. 이에 관한 실례는 이 책 90쪽 ff. 참조.
6. Karl v. d. Steinen, *Unter den Naturvölkern Zentral-Brasiliens*, Berlin 1897, S. 307. 신화의 이 '분여의 법칙'의 한층 더 특징적인 예에 관해서는 특히 Lévy-Bruhl, *Das Denken der Naturvölker*, Kap. II를 볼 것.

주목해보면 —— 한층 더 선명하게 드러난다. 이 경우에서도 또한 관계항들의 독특한 합치가 동일하게 보여진다. 즉 신화적 사고에서 성질이란 사물에 '붙어있는' 하나의 규정이라기보다는 오히려 어떤 측면으로부터 보여진 사물 자체의 전체성을 표현하고 자신 속에 포함하는 바의 것이다. 이 점에서도, 과학적 인식에 있어서는 그 인식에 의해 설정되는 상호규정은 하나의 대립에 기초를 두며, 그 대립은 다름 아닌 이 규정에 의해 분명 화해되기는 하지만 그러나 소멸되어버리는 것은 아니다. 왜냐하면 성질의 기체(基體), 성질이 '내속'해 있는 '실체'는, 그 자체로는 어떠한 성질과 직접적으로 비교될 수 있는 것이 아니고 또한 구체적인 것으로서 파악되거나 제시될 수 있는 것도 아니며, 각각의 개별적 성질에 대해, 심지어 성질들의 총체에 대해 하나의 '타자'로서, 어떤 자립적인 것으로서 맞서 있는 것이기 때문이다. 여기에서는 '우연적 속성'은 실체가 지닌 실재적 사실적인 '부분'이 아니다.—— 실체는 그 속성들이 서로 연관되고 통합되기 위한 이념적인 중심이자 매개인 것이다. 그런데 신화에서는 여기에서도 또한, 신화가 만들어내는 통일성은 곧바로 단순한 같음[일양성]으로 해소되어버린다. 현실적인 것을 모두 동일한 평면에 긴밀히 붙여놓는 신화에 있어서는 동일한 실체가 다양한 속성들을 '지니는' 것이 아니라 각각의 특수 그 자체가 그대로 실체인 것이다. 즉 실체는 항상 무매개적인 구체상, [85]직접 사물화된 모습으로밖에 파악될 수 없는 것이다. 이러한 사물화가 단지 상태적·성질적인 모든 존재, 모든 작용이나 관계에도 미친다는 것은 이미 제1장에서 제시한 바 있다(앞의 93쪽 이하). 그러나 그 사물화의 근저에 있는 독자적인 사고원리는 신화적 세계관의 원시적 단계에서보다는, 그것이 이미 과학적 사고의 기본원리와 결부되어 이 원리로 채워져 있는 곳에서야말로 —— 과학적 사고와 결합하여 일종의 잡종, 즉 반(半)신화적인 자연'과학'을 산출하는 곳에서야말로 —— 한층 더 선명하게 나타난다. 신화적인 인과개념의 특색은 아마도 점성술의 구조 내에서 가장 명료하게 보일 수 있지만 그와 똑같이[7] 신화적 성질 개념이 지닌 특수한 경향도 연금술의 구조에 주목할 때 가장 명확하게 드러난다. 그 역사 전체에 걸쳐 확인될 수 있는 연금술과 점성술 간의 친근성도[8] 여기에서 체계적으로 설명될 수 있다. 즉 이 친근성은 결국 이 양자가 신화적-실체적인 동일성 사고라는, 같은 사고형식의 두 상이한 발현에 다름 아니라는 점에 기초를 두고 있다. 이 사고에 있어서는, 성질들의 공통성, 상이한 사물들의 감각적 나타남에서나 그 활동방식에서의 모든 유사성은 결국 그것들 내에 동일한 사물적인 원인이 어떠한 모습으로든 '포함되어 있다'는 점에 의해서만 설명되었다고 여겨지는 것이다. 예를 들면 연금술이 개개의 물체를 단순한 기본적 성질들의 복합체로 보며, 이들 성질의 단순한 집적에 의해 물체가 생겨난다고 보는 것도 이러한 의미에서 이다. 각각의 성질은 그 각각만으로 일정한 원소적 사물을 나타내며, 이들 원소적 사물들의 총체로부터 복합물의 체계, 경험적인 물체세계가 구축된 다. 따라서 이러한 원소적 사물들의 혼합법을 알고 있는 자는 그 변화의 비밀을 알고 있는 지배자이다. 왜냐하면 그는 그 변화를 단지 이해하고 있을 뿐만 아니라 그것을 자신의 힘으로 산출할 수 있기 때문이다. 이리하여 연금술사는 보통의 수은으로부터 '현자의 돌'을 얻을 수 있다. 이를 위해선 우선, 수은이 참된 완전성에 도달하는 것을 막고 있는 운동과 유동성의 원소인 물을 수은에서 추출해낼 필요가 있다. 그 다음의 일은 이와 같이 얻어진 물체를 '고정'하는 것, 다시 말해 그 휘발성을 제거하는 것으로, 이를 위해선 아직 거기에 포함되어 있는 기체적 원소를 내보내지 않으면 안 된다.[86] 연금술은 그 역사의 진행과정에서 속성들의 이러한 부가나 추출 작용을 최고도로 정교하고 최고도로 복잡한 체계로까지 형성시켜 왔다. 그러나 이 같은 극도의 정교화 및 순화에서도 여전히 그 처리방식 전체의 신화적인 근원이 뚜렷하게 감지된다. 모든 연금술적 조작에서는 그 개개의 작업이 어떠한 식으로든 간에 성질이나 상태들이 전이가능하며 물체처럼

• • •

7. 이에 관해 상세하게는 나의 논문 Die Begriffsform im mythischen Denken, S. 29 ff.를 참조.
8. 이에 관한 예는 Kopp, *Die Alchimie*, Heidelberg 1886; Edm. O. v. Lippmann, *Entstehung und Ausbreitung der Alchimie*, Berlin 1919를 참조할 것.

분리가능하다는 근본사상이 그 근저에 놓여 있다. ── 이것은 예를 들면 '속죄양'이나 그와 유사한 사고방식 등 보다 소박하고 보다 원시적인 단계에서 나타나고 있는 것과 동일한 사상이다(앞의 97쪽 f. 참조). 물질이 지니고 있는 온갖 특수한 성질, 그것이 취할 수 있는 온갖 형태, 그것이 행사할 수 있는 온갖 작용, 이것들은 모두 연금술에서는 특수한 실체로, 하나의 자립적 존재로 실체화되는 것이다.[9] 근대 과학, 특히 라부아지에(Lavoisier)에 의해 모습을 갖춘 근대 화학은 이 점에 관해 문제설정 전체를 원리적으로 변화시키고 전환시킴으로써 비로소 연금술의 이 반(半)신화적인 성질 개념을 극복할 수 있었다. 근대 화학에서는 각각의 '성질'은 단순한 것이 아니라 지극히 복합적인 것이고, 근원적·원소적인 것이 아니라 파생적인 것이며, 절대적인 것이 아니라 어디까지나 상대적인 것이다. 감각적인 견해에 의해 사물의 '성질'이라고 명명하며 그러한 것으로서 직접 파악하고 이해할 수 있다고 믿고 있는 것 ── 그것을 비판적 분석은 특정한 작용방식, 특수한 '반응'으로 환원시킨다. 그러나 이 반응 자체는 전적으로 특정한 조건들 하에서만 나타난다고 여겨진다. 그래서 어떤 물체의 가연성(可燃性)이란 더 이상 거기에 플로지스톤[=연소(燃素)]이라는 특정한 실체가 포함되어 있음을 의미하는 것이 아니라 그 물체의 산소에 대한 반응의 방식을 의미하고 있는 것이며, 또한 어떤 물체의 가용성(可溶性)이란 물이나 어떤 산(酸)에 대한 그 물체의 반응의 방식을 의미한다. 개개의 성질은 이제는 더 이상 사물과 같은 것으로서가 아니라 완전히 조건지어져 있는 것으로서, ── 인과적 분석의 도움을 빌리자면 다양한 관계들의 조합으로 해소되어버리는 그 무엇으로서, 나타난다. 그러나 이로부터 동시에 정반대의 것도 귀결된다. 즉 이러한 인과분석이라는 사고형식이 아직 발달해 있지 않은 한에서는, '사물'과 '성질' 간의 확연한 분리도 또한 엄밀하게는 행해질 수 없는 것이며,

• • •

9. 상세한 내용에 대해서는 앞의 Edm. O. v. Lippmann의 저작(특히 S. 318 ff.) 외에, 특히 Berthelot, *Les origines de l'Alchimie*, Paris 1885를 참조할 것.

두 개념의 범주적 영역은 서로 자리를 바꿔 결국 상호 침투되는 것임에 틀림없다.

[87]하나의 범주에 관해 신화와 인식 사이에 보여지는 전형적인 대립은, '전체'와 '부분'의 범주나 '속성'의 범주에서와 못지않게, '유사성'이라는 범주에 있어서도 입증될 수 있다. 감각인상의 혼돈으로부터 서로 유사한 것의 특정한 군(群)을 만들어내어 유사한 것의 일정한 계열을 형성함으로써 그 혼돈을 정돈하는 것은 논리적 사고에서도 신화적 사고에서도 공통으로 보여지는 점이며 —— 이러한 정돈을 하지 않으면 논리적 사고가 고정된 개념에 도달할 수 없는 것과 마찬가지로 신화도 고정된 형상에 도달할 수 없다. 그러나 사물의 '유사성'의 파악방식은 여기에서도 또한 다른 길을 취한다. 신화적 사고에서는 감각적 현상에서의 유사성만 있으면 그것이 나타나고 있는 형상을 단일한 신화적 '부류(Genus)'에 함께 넣을 수 있다. 이를 위해서는 아무리 '외면적'인 것일지라도 모든 임의의 징표가 동일한 효력을 지니며 —— 거기에서는 '안'과 '밖', '본질적인 것'과 '비본질적인 것'의 명확한 구별은 없다. 왜냐하면 바로 지각가능한 모든 동등성 내지 유사성은 신화에서는 본질의 동일성의 직접적인 표현에 다름 아니기 때문이다. 따라서 여기에서는 동등성이나 유사성은 결코 단순한 관계개념이나 반성개념이 아니라 하나의 실재적인 힘인 셈이다 —— 즉 그것은 절대적인 효력을 지닌 것이기 때문에 절대적으로 현실적인 것이다. 신화의 이러한 사고방식은 이른바 모든 '모방주술'에 나타나 있지만 그러나 그 사고방식은 이 모방주술이라는 그릇된 이름에 의해 [제대로] 칭해지고 있다기보다는 오히려 은폐되고 있다. 왜냐하면 우리가 단순한 '유사(Analogie)'를, 즉 단순한 관계를 보는 바로 그곳에서, 신화는 직접적인 현실존재, 직접적인 현재와 관계하고 있는 것이기 때문이다. 신화에서는 멀리 떨어져 있는 것이나 지금 여기에 없는 것을 '암시하는' 단순한 기호라는 것은 존재하지 않으며, 오히려 신화에게는 자기 자신의 부분을 동반한 사물이 존재한다. 즉 신화적 견해에서 보자면 무엇인가 사물과 유사한 것이 있기만 하다면 그 사물

전체가 거기에 존재하고 있다는 점이다. 신화적 의식은 담배 파이프에서 피어나는 연기 속에서 결코 비를 내리게 하기 위한 단순한 '상징(Sinnbild)'을 보는 것도 또 그 연기를 비를 내리게 하기 위한 단순한 수단으로 보는 것도 아니다. —— 신화적 의식은 거기에서 직접 생생하게 구름의 상을 보며, 그 구름의 상 속에서 애타게 기다리고 있는 비라는 사태 자체를 보는 것이다. 일반적으로 말해 우리가 말하는 의미에서의 '합목적적인' 행위를 하지 않더라도 단지 사물을 모방하여 묘사하는 것만으로 그 사물을 소유할 수 있다는 것이 주술의 일반적 원리이다[10] ——[88]신화적 의식의 관점에서 보자면 단지 모방하기만 하는 것이라든지 단지 기호적으로 표시하기만 하는 것은 존재하지 않기 때문이다. 인식적 의식도 또한 유사성을 설정하고 유사성의 계열을 만들어낼 때에 독특한 논리적인 이중성격을 보여준다. 즉 여기에서도 또한 인식적 의식은 종합적인 동시에 분석적으로, 결합적인 동시에 분리적으로 작용한다. 따라서 이 의식은 유사한 내용 하에서 동일성의 계기와 마찬가지로 비동일성의 계기도 강조한다. 확실히 인식적 의식은, 유와 종을 설정함에 있어 단지 공통점을 끄집어내는 것보다도 오히려 동일한 유 안에 있는 구별과 등급화가 의거해 있는 원리가 문제가 되는 한에서는 이 비동일성의 계기를 특히 강조하는 것이 관례이다. 이렇게 해서 예를 들면 수학적인 등급(Klasse) 개념 및 유 개념의 구조 내에서 이 두 경향의 상호침투가 입증된다. 수학적 사고가 원과 타원, 쌍곡선과 포물선을 하나의 개념 아래에 포섭하는 경우, 이 포섭은 이들 도형이 지닌 그 어떤 직접적인 유사성에 기초를 두고 있는 것은 아니다. 이들 도형은 감각적으로 말하면 대단히 다른 것이다. 그러나 이 부등성의 한 복판에서 수학적 사고는 법칙의 통일성 —— 구성원리의 통일성 —— 을 파악하며 이들 모든 도형을 '원추곡선'으로서 규정한다. 이 법칙의 표현인 이차곡선의 일반적 '공식'은 그것들의 내적인 차이와

• • •

10. 풍부한 예는 Frazer, *The Golden Bough*, I & II, The Magic Art and the Evolution of kings. 에 있다. 또한 Preuß, *Die geistige Kultur der Naturvölker*, S. 29와 이 책 69쪽 ff.를 참조할 것.

마찬가지로 그것들의 연관도 나타내고 있다. 왜냐하면 그 공식은, 일정량의 단순한 변화에 상응해 하나의 기하학적 도형이 어떻게 다른 도형으로 이행하는가를 보이기 있기 때문이다. 이행을 규정하고 규제하고 있는 이러한 원리는 여기에서의 개념의 내용으로 보자면 공통점의 설정이 그러한 것 못지않게 필연적이며 엄밀한 의미에서 '구성적'인 것이다. 그러므로 만일 전통적인 개념론에서 논리적인 등급 개념 및 유 개념은 통상 '추상'에 의해 생겨나며 그때 추상이라는 것 내에서 다수의 내용들이 일치를 이루는 특징을 추출한다는 것 이외 다른 아무것도 생각되고 있지 않다고 한다면, 이는 마치 인과적 사고의 기능이 단지 **결합시키는 작용**에 있으며 표상들의 '연합'으로 끝난다고 생각되는 것과 꼭 마찬가지로 일면적인 것이다. 어떠한 경우에도 문제인 것은 오히려 상호 명확히 구획된 기존의 내용들을 단지 나중에 결합시키는 것이 아니라 이 구획이라는 작용을 우선 사고 안에서 수행하는 데에 있다. 그리고 여기에서도 신화는 [89]논리적인 상위·하위라든가 '추상'과 '한정'이라는 의미에서 '개체'와 '종'과 '유'를 이처럼 구획짓고 분리하는 것과는 거리가 있음을 보여준다. 각각의 부분 내에서 전체를 보듯이, 신화는 유의 각각의 '사례' 내에서 직접 그 유 자체를 보는 것이며 더욱이 그것들의 신화적 '징표' 전체, 즉 신화적 힘들 전체를 갖춘 유를 간파하는 것이다. 따라서 논리적인 유가 포괄적인 원리의 통일로부터 특수한 것을 이끌어 내려고 함으로써 항상 분리와 동시에 통합을 행하는 데 대해, 이 경우에서도 또한 신화는 개별적인 것을 하나의 상의 통일성으로, 하나의 신화적 형상의 통일성으로 결집시킨다. 일단 '다양한 부분', '다양한 사례', '다양한 종'이 이렇게 해서 서로 섞이게 되면 그것들에는 더 이상 어떠한 구별도 없어져 버리며, 오로지 그것들이 끊임없이 서로 이행하는 완전한 무차별만이 존재하게 된다.

그러나 물론 지금까지 시도해온 신화적 사고형식과 논리적 사고형식의 이 구별을 가지고선, 신화를 전체로서 이해하고 신화가 유래해온 정신적인 기층을 통찰하는 데에는 거의 아무것도 얻은 것이 없다는 듯이 여겨질

수 있다. 왜냐하면 여기에서는 이미 petitio principii[선결문제 요구의 오류]
를 범하고 있는 셈은 아닌가, 즉 신화를 그 사고형식으로부터 이해하려고
하는 것은 이미 신화의 그릇된 합리화에 도달한 것은 아닌가라는 의문이
가능하기 때문이다. 그러한 형식이 성립하는 것은 인정한다고 하더라도——
그것이 과연, 신화적인 것의 핵심을 포괄하면서 동시에 이러한 포괄을 통해
은폐시켜버리는 그런 단순한 외피 이외 다른 무엇을 뜻할 수 있을까? 신화
란, '논증적인' 사고에 의해 가해지는 모든 설명의 전제가 되며 또한 그
근저에 있는 어떤 통일적인 견해, 어떤 통일적 직관을 말하는 것은 아닐까?
그런데 이 직관의 형식조차도 아직은 신화가 유래되고 신화에 끊임없이
새로운 생명을 불어넣는 궁극적인 층을 가리키는 것은 아니다. 왜냐하면
신화에서 문제인 것은 결코 사물에 관한 수동적인 관찰, 정태적인 고찰이
아니기 때문이다. 오히려 여기에서는 모든 관찰이 어떤 태도 결정이라는
작용에서, 정감과 의지의 작용에서 출발한다. 신화가 영원한 형상으로 농축
되어, 여러 형상들로 이루어진 [신화적 세계라는] 하나의 '객관적'인 세계의
확고한 윤곽을 우리에게 제시하는 한에서, 이 세계의 의미가 우리에게 파악
가능하게 되는 것도 우리가 그 배후에 본래 이 세계가 발생해 나온 생활감정
의 동력학을 감지하는 것에 의해서뿐이다. 이러한 생활감정이 내부로부터
불러일으켜지는 곳에서만, 즉 그것이 사랑과 증오, 두려움과 희망, 기쁨과
슬픔으로 표출되는 곳에서만, 신화적 상상력이 유발되며 거기에서 어떤
특정한 표상세계가 생겨나기 시작한다. 그러나 이 점으로부터, 신화적 사고
형식의 특성 묘사는 모두 간접적인 것, 파생적인 것과 관계할 뿐이라는
것도 밝혀지며,——[90]즉 신화의 단순한 사고형식으로부터 그 직관형식으로,
그리고 그 독자적인 **생활형식**으로 거슬러가는 데에 성공하지 않는 한, 그러
한 특성 묘사는 중도에 머무르고 불충분한 것으로 남아 있으리라는 것도
밝혀진다. 이들 형식이 어디에서도 명확히 구분될 수 없다는 것, 그리고
신화적인 것의 가장 원초적인 형상으로부터 최고도의 가장 순수한 형상에
이르기까지 이들 형식은 서로 뒤얽혀 있을 뿐이라는 것, 바로 이러한 점이야

말로 신화의 세계에 그 독특한 자기완결성과 특수한 각인을 부여하고 있다. 신화의 세계도 또한 '순수직관'의 기본형식에 따라 형성되고 조직되어 있다. ──즉 이 세계도 또한 하나와 여럿으로, 대상들의 '병존'과 사건들의 계기로 분해된다. 그러나 이렇게 해서 생겨나는 공간, 시간, 수에 관한 신화적 직관은 공간, 시간, 수가 이론적 사고와 대상세계의 이론적 구축에서 의미하는 것과는 극히 특징적인 경계선에 의해 나뉘어져 있다. 이 경계선은 순수인식의 사고에서 인정되는 것과 마찬가지로 신화적 사고에서도 인정되는 간접적인 구분을, 그 구분의 기원이 되어있는 일종의 근원적-분할(Ur-Teilung)[11]로까지 되돌릴 수 있는 때에 비로소 분명하게 가시화될 수 있다. 왜냐하면 신화도 또한 그러한 정신적 '분리(Krisis, [=위기])'를 전제로 하고 있으며, ──즉 신화도 또한, 의식 전체에서 하나의 분리가 수행되고 그것에 의해 세계 전체의 견해 내에도 어떤 특정한 구분이 침투되며, 이 전체가 다양한 의미층들로 분해됨으로써, 비로소 형성되는 것이기 때문이다. 이 최초의 구분이야말로, 후속하는 모든 것이 거기에 맹아의 모습으로 포함되고 또 그것에 의해 조건지어지며 지배되고 있는 바의 것이다. 그리고 신화적 사고의 특성이라기보다는 오히려 신화적 직관과 신화적 생활감정의 특성이 어디에선가 나타난다고 한다면 그것은 바로 이 구분 내에서이다.

• • •

11. [역주] 근원적-분할(Ur-Teilung): 통상 '판단'이라 번역되는 독일어 Urteil은 그 구조에서 보자면, Ur[근원적]+Teilung[분할]이 된다. '판단(判斷)'이란 "그것에 의해 객체와 주체가 가능하게 되는 분리, Ur-Theilung(Theilung은 Teilung의 옛 형태임)이다"고 최초로 주장한 사람은 셸링과 헤겔의 튀빙엔 대학시절의 친구인 시인 횔덜린이다. 1795년 4월에 쓰인 것으로 추정되는 그의 수고(手稿) ── 편집자에 의해 「판단과 존재(Urteil und Sein)」라는 제목이 붙어 있다 ── 에 그것이 보여진다.

제 2 부

직관형식으로서의 신화

신화적 의식에서의 공간적-시간적 세계의 구축과 편성

제1장

기본적 대립

[93]세계상의 이론적인 구축이 시작되는 것은 의식이 맨 먼저 '가상'과 '진리', 단지 '지각된 것' 내지 '표상된 것'과 '진정으로 존재하는 것', '주관적인 것'과 '객관적인 것' 간의 명확한 구별을 수행하는 지점에서이다. 그때 진리성과 객관성의 규준으로서 사용되는 것은 영속성, 논리적 항상성, 논리적 합법칙성이라는 계기이다. 의식의 개별적 내용은 모두, 일관된 합법칙성이라는 이러한 요청에 관계되며 이것에 의해 가늠된다. 이렇게 해서 존재의 영역들이 나누어진다. 비교적 변하기 쉬운 것이 상대적으로 지속적인 것과 구별되며, 우연적·일회적인 것이 보편타당한 것과 구별된다. 경험의 제반요소 중 어떤 것은 필연적·기본적인 것, 전체의 구축을 지탱하는 발판임이 밝혀지고, 다른 것들에는 단지 의존적이고 간접적인 존재밖에 할당되지 않는다. 이러한 [의존적인] 것들이 '존재'하는 것은 그것들이 나타나기 위한 특수한 조건들이 충족되었을 때뿐이다. 그 조건들에 의해 그것들은 존재의 특정 범위, 존재의 어떤 부문에 한정하게 된다. 따라서 이론적 사고는 직접적 소여에 부단히 논리적인 상위·하위의 구별, 말하자면 논리적 '가치'의 구별을 설정하면서 나아간다. 그런데 여기에서 이용되는 보편적 척도는 '근거율'이며, 이것이 이론적 사고에 의해 최고의 공준(公準), 사고의

일차적인 요청으로서 견지된다. 인식의 근본적인 방향, 특징적인 '양상'이 이 근거율에서 나타나고 있다. '인식한다'는 것은 감각과 지각의 직접성으로부터 한갓 사고된 '근거'의 간접성으로의 진행을 말하는 것이며, 단순한 감각인상을 '근거들'의 층(層)과 '결과들'의 층으로 분해하고 정리하는 것에 다름 아니다.

　이미 보여진 바와 같이, 그러한 구별이나 계층화는 신화적 의식에게는 전혀 낯선 것이다. 신화적 의식은 어디까지나 직접적 인상 속에 살고 있고 이것에 몸에 맡길 뿐, 결코 이 인상을 다른 어떤 것에 입각해 ⁹⁴'가늠하려'고 하지 않는다. 이 의식에게 인상이란 단지 상대적인 것이 아니라 절대적인 것이다. 그것은 무언가 다른 것에 '의거해' 있는 것이 아니며 또한 그 조건이 되는 다른 무엇에 의존하는 것도 아니다. 인상은 그것이 현재 존재하고 있는 것이 갖는 단순한 강렬함만으로 자신을 표시하고 실증하며, 저항하기 어려운 강제력을 지니고서 의식에 육박해온다. 논리적 사고가, 객관성과 필연성이 요구되는 '대상'으로서 자신에 맞서 있는 것을 탐구·탐문하고 의심하는 태도로 관계하며 자신의 규범을 가지고서 이것과 마주하는 데 반해, 신화적 의식은 그러한 대립을 전혀 알고 있지 않다. 신화적 의식이 대상을 '지닌다'고 한다면 그것은 단지 이 의식이 대상에 압도되는 때이다. 신화적 의식은 대상을 점차 자립적인 것으로서 구축해가는 방식으로 대상을 소유하는 것이 아니라 전적으로 대상에 의해 사로잡혀버리는 것이다. 이 의식을 지배하고 있는 것은, 대상을 사고 안으로 포괄하고 근거와 결과의 복합체로 정돈한다는 의미에서 대상을 파악하려고 하는 의지가 아니다. 거기에 있는 것은 오히려 대상에 대한 소박한 감동뿐이다. 그러나 이 신화적 대상이 의식에 현전하는 때에 나타나는 이 강렬함, 이 직접적인 위력에 의해, 언제나 동일한 형태를 취하고 동일한 방식으로 재현되는 것의 단순한 계열로부터 이제 그 대상이 두드러진다. 규칙이나 필연적 법칙의 도식에 묶이는 일 없이 각각의 대상은 그것이 신화적 의식을 감동시키고 충족케 하는 한에서, 그 자신에게만 귀속하는 것, 비교될 수 없는 것이자 독자적인 것으로서 나타난다. 그것은 말하자면 개성적인 분위기 속에서 살고 있으며, 일회적인 것이자 그 유일성에서만, 그 직접적인 여기와 지금에서만 파악될 수 있는 것이다. 하지만 다른 한편 신화적 의식의 내용들은 제각기 뿔뿔이 흩어진 개별성들로 해소되는 것이 아니다. 오히려 이 개별성 내에서도 어떤 보편적인 것이 지배하고 있으며, 물론 이 보편성은 논리적 개념의 보편과는 전적으로 종류와 유래를 달리하는 것이다. 왜냐하면 다름 아닌 그 특수적 성격에 의해서, 신화적 의식에 속하는 모든 내용들은 다시금 하나의 전체로 통합되기 때문이다. 그 내용들은 하나의 자기완결적인 영역을 형성하고 있으며,── 그것들은 말하자면 하나의 공통적 색조를 띠고 있고, 이 색조에 의해 일상적·통상적인 것, 통상의 경험적인 존재의 계열로부터 두드러지는 것이다. 분리되어 있다는 이 특징, '예사롭지 않다'는 이 특성이야말로 신화적 의식의 모든 내용에 본질적인 것이다. 이 특징은 가장 낮은 단계로부터 최고의 단계까지, 주술이라는 것이 아직 순전히 실용적으로, 따라서 반(半)기술로서 이해되고 있는 주술적 세계관의 단계로부터 모든 불가사의가 종교적 정신 자체라는 하나의 불가사의로 해소되어버리는 최고도로 순수하게 형성된 종교의 단계까지 추적될 수 있다. [95]신화적 의식의 모든 내용과 종교적 의식의 모든 내용을 하나로 결합하고 있는 것은 바로 '초월'로 향하는 이 독특한 움직임이다. 즉 이들 내용은 모두 그 단순한 존재나 그 직접적인 상태 내에 어떠한 계시를 포함하고 있지만, 이 계시는 확실히 계시이면서도 여전히 일종의 신비를 간직하고 있는 것이며 다름 아닌 이 상호침투, 즉 드러냄과 동시에 감추는 것이기도 한 이 계시야말로 신화적-종교적 내용에서 그 기본적 특징인 '신성함'이라는 특성을 각인하는 것이다.[1]

이 기본적 성격이 지닌 의미 그리고 이것이 신화적 세계의 구축에

• • •

1. 종교의 근원적 범주인 '신성함'이라는 개념에 관해서는 특히 Rudolf Otto, *Das Heilige. Über das Irrationale in der Idee des Göttlichen und sein Verhältnis zum Rationalen*, Göttingen 1917을 참조.

대해 지닌 의미는, 그것이 아직 전적으로 순수한 모습으로 우리에게 나타나는 단계, 다른 정신적인 의미나 가치의 뉘앙스, 특히 도덕적인 규정들이 아직 침투되어 있지 않은 단계에서 아마도 가장 선명하게 드러날 것이다. 근원적인 신화적 감정에 있어 '신성함'의 의미와 힘은 어떠한 특수한 영역에도, 어떠한 개별적 존재영역이나 가치영역에도 한정되어 있지 않다. 오히려 존재자와 사건 모두 그 직접적인 구체상 및 그 직접적인 전체에 신성함이라는 의미가 각인되어 있다. 여기에서는 말하자면 공간적으로 세계를 '이편'과 '저편', 단지 '경험적'인 영역과 '초월적' 영역으로 구분하는 명확한 경계선은 없다. 신성함의 의식 속에서 일어나는 분화는 오히려 전적으로 질적인 것이다. 아무리 일상적으로 일어나는 존재내용이라 할지라도 그것이 특수한 신화적-종교적 시선에서 보여지자마자, 다시 말해 그것이 익숙해진 사건이나 활동의 범위에 더 이상 구속됨이 없이 어떠한 측면으로부터 신화적인 '관심'을 얻게 되고 특별한 강렬함을 불러일으키자마자, 신성함이라는 현저한 성격을 갖게 된다. 따라서 '신성함'이라는 징표는 결코 처음부터 특정한 대상이나 대상군에 한정되어 있는 것이 아니다. 비록 '평범한' 것일지라도 모든 내용이 돌연 이 징표에 관계할 수 있다. 이 징표에 의해 특징지어지는 것은 특정한 객관적 성질이 아니라 특정한 이념적 연관이다. 신화도 또한, 무차별한 '중립적' 존재에 특정한 차이들을 도입함으로써 이 존재를 다양한 의미영역으로 분해하기 시작한다. 신화가 의식내용의 일양성과 등질성을 중단시키고 이 일양성 내에 '가치'라는 특정한 차이를 투입함으로써 신화도 또한 형식과 의미를 부여하는 것임이 입증된다.[96] 모든 존재와 사건이 '성(聖)'과 '속(俗)' 간의 기본적 대립에로 투사됨으로써 그것들은 이 투사 그 자체 내에서 어떤 새로운 내용을 획득하게 된다. 이 내용이란 모든 존재와 사건이 처음부터 단순하게 '지니고 있던' 내용이 아니라 이 고찰의 형식 속에서, 말하자면 이 신화의 '조명' 속에서 비로소 생겨난 내용인 셈이다.

이러한 일반적 검토와 더불어 신화적 사고에 접근할 때, 거기에 잠재해 있는 특정한 근본현상, 즉 특정한 구분과 성층구조가 밝혀지기 시작한다.

이것은 19세기의 단지 경험적인 신화연구나 비교신화학도 다양한 측면에서 거듭 이끌리고 있는 것으로 감지하고 있었던 현상이다. 코드링턴(Codrington)이 멜라네시아인에 관한 유명한 저작에서 '마나(mana)'를 원시적인 신화적 사고의 하나의 핵심적 개념이라고 지적한 이후, 이 개념을 둘러싼 문제들이 더욱 더 민족학적, 민족심리학적, 사회학적 연구의 중심이 되어왔다. 순수하게 그 내용만을 고찰해볼 때, 멜라네시아인이나 폴리네시아인이 '마나'라는 말로 일컫고 있는 관념의 정확한 대응물은 다른 신화적 개념들 내에도 있으며 여러 가지로 모습을 변화시켜 전 세계에 분포되어 있다는 것이 우선 확인되었다. 북미의 알곤킨 족의 마니투(manitu), 이로쿼이 족의 오렌다(orenda), [아메리카 인디언인] 수(Sioux) 족의 와칸다(wakanda)는 마나의 관념과 대단히 관통하는 놀랄 만한 평행성을 보이고 있기 때문에 사실 이 점에 의해 참된 신화적 '기본관념'이 파악된 것으로 보였다.[2] 신화적 사고의 단순한 현상학에 의해서까지도 이미, 이 마나의 관념에 신화적 의식의 단순한 내용이 아니라 오히려 그 전형적 형식, 아니 아마도 그 근원적인 형식이 나타나 있음이 시사된 것처럼 보였다. 이리하여 다양한 연구자들이 마나의 관념을 곧바로 신화적-종교적 사고의 하나의 범주로서, [97]아니 종교의 '전적으로' 근원적인 범주로서 다루기까지 했다.[3] 이 마나의 관념에, 마나와 밀접한 관계에 있으면서 또한 그 반대의 방향에서 상응하고 있는 '타부[금기]'라는 관념을 결부시키면, 이 두 대극 개념에 의해 신화적-종교

• • •

2. 마나의 개념에 관한 대단히 많은 문헌들은(1920년까지는) 프리드리히 레만의 앞서 인용된 면밀한 연구논문에 세심하게 정리되어 있고 비판적으로 논해지고 있다(이 책, 102쪽 참조). 알곤킨 족의 마니투에 대해서는 Jones, The Algonkin Manitou, *Journ. of Amer. Folklore*, XVIII을 참조할 것. 이로쿼이 족의 오렌다에 대해서는 특히 Hewitt, Orenda and a definition of Religion, *Americ. Anthropologist*, New Ser. IV (1902), S. 33 ff.를 참조할 것. 와칸다에 대해서는 Mc. Gee, The Siouan Indians, *XV Ann. Report of the Bureau of Ethnol.*, Washington, 1898. 또한 Beth, *Religion und Magie bei den Naturvölkern, Ein religionsgeschichtl. Beitrag zu den Anfängen der Religion*, Leipzig 1914, S. 211 ff.를 볼 것.
3. 마나 개념이 신화적 사고의 기본적 범주로서 다루어지고 있는 예는 Herbert et Mauss, *Esquisse d'une théorie générale de al magie*, Année Sociologique 1902-03.

적 의식의 말하자면 근원층을 드러낼 수 있다고 생각했던 셈이다. 이리하여 마나-타부라는 정식은 '종교의 최소한의 정의'이며 최초의 구성조건으로서 여겨지게 되었다.[4] 그러나 마나 관념의 범위가 확장됨에 따라 이것을 정밀하고 명확하게 규정하는 일이 점차 곤란해졌다. 신화적 사고의 '기원'에 관한 다양한 가설에 맞추어 마나의 의미를 파악하려는 시도도 불충분하다는 것이 더욱 더 뚜렷하게 드러났다. 코드링턴은 마나를 본질적으로 '정신적인 힘(spiritual power)'으로서 파악하고 더 나아가 이것에 주술적-초자연적인 힘(supernatural power)의 성격을 부여했다. 그러나 마나의 개념을 결국 영혼 개념으로 환원시키고 그럼으로써 그것을 애니미즘의 전제들로부터 해석하고 설명하려고 하는 이 시도는 더 이상 유지될 수 없었다. 마나라는 말의 의미가 정밀하게 규정되고 그 표상내용이 면밀하게 한정되면 될수록, 양자 모두 신화적 사고의 다른 층, 즉 '전(前)애니미즘적' 방향에 속하고 있음이 더욱 더 분명해졌기 때문이다. 발달된 영혼 개념이나 인격 개념이 아직 문제가 되지 않았거나 또는 적어도 물리적 존재와 심리적 존재, 정신적-인격적 존재와 비인격적 존재 사이에 전혀 경계설정이 이루어지지 않은 곳에서야말로 마나라는 말의 사용이 자신의 본래적인 장소를 두고 있는 것으로 보인다.[5] 더욱이 이 말의 용법은 발달된 논리적 사고나 신화적 사고에 속하는 다른 다양한 대립관계에 대해서도 [98]독특한 무관심을 보이고 있다. 특히 그것은 소재의 관념과 힘의 관념 사이에 명확한 경계선을 두려고 하지 않는다. 따라서 마나를 단순히 주술적 실체로 파악하는 '실체'설이나

• • •

4. 특히 Marett, The Taboo-mana Formula as a Minimum Definition of Religion. Arch. für Religionswiss., Bd. 12, 1909. 및 The Threshold of religion, London 1914, S. 99 ff.를 참조.
5. 따라서 예를 들면, 어떠한 물리적 사물도, 비록 그것이 '정령' 내지 '악령'의 거처로 보이지는 않더라도, 무언가 특별한 징표에 의해, 가령 그 크기에 의해 평범한 '일상의' 권역으로부터 두드러지게 되면, 그것에 마나가 귀속하게 된다. 다른 한편, 모든 영혼적인 것이 그 자체로 '마나'를 갖추고 있는 것은 결코 아니다. 죽은 자의 영혼에는 통상 마나가 없으며, 살아있는 동안에 이미 마나가 주어져 있었던 자 — 특수한 힘에 의해 탁월함을 지녔던 자 — 의 영혼만이 마나를 갖는 것이요, 그 때문에 그 영혼은 사후에도 계속 찾아지거나 또는 두려움의 대상이 된다. 자세한 것은 Codrington, The Melannesians(1891), S. 253.

힘의 개념 즉 능력과 효력에 중점을 두는 '힘'이론 모두, 결코 마나 개념의 참된 의미를 적중하지도 또 온전히 헤아리지도 못한 것으로 보인다. 그 참된 의미는 오히려 그것의 독자적인 '유동성', ── 우리의 사고방식에서 볼 때 명확히 구별되는 규정들이 서로 유동하고 서로 이행하는 그 유동성 가운데에 있다. 여기에서는 겉모습으로는 '정신적'인 존재나 '정신적'인 힘이 이야기되는 것으로 보이는 경우에도, 양편 모두에 소재적 관념이 완전히 침투해 있는 것이다. 이 단계에서의 '정신'이란 "자연적인 것과 초자연적인 것 간의, 실재적인 것과 이념적인 것 간의, 인격적인 것과 다른 존재자나 실체 간의 구별이 없는, 어떤 불특정한 종류의 것"이 된다.[6] 따라서 마나의 관념에 어느 정도 고정적인 핵심이 있다고 한다면 그것은 결국 '이례적인 것', '비범한 것', '예사롭지 않은 것'이라는 인상 이외에는 없는 것으로 보인다. 본질적인 것은 이러한 규정을 떠맡고 있는 것이 아니라 바로 이 규정 자체, 이 '예사롭지 않다'는 성격 자체이다. 마나의 관념은 그 부정적인 대응물인 타부의 관념과 마찬가지로 일상적인 사물의 층이나 통상의 궤도를 진행하는 사건의 층과는 다른, 즉 이것들과는 뚜렷하게 구별되는 하나의 층을 이루고 있다. 이 층에서는 다른 기준이 지배하고 있다. 즉 여기에서는 사물의 통상의 경과에서 나타나는 것과는 다른 가능성, 다른 힘, 다른 작용 방식이 지배하고 있다. 그러나 그것과 동시에 이 영역은 인간 주위에 모든 면에서 도사리고 있는 끊임없는 위협과 미지의 위험으로 채워져 있다. 이 점으로부터, 마나의 관념이나 타부의 관념의 내용은 순수하게 대상적인 고찰에 의해서는 완전하게는 파악될 수 없다는 것도 이해될 수 있다. 마나와 타부 모두 특정한 부류의 대상들에 대한 호칭이 아니라 주술적-신화적 의식이 대상에 가하는 독특한 강조 방식(Akzent)을 나타내고 있을 뿐이다. 이 강조에 의해 존재와 사건의 전체는 신화에 중요한 의미를 지닌 영역과

• • •

6. Crawley, *The idea of the soul*(1909). 인용은 Edvard Lehmann, Die Anfänge der Religion und die Religion der primitiven Völker(*Kultur der Gegenwart*, T. 1, Abt. III, 1, 2. Aufl., Leipzig 1913, S. 15)에 의함.

신화에는 중요하지 않은 영역으로, 다시 말해 신화적 관심을 일깨우고 사로잡는 것과 ⁹⁹이 관심에 비교적 냉담케 하는 것으로 분할되는 것이다. 그러므로 타부—마나의 정식을 신화와 종교의 '근거'로 삼는 것은 가령 **간투사**(間投詞)를 언어의 '근거'로 삼아 고찰하는 것과 동일한 정당함과 부당함이 있다. 사실 타부와 마나라는 두 개념에서 문제가 되고 있는 것은 말하자면 신화적 의식의 일차적 간투사라고도 부를 만한 것이다. 그것들에는 아직 자립화된 형태에서의 의미기능이나 묘사기능은 없으며, 그것들은 둘 다 신화적 감정의 흥분으로부터 생겨난 단순한 음성에 다름 아니다.[7] 그것은 저 놀람, 즉 신화도 또 과학적 인식이나 '철학'도 그것을 가지고 시작했다고 하는 저 θαυμάζειν[타우마제인, 놀람]을 나타내고 있다. 단순한 동물적인 두려움이 놀람이 되며, 이것이 공포와 희망, 외경과 경탄이라는 대립하는 특징들이 섞여 있는 이중성의 방향으로 움직일 때, 그리고 이러한 방식으로 감각적 흥분이 처음으로 출구와 **표현**을 구할 때, 그것과 더불어 인간은 새로운 정신성의 문턱에 서는 것이다. 인간에 고유한 이 정신성이야말로 '신성함'의 사상에 어느 정도까지 반영되어 나타나고 있는 점이다. 왜냐하면 신성함은 언제나 먼 것인 **동시에** 가까운 것으로서, 친밀한 것이자 보호해주는 것인 동시에 단적으로 가까워지기 어려운 것으로서, '가공할 신비(mysterium tremendum)'이면서 '매혹하는 신비(mysterium fascinosum)'이기도 하기 때문이다.[8] 이러한 이중성격에 의해, 신성함은 경험적인 존재, '세속'의 존재를

• • •

7. 따라서 특히 알곤킨 족의 마니투에 관해, 무언가 새롭고 이상한 것에 의해 표상작용 내지 상상력이 자극되는 경우에는 항상 이 표현이 사용된다고 보고되어 있다. 예를 들면, 고기를 잡을 때 지금까지 알려져 있지 않았던 희귀한 어종이 잡히면, 그 고기에 곧바로 '마니투'라는 말이 붙여진다(Marett, *The threshold of religion*[3], S. 21을 볼 것. 또한 Söderblom, *Das Werden des Gottesglaubens. Untersuchungen über die Anfänge der Religion*, Leipzig 1916, S. 95 f. 참조). 수(Sioux) 족의 '와칸'이나 '와칸다'라는 표현은 어원적으로도 '놀람'의 간투사에서 유래하는 것으로 보인다. Brinton, *Religions of primitive peoples*, S. 61을 볼 것.
8. 이러한 '신성함'의 이중적 성격에 대해 루돌프 오토가 특히 역점을 두어 강조하고 있다 (이 책 125쪽 각주 1 참조).

자신으로부터 명확하게 분리시키면서도, 이와 같이 분리하는 것에 의해 전적으로 배척하는 것이 아니라 점차로 그리로 **침투해갈** 수 있게 된다. 즉 신성함은 바로 그처럼 대립화하면서도 또한 자신에게 대립하는 것을 **형성해가는** 능력을 보유하고 있는 것이다. '타부'라는 보편적 개념과 무수한 구체적인 타부—규정이야말로 이러한 형성작용으로 향하는 도상의 첫걸음을 나타내고 있다. 이들 규정은 순수하게 부정적인 모습으로, 의지와 직접적 감각충동에 부과되는 최초의 제한을 뜻한다. 그러나 이 부정적 제한은 [100]그 안에 이미 적극적 경계설정과 적극적 형식부여에로의 맹아와 최초의 전제 조건을 포함하고 있다. 이 점에서 이 일차적인 신화적 형식부여의 작용이 향하고 있는 방향은 정신적 의식의 다른 기본적 방향과 명확하게 구분되어 있다. 논리적 내지 도덕적 가치에 근원적 차이가 있듯이, 신화'가(價)'에도 고유한 구별이 있는 것이다. '신성함'이라는 근원적인 신화적 개념은 도덕적 '순수성'의 개념과 서로 겹치는 것이 아니라 오히려 양자는 현저한 대립관계에 들어가며 특유한 상호긴장의 관계에 들어가는 것도 있다. 신화적—종교적인 의미에서 신성화된 것도 바로 그처럼 신성화됨에 의해 금해진 것이 되고 외경의 대상이 되며 따라서 '불순한 것'이 된다. 라틴어의 sacer[사케르, 신성하다], 그리스어의 ἅγιος[하기오스, 신성하다], ἅζεσθαι[하제스타이, 두렵다] 내에는 여전히 이러한 이중의 의미, 의미의 이러한 특유한 '양의성(兩意性)'이 표명되어 있다.──그것들은 신성함 뿐 아니라 저주받고 금해진 것 또한 나타내고 있지만, 두 경우 모두 어떠한 방식으로 간에 성별(聖別)되며, 다른 것으로부터 두드러진 것이 된다.[9]

그런데 신화적 의식의 이러한 기본적 방향, 즉 신화적 의식에 의해 신성한 것과 세속적인 것, 성별된 것과 성별되어 있지 않은 것 사이에 행해지

• • •

9. 이에 관해 자세한 것은 Söderblom의 논문 "Holiness", Hastings Encyclopedia of Religions and Ethics(Bd. VI, 376 ff.). 그리스어 ἅγιος에 대해서는 특히 Eduard Williger, *Hagios, Untersuchungen zur Terminologie des Heiligen in den hellenisch-hellenistischen Religionen*, Gießen 1922를 참조.

는 근원적-분할(Ur-Teilung)이 비단 개별적인 형성작용, 특히 '원시적인' 형성작용에만 한정되는 것이 아니라 신화의 최고도의 형태 내에서까지도 관철되고 입증되는 것임을 주의 깊게 관찰해볼 필요가 있다. 이는 마치 신화가 파악하는 모든 것이 이 구별에 끌어넣어져, 신화적으로 형성된 전체로서 나타나는 한에서의 세계 전체에 이 구별이 침투되고 스며드는 식과 같은 것이다. 신화적인 세계관의 모든 파생적, 간접적 형태는 그것이 아무리 복잡하게 구성되고 또 어느 정도의 정신적 높이에 도달해 있더라도 어떤 식으로든 이 최초의 구별에 의해 조건지어져 있다. 신화적인 생활형식의 모든 풍부함과 모든 역동성이 의거하고 있는 것은 신성함이라는 개념에 표현되는 존재의 '강조 작용'이 완전히 달성된다는 점, 그리고 이 '강조 작용'이 점차로 의식의 항상 새로운 영역과 새로운 내용을 파악해간다는 점에 있다. 이 진행을 추적해가면, 신화적 대상세계의 구축과 경험적 대상세계의 구축 사이에 명백한 유사성이 있음이 밝혀진다. 양쪽 모두에 중요한 것은 [101]직접적 소여의 고립성을 극복하는 일 — 즉 모든 개별적, 특수적인 것이 어떻게 '전체에 엮어져 있는가'를 이해하는 일이다. 그리고 두 경우 모두에서 이러한 '전체성'의 구체적인 표현으로서, 그리고 그 직관적 도식으로서 나타나는 것은 공간과 시간이라는 기본적 형식이며, 거기에서 바로 제3의 형식으로서 수의 형식이 부가된다. 이 수의 형식에서, 공간과 시간에서는 각기 따로따로 나타나는 계기, 즉 '모여 있음'의 계기와 '잇따름'의 계기가 교호적으로 침투하는 것이다. 신화적 의식의 내용과 경험적 의식의 내용 둘 다 점차 획득해가는 모든 연관은 공간, 시간 그리고 수라는 이들 형식 내에서만, 그리고 이들 형식을 통과해서만 도달될 수 있다. 그러나 이와 같이 총괄되는 그 방식 내에서 논리적 '종합'과 신화적 '종합'의 기본적인 차이가 이제 새로이 나타난다. 경험적 인식의 내부에서는 경험적 현실의 직관적인 구축이 자신이 겨냥하고 있는 일반적 목표에 의해 — 즉 논리적인 진리개념과 현실개념에 의해 — 간접적으로 규정되고 이끌어지고 있다. 여기에서는 공간개념, 시간개념 그리고 수개념의 형성이 보편적·논리적

이상에 합당하게 수행되며, 순수인식은 더욱 더 명확하고 더욱 더 의식적으로 이 이상을 겨냥하게 된다. 공간, 시간, 수는 지각의 단순한 '집적'에 지나지 않는 것이 점차 경험의 '체계'로 형성되어가기 위한 사상적인 매체인 것이다. 모든 경험내용의 모여 있음의 질서나 잇따름의 질서, 확고한 수량과 크기의 질서의 표상이야말로 이러한 내용이 최종적으로는 하나의 법칙으로, 하나의 인과적인 세계질서로 총괄되기 위한 전제를 이룬다. 이런 의미에서 공간, 시간, 수는 이론적 인식에 있어 '근거율'의 매체에 다름 아니다. 이것들은 모든 변수가 거기에로 관련하게 되는 기본적 정수(定數)들이다. 그것들은 보편적 좌표체계들로서, 모든 개별적인 것은 이 체계들에 어떠한 방식으로 편성되고 또 그 안에서 확고한 '위치'가 지정되며 이로써 일의적인 규정성이 보증된다. 따라서 이론적 인식의 진전에 따라, 공간, 시간, 수의 순수하게 직관적인 특성은 더욱 더 후퇴해간다. 그것들은 그 자체 구체적인 의식내용으로서보다는 오히려 보편적인 질서형식으로서 나타나게 된다. 논리학자이자 '근거율'의 철학자인 라이프니츠야말로 이 사태를 완전한 명확함으로 말한 최초의 사람으로서, 그는 공간을 '모여 있음의 질서'의 이념적 조건으로서, 시간을 '잇따름의 질서'의 이념적 조건으로서 규정하고 [102]그것들이 지닌 순수하게 관념적인 성격에 의해 시간·공간을 존재내용으로서가 아니라 '영원한 진리'로서 파악했다. 그리고 칸트에게서도 공간, 시간, 수의 '선험론적 연역'의 참된 정초가 마련되는 것은 이것들이 수학적 인식의 순수한 원리이며 따라서 간접적으로 모든 경험 인식의 순수한 원리임이 보여지는 점에 있다. 그것들은 경험의 가능성의 조건인 동시에 경험 대상의 가능성의 조건으로서도 존재한다. 순수 기하학에서의 공간, 순수 산술학에서의 수, 순수 역학에서의 시간, 이것들은 이론적 의식의 말하자면 원형들(Urgestalten)이다. 그것들은 감성적-개별적인 것과 사고 및 순수지성의 보편적·법칙적인 것 간을 매개하는 사고 상의 '도식'을 이루고 있다.

신화적 사고도 또한 '도식화'의 동일한 과정을 보이고 있다. ── 신화적 사고에서도 그것이 진전되면 될수록, 모든 존재를 어떤 공통의 공간질서에,

모든 일어나는 일을 어떤 공통의 시간질서와 운명의 질서에 편입시키고자 하는 노력이 강해진다. 이 노력은 신화의 영역 내에서 가능한 완성 및 최고의 달성을 점성술의 세계상의 구축 가운데서 이루어냈다. 그러나 그 본연의 뿌리는 보다 깊게, 즉 신화적 의식의 궁극적인 기층 및 근원층에까지 이르고 있다. 이미 언어적인 개념형성의 진전을 연구한 때에, 신화적 의식에서는 도처에서 공간적 규정들의 정밀하고 명확한 구별이 보편적인 사고 상의 규정들을 명명하기 위한 전제조건이 되고 있다는 점이 밝혀졌다. 즉 언어에서의 가장 단순한 공간어(空間語), 여기와 거기, 멈과 가까움을 나타내는 명칭이 어떤 풍부한 맹아를 포함하고 있으며, 이 맹아가 언어의 발달에 따라 놀랄 만치 풍부한 언어적 · 지적 형성물로 전개해간다는 것이 보여졌다. 모든 언어형성의 말하자면 두 극이 공간어의 매개에 의해 비로소 진정으로 결합되는 것으로 보여졌다── 즉 언어표현에서의 감성적인 것 내에서 순수하게 정신적인 계기가, 그리고 언어표현에서의 정신적인 것 내에서 감성적인 계기가 보여진다고 생각되었던 것이다.[10] 신화적인 표상영역에서도 정신화의 그러한 매체로서 공간 그리고 나아가 시간이 나타난다. 신화적 표상영역 자체가 경험하는 최초의 뚜렷하고 명백한 분절화는 공간적-시간적 구별과 결부되어 있다. 그러나 여기에서 문제인 것은, 이론적 의식에서와 같이 [103]변화하는 사건을 설명하고 정초할 수 있는 일정한 정수(定數)적인 표준치를 획득하는 일이 아니다. 오히려 이러한 구별 대신에, 다른 구별 즉 신화적인 것의 독특한 '시선'에 의해 조건지어지고 요청된 구별이 나타난다. 신화적 의식이 공간과 시간을 분절화하는 것은 요동하거나 부유하고 있는 감성적 현상들을 영속적 사고 내에 고정하기 위한 것이 아니라 공간적 존재, 시간적 존재에서도 그 특수한 대립, 즉 '성'과 '속'의 대립을 첨가하기 위한 것이다. 신화적 의식이 가하는 이러한 기본적이고 근원적인 강조가 공간 전체와 시간 전체에서의 모든 특수한 분리와 결합을 또한 지배하게

• • •
10. 상세한 것은 이 책 제1권, S. 149 ff.를 참조

된다. 신화적 의식의 원시적 단계에서는 '힘'과 '신성함'은 아직 일종의 사물로서 나타나며, 그것을 담지하는 특정한 사람이나 사물에 부착되어 있는 감성적·물리적인 어떤 것으로서 보여지고 있다. 그러나 한층 더 발달하게 되면 신성함이라는 이 특성이 점차로 개개의 사람이나 사물로부터 이것과는 다른 것, 우리가 말하는 의미에서의 순수하게 이념적인 규정으로 이행해간다. 이제 그것은 신성한 장소와 자리, 신성한 기일과 시간이 되며, 이 성질이 무엇보다도 잘 나타나는 신성한 수가 된다. 그리고 이와 함께 비로소 성과 속의 대립이 더 이상 개별적인 것으로서가 아니라 진정 보편적인 대립으로서 파악되게 된다. 모든 존재는 공간의 형식 속에, 모든 일어나는 일은 시간적 리듬과 주기 속에 매여 있으므로, 일정한 공간-시간적 위치에 부착되어 있는 각각의 규정이 거기에 주어져 있는 내용에 즉각 전이되며, ── 또한 역으로, 내용의 특수한 성격이 그 내용이 놓여 있는 위치에 그것을 두드러지게 하는 성격을 부여하게 된다. 이러한 상호규정 덕분에 점차 모든 존재와 사건이 지극히 정교한 신화적 연관들의 그물망으로 짜 넣어져가는 것이다. 공간, 시간, 수가 이론적 인식의 관점에서 보자면 대상화의 과정의 기본적 수단이자 그 단계들임이 밝혀지는 것과 같이, 이것들은 신화적 '통각'의 과정에서의 세 가지 중요한 주요 단계를 보이고 있다. 여기에서 신화에 특유한 형식론에의 전망이 열려진다. 그리고 바로 이 형식론에 의해, 신화의 근저에 놓여있는 일반적 사고형식에 관한 고찰이 보완되며, 이 고찰이 처음으로 진정 구체적인 내용으로 채워지게 된다.

제2장

신화의 형식이론의 기본적 특징. 공간, 시간, 수

1. 신화적 의식에서의 공간 구성

[104]신화적 공간직관의 특성을 잠정적으로 그리고 개괄적으로 말하기 위해, 신화적인 공간이 감성적인 지각공간과 순수인식의 공간 즉 기하학적 직관에 나타나는 공간 사이의 독자적인 중간 위치를 점하고 있다는 사실로부터 논의를 시작할 수 있을 것이다. 지각공간, 즉 가시공간이나 가촉공간과 순수 수학의 공간이 결코 일치하지 않을 뿐만 아니라 이 둘 사이에는 오히려 일관된 차이가 있다는 점은 잘 알려져 있다. 수학적 공간의 규정들은 지각공간의 규정들로부터 간단히 읽어낼 수 있는 것도 아니며 또 일관된 연속적 사고에 의해 이끌어낼 수 있는 것도 아니다. 순수 수학의 '사고공간'에 발을 들여놓기 위해서는 시선의 특유한 전환, 즉 감성적 직관의 직접적인 소여로서 나타나고 있는 것을 폐기하는 것이 필요하다. 특히 '생리적' 공간과 저 '측량적' 공간, 즉 유클리드 기하학이 그 작도(作圖)의 기초에 두고 있는 공간을 서로 비교해본다면, 양자의 이 대립관계가 일관되게 보여질 것이다. 한편에서 긍정되는 것이 다른 한편에서는 부정되며, 또한 역으로 한편에서 부정되는 것이 다른 한편에서 긍정된다. 유클리드 공간은 연속성,

무한성, 일관된 등질성이라는 세 가지 기본적 징표에 의해 특징지어진다. 그런데 이 모든 계기들이 감성적 지각의 성격과 모순되는 것이다. 지각은 무한이라는 개념을 알지 못한다. 지각은 애초부터 지각능력의 일정한 한계와, 따라서 공간 내에 있는 것의 명확히 한정된 어떤 영역에 구속되어 있다. 그리고 지각공간의 무한성에 대해 말할 수 없듯이, 지각공간의 등질성에 대해서도 말해질 수 없다. 기하학적 공간의 등질성이 최종적으로 의거하고 있는 것은 그 공간의 모든 요소들, 즉 그 공간 내에서 만나는 '점(點)들'이 [105]단순한 위치의 규정들에 지나지 않고, 서로 놓여 있는 이 관계, 이 '위치' 이외에는 고유한 자립적 내용을 갖지 않는다는 사실이다. 그 존재는 그 상호관계에서 출현한다. 그것은 전적으로 함수적 존재이지 실체적 존재는 아니다. 이 점(點)들은 결국 모든 내용을 결여하고 있고, 이념적인 관계의 단순한 표현이 되어버린 것이기 때문에, ── 이 점들에 있어 내용의 차이는 전혀 문제가 되지 않는 것이다. 이 점들의 등질성이란, 그 점들이 떠맡는 논리적 임무의 공통성, 즉 이념적인 규정과 의미의 공통성에 기초를 둔 그 구조의 동등성에 다름 아니다. 따라서 등질공간이란 결코 주어져 있는 공간이 아니라 작도에 의해 만들어낸 공간이다. 사실 등질성이라는 기하학적 개념은 다름 아니라 공간 내의 어떠한 점으로부터도 모든 지점으로 향하고 모든 방향에서 동일한 작도가 행해질 수 있다는 요청에 의해 표현될 수 있다.[1] 직접적인 지각 공간에서는 이러한 요청은 결코 달성될 수 없다. 이 지각공간에서는 위치와 방향의 엄밀한 동등성이란 없으며, 각각의 위치가 그 고유한 성질과 고유한 가치를 지니고 있다. 가시공간과 가촉공간은 유클리드 기하학의 측량적 공간과는 달리 '이방성(異方性)'과 '이질성'을 지닌다는 점에서 서로 일치한다. "조직화된 구성을 띤 주된 방향들, 즉 앞과 뒤, 위와 아래, 오른쪽과 왼쪽은 [가시공간과 가촉공간이라는] 두 생리적

• • •

1. 이에 관해서는 Hermann Graßmann, *Die Ausdehnungslehre von 1844*, § 22(*Gesammelte mathematische und physikalische Werke*, Leipzig 1894, I, S. 65)를 참조할 것.

공간에 있어서는, 상호 등가적이 아닌 방식으로 조화를 이루고 있다."[2]

이러한 비교 규준으로부터 출발한다면, 신화적 공간이 지각공간과는 가까운 친연관계에 있으며, 다른 한편 기하학의 사고공간과는 엄격하게 대립해 있다는 것에 전혀 의문의 여지는 없다. 양자, 즉 신화적 공간과 지각공간은 의식에 의한 철저하게 구체적인 형성체이다. 기하학의 순수공간의 작도의 근저에 놓여 있는 '장소'와 '내용'의 분리가 여기에서는 아직 수행되어 있지 않고 또한 수행될 수 없다. 장소는 내용으로부터 분리되어 독립된 의미를 지닌 하나의 요소로서 내용에 대립될 수 있는 것이 아니라, 무릇 장소가 '존재'할 수 있기 위해서는 그것은 일정한 개체적-감각적인 또는 직관적인 내용으로 채워져 있지 않으면 안 된다. 따라서 감성적 공간에서도 또 신화적 공간에서도 모든 '여기'나 '저기'는 결코 단순한 여기나 저기가 아니며, 다시 말해 [106]극히 다른 내용들에 동등하게 적용시킬 수 있는 일반적 관계를 나타내는 단순한 술어가 아니다. 오히려 각각의 점, 각각의 요소가 말하자면 독자적인 하나의 '색조'를 지니고 있다. 그 각각의 요소에는 그것을 다른 것으로부터 두드러지게 하는 개별적인 성격이 부착되어 있으며, 그것은 더 이상 일반적 개념적인 기술을 허용하지 않고 단지 그대로 직접 체험될 수밖에 없는 것이다. 그리고 이 성격상의 차이는 공간 내의 개개의 위치에서와 마찬가지로 공간 내의 개개의 방위에서도 항상 따라다니고 있다. '생리적' 공간에서는 오른쪽과 왼쪽, 앞과 뒤, 위와 아래가 교환 불가능하다── 왜냐하면 이들 방향 중 어느 쪽으로 향하는 운동인가에 따라 각각 전적으로 특수한 장기(臟器)감각이 나타나기 때문이다── 는 점에 의해 그것이 '측량적' 공간과 구별되는 것과 마찬가지로, 방위의 각각에도 말하자면 특수한 신화적 감정가(感情價)가 결부되어 있다. 따라서 기하학적인 개념공간을 지배하고 있는 등질성에 대립하여, 신화적인 직관공간에는 각각의 위치와 방향에 말하자면 특수한 **강조작용(Akzent)**이 갖추어져

• • •

2. Mach, *Erkenninis und Irrtum*, Leipzig 1905, S. 334.

있다. 그리고 이 강조작용은 결국 참된 신화적인 기본적 강약, 즉 속과 성의 분리로 귀착된다. 신화적 의식이 설정하는 경계선, 즉 그것에 의해 이 의식에 세계가 공간적으로도 정신적으로도 분절된 것으로서 나타나게 되는 그러한 경계선은, 기하학에서와 같이, 유동하는 감성적 인상들에 대해 고정된 형태의 왕국이 발견된다는 것에 의해 이끌어지는 것이 아니라, 인간이 현실에 대한 그 직접적인 태도에서 자신을 의지하고 행동하는 자로서 한정하는 것에 의해, 즉 이 현실에 대해 자신을 위한 일정한 장벽을 쌓아 자신의 감정이나 의지를 거기에 연결하는 것에 의해 이끌어지는 것이다. 이 일차적인 공간적 구별이 복합적인 신화적 형성체에서 끊임없이 새로이 그어지고 더욱 더 정련되어가게 되는 것으로, 이 일차적 구별이란 다음과 같은 두 존재 권역의 구별이다. 하나는 보통 가까워질 수 있는 일상적인 존재 권역이며, 다른 하나는 신성한 권역으로서, 이것은 주위의 것들로부터 두드러지고 그것들로부터 분리되면서도 그것들에 에워싸여 보호되고 있는 듯이 나타난다.

그러나 신화적인 공간직관은 이 같은 개체적이고 감정적인 근거에 기초를 두고 있고 또 이 근거로부터 벗어날 수 없는 듯이 보이므로, 순수인식의 '추상적인' 공간과 현저하게 다르기는 하지만, 그렇더라도 또한 거기에서도 어떤 보편적인 경향과 어떤 보편적인 기능이 나타나고는 있다. 신화적인 세계관 전체 내에서 공간이 수행하는 작업은 경험적 '자연', 대상적 '자연'의 구축에 있어 기하학적 공간에 귀속되는 작업과 내용상으로는 다르지만 형식상으로는 유사한 것이다. 기하학적 공간도 또한 하나의 도식(Schema)으로서 작용하는바, 이 도식을 적용하고 또 이 도식을 매개로 함으로써 [107]언뜻 보기엔 전혀 비교할 수 없는 지극히 다종다양한 요소들이 서로 결합될 수 있다. '객관적인' 인식의 진보가 본질적으로 의거하고 있는 것은 직접적 감각이 제시하는 단순히 감성적인 온갖 차이들이 최종적으로는 순수한 양적·공간적인 차이로 귀착되며, 이 차이에 의해 완전히 표시된다는 점에 있지만, 그와 동일하게 신화적 세계관도 또한 그러한 표시의 방식, 즉 그 자체로는 비공간적인 것을 공간으로 '모사하는' 것을 알고 있다. 여기에서는 각각의 질적인 차이가 말하자면 동시에 공간적 차이로서도 보여지는 일면을 지니고 있는 것이자, 또한 모든 공간적 차이가 항상 질적인 차이이기도 하고 그렇게 계속되는 것이다. 공간과 성질이라는 두 영역 사이에 일종의 교환, 부단한 이행이 보여진다. 이미 우리는 언어의 고찰에서 이러한 이행의 형식을 배운 바 있다. 지극히 다종다양한 무수한 관계, 특히 질적 · 양태적 관계가 언어에 의해 파악되고 표현될 수 있기 위해서는 그 관계들이 스스로를 표현하기 위해 공간을 경유하는 우회로를 사용할 수밖에 없다는 것을 그 고찰은 가르쳐주었다. 이렇게 해서 극히 단순한 공간어가 일종의 정신적인 기본어가 되는 것이다. 언어에 있어 대상적 세계는 언어가 공간으로 회귀해감에 따라, 즉 언어가 이 세계를 말하자면 공간적인 것으로 번역하는 정도에 상응하여, 이해하고 간파할 수 있는 것이 된다(제1권, S. 149 이하 참조). 그리고 바로 그러한 번역, 즉 지각되고 감지된 성질을 공간적인 형상이나 직관에 옮겨놓는 작용은 신화적 사고에서도 끊임없이 일어나고 있다. 신화적 사고에서도 또한 공간의 저 독자적인 '도식기능(Schematismus)'이 작용하고 있으며, 그것에 의해 공간은 극히 이질적인 것을 동화시키고 그럼으로써 그것을 비교가능하게 하며 어떠한 의미에서 '유사한 것'으로 만들 수 있게 되는 것이다.

우리가 신화에 고유한 형상들의 계열을 소급하여 진정 신화적인 근원적 형상과 근원적 분절화에 근접하면 할수록, 이러한 사태가 한층 더 분명해질 것으로 보인다. 그러한 분절화, 즉 존재자의 전체를 확고하게 규정된 부류(Klasse)와 군(Gruppe)으로 편입시키는 최초의 원시적인 분리와 분류가 수행되어 있는 것은 토테미즘적 세계관의 권역에서이다. 여기에서는 개인이나 인간집단이 각각 어떤 특정한 토템에 속하는 것으로 서로 분명하게 구별되어 있을 뿐만 아니라, 이러한 토템에 의한 구분법이 세계 전체를 파악하고 거기에 침투되어 있다. 각각의 사물, 각각의 사건은 토테미즘적 부류의 체계로 편성되어, 어떠한 특징적인 토테미즘적 '징표'를 지님으로써 비로소 '이해'하게 된다. 그리고 ¹⁰⁸이 징표는——신화적 사고에서는 일반적으로 그러하지만——결코 단순한 기호가 아니라 전적으로 실재적인 것으로서 생각되고 감지되는 여러 연관들의 표현이다. 그러나 여기에서 모습을 나타내는 가공할 거대한 복합체, 즉 모든 개인적 및 사회적 존재와 모든 정신적 및 자연적-우주적인 존재자를 지극히 복잡다양한 토테미즘적 친연관계로 엮어 넣은 복합체라 할지라도 신화적 사고가 거기에 어떤 공간적 표현을 부여하게 되면, 비교적 쉽게 조망할 수 있게 된다. 이제 이 착종된 분류 전체가 말하자면 공간의 주된 기본선과 방향선에 따라 정리되고 그럼으로써 직관적으로 명확한 것이 된다. 예를 들면 쿠싱(Cushing)이 상세하게 기술한 [미국 서남부 푸에블로 인디언의 한 부족인] 주니(Zuñi) 족의 '신화적-사회학적 세계상'에서는 세계 전체를 관통하는 일곱 가지의 토테미즘적 분류형식이 있는데, 그것은 무엇보다도 우선 공간의 파악방식에서 나타나고 있다. 공간의 전체가 동, 서, 남, 북 및 위와 아래의 세계 그리고 세계의 중심점인 중앙, 이렇게 일곱 영역으로 구분된다. 그리고 모든 각각의 존재가 이 전체적 구분 내에서 자신의 일의적인 위치를 점하며, 그 안에서 확고하게 지정된 자리를 차지한다. 이 구분의 관점에 의거하여, 자연의 기본요소, 물질, 일어나는 일의 개개의 위상이 분류된다. 바람은 북에, 불은 남에, 대지는 동에, 물은 서에 속하며, 북은 겨울의, 남은 여름의, 동은 가을의, 서는 봄의 거처이다. 마찬가지로 각각의 인간의 신분이나 직업, 일과도 동일한 기본적 도식에 들어간다. 전쟁과 전사는 북에, 사냥과 사냥꾼은 서에, 의술과 농업은 남에, 주술과 종교는 동에 속한다. 이러한 분류는 아마도 언뜻 보기에는 그야말로 기묘하고 '진기한 것'으로밖에 보이지 않을지도 모르지만, 이것들이 우연하게 생겨난 것이 아니라 전적으로 확고한 유형적인 기본적 직관의 표현이라는 점은 명백하다. 주니 족과 마찬가지로 토테미즘적으로 분절화되어 있는 [서아프리카의] 요루바(Joruba) 족에서도 이 분절화가 또한 공간의 파악방식에 특징적으로 나타나 있다. 여기에서도 공간의 방위 각각에는 특정한 색이나 오일제(五日制) 주(週)의 요일, 지수화풍(地水

火風) 중 특정한 하나가 할당되어 있다. 또한 기도의 순서, 제례도구의 종류나 그 구분법, 계절마다의 공물의 순서와 같은 종교의례의 질서 전체가 공간의 일정한 기본적 구별, 특히 '좌'와 '우'의 기본적 구별에로 귀착한다. 마찬가지로 [109]그들의 마을의 건설 및 개개 구역으로의 구획도 말하자면 그들의 토테미즘적인 총체적 견해의 공간적 투사에 다름 아니다.[3] 각기 다른 모습을 취하고 있고 지극히 정교하고 정밀하게 완성되어 있는 가운데서도, 온갖 질적인 차이와 대립들에 일종의 공간적 '대응물'이 있다는 관점은 중국의 사고에서도 발견된다. 여기에서도 또한 모든 존재와 사건은 어떠한 방식으로든 각기 다른 방위들에 배분되어 있다. 각각의 방향이 특히 거기에 소속되는 특수한 색, 지수화풍 중의 특정한 하나, 특정한 계절, 특정한 동물상(像), 인체의 특정한 기관, 특정한 기본적 감정 등을 지니고 있다. 그리고 어떤 특정한 공간적 위치에 공통으로 연관됨으로써, 지극히 이질적인 것도 말하자면 서로 접촉하게 된다. 존재의 모든 종과 유가 공간 내의 어딘가에 그 '원(原) 거처'를 갖고 있기 때문에, 이를 통해 서로 대립되는 그것들의 절대적 이질성이 폐기된다. 장소적 '매개'가 그것들 간의 정신적 매개로 나아가고 결국은 모든 차이들을 하나의 커다란 전체로, 즉 세계의 신화적 기본구상으로 통합되어가는 쪽으로 나아가는 것이다.[4]

그리하여 여기에서도 또한 공간직관의 보편성이 세계관의 '보편주의'

• • •

3. 이에 관해 자세한 것은 Leo Frobenius, *Und Afrika sprach*, 특히 S. 198 ff. 및 280 ff.를 참조할 것. 프로베니우스는 요루바 족의 종교의 근저에 있는 4×4항 '체계'로부터 요루바 족과, 이 체계를 최초로 형성한 에트루리아 인 사이의 일종의 근원적 친연관계를 추론하려고 하고 있지만, 물론 위에서 말한 고찰들은 그러한 추론이 지극히 의심스럽다는 것을 보이고 있다. 유사한 '체계들'이 세계 전역에 분포되어 있다는 사실은 오히려, 우리가 여기서 관계하고 있는 것이 신화적 사고의 개개의 맹아나 충동이 아니라 그 유형적인 기본적 직관의 하나라는 점을, 다시 말해 그 단순한 내용이 아니라 그 방침을 주는 동인(動因)들의 하나라는 점을 입증하고 있다.
4. 이에 관해서는 Die Begriffsform im mythischen Denken에 관한 나의 시론에서 논의되어 있다. 거기에는 민족학적인 문헌에 의한 보다 면밀한 증거들이 제시되어 있다. 특히 S. 16 ff, 54 ff.를 참조

를 지탱하는 매체가 되어 있다. 그러나 이 경우에서도 신화가 인식과 구별되는 것은 다시금 신화가 겨냥하고 있는 '전체'의 형식에 의한 것이다. 과학적 우주의 전체는 법칙의 전체, 즉 여러 관계와 기능의 전체이다. 공간 '그 자체'와 시간 '그 자체'는 확실히 우선은 실체로서, 즉 자립적으로 존재하는 것으로서 받아들여지고 있지만 과학적 사고의 진보와 함께 점차로 이념적 110총체, 즉 관계의 체계로서 인식되고 있다. 공간·시간의 '객관적' 존재라는 것이 의미하는 것은, 그것이 경험적 직관을 비로소 가능하게 하고 경험적 직관의 원리로서 그 '근저에 놓여 있다'는 것에 다름 아니다. 그리고 공간과 시간의 모든 존재, 모든 현상방식은 결국 경험을 근거짓는 이 기능과 결부되어 있다. 따라서 순수한 기하학적 공간의 직관도 또한 이 점에서는 '근거율'이 설정하는 지배적 법칙에 따르고 있다. 이 공간직관이야말로 세계해명의 도구이자 기관인 것이며, 이 해명의 본령은 다름 아니라 단순한 감성적인 내용이 어떤 공간형식으로 흘러들어 말하자면 그 형식으로 주조되어 그것을 통해 보편타당한 기하학적 법칙에 의해 파악된다는 점에 있다. 이와 같이 공간은 여기에서는 하나의 개별적인 이념적 요인으로서 인식이라는 공통의 과제에 편입된다. 그리고 이 공간이 점하는 체계적 위치가 공간의 독자적인 성격 또한 규정하게 된다. 순수 인식의 공간에서는 공간 전체와 부분적 공간의 관계는 사물적이 아니라 근본적으로는 역시 전적으로 함수적으로 생각된다. 즉 공간의 전체란 요소들을 '모아' 구성되는 것이 아니라 구성조건으로서의 요소들로부터 구축되는 것이다. 선은 점으로부터, 평면은 선으로부터, 입체는 평면으로부터 '만들어지지'만, 그것은 사고가 하나의 도형을 다른 도형으로부터 일정한 규칙에 따라 이끌어냄에 의한 것이다. 복합적인 공간적 형태들은 그것이 이끌어내어지는 방법과 규칙을 나타내는 그 '발생적' 정의에 의해 파악된다. 따라서 여기에서는 공간 전체의 이해를 위해선 이것을 만들어내는 요소들인 점(点)과 점 운동으로 되돌아가는 것이 필요해진다. 순수 수학의 이 **함수공간**에 대해, 신화의 공간은 철두철미 **구조공간**임이 입증된다. 여기에서는 전체가 요소들로부터 발생하고 '생성된다고 하더라도, 그것은 전체가 요소들로부터 발생적으로 일정한 규칙에 따라 생기기 때문이 아니라 거기에는 내재하고 내속해 있는 순수하게 정태적인 관계가 존재하기 때문이다. 어디까지 분할을 진행한다고 하더라도, 각각의 부분에 전체의 형식, 전체의 구조가 다시금 발견된다. 따라서 이 형식은 —— 공간의 수학적 분석에서와 같이 등질적인, 따라서 무형태적인 요소들로 분해되는 것이 아니라 —— 아무리 분할하려고 해도 그것에 관계없이 그대로 머물러 있다. 공간세계 전체 및 이와 함께 우주의 총체가 어떤 특정한 모델에 따라 구축되어 있는 듯이 보여지며, 그 모델은 때로는 확장된 척도로, 때로는 축소된 척도로 나타나지만, 그러나 최대의 것에서도 또 최소의 것에서도 항상 동일함을 유지하고 있다. 신화적 공간에서의 모든 연관은 결국 이 근원적 동일성에 기초를 두고 있다. ///그것은 작용의 동류성이라는 하나의 역학적 법칙으로 귀착되는 것이 아니라 본질의 어떤 근원적 동등성으로 귀착된다. 이러한 기본적 관점은 점성술의 세계상에서 그 고전적 표현을 발견했다. 점성술에서는 모든 일어나는 일, 모든 재형성이나 새로운 발생이 실은 단순한 가상에 지나지 않는다. 일어나는 온갖 일에 표현되고 있는 것, 그 일의 배후에 있는 것, 그것은 미리 정해진 하나의 운명이며, 개개의 시간계기들을 관통해서까지 자기 동일성을 관철하려고 하는 동형적인 존재의 규정이다. 그래서 어떤 사람의 생애의 처음에, 즉 그 탄생시의 성좌에, 그 사람의 전(全) 생애가 이미 포함되며 거기에 결정되어 있게 된다. 일반적으로 모든 생성은 발생으로서보다는 오히려 단순한 영속으로서 그리고 그렇게 영속하고 있는 것의 해명으로서 보여진다. 존재자나 생명의 형식은 다종다양한 요소들로부터 생겨나거나 지극히 다양한 인과적 조건들의 상호작용의 결과로서 생겨나는 것이 아니라 처음부터 각인된 형(形)으로서 주어져 있다. 따라서 필요한 것은 그것이 해명되는 것뿐이며, 관찰자인 우리에 대해 말하자면 시간 속에서 그것이 펼쳐지는 일이다. 그리고 전체가 지닌 이 법칙은 그 부분들 중 어느 것을 취하더라도 동일하게 되풀이된다. 존재의 예정성은 우주에 들어맞는 것과 동일하게 개체에도 들어맞는다. 점성술의 다양한 관용구가 흔히 이 관계를 명확히 표명하고 있지만, 그것은 점성술적 고찰의 기본원리를 이루는 행성들의 **작용**을 오히려 일종의 실체적 내재성으로 변화시켜버리는 방식으로 표현하는 데 따른 것이다. 우리들 각자 안에 특정한 행성이 살고 있다. ἔστι δ'ἐν ἡμῖν Μήνη Ζεὺς Ἄρης Παφίη Κρόνος Ἥλιος Ἑρμῆς.[5] [우리들 안에는 달, 목성, 화성, 금성, 토성, 태양, 수성이 살고 있다.] 여기에서 행성들의 작용에 관한 점성술적 관점이 그 궁극적인 근거를 저 신화적인 공간의 관점에 두고 있다는 사실이 엿보인다. 점성술은 이 신화적인 공간의 관점을 그 최고도의, 바로 '체계적인' 정합성으로까지 계속 형성했던 것이다. 점성술은 신화적 사고 전체를 지배하고 있는 원리에 따라, 공간 내에서의 '모여 있음'을 전적으로 구체적인 병존으로서, 즉 물체가 공간 내에서 점하고 있는 특정한 위치와 장소로서밖에 해석할 수 없다. 여기에서는 서로 떨어져 있는 공간형식, 단순한 추상적인 공간형식이라는 것은 없다. 오히려 형식의 직관이 그대로 내용의 직관으로 용해되고 행성계의 성좌로 용해되고 있다. 그러나 이들 성좌는 결코 일회적인 것이거나 유일무이한 것이 아니며, 또한 단순히 독자적인 것도 아니다. 거기에서는 전체의 구체적 법칙과 우주의 형식이 직관적인 명백함과 정확함을 띠고서 나타나고 있다.[112] 우리가 지금 아무리 세부로까지 나아가더라도, 즉 이 형식을 아무리 분할하고자 하더라도, 역시 그 형식의 독자적인 본질은 그것에 의해 파헤쳐짐이 없이 언제나 분해될 수 없는 통일체로서 계속 존속한다. 공간이 그 자신 안에 특정한 구조를 지니며 이 구조가 개개의 온갖 공간형상들에 재현되듯이, 개개의 존재와 일어나는 일 또한 결코 전체가 지닌 규정으로부터, 전체의 운명으로부터 빠져나올 수 없고 이것에 등을 돌릴 수도 없다. 자연의 요소들의 질서이건 시간의 질서이건 물체의 혼합이건 인간의 유형적 성질, 가령 '기질'이건 그 무엇을 우리가 고찰하려고 하던 간에, 거기에는 항상 분류의 동일한

• • •
5. Boll, *Die Lebensalter*, Leipzig 1913, S. 37 ff. 참조.

근원적 도식(Urschema), 동일한 '분절화'가 되풀이되어 발견된다. 이러한 분절화가 일어나기 때문에 전체가 지닌 문양이 모든 특수들에 각인된다.[6]

물론 점성술이 웅대한 완성과 완결성으로 우리에게 제시하고 있는 공간적-물리적 우주의 이러한 관점은 신화적 사고의 단서를 이루는 것이 아니라 신화적 사고가 추후에 비로소 획득한 정신적 성과이다. 신화적 세계관도 또한 감성적-공간적 존재의 지극히 좁은 범위로부터 출발하며, 이 범위는 점진적으로 조금씩 확대된 것에 지나지 않는다. 언어의 고찰에서 밝혀졌듯이 공간적 '방위결정(Orientierung)'의 표현들, 즉 '앞'과 '뒤', '위'와 '아래'를 가리키는 단어들은 자신의 신체를 보는 관점으로부터 취해지는 것이 관례이다. 인간의 몸과 사지야말로 다른 모든 공간적 구별들이 간접적으로 의탁되고 있는 좌표체계이다(제1권 S.160 이하). 신화는 이 점에서도 동일한 길을 취한다. 즉 신화가 하나의 유기적으로 조직된 전체를 파악하고 자신의 사고수단으로 이해하려고 하는 경우, 그것이 어느 신화이든지 간에, 이 전체는 인간의 신체와 그 유기적 조직의 이미지에 따라 보여지는 것이 보통이다. 객관적 세계를 이러한 방식으로 자기 신체의 각 부분의 관계에 유비적으로 '모사'함으로써 비로소 이 세계는 신화에게 있어 간파되며 존재자의 특정영역들로 구분되게 된다. 신화의 기원 물음에 대한 대답이 포함해야 하는 것, 따라서 신화적인 우주지(宇宙誌)나 우주론의 전체를 지배하고 있는 것은 대부분의 경우 다름 아닌 이 모사의 형식이다. 세계는, 인간 존재이든 초인간적 존재이든 존재의 부분들로부터 성립하고 있기 때문에, —— 비록 언뜻 보기에 세계가 전적으로 개개의 존재들로 분산되어 있는 듯이 보일지라도, 그러나 그 세계에는 신화적-유기적인 통일체의 특성이 남아 있다. 『리그베다』의 찬가에는 [113]세계가 푸루샤(Purusha)라는 인간의 신체로부터 어떻게 생겨나왔는가가 묘사되어 있다. 세계는 푸루샤이다.

• • •

6. 이러한 점성술의 형식에 관해, 상세한 것은 나의 시론 Die Begriffsform im mythischen Denken, S. 25 ff.를 볼 것.

왜냐하면 신들이 푸루샤를 희생으로 바치면서 희생을 처리하는 기법에 따라 찢겨진 그 사지로부터 개개의 피조물을 만들어냄으로써 세계가 성립했기 때문이다. 따라서 세계의 부분들은 인간 신체의 각 기관들에 다름 아니다. "브라흐마나[승려 계급]는 인간 신체 중 입이다. 그 두 팔은 라쟈냐[왕족·무인계급], 그 두 다리는 바이샤[서민계급]가 되며, 그 두 발로부터 수드라[노예계급]가 생겨났다. 인간 신체의 영기(靈氣)로부터 달이, 눈으로부터는 태양이 만들어졌고, 입으로부터는 군신(軍神, Indra)과 화신(火神, Agni)이, 숨결로부터는 바람의 신(Vayu)이 만들어졌다. 배꼽으로부터는 대기층이 생겨났고, 머리에서 하늘이, 두 발에서 대지가, 귀에서 네 방위가 생겨났다. 이렇게 그것들은 세계를 만들어냈다."[7] 이와 같이 신화적 사고의 초기에는 소우주와 대우주의 통일성은, 인간이 세계의 부분들로부터 만들어진다는 것이 아니라 세계가 인간의 부분들로부터 만들어진다고 하는 방식으로 파악되고 있다. 방향은 정반대이지만 이와 동일한 고찰방식은, 예를 들면 그리스도교로 개종한 게르만인의 세계관의 영역 내에서도 아담의 신체는 여덟 부분으로 형성되어 있어 그의 살은 대지에, 뼈는 바위에, 피는 바다에, 머리카락은 식물에, 생각은 구름에 비견될 수 있다는 견해에서 엿보인다.[8] 이들 두 경우에서 신화는 세계와 인간의 공간적-물리적 상응관계로부터 출발하며, 그 다음에 이 상응관계로부터 기원의 동일성을 추론한다. 그리고 이러한 자리바꿈은 세계와 인간의—— 지극히 중요하지만 그러나 특수한 —— 관계에 한정되는 것이 아니라 전적으로 보편적으로 지극히 다양한 존재 영역에서 되풀이된다. 단순한 이념적인 '유사성'이라는 것은 알지 못한다는 것이 신화적 사고의 특색이며, 오히려 이 사고에서는 모든 종류의 유사성이 그 기원의 공통성, 본질의 동일성을 증언하는 것으로 인정되지만,[9] —— 이

• • •

7. 『리그베다』 X, 90. Alfred Hildebrandt의 독역판 *Lieder des Rigveda*, Göttingen 1913, S. 130 ff. 또한 Deußen, *Allgemeine Geschichte der Philosophie mit besonderer Berücksichtigung der Religion* (7 vols. Leipzig 1894~1920), I, 1, 150 ff.를 참조.

8. Walter Golther, *Handbuch der germanischen Mythologie*, S. 518을 볼 것.

점은 무엇보다도 공간적 구조의 유사성 내지 유비성에 들어맞는다. 신화적 관점에서는 특정한 두 공간적 전체의 부분들을 각각 일대일 관계로 서로 대응시킬 수 있다는 단순한 가능성이 이들 공간의 부분들을 서로 융합시키는 직접적인 동인이 된다. 이후 이들 부분들은 *114*전적으로 다른 차원들에서 나타날 수 있는 동일한 하나의 존재의 다른 표현형태에 다름 아니게 된다. 신화적 사고의 이 독특한 원리에 의해 공간적 간격은 말하자면 끊임없이 부정되며 폐기된다. 지극히 멀리 떨어진 것도 지극히 근접한 것 속에 어떤 식으로든 '모사'될 수 있는 한, 양자는 서로 합일된다. 이 특징이 얼마나 뿌리 깊은 것인가는, 순수인식과 '정밀한' [과학적] 공간직관이 아무리 진보하더라도 이 특징이 결코 완전히 물리쳐지지는 않았다는 점에 특히 나타나 있다. 18세기가 되어서도 또한 [스웨덴의 신비사상가] 스웨덴보리가 *Arcana coelestia*[『천계의 신비』]에서 보편적 상응이라는 이 범주에 따라 예지계의 '체계'를 확립하려고 시도한다.[10] 여기에서는 모든 공간적 한계가 마침내 부인된다. ── 왜냐하면 인간이 세계에 모사될 수 있듯이, 일반적으로 최소의 것이 최대의 것에, 가장 멀리 떨어진 것이 가장 가까운 것에 모사될 수 있는 것이며, 따라서 본질을 동일하게 이루고 있기 때문이다. 이리하여 인체의 특정한 부분을 세계의 특정한 부분과 동일시하는 독특한 '주술적 해부학'이 성립하게 되며, 대지의 구조가 그와 동일한 기본적 관점에 따라 기술되고 규정되는 신화적 지리학과 우주지(宇宙誌)가 성립하게 된다. 흔히 주술적 해부학과 신화적 지리학 이 양자는 발전하여 하나로 합쳐진다. 히포크라테스의 숫자 7에 관한 글에서 발견되는 세계의 일곱 구분도에서는, 대지가 인체로서 묘사되어 있다. 대지의 머리에는 펠로포네소스 반도가,

• • •

9. 이 책 116쪽 ff.를 참조할 것.
10. 근대적 사고나 현대적 사고에서조차 이러한 사고방식이 아직도 매력과 의미를 잃지 않고 있는 점은, 특히 이에 관해 지극히 유익하고도 주목할 만한 Wilhelm Müller-Walbaum의 저서 *Die Welt als Schuld und Gleichnis, Gedanken zu einem System universeller Entsprechungen*, Wien u. Leipzig 1920이 잘 보여주고 있다.

척수에는 코린토스 지협이 대응하고, 이오니아는 횡경막, 즉 참된 중심, 세계의 배꼽으로서 나타나 있다. 이들 지역에 거주하는 민족들의 모든 정신적·윤리적 특성은 어떠한 방식으로든 '위치결정'의 이 형식에 의존한다고 생각되고 있다.[11] 이렇게 해서 우리는 그리스 고전철학의 입구에서, 당시 널리 유포되어 있었던 신화적 대응물로부터 외엔 이해될 수 없는 하나의 사고방식과 만나게 된다. 여기에서 묘사되고 있는 대지와 공간 일반의 도식을 주니(Zuñi) 족의 보편적 공간 도식과 대비시켜 본다면, [115]그 즉시 양자의 정신상의 기본적 친연관계가 발견된다.[12] 신화적 사고에서는 어떤 사물이 '있다'는 것과 그것이 놓여있는 위치 사이에 있는 것은 결코 단지 '외적' 우연적인 관계가 아니다. 오히려 위치가 그 자체로 그 사물의 존재의 일부이며, 그 사물은 이 위치에 의해 전적으로 특정한 내적 **구속**을 받게 된다. 예를 들면 토테미즘적 표상영역에서는 어떤 특정한 씨족의 성원들은 상호 동료관계에 있을 뿐만 아니라, 대부분의 경우 공간의 어떤 영역과도 이러한 구속의 관계, 근원적 친연관계에 놓여 있다. 특히 각 씨족에게는, 극히 엄밀하게 정해진 특수한 공간적 **방향**이라든지 특정한 지역, 그리고 전체 공간에서 할당된 어떤 부분이 속해 있는 것이 일반적이다.[13] 씨족의 한 구성원이 죽으면, 그 주검이 그 씨족에 고유하고도 중요한 공간적 위치와 방위를 간직하고 있는 듯이 주의 깊게 배려된다.[14] 이러한 모든 것에서 신화적인 공간감정의 두 가지 기본적 특징이 나타나고 있다. —— 즉 신화의 출발점을

• • •

11. 이에 관해 자세한 것은 Roscher, *Die Hippokratische Schrift von der Siebenzahl*, Abh. der Kgl. Sächs. Ges. der Wissensch, XXVIII, Nr. 5, Leipzig 1911, S. 5 ff., 107 ff.를 볼 것.

12. 주니 족의 공간 도식에 관해서는 쿠싱(Cushing)의 상세한 서술, *Outlines of Zuñi Creation Myths*(13 th Ann. Rep. of the Bureau of Americ. Ethnology, Washington 1891/92) S. 367 ff.를 볼 것.

13. 이에 관해서는 특히 호위트가 오스트레일리아 원주민의 사고방식의 권역으로부터 특징적인 자료와 실례를 제공하고 있다. Alfred W. Howitt, "Further Notes on the Australian Class System", *Journal of the Anthropological Institute*, 1889, XVIII, 62 ff.를 참조할 것. (나의 시론 Die Begriffsform im mythischen Denken, S. 54 ff.에 부록으로서 수록해두었다.)

14. Howitt, a. a. O., S. 62.

이루는 일관된 특성화와 특수화, 그리고 그럼에도 불구하고 끊임없이 지향되고 있는 체계화, 이 두 가지이다. 체계화의 특징이 가장 명확하게 나타나 있는 것은 점성술로부터 자라나온 '신화적 지리학'의 형식 내에서이다. 고(古)바빌로니아 시대에 이미 지상의 세계는 하늘에 속하는 방식에 따라 네 영역으로 구분되어 있다. 악카드(Akkad), 즉 남부 바빌로니아는 주피터[금성]에 의해 지배되고 지켜지며, 서부의 아무루(Amurru)는 마르스[화성]에 의해, 북과 동의 슈바르투(Subartu)와 엘람(Elam)은 플레이아데스(묘성[昴星])와 페르세우스에 의해 관할되어 있다.[15] 그 한참 뒤에 행성의 일곱 구분도가 형성되어 이것이 세계 전체를 똑같이 일곱으로 구분하는 사고방식으로 이끌었던 것으로 보인다. 이러한 구분 방식은 바빌로니아에서와 마찬가지로 인도나 페르시아에서도 발견된다. 여기에서 [오늘날의] 우리들은, 모든 존재를 인체로 *116*투영시키고 거기에다 모사했던 어떤 원시적 분할로부터 지극히 멀리 떨어져 있는 것으로 보인다. 확실히 [우리가 서 있는] 이곳에서는, 협소한 감성적인 관점이 진정 보편적·우주적인 관점에 의해 극복되어 있는 것으로 보이지만, 그러나 그 관계짓는 귀속의 원리 자체는 동일한 원리로서 존립해 있다. 신화적 사고는 완전히 규정된, 구체적-공간적인 구조를 파악하며, 이것에 따라 세계의 '방위결정'의 전체를 수행한다. 짧지만 자신의 사고방식의 특징을 가장 잘 나타내고 있는 「사고의 방위를 정한다는 것은 무엇인가」라는 논문[1786년]에서 칸트는 '방위결정(Orientierung)'이라는 개념의 기원을 규정하고 그 광범한 전개를 더듬어보고자 했다. "우리가 우리의 개념들을 아무리 높게 두고 또한 감성을 도외시하려고 해도, 그 개념들에는 그럼에도 상적(像的) 표상들이 여전히 늘 따라다닌다. …… 왜냐하면 만일 그 개념들의 근저에 어떠한 직관이 …… 놓여 있지 않다면, 어떻게 우리는 그 개념들에 의의와 의미를 부여할 수 있겠는가?" 이로부터

• • •

15. 상세한 것은 M. Jastrow Jr., *Aspects of religious belief and practice in Babylonia and Assyria*, New York & London 1916, S. 217 ff., 234 ff.

출발하여, 칸트는 모든 방위결정이 감성적으로 느껴지는 차이, 즉 왼편과 오른편의 차이의 느낌으로부터 시작된다는 것 —— 그 다음에 그것이 순수 직관, 즉 수학적 직관의 영역으로 높여지고 최종적으로 사고 일반, 즉 순수 이성에서의 방위결정으로 상승해간다는 것을 보이고 있다. 만일 우리가 신화적 공간의 특성을 고찰하여 이것을 감성적 직관의 공간의 특성이나 수학적 사고공간의 특성과 대비시켜본다면, 방위결정의 이 단계는 한층 더 깊은 정신의 층으로까지 거슬러 올라가 추적될 수 있다. 즉 전적으로 순수하게 신화적-종교적 감정에 뿌리를 두고 있는 어떤 대립이 형태를 마련하여, 스스로에게 어떤 '객관적' 형식을 부여하기 시작하는 그 전환 지점이 명확히 보여질 수 있다. 이 객관적 형식에 의해, 이제부터 객관화의 과정 전체, 즉 감각인상의 세계의 직관적-대상적인 파악과 해석에 어떤 새로운 방향이 보여지게 된다.

2. 공간과 빛. '방위결정'의 문제

공간의 관점이 신화적 사고의 기본적 계기 중 하나인 것은, 신화적 사고가 자신이 설정하고 파악하는 모든 구별을 공간적 구별로 전환시키고 그것을 이러한 모습으로 직접 떠올려보려고 하는 경향에 의해 지배되어 있음을 보이고 있다는 점에서도 명백하다. 지금까지의 고찰에서는 이 공간적 구별 자체가 본질적으로는 아직 직접 주어져 있는 구별로서 간주되어 있었다. 즉 공간 내의 구역이나 공간적 방위의 분리 및 분할, 좌우 *117*상하 등등의 구분은 일차적인 감각인상 속에 이미 달성되어 있어서, 그 구분을 위해 특별한 정신적인 작업이나 의식의 특수한 '에너지'를 필요로 하지 않는다고 여겨져 왔다. 그런데 바로 이 전제가 지금 하나의 수정을 요하는 것이다. 왜냐하면 좀 더 면밀히 고찰해보면, 이것은 우리가 상징적 형성작용 과정의 기본적 특징이라고 인정한 것과 모순되기 때문이다. 이미 살펴본

대로, 모든 상징형식 —— 언어형식이든 신화형식이든 순수인식의 형식이든 —— 의 본질적이고 독자적인 작용의 본령은, 이미 어떤 확고한 한정과 어떤 정해진 성질이나 구조를 갖추고 있는 그런 인상들의 소재를 단순히 받아들여, 그 다음에 이것에 의식 고유의 에너지에서 유래하는 다른 형식을 말하자면 외부로부터 접목시키는 데 있는 것이 아니다. 정신의 특징적인 작용은 이미 그보다 훨씬 이전에 시작되어 있는 것이다. 일견 '주어져 있는' 듯 보이는 것도 좀 더 치밀하게 분석해보면, 이미 언어적 통각이든 신화적 통각이든 논리적-이론적인 통각이든 어떤 특정한 작용에 의해 침투되어 있음이 밝혀진다. 주어져 있는 것이란 이러한 작용에 의해 만들어진 것에 다름 아닌 것'이다.' 즉 주어져 있는 것은 일견 단순하고 직접적인 것으로 보여지는 그 존립에서마저도 이미 의미를 부여하는 그 어떤 일차적 기능에 의해 조건지어지고 규정되어 있는 것이 밝혀진다. 이차적인 형성작용에서가 아니라 이 일차적인 형성작용 속에서야말로 모든 상징형식의 참된 비밀을 이루는 것, 즉 항상 새로이 철학적인 놀라움을 불러일으키지 않을 수 없는 것이 놓여 있다.

따라서 여기에서도 또한 철학적인 근본문제는, 신화적 사고가 도대체 어떠한 정신적 메커니즘에 의해 순수하게 질적인 구별을 공간적 구별에 연관시키고, 말하자면 이것을 공간적인 구별로 바꿔놓게끔 하는가를 이해하는 데 있는 것이 아니다. 오히려 여기에서 생겨나는 문제는, 과연 신화적 사고를 이끌어 다름 아닌 이 공간적 구별을 근원적으로 설정하기에 이른 기본적 동기는 무엇인가라는 물음이다. 신화적 공간 전체 내에서 어떻게 개개의 '구역'과 개개의 방위를 두드러지게끔 하는 일이 일어나는 것인가 —— 하나의 구역이나 하나의 방위가 다른 구역이나 방위와 대비되고 그것들에 대해 '강조되며' 특별한 징표를 부여받는다는 것이 어떻게 해서 일어나는 것인가? 이것이 결코 쓸모없는 물음이 아니라는 것은, 신화적 사고가 이 구분을 수행할 때에는 이론적-과학적 사고가 동일한 과제를 수행할 때 사용하는 것과는 전적으로 다른 징표와 규준에 따르고 있다는 것을 생각해

보면, 즉각 분명해진다. 이론적-과학적 사고가 특정한 공간적 질서를 확정하는 데에 이르는 것은, 이 사고가 인상들의 감성적 다양을 순수하게 [118] 사고된, 순수하게 이념적인 형성물의 체계에 연관시킴을 통해서이다. 순수 기하학적인 도형의 이념적 세계에 '비추어', 플라톤의 표현을 빌리면 직선 '자체', 원 '자체', 구(球) '자체'에 비추어, 경험적인 직선, 경험적인 원, 경험적인 구가 규정되고 이해되는 것이다. 기하학적인 관계와 법칙의 총체가 우선 확립되고, 그것이 경험적 공간 속에 있는 것의 파악과 해석에 규범과 확고한 기준을 제공하는 셈이다. 물리학적 공간에 관한 이론적인 관점도 동일한 사고 동기에 지배되어 있는 것이 명백하다. 물론 여기에서는 감성적 직관만이 아니라 직접적인 감성적 감각도 또한 도처에서 이 구성에 참여하고 있는 것으로 보인다. 여기에서는 공간의 개개의 '구역', 개개의 방위는 우리가 우리 자신의 신체조직의 그 어떤 실질적 구별, 즉 우리의 신체부분의 구별에 그것들을 연결시킴으로써 비로소 구별가능하게 되는 것처럼 보인다. 그러나 물리학적 공간관은 이러한 의탁처 없이는 성립될 수 없다 할지라도, 그것은 더욱 더 이러한 곳으로부터 벗어나려고 노력한다. '엄밀한' 물리학, 엄격한 의미에서의 과학적 물리학의 발전은 모두 물리적 세계상에 내재하는 단지 '의인적(擬人的)'일 뿐인 구성부분들을 제거해가는 방향을 취한다. 이리하여 특히 물리학의 우주공간에서는 '위'와 '아래'라는 감성적 대립은 의미를 잃게 된다. '위'와 '아래'는 더 이상 절대적 대립이 아니라 단지 중력에 의한 경험적인 현상이나 이 현상의 경험적 법칙성과의 관계 속에서만 의미를 갖게 된다. 일반적으로 물리학적 공간은 **힘의 공간**으로서 특징지어진다. 하지만 힘이라는 개념은 순수하게 수학적으로 파악된다면, 법칙의 개념으로, 즉 함수의 개념으로 귀착된다. 그러나 신화의 구조공간에서 우리가 만나는 것은 전혀 다른 노선이다. 여기에서는 법칙이라는 기본개념에 의해 특수적이고 우연적인 것으로부터 보편타당적인 것이, 변화하는 것으로부터 불변하는 것이 구별되지 않는다. 여기서 단 하나 유효한 것은 성과 속의 대립 속에 나타나는 신화적인 가치의 강약뿐이다. 여기에서는 단지 기하학적인가 아니면 단지 지리학적인가, 즉 단지 이념적으로 사고된 것인가 아니면 단지 경험적으로 지각된 것인가라는 구별은 전혀 없다. 오히려 [여기에서는] 모든 감성적 직관이나 지각과 같이, 모든 사고가 어떤 근원적인 감정을 근거로 하고 있다. 그 구조의 특수화와 정련화가 아무리 진전된다고 하더라도, 여전히 신화적 공간은 전체로서 이 감정적 근거에 묻혀 있고 말하자면 잠겨 있다. 따라서 이 신화적 공간에서 특정한 구획이나 구별이 당도하게 되는 것은, 결코 [119]진전해가는 사고 규정의 길 위에서나 지적인 분석과 종합의 길 위에서가 아니다. 오히려 공간의 차이화(差異化)는 결국 다름 아닌 이 감정근거 속에서 행해지는 차이화로 귀착하는 것이다. 공간 내에서 다양한 위치나 방위가 밝혀지는 것은 다양한 의미의 강약이 그것들과 결부되기 때문이며, 그것들의 위치나 방위에 신화적으로 상이하거나 상반된 의미에서의 가치가 부여되기 때문이다.

　　신화적-종교적 의식의 자발적인 활동은 이러한 가치부여라는 모습으로 수행된다. 하지만 그와 동시에 이 가치부여는 객관적으로 보자면 어떤 특정한 물리적인 기본적 사실에 결부되어 있기도 하다. 왜냐하면 신화적인 공간감정의 전개는 어디에서든 낮과 밤, 빛과 어둠의 대립으로부터 출발하고 있기 때문이다. 이 빛과 어둠의 대립이 신화적-종교적 의식에 미치는 지배력은 최고도로 발달된 문화적 종교들 내에서까지 찾아질 수 있다. 이러한 종교들 중 몇몇, 그 중에서도 이란의 종교는 바로 이 하나의 대립을 완전히 전개시킨 것이며, 철저하게 체계화한 것이라고 특징지을 수 있다. 하지만 이 구별과 상반성이 이만큼 명확한 사상적 규정을 얻거나 또는 거의 변증법적이라고 말해도 좋을 첨예화를 보이거나 하지 못하는 경우에서도, 그것이 우주의 종교적 구축의 잠재적 동기의 하나가 되고 있는 점은 인정될 수 있다. 이른바 '자연민족'의 종교에 관해 말하자면, 예컨대 프로이스가 상세히 묘사하고 있는 코라-인디언의 종교는 빛과 어둠의 이 대립에 의해 완전히 지배되고 관철되어 있다. 코라 족에 특유한 신화적 감정과 신화적 세계관의 전체가 이 대립을 둘러싸고 또 이 대립에 입각하여 전개되어 있는 것이다.[16] 그러나 그 이외에도 거의 모든 민족과 거의 모든 종교의 창세설화에서, 창조의 과정은 빛의 생성과정과 직접 융합되어 있다. 바빌로니아의 창세설화에서는 아침 해와 봄의 태양의 신인 마르둑이 괴물 티아마트로 나타나는 혼돈과 암흑에 맞서 벌이는 싸움으로부터 세계가 태어났다고 여겨지고 있다. 빛의 승리가 세계와 세계질서의 기원이 되는 것이다. 이집트의 창세설화도 매일의 일출 현상을 모방한 것으로서 해석되고 있다. 여기에서는 최초의 창조작용이 시원수(始原水)로부터 떠오른 하나의 알이 형성됨과 더불어 시작된다. 이 알로부터 빛의 신 라(Ra)가 출현하는데, 이 출현은 실로 [120]다양한 표현으로 묘사되어 있다. 하지만 이 표현들 모두는 단지 하나의 근원적 현상——즉 밤으로부터 빛이 돌연 나타나기 시작하는 현상——으로 귀착한다.[17] 그리고 이 근원현상에 관한 생생한 직관이 모세의 천지창조 설화 속에서도 생동하고 있으며 그것에 의해 비로소 이 설화에 완전한 구체적인 '의미'가 부여된다는 사실은 헤르더가 처음으로 이 연관을 지적하고 게다가 그것을 지극히 섬세한 감수성과 매력적인 표현력으로 말하고 있는 이상, 더 이상 특별한 설명이 필요하지도 않다. 모든 정신적인 것을 단순한 형성물로 보는 것이 아니라 그것이 배태하는 형성과정에 직접 스스로를 옮겨놓는 헤르더의 재능이 아마도 가장 강렬하고도 현저하게 나타나 있는 것은 모세의 창세기 1장에 관한 이 해석에서일 것이다. 그에게서 세계창조를 말하는 것은 빛의 탄생을 이야기하는 것에 다름 아니다.—— 그것은 신화적 정신이, 새로운 날이 탄생할 때에 즉 서광이 찾아올 때에, 매일 새로이 체험하고 있는 것이다. 하루의 탄생은 신화적인 관점에서는 단순한 하나의 사건이 아니라 참된 근원적 생식(生殖) 내지 생산(Urzeugung)이다. 즉 주기적으로 되풀이되는, 일정한 규칙에 따라 운행하는 자연과정이

- - -

16. 상세한 실례는 Preuß, *Die Nayarit-Expedition*, Bd. I: Die Religion der Cora-Indianer, S. XXIII ff.를 참조.
17. 상세한 내용은 예를 들면, Brugsch, *Religion und Mythologie der alten Ägypter*, S. 102. 및 Lukas, *Die Grundbegriffe in den Kosmogonien der alten Völker*, Leipzig, 1883, S. 48 ff.를 볼 것.

결코 아니라 전적으로 개체적인 것, 단일한 것이다. "태양은 날마다 새롭다"
라는 헤라클레이토스의 말은 진정으로 신화적인 정신에서 이야기되고 있
다. 여기에서 우리는 말하자면 신화적 사고의 최초의 특징적인 발단을 목격
하는 것이지만 그 이후의 진행에서도 밝음과 어두움, 낮과 밤의 대립은
생생하게 계속 작용하는 동기임이 판명된다. 트뢸스-룬트(Troels-Lund)는
이 동기가 생성되고 성장해가는 모습을 섬세하고도 매력적인 저서에서
최초의 원시적인 단서로부터 점성술적 사고방식에서 그것이 치르는 저
보편적 도야에 이르기까지 추적하고 있다. 그는 자신의 문제를 다음과 같이
지적한다. "우리는 빛의 인상에 대한 감수성과 장소에 관한 감정이 인간
지성의 두 가지 가장 근원적이고 가장 심층에 놓여있는 발현형식이라는
점으로부터 출발한다. 개인과 종족의 가장 본질적인 정신적 발달은 이 두
가지 길을 통과해서 진행한다. 존재가 우리 각 개개인에게 던지는 세 가지
커다란 물음── 너는 어디에 있는가? 너는 어떤 사람인가? 너는 무엇을
해야 하는가? ── 에 대한 대답은 언제나 이 두 가지 길로부터 얻어진다.
자기 자신은 발광하지 않는 구체(球體)인 이 지구에 사는 모든 거주자에게
있어 빛과 어둠, 낮과 밤의 교체극(交替劇)은 그 사고력을 촉진시키는 최초의
충격이자 또한 궁극적인 목표가 된다. [12]우리의 지구만이 아니라 우리 자신,
우리의 참된 정신적 자아가 빛을 최초로 슬쩍 훔쳐본 때로부터 최고도의
종교적 · 도덕적 감정에 이르기까지 태양에 의해 태어나 태양에 의해 양육
되고 있다. …… 낮과 밤, 빛과 어둠의 구별을 파악하는 방식의 진전이야말
로 인간의 모든 문화적 발전의 가장 내밀한 맥락을 이루고 있는 것이다."[18]

　　그리고 사실 이 구별이야말로 개개의 공간영역의 모든 분리 및 이와
함께 신화적 공간 전체의 모든 종류의 분절화가 연결되어 있는 것이기도
하다. '신성한 것'과 '비신성한 것'이라는 신화의 특징적인 강약 작용이

• • •

18. Troels-Lund, *Himmelsbild und Weltanschauung im Wandel der Zeiten*, deutsche Ausgabe[3], Leipzig
　　1908, S. 5.

다양한 방식으로 개개의 방위와 구역에 배분되고, 그것에 의해 방위나 구역의 각각에 어떤 특정한 신화적-종교적 각인이 부여된다. 여기에서는 동과 서, 북과 남은 경험적인 지각세계 내부에서의 본질적으로 등질적인 방위결정의 방식에서 사용되고 있는 구별이 아니라 이들 모두에 각각 고유하고 특수한 존재와 고유하고 특수한 의미, 어떤 내적인 신화적 생명이 내재되어 있는 것이다. 여기에서는 각각의 특수한 방위가 추상적-이념적 관계로서가 아니라 독자적인 생명을 부여받은 자립적인 '형성물'로서 받아들여지고 있다는 것 ── 이것은 특히 이들 방위가, 대체로 신화가 수행할 수 있는 최고도의 구체적 형태화와 구체적 자립화를 획득하는 일이 드물지 않다고 하는 것, 즉 그 방위들이 특수한 신들로까지 높여지고 있다는 것으로부터도 분명해진다. 신화적 사고의 비교적 낮은 단계에서조차도 이미 우리는 고유의 방위신들과 만난다. 즉 동의 신, 북의 신, 서의 신, 남의 신, '아래쪽' 세계의 신, '위쪽' 세계의 신 등이 있다.[19] 그리고 아무리 '원시적인' 우주론이라 하더라도, 어떠한 모습으로든 하늘의 이 네 방위가 세계의 파악방식과 설명의 기본지점으로서 나타나 있지 않은 것은 없는 듯하다.[20] 이렇게 보면, "동방은 신의 것이요 서양도 신의 것이며, 북과 남의 땅은 신의 손의 평화 속에서 안식한다"라는 괴테의 말은 가장 본래적인 말뜻에서 신화적 사고에 걸맞은 것이 될 것이다. 하지만 보편적인 공간감정과 신들에 대한 보편적인 감정이 이와 같이 통일되어 거기에서는 모든 개별적 대립이 해소되는 것처럼 보여지기에 앞서, 신화적 사고는 우선 바로 이 대립 *122*자체를 통과하며 그것을 대립으로서 명확히 부각시키지 않으면 안 된다. 각각의 개별적인 공간규정에는 신들의 또는 악령의, 호의적인 또는 적의에 찬, 신성한 또는 신성하지 않은 '특성'이 포함되어 있다. 동은 빛의 근원으로서 모든 생명의 원천이며 기원이다. 서는 일몰의 장소이자 죽음의 모든 공포가 휘몰아치는

• • •

19. 이러한 방위의 신은 예를 들면 코라 족에서 보여진다. 상세한 것은 Preuß, *Die Nayarit-Expedition*, I, S. LXXIV ff.를 볼 것.

20. 상세한 것은 Brinton, *Religions of primitive peoples*, S. 118 ff.를 참조.

곳이다. 공간적인 분리와 분할에 의해 살아있는 자의 영역과 맞서있는 죽은 자의 영역이 생각되는 곳에서는 반드시, 죽은 자의 영역에게는 세계의 서쪽에 그 위치가 할당된다. 그리고 낮과 밤, 빛과 어둠, 탄생과 죽음의 이 대립은 그 이외에도 지극히 다양한 매개와 지극히 다양한 굴절을 거쳐서 개개의 구체적인 생활환경의 신화적 파악방식으로 나타나게 된다. 개개의 구체적인 환경은 모두 그것들이 일출이나 일몰의 현상에 대해 어떠한 관계에 놓여 있는가에 따라 각각 다른 설명을 얻게 되는 것이다. 우제너의『신들의 이름』에서는 다음과 같이 서술되어 있다. "빛에 대한 숭배가 인간생활의 전체에 밀접하게 연관되어 있다. 빛의 숭배의 기본적 특징은 인도-유럽어족의 모든 구성원에 공통되며 이 점은 훨씬 더 넓게 분포되어 있다. 오늘날에도 우리는 자주 무의식적으로 빛에 대한 숭배에 의해 지배되어 있다. 낮의 빛이 반사(半死)상태인 잠으로부터 우리를 소생시키는가 하면, '빛을 본다(das Licht schauen)', '태양빛을 본다(das Licht der Sonne sehen)', '빛 속에 있다(im Lichte sein)'라는 것은 생존하는 것을 가리키며, '빛 앞으로 온다(ans Licht kommen)'는 태어나는 것을, '빛을 떠나다(das Licht verlassen)'는 죽는 것을 말한다. …… 호메로스의 서사시에서 이미 빛은 건강이자 구제이며, …… 에우리피데스는 일광(日光)을 '청정(淸淨)'이라고 부르고 있다. 구석구석까지 비추는 빛으로 가득한, 구름 한 점 없는 맑은 하늘은 청정함의 신적인 원형인 동시에, 다른 한편 그것은 신의 나라나 죽은 자들의 거처에 대한 관념들의 기초가 되어왔다. …… 더 나아가 이 직관의 직접적인 치환은 더욱 깊게는, 최고의 윤리적 개념인 진리와 정의에까지도 미치고 있다. …… 이러한 기본적 직관으로부터, 모든 성스러운 행위, 천상의 신들이 후견인이나 증인으로서 나오는 모든 것은 오직 널리 펼쳐진 광명의 하늘 아래에서만 수행될 수 있다는 귀결이 생겨난다. …… 서약이 갖는 신성성은, 모든 것을 보면서 모든 것을 알고 있고 벌을 내리는 신들을 증인으로서 불러내는 것에 기초를 두고 있기 때문에, 그러한 서약은 본래 푸른 하늘 아래에서만 행해질 수 있었다. 하나의 공동체 내의 가정을 지닌 자유인들이

회의나 재판에 모인 참된 민회는 푸른 하늘 아래의 '신성한 환(環)[원형광장]에서' 개최되었다. …… 그것은 전적으로 단순하고 본능적인 표상이다. 이러한 표상은 우리에게도 아직 무감각하게 되어 있지 않은 감각인상들의 저항하기 어려운 힘 아래에서 생겨나는 것이며,[123] 저절로 하나의 닫혀진 원환을 만들게 된다. 이 원환 속에 종교성과 도덕성의 근원이 되는 무진장한 원천이 샘솟고 있는 것이다."[21]

이러한 이행과정의 전체 속에 모든 참된 정신적인 표현형식의 본질에 속하는 어떤 역학이 작용하고 있음을 우리는 즉각 발견한다. 그러한 모든 형식이 가져오는 결정적인 성과는, 거기에 '안'과 '밖', '주관적인 것'과 '객관적인 것'의 고정된 경계가 계속 존립한다는 점이 아니라 그러한 경계가 말하자면 유동화(流動化)하기 시작한다는 데에 있다. 안과 밖이 각기 독자의 분리된 권역으로서 병존하는 것이 아니라 양자는 서로 반영되며 이 상호 반영 속에서 비로소 자기 자신의 내용을 드러낸다. 따라서 신화적 사고가 구상하는 공간형식 속에서는 신화적인 **생활형식** 전체가 각인되며, 이 생활 형식은 어떤 의미에서 이 공간형식으로부터 읽혀질 수 있는 것이다. 이러한 상호관계의 고전적 표현이 로마의 종교제도에서 보여진다. 이 제도는 이러 한 부단한 치환에 의해 특징지어진다고 생각되기 때문이다. 니센(Nissen)은 하나의 기초적 저작에서 이 치환의 과정을 온갖 측면에서 조명하고 있다. 그는 신성한 것에 관한 신화적-종교적 근본감정이 그 최초의 객관화를 발견한 것은, 그것이 바깥으로 향하는 것에 의해, 즉 공간적 관계들의 관점으로 나타남에 의해서임을 보이고 있다. 성별(聖別)은, 우선 공간 전체로부터 어떤 특정 영역이 분리되어 다른 영역으로부터 구별되고 말하자면 종교적으로 에워싸여지는 것으로부터 시작된다. 동시에 공간적 구별로서 나타나는 종교적 성별이라는 이 개념은 언어상으로는 templum[템플룸, 신전(神殿)]이라는 표현에 침전되어 있다. 왜냐하면 템플룸(그리스어로는 τέμενος[테

• • •
21. Usener, *Götternamen*, S. 178 ff.

메노스])은 '자르다'라는 뜻의 어근 템(τεμ)에서 유래하며, 따라서 정확히 '잘려진 것', '경계지어진 것'을 의미하고 있기 때문이다. 이런 의미에서 템플룸이라는 말은 우선 첫째로 신성한 영역, 신에 속하고 신에게 바쳐진 영역을 가리키며, 다음으로 모든 구별된 토지, 그것이 신에게든 왕에게든 영웅에게든 어떤 자에게 속하든 간에, 경작지 또는 농원을 가리키게 된다. 하지만 더 나아가 태고의 종교적인 기본적 관점에서 보자면 전체로서의 우주공간도 또한 하나의 완결되고 성별된 영역으로서 나타난다. 즉 어떤 하나의 신적 존재에 의해 살고 있고 어떤 신적 의지에 의해 통치되는 템플룸 으로서 여겨지는 것이다. 그리고 이 통일 속에 이제는 종교적 분절화가 덧붙여진다. 하늘 전체가 방위에 의해 네 개의 부분으로 구분되어, 전방이 남, [124]후방이 북, 왼쪽의 방위가 동, 오른쪽의 방위가 서가 된다. 이러한 근원적인, 순전히 장소적인 구분으로부터 로마의 '신학'의 전 체계가 전개되 어 있다. 신탁관은 지상에서의 행동에 대한 전조를 읽어내려고 하늘을 관찰 하지만, 이 관찰은 모두 하늘을 일정한 구획으로 나누는 것으로부터 시작된 다. 태양의 궤도[황도]에 의해 표시되고 정해지는 동-서의 선은 이것과 수직으로 만나는 또 하나의 선, 즉 남-북의 선에 의해 횡단된다. 신관(神官)의 언어로 데쿠마누스(decumanus)와 카르도(cardo)라고 불리는 이 두 선의 횡단 과 교차를 가지고, 종교적 사유는 그 최초의 기본적 좌표 도식을 만들어낸다. 니센은 이 도식이 종교생활의 영역으로부터 법적, 사회적, 국가적 생활로 이행하며 이 이행 속에서 한층 더 세련되어가고 차이화 되어가는 모습을 상세하게 제시한다. 소유권의 개념과 소유권 자체를 표시하고 보호하는 상징체계의 발달은 이 도식에 기초를 두고 있다. 왜냐하면 법적-종교적 의미에서 하나의 고정된 재산 소유권을 최초로 만들어내게 된 이 경계설정 의 작용, '한정'이라는 기본적 작용은 도처에서 종교적 공간서열과 결부되어 있기 때문이다. 로마의 측량기사가 지은 저작에서는 이 한정을 도입한 것은 유피테르(Jupiter)라고 되어 있어 세계창조의 작용과 직접 결부되고 있다. 마치 이 한정의 도입에 의해 우주를 지배하는 확고한 경계설정이 지상으로 옮겨지고 지상의 모든 개별적 상황에 옮겨지는 것처럼 여겨지는 것이다. 이 한정도 세계의 방위로부터, 즉 동—서의 선인 데쿠마누스와 남-북의 선인 카르도에 의해 행해지는 세계의 구획으로부터 시작된다. 그것은 가장 단순한 자연적 구분인 낮의 면모와 밤의 면모의 구별에서 시작되며, 이것에 두 번째 구별로서 증대하는 낮과 감소하는 낮이라는 관점으로부터 아침의 면모와 저녁의 면모의 구별이 계속된다. 이 한정의 형식은 로마의 국가법과 지극히 밀접하게 연관되어 있다. 즉 이 형식에 기초를 두고 ager publicus [아게르 푸블리쿠스]와 ager divisus et adsignatus [아게르 디비수스 엣 아드시그나투스], 즉 공공지(公共地)와 분할된 사유지의 구별이 이루어진다. 왜냐하면 고정된 경계, 즉 확고부동한 수학적 직선에 의해 구획되어 있는 토지, 한정되고 양도된 토지만이 사유재산으로서 간주되기 때문이다. 이전에 신이 소유하고 있었듯이, 이제는 국가나 공동체나 개인이 '템플룸'의 관념을 매개로 해서 특정한 공간을 자기 것으로 삼아 그곳에 정착한다. "신탁관이 하늘을 어떻게 한정하는가는 아무래도 상관없는 일이 아니다. 왜냐하면 분명히 유피테르의 의지는, 마치 가장(家長, paterfamilias)이 [125]집안 전체를 지배하고 있는 것처럼, 하늘 전역에 미치고 있긴 하지만, 그러나 다양한 지역에 서로 다른 신들이 살고 있으며 따라서 사람들이 이 중 어떤 신의 의지를 듣고자 하는가에 따라 경계선이 놓여지기 때문이다. 이리하여 경계설정의 결과, 그와 같이 에워싸여진 공간이 하나의 정령에 의해 소유되기에 이른다. …… 시내 전체만이 아니라 네거리나 집도, 경지 전체만이 아니라 각 사람의 논밭이나 포도원도, 집 전체만이 아니라 집 안의 각 가옥도 각각 고유한 신을 갖는다. 신성은 그 작용과 그 에워쌈에 의해 알려진다. 이렇게 해서 한 공간 속에 사로잡혀 있는 정령은 어떤 개성과 어떤 고유한 이름을 얻게 되며, 사람들은 그 이름을 불러서 그 정령을 불러낼 수 있는 것이다."[22]

- - -

22. Nissen, *Das Templum, Antiquarische Untersuchungen*, Berlin 1869, S. 8. 전체적으로는 특히 니센의 논문 Orientation, Studien zur Geschichte der Religion, Erstes Heft, Berlin 1906을 참조.

후에 고대 이탈리아 도시들의 구조나 로마 병영 내부의 편성과 서열, 그리고 로마 가옥의 대지구획과 내부의 세간 구조를 지배하게 되는 이 체계로부터, 점차로 진보해가는 공간의 한정, 즉 신화적 사고나 신화적-종교적 감정에 의해 공간 내에 설정되는 모든 새로운 경계석(境界石)이, 동시에 정신적·도덕적 문화 전체의 경계석으로도 되어 있는 것이 직접 명확해진다. 뿐만 아니라 이론과학의 출발에까지지도 이 연관을 관찰할 수 있다. 로마에서의 학적 수학의 발단이 측량기사들의 책과 그들에 의해 이용된 방위결정의 기본체계에서 유래하는 것임을 모리츠 칸토르가 그의 저서 중 하나에서 제시하고 있다.[23] 그리고 그리스인들 내에서의 수학의 고전적 정초에 있어서도 태고의 신화적인 기본적 표상의 잔향이 도처에서 들려지며, 공간적 '경계'에 처음부터 항상 따라다니고 있던 저 외경(畏敬)의 기미를 느낄 수 있다. 논리적-수학적 규정의 형식은 공간적 한정에 대한 이러한 사상으로부터 발전한 것이다. 한계와 무한계인 것, πέρας[페라스]와 ἄπειρον[아페이론]은 피타고라스학파나 플라톤에게서는 한정된 것과 무한정인 것, 형(形)과 무정형, 선과 악이라는 상태로 대립한다. 이리하여 우주에 대한 순수한 사고에 의한 방위결정도 시원적인 신화적-공간적 방위결정으로부터 싹터나온 것이다. 언어는 이러한 연관의 흔적을 여전히 여러 가지로 생생하게 간직하고 있다. 사실 순수하게 [126]이론적인 고찰과 관찰을 나타내는 라틴어 contemplari[관조]는 어원적으로도 실질적으로도 신탁관이 하늘을 관찰하기 위해 구획한 공간인 'templum'에서 유래한다.[24] 그리고 이론적이기도 하면서 종교적이기도 한 이러한 '방위결정'이 고대세계로부터 그리스도교나 중세의 그리스도교 교의에도 들어오고 있다. 중세 교회의 대지구획과 구조는 신화적 공간감정의 본질을 이루고 있는 방위의 상징적 의의의 특색

• • •

23. Cantor, *Die römischen Agrimensoren*, Leipzig 1875. 또한 *Cantors Vorles. über Geschichte der Mathematik*, Bd. I, 2. Aufl., Leipzig 1894, S. 496 ff.를 참조.
24. 이에 관해 상세한 것은 프란츠 볼의 훌륭한 강의 *Vita contemplativa*, Sitzungsbericht d. Heidelb. Akad. d. Wiss., Philos.-hist. Klasse, 1920을 참조할 것.

을 잘 보여주고 있다. 태양과 빛은 이제는 더 이상 신성 자체는 아니다. 하지만 그것들은 아직도 여전히 신적인 것, 그리고 신적인 구원의 의지와 힘의 가장 가깝고도 직접적인 징후로서 작용하고 있다. 그리스도교의 역사 적인 힘과 승리는 다름 아니라 이 종교가 이교적인 태양숭배와 빛의 숭배가 지닌 기본적인 관점을 받아들이고 새로 만들어 자신의 것으로 할 수 있었던 데에 의한 것이다. Sol invictus[솔 인빅투스, 불패의 태양]의 숭배 대신에 이제 '정의의 태양'인 그리스도에 대한 신앙이 나타난다.[25] 따라서 초기 그리스도교에서도 신의 집[교회]과 제단의 방향은 동쪽으로 정해지고, 남 은 성령의 상징이 되며, 북은 신으로부터의 이반, 빛과 신앙으로부터의 배리(背離)의 형상으로서 나타난다. 세례를 받는 아이는 악마와 그 작용을 거부하기 위해 우선 서쪽을 향해 세워지고, 그런 다음 천국의 방향인 동쪽으 로 향해져서 그리스도에의 신앙을 고백한다. 십자가의 네 끝부분은 하늘과 땅의 네 방위와 동일시된다. 여기에서도 또한 이러한 단순한 기본구도 위에, 그 후 한층 더 세련되고 심화된 상징체계가 구축되는 것이며, 이 체계에서는 내면적인 신앙내용 전체가 말하자면 바깥으로 향해져서 기본적인 공간관계 로 객관화된다.[26]

　　이러한 사례 모두를 이제 한 번 더 개관해본다면, 순수 내용의 측면에서 지극히 상이한 문화들과 신화적-종교적 사고의 지극히 상이한 발전단계들 에 속해 있는 이들 사례 내에, 신화적 공간의식의 동일한 특성과 기본적 방향이 나타나 있음을 알 수 있다. [127]이 공간의식은, 신화적 정신의 다양한 표현양식들을 관통하여 이것들을 서로 연결시키고 있는 빈틈없는 영기(靈 氣)에 비유될 수 있다. 쿠싱은 주니 족에 대해, 이 종족의 공간이 일곱 영역으 로 구분됨으로써 그들의 세계상 전체와 그들의 생활이나 행동 모두가 완전

• • •
25. 상세한 것은 Usener, *Götternamen*, S. 184. 특히 Franz Cumont, La théologie solaire dans le paganisme romain, *Mém. de l'Acad. des Inscriptions XII*(1909), S. 449 ff.를 참조.
26. 이에 관해서는 Joseph Sauer, *Symbolik des Kirchengebäudes und seiner Ausstattung in der Auffassung des Mittelalters*, Freiburg i. B., 1902를 참조.

히 체계화되어 있으며, 그 결과 예컨대 그들이 어떤 공동 야영지에 들어가려고 할 때 그 안에서 개개의 군(群)이나 무리가 점하는 위치는 미리 결정되어 있고 확정되어 있다고 말하고 있는데, 로마의 병영의 구조와 질서는 그야말로 이 주니 족의 배치와 완전히 대응하고 있다. 왜냐하면 로마의 경우에서도 병영의 구도는 도시의 구도에 의거하며, 도시는 또한 그 구성을 세계의 일반적인 구도와 다양한 공간적 방위에 대응시켜 만들어지고 있기 때문이다. 그래서 폴리비오스는, 로마의 군대가 병영으로 선정한 장소에 들어갈 때 마치 자기 고향 도시로 돌아가는 시민들이 각기 자신의 집에 들어간 것과 같았다고 말하고 있다.[27] 이 두 경우 모두, 개개인의 단체들의 장소상의 집결 방식은 결코 단지 표면적, 우연적인 것이 아니라 완전히 규정된 종교상의 기본적인 관점에 의해 요구되며 미리 결정되어 있는 것이다. 그리고 그러한 종교적인 관점은 어디에서든 공간의 전체적 파악방식, 공간 내의 특정한 경계에 대한 파악방식과 연결되어 있기도 하다. 신화적-종교적인 근본감정은 공간상의 '문턱'이라는 사실에 결부되어 있다. 거의 모든 곳에서 동일한 모습 내지 매우 유사한 모습으로 문턱숭배와 그 신성성에 대한 경외가 표명되고 있는 불가사의한 관습들이 있다. 로마인에게서도 테르미누스[경계신(境界神)]는 특별한 신으로서, 테르미날리아 제(祭)에서는 사람들은 경계석 자체를 숭배하여 화환으로 장식하고 희생 동물의 피를 뿌린다.[28] 신의 집이라는 공간을 외부의 세속세계로부터 분리시키고 있는 신전의 문턱에 대한 숭배로부터 비롯되어, 전적으로 다른 생활권 및 문화권에서 종교적·법적 기준 개념으로서의 소유권 개념이 발전해왔던 것으로 보인다. 문턱의 신성성은 본래는 신의 거처를 지키는 것이었지만 이제는 토지 경계 및 경작지 경계라는 모습으로 토지, 논밭, 집을 각각의 적의 침략이나 공격으로부터 수호하게 된다.[29] [128]언어가 종교적 외경과 숭배의 관념을 표현

●●●

27. Polybios, *Historiae*, cap. 41, 9. 또한 Nissen, *Das Templum*, S. 49 ff. 참조.
28. Ovid, Fast. II, 641 ff. 또한 Wissowa, *Religion und Kultus der Römer*[2], S. 49 ff.
29. 이에 관한 풍부한 자료가 H. C. Trumbull의 '문턱의 마법(Schwellenzauber)'에 대한 연구

하기 위해 붙인 호칭도 그 기원에 있어서는 감성적-공간적 기본표상에서, 즉 어떤 특정한 공간적 영역 앞에서 물러난다고 하는 표상에서 유래하고 있는 경우가 적지 않다.[30] 확실히 이 공간적 상징체계가 공간과는 무관계한 또는 기껏해야 간접적인 관계밖에 없는 듯한 생활환경의 관점이나 표현에도 전이되는 것이다. 신화적 사고나 신화적-종교적 감정이 어떤 내용에 특별한 가치의 강약을 부여하려고 할 때, 즉 어떤 내용을 다른 내용으로부터 부각시켜 그것에 독자적인 의미를 부여하고자 할 때에는 언제나, 이 질적인 차이화는 공간적 분리라는 모습을 띠고서 나타난다. 신화적으로 중요한 모든 내용과, 흔히 있는 일상적인 것의 영역으로부터 부각되어 있는 모든 생활환경은 말하자면 어떤 독자적인 존재권역, 즉 주변으로부터 확고한 경계에 의해 분리되어 이러한 분리에 의해 비로소 고유한 개성적-종교적 형태를 얻기에 이르는, 울타리가 쳐진 존재영역을 형성하는 것이다. 이 권내로 들어가기 위해서도 또 거기에서 나오기 위해서도 전적으로 특정한 종교상의 규칙이 필요하다. 어떤 신화적-종교적 권역으로부터 다른 권역으로 옮기는 데에는 항상 주의 깊게 준수되어야 하는 **통과의례**를 행하도록 의무지어져 있다. 이 의례는 또한 어떤 도시로부터 다른 도시로, 어떤 토지로부터 다른 토지로 옮겨가는 것만이 아니라 새로운 생활국면으로 들어갈 때, 즉 유년기에서 성년기로의, 독신에서 결혼생활로의 이행, 모성으로의 이행 등등도 규정하고 있다.[31] 정신의 모든 표현형식의 발달에서 인지되는 보편적 규준이 여기에서도 재차 입증된다. 순수하게 내적인 것은 객관화되고 외적인 것으로 변화되지 않을 수 없다고 한다면, 다른 한편 또한 거기에서는 외면적인 것의 모든 관점은 그대로 존속하면서도 내적 규정과 섞여지고 그것과 엮여진다. 따라서 전적으로 '외적인 것'의 영역에서 고찰이 행해지고

* * *

속에 집약되어 있다. *The Threshold Covenant or the beginning of religious rites*, Edinburgh 1896.
30. 이와 같이 그리스어 σέβεσθαι[세베스다이]는 어원적으로는 산스크리트에서 tyaj('버리다', '조금 뒤로 움직이다')로서 나타나는 어근에서 유래한다. Williger, *Hagios*, S. 10. 참조.
31. 이러한 통과의례의 집약이 van Gennep, *Les rites de passage*, Paris 1909에서 보여진다.

있는 듯 보이는 곳에서조차, 거기에서는 또한 여전히 내적인 생명이 약동하고 있는 것이 감지된다. 신성한 것에 대한 근본감정 속에서 인간이 설정하는 경계들이 공간 내에서의 경계설정의 최초의 출발점이 되는 것이며, 또한 이 경계설정은 조직화와 분절화를 진전시켜가면서 자연적 우주 전체로 확산되어가는 최초의 출발점이 되는 것이다.

3. 신화적 시간개념

[129]신화적 대상세계의 구축에는 공간이라는 기본형식이 매우 중요하다는 것은 분명하지만, 그러나 만약 거기에 머물러 있다면 우리는 여전히 이 세계의 **참된** 존재로, 그 참된 '내면'으로 들어설 수 없었을 것으로 보인다. 이 세계를 표시하는 데에 우리가 사용하고 있는 언어 표현이 이미 이 점을 시사하고 있다. 왜냐하면 '뮈토스(Mythos)'라는 말 자체는 그 기본적 의미에서 보자면 결코 공간적인 고려에서가 아니라 시간적인 '관점'을 함의하고 있기 때문이다. 그것은 세계 전체가 그리로 내밀리는 어떤 특정한 시간적인 '양태'를 지칭하고 있다. 우주와 그 개개의 부분들 및 힘들에 대한 관점이 악령과 신들의 특정한 상이나 형상으로 조형되는 것이 아니라 이러한 형상에 시간 내에서의 하나의 발생, 하나의 생성, 하나의 생명이 할당되는 때에 비로소 참된 신화가 시작되는 것이다. 신적인 것을 고요히 관찰할 때에가 아니라, 신적인 것이 그 존재와 본성을 시간 속에 현현케 하고 신들의 형상으로부터 신들의 역사와 신들의 이야기로 나아갈 때에 비로소 우리는 보다 좁은 특수한 의미에서의 '신화'와 관계할 수 있게 된다. 게다가 여기에서 '신들의 역사'라는 개념 자체를 여러 계기들로 분해해 본다면, 강조점은 전반의 '신들'에가 아니라 후반의 '역사'에 두어진다. 시간적인 것의 직관이 그 우위를 입증하는 데에는, 이 직관이 확실히 신적인 것이라는 개념 완성을 위한 조건들 중 하나임이 증명되지 않으면 안 된다. 신은 그 역사에 의해

비로소 구성되며 —— 즉 신은 수많은 비인격적인 자연력들로부터 취해지면서도 그러한 자연력에 대해 독자적인 존재로서 맞세워진다. 신화적인 것의 세계가 말하자면 유동화하여, 단순한 존재의 세계로서가 아니라 사건의 세계임이 증명됨으로써 비로소, 자립적이고 개성적인 특징을 지닌 특정한 개별적 형상을 그 세계에서 분간할 수 있게 된다. 특수한 생성, 특수한 능동과 수동이 여기에서 비로소 구획과 규정의 기반을 형성하는 것이다. 물론 여기에서 전제되어 있는 최초의 첫걸음은 모든 신화적-종교적 의식이 일반적으로 의존하고 있는 구별, 즉 '신성한 것'의 세계와 '세속적인 것'의 세계의 대립이 보편적인 모습으로 형성되었다고 하는 점에 있다. 그렇지만 이미 공간적 분리작용이나 경계설정작용 속에서 보여지고 있었던 이 보편성의 내부에서, 이제는 참된 특수화, [130]신화적 세계의 참된 분절화가 일어나는바, 이는 바로 이 세계에서 시간이라는 형식에 의해 말하자면 심층차원이 열려짐에 의한 것이다. 신화적 존재의 참된 성격이 나타나는 것은 그 존재가 기원의 존재로서 등장하게 될 때이다. 신화적 존재가 지닌 모든 신성성은 궁극적으로는 기원의 신성성에서 유래한다. 신성성이란 주어져 있는 것의 내용에 직접 부착되어 있는 것이 아니라 그 유래에 달려 있는 것이며, 그 성질이나 상태에 부착되어 있는 것이 아니라 그 **성립**에 달려 있는 것이다. 어떤 특정한 내용이 시간적으로 멀리 거슬러 올라감으로써, 과거의 깊이로 되돌려짐으로써 비로소 그것은 신성한 것으로서, 신화적-종교적으로 중요한 것으로서 단지 주장될 뿐만 아니라 **정당화되는** 것으로서도 나타난다. 시간은 이러한 정신적 정당화의 최초의 근원적 형식이다. 인간에게 특유한 존재 —— 풍습, 관습, 사회적 규범이나 제약 —— 만이 신화적인 태고나 시원의 규약에 묶여 있어 이러한 성별을 받아들이는 것이 아니라, 존재하는 것 즉 사물의 '본성[자연]'도 또한 이러한 관점 하에서 비로소 신화적 감정이나 신화적 사고에 있어 진정 이해가능하게 된다. 자연의 형상 속에 있는 무언가 두드러진 특징이라든가 특정한 사물 또는 종의 어떠한 성질도 그것이 과거의 일회적인 사건에 연결되어 이에 의해 그 신화적 발생이 명시될 때, '해명된다'고 여겨지게 된다. 이러한 해명방식의 구체적인 예들은 모든 시대, 모든 민족의 신화적 설화에 넘쳐나고 있다.[32] 단순히 주어져 있는 것——그것이 사물이든 습관이나 규칙이든——이나 또는 그 단순한 현존, 단순한 현재에 사고가 더 이상 안심할 수 없지만, 다른 한편 이 현재를 어떠한 방식으로든 과거의 형식으로 치환할 수 있다면, 거기에서 사고가 즉각 정지해버리는 그러한 단계에 우리는 이제 도달한 셈이다. 과거 자체에는 더 이상 '왜[=이유]'는 없다. 과거야말로 사물의 '이유'이기 때문이다. 신화의 시간 고찰과 역사의 시간 고찰이 구별되는 것은, [13]다름 아닌 신화에 있어서는 그 자체로 그 이상 설명할 수 없고 또 설명할 필요도 없는 하나의 절대적인 과거가 있다는 바로 그 점에 의한 것이다. 역사는 존재를 생성의 연속적 계열로 해소시켜버리며, 그 생성 속에는 두드러진 시점이 아니라 오히려 각각의 시점이 저마다 자신보다 이전의 시점을 지시할 뿐이어서, 따라서 거기에서는 과거로의 후퇴는 무한퇴행(regressus in infinitum)이 되는 데 반해,——신화는 확실히 존재하는 것과 생성된 , 현재와 과거 사이에 단절을 수행하고 있지만, 그러나 일단 과거에 이르러서는 신화는 이것을 그 자체 불변하고 의심의 여지가 없는 것으로서, 거기에 안주한다. 신화에 있어서의 시간은 현재와 과거와 미래의 계기들이 부단히 위치를 바꾸어가고 상호 치환되어가는 단순한 관계의 형식을 취하는 것이 아니라, 오히려 하나의 고정된 제한 범위가 경험적 현재를 신화적 기원으로부터 분리시켜 양자에게 각각에 고유한, 교환불가능한 '특성'을 부여하는 것이다. 이러한 의미에서 볼 때, 이제까지 사람들이 신화적 의식을——신화적 의식에 있어

• • •

32. 특히 식물이나 동물의 유(類)와 그 특성의 기원에 관계되는 이러한 '설명적인' 신화 이야기의 형식에 대한 예는 예를 들면, Graebner, *Das Weltbild der Primitiven*, S. 21에서 "검은 앵무새와 매의 깃털에 있는 붉은 반점은 대화재(大火災)에서 유래한다. 고래의 분수공(噴水孔)은 일찍이——아직 고래가 인간이었을 때에——후두부(後頭部)에 입은 창상(槍傷)에서 유래한다. …… 도요새가 항상 조금 달려가다가 잠깐 쉬는 것을 번갈아 되풀이하는 독특한 걸음걸이를 하는 습성이 있는 것은, 옛날 바다의 파수꾼의 자취를 몰래 뒤쫓으려고 하다가 그 파수꾼이 돌아다볼 때마다 가만히 멈춰서 있어야 했기 때문이다"라는 대목을 볼 것.

서도 마찬가지로 보편적인 시간직관이 기본적이고도 진정 구성적인 의미를 지니고 있음에도 불구하고—— 바로 '무시간적인' 의식이라고 불려왔던 이유도 이해할 수 있다. 왜냐하면 객관적-우주적 시간이나 객관적-역사적 시간과 비교해보면, 여기에 있는 것은 사실 그러한 무시간성이기 때문이다. 신화적 의식은 그 이른 시기의 국면에서는 아직—— 이것은 언어적 의식의 특정한 국면의 특징이기도 하지만—— 상대적인 시간단계들의 구별에 대해 무관심한 채로 머물러 있다.[33] 셸링의 말을 빌리자면, 거기에서 지배하고 있는 것은 '단적으로 역사에 앞선 시간'이며, "본성상 분할할 수 없으며 절대적으로 동일한 시간인 것으로, 따라서 거기에 어떠한 지속을 귀속시키려고 해도, 결국 그것은 순간으로서밖에 보여지지 않는 것이다. 즉 그것은 끝이 시작이고 시작이 끝인 그러한 시간이다. 또한 시간 자체가 수많은 시간들의 잇따름이 아니라 단 하나의 시간이며, 수많은 시간들의 연속인 현실적인 시간이 아니라 뒤에 계속되어 오는 것에 대해 단지 상대적으로 시간(즉 과거)이 될 뿐인 것이기 때문에, 그것은 일종의 영원과도 같은 시간이다."[34]

그런데 우리가 한 걸음 더 나아가 이러한 신화적 '근원시간(Urzeit)'이 어떻게 점차로 '본래의' 시간으로 이행하고 계기적 연속의 의식으로 이행하게 되는가를 추적해본다면, 이미 언어의 고찰에 의해 보여졌던 저 기본적 연관이 여기에서도 또한 확인될 것이다. 여기에서도 개개의 시간관계의 표현은 우선 공간관계의 표현에 입각해 전개된다. *132*처음에는 양자 사이에 명확한 구별은 전혀 없다. 시간 내에서의 방위결정은 공간 내의 방위결정을 전제로 하고 있으며, 공간 내의 방위결정이 잘 행해져 그것을 나타내는 일정한 정신적 표현수단을 만들어감에 따라 직접적인 감정과 사고하는 의식에 있어서도 또한 개개의 시간규정들이 서로 구별되기에 이른다. 공간

• • •

33. 이에 관해서는 제1권, S. 176 ff.를 참조할 것.
34. Schelling, *Einleit. in die Philos. der Mythologie*, S. W., 2. Abteil., I, 182.

의 일차적인 관점도 또 시간의 일차적인 분절화 방식도 동일한 하나의 구체적인 기본적 관점, 즉 빛과 어둠, 낮과 밤의 교체에 의거한다. 그리고 마찬가지로 또한 방위결정의 동일한 도식, 방위 및 방향의 우선은 단지 느껴질 뿐인 동일한 구별이 공간의 분할과 시간의 구분을 지배한다. 태양의 궤도에 따라 동-서의 기본선이 정해지고 그 다음 이것을 두 번째 선인 남-북 선이 직각으로 가로지름으로써 왼쪽과 오른쪽, 앞과 뒤라는 지극히 단순한 공간관계가 구획되는 것과 같이, 시간의 부분들의 파악방식도 모두 이러한 절단과 교차에서 유래한다. 이 체계를 최고도의 명확함으로 이끌어 정신적으로 완성시킨 민족들 하에서는 시간을 나타내는 지극히 일반적 언어표현에서도 자주 이 관계가 반향되어 있다. 라틴어 tempus[시제]에는 그리스어의 τέμενος[테메노스]와 τέμπος[템포스](복수형 τεμπεα[템페아]의 형태로 남아있다)가 상응하지만, 이것은 'templum[신전]'의 관념과 호칭으로부터 생겨난 것이다. "기본어 τέμενος[테메노스](tempus), templum이 의미했던 것은 단절, 교차에 다름 아니다. 가장 후대의 목수의 용어법에서도 여전히, 두 개의 교차하는 서까래나 들보가 하나의 templum을 이루고 있다. 매우 자연스러운 진전을 통해, 그로부터 이러한 방식으로 구별된 공간이라는 의미가 전개되어 온 것이며, tempus의 경우는 하늘의 한 편(예컨대 동쪽)이 하루의 시간(예컨대 아침)으로 이행하고 다음엔 일반적인 의미의 시간으로 이행해갔던 것이다."[35] 공간을 개개의 방향 및 방위로 분할하는 것과 시간을 개개의 국면으로 구분하는 것은 병행적으로 진행한다. 이 둘은 빛이라는 **물리적인** 근원현상의 직관으로부터 출발한 저 **정신이 빛이 되는** 점진적 과정의 두 가지 다른 계기들을 나타내고 있는 데 지나지 않는다.

그리고 이 연관 덕분에, 여기에서도 전체로서의 시간이나 특히 구분된 개개의 시간에 독자적인 신화적-종교적 '성격', '신성성'이라는 특수한 강조점이 덧붙여진다. 신화적 감정에게 공간 내의 위치와 공간 내의 방향은

• • •

35. Usener, *Götternamen*, S. 192.

*133*단순한 관계 표현이 아니라 어떤 고유한 존재, 즉 어떤 신이나 악령과 같은 것임은 이미 나타내 보인 바와 같지만, 또한 이와 동일한 것은 시간과 그 개개의 부분들에 대해서도 말할 수 있다. 고도로 발달된 문화적 종교에서 조차도 이러한 기본적 관점이나 이러한 신앙이 남아 있다. 페르시아의 종교에서는 시간 자체와 개개의 분할된 시간부분——세기, 년(年), 사계절, 열두 달, 개개의 날들, 시각 등등——에 대한 제사는 일반적인 빛의 숭배로부터 발전해왔다. 특히 미트라스 교(敎)의 전개 하에서 이러한 제사가 매우 중요한 것이 되었다.[36] 일반적으로 시간의 신화적인 관점은 공간의 신화적인 관점과 마찬가지로 전적으로 질적이고 구체적으로 표현되지, 양적이고 추상적으로는 표현되지 않는다. 신화에게는 시간, 즉 등질적인 지속과 규칙적인 주기나 계기적 연속 '그 자체'는 없다. 신화에게 있는 것은 언제나 특정한 내용으로 채워진 형태들, 즉 그 나름의 특정한 '시간형상', 어떤 왕복이라든가, 어떤 리듬을 지닌 존재와 생성을 나타나는 형태들뿐이다.[37] 이렇게 해서 시간 전체가 어떠한 한계지점들과 [악보의] 소절선(小節線) 같은 것으로 구획지어 지게 된다. 하지만 이들 단락은 우선은 직접 느껴지기만 할 뿐 측정되거나 헤아려지는 것으로서 있는 것은 아니다. 특히 인간의 종교적 행위는 모두 그러한 리듬을 지닌 분절을 나타낸다. 의례는 특정의 신성한 행위를 특정한 시간과 시기로 할당하는 데에 세심하게 배려되고 있다. 이 시기들을 떼어놓고선 의례는 그 신성한 힘을 잃어버릴 것이다. 모든 종교적 행동은 전적으로 특정한 기간, 가령 7일 간 또는 9일 간, 1주일 간, 한 달 간의 주기로 구분된다. '신성한 시간' 즉 축제의 시기는 사건의 동질적 경과를 중단시키고 거기에 일정한 분리선을 도입하게 된다. 일련의 그러한 '위기[분리]의 날짜'를 결정하는 것은 특히 달[月]의 변화이다. 카이사르의 보고에 의하면, [게르만계

• • •

36. 이에 관해서는 Cumont, *Textes et monuments figurés relatis aux Mystères de Mithra*, Bruxelles 1896 ff., I, 18 ff., 78 ff., 294 ff.; *Astrology and Religion among the Greeks and Romans*, New York & London 1912, S. 110을 참조할 것.
37. 이 '시간 형태'에 관해서는, 언어에 대한 그와 상응하는 서술을 참조 제1권, S. 177 ff.

수에비(Suebi) 족의 우두머리인] 아리오비스트는 전투 개시를 새 달이 시작할 때까지 미뤘다고 한다. [스파르타인들인] 라케다이몬 사람들은 진격을 위해 만월(滿月)을 기다렸다. 공간에 있어서와 전적으로 유사하게, 이들 모든 사례의 근저에는 다음과 같은 직관방식이 놓여 있다. 즉 시간적인 경계선이나 분리선을 설정하는 것은 단순한 사고상의 습관적인 표지를 따르기 위해서가 아니라 *134*개개의 시간부분들이 그 자체 내에서 어떤 질적인 형식과 특성, 어떤 독자적인 본질과 독자적인 효력을 지니고 있다는 직관방식이 그것이다. 이 시간부분들은 결코 단일하고 등질적인, 순수하게 외연적인 계열을 형성하는 것이 아니라 그 시간부분들 각각에 내포적인 충일이 갖추어져 있고 그 덕분에 그것들이 서로 유사하거나 유사하지 않거나, 일치하거나 대립하거나, 우호적이거나 적대적이거나 하는 관계가 형성되는 것이다.[38]

사실, 인간의 의식에 수, 시간, 공간이라는 객관적인 기본적 구별의 최초의 확고한 개념이 형성되기 훨씬 이전부터, 이 의식에는 인간 생활을 지배하고 있는 독자적인 주기성이나 리듬에 대한 지극히 섬세한 감수성이 내재해 있는 것 같다. 문화의 가장 낮은 단계, 즉 수를 세는 작용의 최초의 맹아조차 보여지지 않는, 따라서 시간관계의 수량적이고 정확한 어떠한 파악방식도 전혀 문제가 될 수 없는 자연민족에 있어서조차도 이미, 시간적 사건의 생생한 역동성에 대한 이러한 주관적 감정이 놀랄 만큼 예민하고 섬세하게 형성되어 있는 것을 흔히 볼 수 있다. 그들에게 있어 생활상의 모든 사건, 특히 인생의 중대한 시기, 즉 결정적인 변화나 이행과 연관되어 있는, 말하자면 특유의 신화적–종교적 '국면감정(Phasengefühl)'이라고 해야 할 것이 거기에는 있는 것이다. 가장 낮은 단계에서조차도 이미 이러한 이행지점, 즉 개인의 생애나 종족생활에서의 지극히 중요한 분기점은 종교적 의례에 의해 어떠한 방식으로든 특별하게 여겨지며, 일상의 단조로운

• • •

38. 이에 대해서는 Hubert u. Mauss, Etude sommaire de la représentation du temps dans la religion et la magie(*Mélanges d'histoire des religions*, Paris 1909, S. 189 ff.) 참조.

경과로부터 두드러져 있는 것이 통례이다. 매우 신중하게 준수되는 무수한 의례가 이러한 이행의 시작과 결말을 수호한다. 이 의례에 의해 존재의 한결같이 흘러가는 계열, 즉 시간의 단순한 '경과'가 말하자면 종교적으로 구분되는 것이며, 이 의례에 의해 각각의 특수한 생활국면이 그 특수한 종교적 포장을 얻고 이에 의해 독자적인 특별한 의미를 획득하는 것이다. 탄생과 죽음, 임신, 출산, 성인, 결혼——이 모든 것이 특유의 통과의례와 입문의례에 의해 표시되고 있다.[39] 이러한 의례에 의해 인생의 개개 시기에 대한 종교적 분리가 매우 뚜렷이 구별되기 때문에, [135]그에 의해 생활의 연속성이 상실되어버리는 경우가 많다. 하나의 생활권으로부터 다른 생활권으로 옮겨감으로써 인간은 그 생활권 각각에서 다른 자아로서 나타난다. 예를 들면 성인식에서 어린 아이는 죽고 청년으로서, 성년 남자로서 다시 태어난다고 보는 것은 널리 분포되어 있고 또 다양한 모습으로 반복해 나타나는 사고방식이다. 일반적으로 인생의 이 두 중요한 시기 사이에는, 기간의 짧고 긴 차이는 있지만, 항상 어떤 '위기[분리]의 국면'이 있으며, 그것은 외면적으로도 수많은 적극적 규칙이나 소극적 금욕 및 금기에 의해 표시되어 있는 것이 예사이다.[40] 이로부터 짐작되는 바는, 신화적 세계관과 신화적 감정에 있어서는 그 참된 우주적 시간에 관한 관점이 형성되기에 앞서, 말하자면 **생물학적 시간**이라고도 말할 수 있는, 리듬에 의해 구획되는 생의 어떤 기복(起伏)이 있다는 점이다. 사실 우주적 시간 자체는 그것이 우선 신화에 의해 파악될 때에는 이러한 독특한 생물학적인 형성과 변화를 겪을 수밖에 없다. 왜냐하면 자연현상의 규칙성도 또 천체의 운행이나 계절의 변화의 주기성도 신화에게는 전적으로 생명과정 자체로서 생각되기

• • •

39. 이 '입문의례'에 대해서는 특히 Spencer와 Gillen이 오스트레일리아의 원주민 부족에 관해 제공하고 있는 풍부한 자료 *The native tribes of Central Australia*, 예컨대 S. 212 ff.를 참조할 것. *The northern tribes of Central Australia*, S. 382 ff. 또한 van Gennep, *Les rites de passage*; Brinton, *Religions of primitive peoples*, S. 191 ff. 남태평양의 민족들에 관해서는 특히 Skeat, *Malay Magic*, London 1900, S. 320 ff.

40. 이에 대해서는 예를 들면 Marett, *The threshold of religion*[3], S. 194 ff.를 참조할 것.

때문이다. 낮에서 밤으로의 변화, 식물계의 번성과 쇠퇴, 계절의 순환——이
들 현상 모두를 신화적 의식은 우선 인간의 존재방식에 투영시키고 인간이
라는 거울에 반영시켜보는 방식으로 파악할 수밖에 없다. 이러한 상호 관계
지어짐 가운데서 주관적 생활형식과 객관적인 자연관을 다리 놓는 신화적
시간감정이 생겨난다. 주술적인 세계관의 단계에서도 이미 이 주관적 형식
과 객관적 형식이 직접 엮여져서 상호 연결되어 있음이 입증된다. 주술이
객관적 사건을 규정할 수 있다는 것도 이 연결되어 있음에 의해 비로소
설명될 수 있는 것이다. 태양의 운행, 계절의 진행, 이것들은 주술의 세계에
서는 결코 불변의 법칙에 의해 정해져 있는 것이 아니라 악령의 영향 아래
놓이며 주술적인 힘에 좌우된다. 여기에서 작용하는 여러 힘들에 영향을
미치거나 그것들을 지원하거나 강제하기 위해 지극히 다양한 형식의 '모방
주술'이 행해진다. 오늘날에도 일 년의 상승기[전반]와 하강기[후반]의
결정적 전환점, 특히 동지와 하지와 결합되는 다양한 민속적 관습에서는
여전히 이러한 근원적 사고방식이 대부분 생생한 모습으로 인지된다. 어디
에서든 다양한 제전들——[136]축제 기마행진이나 다양한 화관식, 오월제 ·
성탄제 · 부활제 · 하지제(夏至祭) 때에 태워지는 불 등——과 결합되어 있는
모방적인 경기나 의례의 근저에는, 생명을 부여하는 태양의 힘이나 자연의
번식력이 인간의 행위에 의해 촉진되고 적대적인 힘에 맞서 지켜짐에 틀림
없다고 하는 사고가 있다. 이러한 관습이 광범하게 분포되어 있다는 것은
——힐레브란트는, 빌헬름 만하르트가 그리스, 로마, 슬라브, 게르만 세계에
대해 모은 포괄적인 자료에, 특히 고대 인도의 하지제의 관습을 동등한
것으로 인정해 덧붙이고 있다[41]—— 바꿔 말하면, 우리가 여기에서 문제로
삼고 있는 것이 신화적 의식의 하나의 기본적 형식에서 유래하는 직관방식
임을 증명하고 있다. 원초적인 신화적 '국면감정'은 시간을 다름 아닌 인생

● ● ●

41. Mannhardt, *Wald- und Feldkulte*, 2 Bde., Berlin 1875 ff.; 인도의 하지제(夏至祭)에 대해서는
　　Hillebrandt, Die Sonnwendfeste in Alt-Indien(*Roman. Forschungen*, Bd. V). 아리아인 세계 전체에
　　대한 이러한 관습의 집성은 L. v. Schroeder, *Arische Religion*, Bd. II, Leipzig 1916에 있다.

의 이미지로 파악할 수 있으며, 따라서 시간 속에서 일어나는 것, 시간 속에서 일정한 리듬에 따라 생겨나고 소멸하는 것 모두를 직접 인생의 형식으로 변화시키고 거기에 편입시킬 수밖에 없는 것이다.

따라서 수학적-물리학적 개념 속에 표현되어 있는 종류의 '객관성', 또는 "그 자체 독자적으로, 즉 어떠한 외적 대상도 고려함 없이 흘러가는" 뉴턴의 저 '절대적 시간'에 대해서는 신화는 아무것도 알고 있지 않다. 신화는 이러한 수학적-물리학적 시간과 마찬가지로 엄밀한 의미에서의 '역사학적' 시간도 알지 못한다. 왜냐하면 역사적 시간의식 또한 완전히 규정된 '객관적' 계기들을 지니고 있기 때문이다. 그것은 고정된 '연대기', 이전과 이후의 엄밀한 구별, 개개의 시간계기들의 잇따른 연속에 있어 확고하게 규정된 일의적인 순서를 지키는 것, 이러한 것들을 기초로 하고 있다. 시간단계들을 그와 같이 분리시키고 이것들을 제대로 조직된 단 하나의 체계에 편성하여, 각각의 사태마다에 하나의 위치, 그것도 단 하나의 위치만을 할당한다는 것은 신화에게는 낯선 것이다. 신화적 사고형식 일반의 본질에는, 그 사고형식이 어떤 관계를 설정하려고 하는 곳에서는 어디에서나 이 관계되는 항들을 서로 유입시키고 이행시킨다는 점이 포함되어 있듯이, 관계항들의 '합생(合生, Konkreszenz)', 유착이라는 이 규칙은[42] 동시에 신화적 시간의식의 방식 또한 규정하고 있다. 여기에서도 또한, 시간을 과거, 현재, 미래라는 뚜렷하게 구분된 단계들로 나누는 분리 태도는 말하자면 *137*유지될 수 없다. 신화적 의식은 끊임없이 이러한 차이들을 고르게 하고 뿐만 아니라 최종적으로는 그 차이들을 완전한 동일성으로 에워싸 넣으려고 하는 경향과 유혹에 이끌리고 있다. 특히 주술은 그 일반적 원리, 즉 'pars pro toto[부분 즉 전체]'라는 원리를 공간으로부터 시간으로도 옮긴다고 하는 데에 그 특색이 있다. 물리적-공간적 의미에서 각각의 부분들이 전체를 대리한다는 것만이 아니라 주술적인 사고방식에서는 각 부분이 그대로

● ● ●
42. 신화적인 '관계항들의 합생'에 대해서는 이 책 109쪽 ff. 참조

전체인 것과 마찬가지로, 주술적인 작용연관은 모든 시간적 차이와 분리선도 넘어버린다. 주술상의 '지금'이란 결코 단순한 지금, 분리된 단일한 현재의 시점을 말하는 것이 아니라 라이프니츠의 표현을 빌리자면 *chargé du passé et gros de l'avenir*—— 과거를 짊어진 채 미래를 잉태한 지금 ——인 것이다. 이런 의미에서는 바로 모든 시간계기들의 이러한 독자적인 질적 '상호포섭'을 가장 명확하게 보여주는 점(占, Mantik)이 특히 신화적 의식의 통합체라고도 해야 할 위치를 차지하게 된다.

하지만 신화적 의식이 더 이상 주술에서와 같이 개개의 성과의 달성만을 겨냥하고 그것에 만족하며 그것으로 종결되는 것이 아니라 존재와 사건의 전체로 향하고 더욱 더 이 전체의 관점으로 채워지게 되면, 이 의식은 어떤 새로운 단계로 높여지게 된다. 신화적 의식은 이제 감각인상과 순간적, 감성적인 정감에 직접 구속되어 있는 상태로부터 점차 자신을 갈라놓는다. 개개의 현재 지점들이나 이 현재 지점들의 단순한 계기적 연속, 즉 사건의 개별 국면들의 경과 속에 사는 것을 그만두고, 이제 점차 사건의 영원한 순환에 대한 고찰로 향하게 된다. 무엇보다 이 순환은 사고되고 있기보다는 아직 직접 느껴지고 있을 뿐이다. 그러나 이 느낌 속에 이미 신화적 의식에 어떤 보편적인 것에 관한, 일반적 세계질서에 관한 확신이 싹터오는 것이다. 이제는 더 이상, 신화에 의한 자연의 영혼화가 보여지는 이전의 경우처럼 개개의 사물, 개별적인 물리적 존재가 특정한 영혼적 내용으로, 개성적-인격적인 힘으로 채워지는 것이 아니라 세계의 사건의 전체 속에서, 도처에서 재현되고 있는 규칙이 감지된다. 이러한 감각이 점차 강력하게 생성됨에 따라, 이 감각이 신화적 사고를 각성케 하고 이 사고를 새로운 문제에 직면하게끔 한다. 왜냐하면 이제 고찰이 향해지는 것은 더 이상 사건의 단순한 내용에서가 아니라 그 순수한 형식에서이기 때문이다. 여기에서도 또한 매개를 수행하는 것은 시간이라는 동기이다. 왜냐하면 비록 [138]신화에게 시간은 어디까지나 구체적인 것, 특정한 물리적 사건, 특히 천체의 변화에 입각해 파악될 수밖에 없는 것이긴 하지만, 그럼에도 시간은 다른 한편으로는 이미 이와 다른 순수하게 이념적인 '차원'에 속하는 계기를 갖추고 있기 때문이다. 개별적인 자연력들이 각각 특수한 것으로서 신화적 해석과 종교적 숭배의 대상이 된다는 것과 그것들이 말하자면 보편적 시간질서의 담당자로서 나타난다는 것은 다른 것이다. 전자의 경우에는 우리는 아직 전적으로 실체적인 관점의 권역내에 서 있다. 태양, 달, 별들은 분명히 영혼화된 신적인 존재이지만, 그러나 그럼에도 불구하고 그것들은 전적으로 특정한 개별적인 힘을 갖춘 개성적인 개개 사물인 것이다. 이 점에서 보자면, 이러한 신적 존재와 자연 속에서 힘을 발휘하는 하위의 악령적인 힘들은 정도의 차는 있지만 질적인 차이는 없다. 하지만 신화적-종교적 감정이 더 이상 단지 개개의 자연대상의 직접적 존재나 개개의 자연력의 직접적 작용으로 향해지는 것이 아니라 이 존재와 작용이 말하자면 그 직접적인 존재의미와 함께 또 하나의 특유한 표현의미를 얻는다면, 즉 이 대상이나 자연력이 이제 우주를 지배하고 통치하는 **법칙적** 질서의 이념을 파악하기 위한 매체가 된다면, 거기에서 신적인 것에 관한 또 다른 파악방식과 그 새로운 의미가 무르익게 된다. 이제 의식이 향하는 것은 더 이상 자연의 어떠한 개별적 현상──그것이 아무리 강력한 것, 거대한 것일지라도──이 아니라, 오히려 각각의 자연현상이 다른 것의 기호──즉 그 기호에 입각해, 그 기호에서 자신을 계시하는 다른, 보다 포괄적인 것의 기호──로서 사용되는 데 지나지 않는 것이다. 태양이나 달이 단지 그 물리적인 존재나 물리적 작용에 따라서만 관찰되거나 또한 그 광휘 때문에 또는 빛과 열, 습기와 비를 만들어내는 것으로서만 숭배되거나 하는 것이 아니라 오히려 사건 전체의 진행과 규칙이 읽혀지는 그러한 시간의 불변적인 척도로서 받아들여질 때, 거기에서 우리는 원리적으로 변화되고 한층 더 깊은 정신적 조망의 입구에 서있게 된다. 이제 사고는 모든 직접적인 존재와 생활 속에서 느껴지는 리듬과 주기성으로부터 벗어나서 모든 존재와 생성을 지배하는 보편적인 **운명의 질서로서의 시간질서의 이념**으로 높아진다. 이처럼 운명으로서 파악됨으로써 신화적 시간은 진정 우주적인 힘(Potenz)이 될 수 있다. 즉 인간만이 아니라 악령이나 신들을 구속하는 힘이 되는 것이다. 왜냐하면 그 힘 속에서만 그리고 그 힘의 거역할 수 없는 척도와 규범에 의해서만, 인간이나 또는 신들의 모든 생활과 작용도 가능해지기 때문이다.

[139]그러한 구속력에 대한 표상은 보다 낮은 단계에서는 아직 전적으로 소박한 감성적 형상과 표현을 띠고 있기는 하다. 뉴질랜드의 마오리 족에게는 다음과 같은 신화적 설화가 있다. 즉 그에 따르면, 그들의 선조이자 문화적 영웅인 마우이(Maui)가 일찍이 태양을 올가미에 걸어 붙잡아서, 그때까지 하늘을 달리는 데 불규칙한 궤도를 취하고 있었던 태양을 강제하여, 규칙적으로 걷게끔 했다는 것이다.[43] 하지만 한층 더 발전이 진전되어가고 또한 주술적인 세계관으로부터 진정 종교적인 세계관이 명확히 분리되어감에 따라, 이러한 기본적 사태도 한층 더 순수한 정신적 표현을 얻게 된다. 감각적-개별적인 것으로부터 보편적인 것으로의 전환, 즉 개개의 자연력들의 신격화로부터 보편적인 시간신화로의 이러한 전환이 특히 명확히 추적될 수 있는 것은 모든 '별'의 종교의 고향이자 발상지인 바빌로니아와 아시리아에서이다. 바빌로니아-아시리아 종교의 단서도 또한 결국 원시적인 애니미즘[정령숭배]의 권역을 지시하고 있다. 여기에서도 악령신앙, 즉 변덕이나 자의로 사건에 개입하고 있는, 우호적이거나 적대적인 힘들에 대한 신앙이 기층을 이루고 있다. 하늘의 악령과 폭풍의 악령, 목장이나 밭의 악령, 산과 샘의 악령이 동물숭배나 더 오래된 토테미즘적 세계관의 흔적을 남기고 있는 혼합물과 병존하고 있다. 그런데 바빌로니아적 사고가 점점 더 별의 세계의 관찰에 집중되어감에 따라, 이제 이 사고의 형식 전체가 변화된다. 물론 원시적인 악령신화가 완전히 배제되는 것은 아니다. 하지만 이제 그것은 민간신앙이라는 한 단계 더 낮은 층에 속하는 것에 지나지 않게 된다. 그에 반해 지식인이나 신관(神官)의 종교는 '신성한 시간'과 '신성한 수'의 종교가 된다. 천문학적 사건이 갖는 규정성, 즉 태양, 달, 행성의

• • •

43. Waitz, *Anthropologie der Naturvölker*, VI, 259; Gill, *Myths and Songs of the South Pacific*, S. 70.

운행을 지배하고 있는 시간적인 규칙성 속에서 이제 신적인 것의 참된 근본현상이 나타난다. 개개의 별이 그 직접적인 물체성을 지닌 채로 신적인 것으로서 생각되고 숭배되기보다는, 오히려 거기에서 보편적인 신적 힘이 부분적으로 계시되고 있다고 여겨지고, 이 힘은 사건 전체 속에도 개개의 사건 속에도, 거대한 권역의 사건 속에도 극미한 권역의 사건 속에도 불변하는 규범에 따라 작용하고 있다고 이해된다. 이 힘이 우리에게 가장 명백하게 나타나는 하늘로부터 시작하여, 이 신적 조직은 지상의 질서, 인간에 특유한 질서, 즉 국가나 사회의 존재라는 질서에 이르기까지의 연속된 단계들 속에서 추적될 수 있다── 즉 [140]지극히 다양한 존재권역에서 현실화되는 동일한 기본형식으로서 추적될 수 있다.[44] 이리하여 시간의 가시적 형상인 천체의 운동 속에서 새로운 의미의 통일이, 즉 이제 신화적-종교적 사고에 대해 존재와 사건 전체의 진상을 밝히기 시작하는 저 새로운 의미의 통일이 나타난다. 바빌로니아의 창세신화는 무정형의 근원으로부터 세계질서가 나타나는 것을, 태양신 마르둑과 괴물 티아마트 사이에 벌어지는 싸움의 이미지로 그려보인다. 승리를 쟁취한 뒤 마르둑은 천체의 별들을 위대한 신들의 자리[座]로 정하고 그 궤도를 결정했다. 그는 수대(獸帶)기호와 년(年)과 12달을 제정한다. 그는 어떠한 날도 궤도를 벗어나거나 길을 잃지 않도록 고정된 경계를 확립한다. 이리하여 모든 운동 및 이와 함께 모든 생명이 전개되는 것은, 전적으로 무형식의 존재 속으로 시간이라는 빛의 형상과, 그리고 그것을 개개 국면에로 구분하고 부각시키는 작용이 밀고 들어감을 통해서이다. 그리고 여기에서는 외적 사건의 이 항상성이──신화적인 감정과 사고에서의 안과 밖의 두 계기의 밀접한 관계 때문에──직접적으로 내적인 사건의 항상성과 결합되며, 또한 이것에, 인간의 행위를 지배하도록 규정되어 있는 확고한 규칙과 규범이라는 사상이 결부되어 있다. "마르둑의

• • •

44. 이에 대해서는 M. Jastrow, *Die Religion Babyloniens und Assyriens*, Gießen 1905, I/II; Carl Bezold, *Himmelschau und Astrallehre bei den Babyloniern*. Sitzungsbericht der Heidelberger Akad. der Wiss., 1911; Hugo Winckler, *Himmels- und Weltbild der Babylonier*[2], Leipzig 1903.

말은 영속한다. 그의 명령은 바뀌지 않는다. 그의 입으로부터 나오는 것은 어떠한 신도 바꿀 수 없다." 이리하여 그는 정의의 최고의 수호자이자 감독자이며, "가장 깊은 내면에 있는 것을 간파하고 악인을 그냥 지나치지 않으며 반역자를 처벌하며 정의를 성취하는"[45] 것이다.

모든 사건을 지배하고 있는 보편적인 시간질서와 이러한 사건이 따르고 있는 영원한 정의의 질서 사이의 이 동일한 연관, 천문학적인 우주와 도덕적 세계 사이의 동일한 결합이 거의 모든 위대한 문화종교에서 발견된다. 이집트의 신전에서 달의 신 토트는 측량을 주관하고 시간을 분할하는 자이면서 동시에 또한 모든 올바른 척도의 지배자이기도 하다. 신전의 건립을 계획할 때나 토지를 측량할 때에 사용되는 신성한 척골(尺骨, Elle)이 토트에게 바쳐진다. 그는 신들의 서기(書記)이자 하늘의 재판관이고, 인간에게 언어와 문화를 가져다준 자이며, 셈을 하고 계산하는 기술을 통해 [141]신들과 인간들에 무엇이 걸맞은지를 알려주는 자인 것이다. 완전히 정확하고 불변하는 척도에 붙여졌던 이름 마아트(maāt)는 여기에서도 또한 자연과 인류생활을 지배하는 영원히 변경불가능한 질서의 이름이 된다. 사람들은 이러한 이중의 의미에서의 '척도'라는 이 개념을 바로 이집트 종교체계 전체의 기반으로 간주했다.[46] 중국의 종교도 또한 마찬가지로, 데 흐로트(De Groot)가 '우주교(宇宙敎, Universismus)'라고 일컬은 사고와 감정의 기본적 특성에 근거하고 있다. 그것은 인간 행위의 모든 규범이 세계와 천체의 근원적 법칙에 기초를 두고 있어 그것으로부터 직접 읽어낼 수 있다는 확신이다. 천체의 궤도를 알고 있는 자, 시간의 궤도를 이해하고 그 행로에 맞게 대처할 수 있는 자, 자신의 행동을 일정한 날짜, 일정한 달과 날에

* * *

45. 바빌로니아의 창세신화에 관해서는 Jensen, *Die Kosmologie der Babylonier*, Stuttgart 1890, S. 279 ff. 또한 군켈(Gunkel)의 번역 *Schöpfung und Chaos in Urzeit und Endzeit*, Göttingen 1895, S. 401 ff.를 참조.

46. Le Page Renouf, *Vorlesungen über Ursprung und Entwicklung der Religion*, 1881, S. 233; Moret, *Mystères Égyptiens*, Paris 1913, S. 132 ff.를 참조.

연결시킬 수 있는 자, 그러한 자만이 인간으로서의 자신의 변화를 올바르게 수행할 수 있다. "하늘[天]이 정하는 것, 그것이 인간의 본성이다. 인간의 본성에 따르는 것이 인간의 도(道)이다. 도를 지키는 것이 가르침이다."[47] 이리하여 여기에서도 또한, 행위의 도덕적 구속이 그 시간에 의한 구속에, 심지어는 바로 달력[曆]에 의한 구속으로 이행해간다. 일반적으로 기(紀), 12년), 연(年), 계절, 월(月)이라는 낱낱의 기간들이 신적으로 숭배되는 것이다. 인간의 의무나 미덕은, 대우주가 소우주에게 찾아나가게끔 하는 '도(道)'를 알고 준수하는 것에 다름 아니며 그 이상의 무엇도 아닌 것이다.[48]

인도-게르만 족의 종교적인 사고방식의 영역 내에도 이와 동일한 특징적인 이행이 추적될 수 있다. 여기에서도 또한, 다신교적 자연종교를 지배하고 있는 신들의 특수화와 개별화 대신에, 보편적인 자연질서가 동시에 정신적-도덕적 질서로서도 나타나는 사상이 점차 등장하고 있다. 그리고 이 두 기본적 의미 사이에 출현하고 최종적으로 양자의 통합을 야기하는 것은 다시금 시간의 관점이다. 이러한 종교적 발전과정은 베다에서는 리타[Rita, 천칙(天則)]의 개념과 『아베스타』[조로아스터교의 경전]에서도 내용상 및 어원상 그것에 대응하는 아샤(Asha)의 개념에 나타나 있다. 리타와 아샤는 둘 다 규칙적 '운행'을 나타내고 있다. 그것은 사건의 확고한 질서를 갖는 조합이며, —— 존재의 관점으로부터도 당위의 관점으로부터도 파악되는 —— [142]사건의 질서인 동시에 정의의 질서이기도 하다. 『리그베다』에는 다음과 같은 노래가 있다. "리타에 따라 강은 흐르고, 리타에 따라 서광이 비친다. 질서의 좁은 길을 리타는 천천히 바르게 걷는다. 잘 알고 있는 자처럼 그녀는 천체의 방위를 그르치는 법이 없다."[49] 그리고 동일한 질서가 연(年)의 운행

• • •

47. [역주] 『중용』 제1장. "하늘이 명한 것을 성(性)이라 한다. 성을 따르는 것을 도(道)라 이른다. 도를 닦는 것을 가르침이라 한다. ……"
48. 이에 관해서는 de Groot, *Universismus*, Berlin 1918과 Legge, *The Texts of Taoism*(Sacr. Books of the East, vol. XXXIX u. XL, Oxford 1891)을 볼 것.
49. 『리그베다』 I, 124, 3(Hillebrandt, *Lieder des Rigveda*, S. 1).

또한 관리하며 지배하고 있다. 하늘을 둘러싸고, 열두 개 바퀴살을 가진 리타의 수레바퀴가 계속 굴러가며 그것은 결코 노화하지 않는다. 이것이 연(年)이다. 『아타르바베다(Atharvaveda)』의 유명한 찬가에서는, 시간 그 자체인 칼라(Kala)가 많은 고삐를 가진 말이 되어 달려간다. "만물이 그의 수레바퀴이다. 일곱 바퀴와 일곱 바퀴통을 달고서 칼라는 달린다. 그 수레 축은 부러지지 않는다. 그는 만물을 현상하게 하고, 제1신으로서 달려간다. 시간은 모든 것을 맞아들이고, 시간은 최고의 하늘에 군림하고 있다. 그것은 만물을 가져오고, 또한 만물을 능가한다. 칼라는 만물의 아버지임과 동시에 만물의 자식이며, 그러므로 이것보다 뛰어난 힘은 없다."[50] 이 시간의 관점에서는, 종교의 두 기본적 주제, 즉 운명이라는 주제와 창조라는 주제의 투쟁이 인지된다. 물론 시간적으로 현상하는 것이되 그러나 그 본질에서 보자면 초시간적인 힘인 운명과, 항상 시간 내의 개별적 활동으로서 생각되어야만 하는 창조작용 사이에는, 독특한 변증법적 대립이 있다. 비교적 새로운 베다 문헌에서는 프라자파티를 세계의 창조자, 신들과 인간의 창조자로 보는 사상이 구상되어 있다. 하지만 프라자파티가 시간과 맺는 관계는 양면적이며 분열되어 있다. 한편으로는 만물이 태어나게 되는 원천인 프라자파티가 연(年)과 동일시되며, 따라서 일반적으로 시간 자체와 동일시되고 있다. 프라자파티는 연(年)이다. 왜냐하면 그는 자신과 꼭 닮은 형상으로서 시간을 창조했기 때문이다.[51] 그러나 방금 말한 『아타르바베다』의 찬가와 같은 다른 곳에서는 관계가 역전되어 있다. 시간은 프라자파티에 의해 만들어진 것이 아니라 오히려 시간이 스스로 프라자파티를 만든 것이다. 시간이야말로 신들 속의 최초의 것으로, 만물을 만들어내고 그 모든 것보다 오래 지속하는 것이다. 여기에서는 시간이란 신적인 힘임과 동시에 어떤 의미에서—즉 초인격적이라는 의미에서—초신적인 것임이 드러난다. 그것은 괴테의

• • •

50. 『아타르바베다』 19, 53(Geldner 번역, Bertholet, *Religionsgeschichtl. Lesebuch*, S. 164).
51. 이러한 등치가 이루어져 있는 부분들에 대한 개관은 Deussen, *Allg. Gesch. d. Philosophie* I, 1, Lpz. 1894, S. 208.

프로메테우스에서와 같다. 일단 만능의 시간과 영원의 운명이 등장하고 나면, 다신교의 개별신들, 심지어는 [143]최고의 창조신조차도 그것들에 의해 왕좌를 빼앗겨버린다. 이러한 신들이 계속 존속해 있다고 해도, 그 신들은 더 이상 그 자체로서가 아니라 그들 자신이 편입되고 종속되어 있는 그러한 우주의 운명적 질서의 감시자이자 관리자로서 숭배 받게 된다. 신들은 더 이상 자연적 및 도덕적 세계의 무조건적인 입법자가 아니라 그 행위와 활동 속에서 자신을 넘어선 보다 고차의 법칙을 지니고 있다. 이리하여 호메로스가 표현하는 제우스는 비인격적인 힘인 모이라의 지배하에 놓여 있다. 또한 게르만 신화권에서도 생성의 운명적인 힘(wurd)은 운명의 여신 노르네가 짠 직물로서, 또한 동시에 근본법칙(Urgesetz)으로서도 나타나고 있다(Urgesetz<urlagu, 중세 고지(高地)독일어의 urlag, 고(古)작센어의 orlag). 이 운명의 힘은 여기에서도 또한 측정하는 힘이다. — 예를 들면 북구의 창세신화에서 [신성한 우주의 물푸레나무인] 세계수(世界樹) 위그드라실(Yggdrasil)은 올바른 척도를 가진 나무, 척도를 부여하는 나무이다.[52] 순수한 창조의 주제가 가장 선명하게 관철되어 있는 『아베스타』에서는, 최고의 지배자 아후라 마즈다가 만물의 창조자이자 지배자로서 숭배되고 있지만, 그도 또한 자연의 질서인 동시에 도덕의 질서이기도 한 아샤라는 비인격적인 질서를 집행하는 자로서 생각되고 있다. 아샤는 비록 아후라 마즈다에 의해 창조되었지만, 그 자신이 하나의 자립적인 근원적 힘으로서, 빛의 신이 어둠과 허위의 힘과 겨루던 때에 함께 싸우고 그와 협력하여 이 싸움을 승리로 이끌었던 것이다. 아흐리만과의 싸움을 도운 자로서, 선(善)의 신은 여섯 명의 대천사 아메샤 스펜타를 낳았지만, '선한 마음씨[보후 마나(Vohu Manah)]'와 더불어 그 선두에 서 있는 것이 '최고의 성실[아샤 바히슈타(Asha Vahishta)]'이다. 이러한 정신적인 힘들——플루타르코스의 그리스어

• • •

52. Paul-Braune, *Grundriß d. german. Philologie*², I, 281 ff.에서의 Mogk; Golther, *Handb. der german. Mythologie*, S. 104ff., 529 참조.

번역에서는 이들 각각에 εὔνοια[에우노이아, 선의(善意)]와 ἀλήθεια[알레테이아, 진리]라는 용어가 대응된다── 을 정립하고 표시하고 있다는 점에서 우리는 이미, 신화적인 것의 단순한 형상세계의 한계를 넘어 진정 변증법적, 사변적 주제들과 삼투되어 있는, 어떤 종교적 사상영역 내에 서있는 셈이다. 그리고 이들 주제의 영향이 가장 선명하게 나타나 있는 것은 다시금 시간개념의 파악방식과 규정방식에서이다. 여기에서, 영원의 사상과 창조의 사상 간의 긴장이 가장 높아진다. 이리하여 이 긴장이 점차 종교체계 전체를 내면으로부터 새로 만들어, 그것에 다른 성격을 각인하는 것으로 보인다. 이미 『아베스타』는 시간의 두 가지 근본형식을 구별하고 있다. 즉 무한정한 시간 즉 영원과, 아후라 마즈다가 *144*세계사의 부분으로서, 어둠의 영(靈)과의 싸움의 기간으로서 정해둔 "오랜 기간을 지배하는 시간"이 그것이다. "고유한 법칙에 따르는 장구한 시간"인 [후자의] 이 기간은 그 자신 다시금 네 가지 주요기간으로 구분된다. 창조와 함께 제1기의 삼천 년이 시작된다. 이것은 '선사시대'로서, 세계에 빛은 있지만 아직 지각될 수 없고 우선 영적으로 존재하고 있는 시기이다. 그 다음에는 '원시시대'가 이어지는데, 이것은 세계가 이미 존재하고 있는 그 형식을 기초로 해서 감성적으로 지각가능한 형태로 새로 만들어지는 시기이다. '전투시대'는 아흐리만과 그 무리가 아후라 마즈다의 순수한 창조를 침해하고 또한 이 세계에서의 인류의 역사가 시작했던 시기이며, 그리고 끝으로 '종말시대'는, 악령의 힘이 타파되고 이와 함께 "오랜 기간을 지배하는 시간"이 다시금 무한의 시간으로, 세계시간이 다시금 영원으로 용해되어가는 시기이다. 문헌상으로는 비교적 후세에 와서야 비로소 증언되고 있지만, 차라투스트라[=조로아스터]의 개혁에 의해 일시적으로 억눌려 있었던 이란 신앙의 특정한 기본적 주제를 부흥시키고 있는 듯 보이는 즈루반교(Zruvanismus)[53]

· · ·

53. [역주] 즈루반교(敎)는 조로아스터교의 일파이다. 즈루반(Zruvan)은 즈루반교의 창조신으로서, 그 이름은 옛 페르시아어 zurwān[시간]에 대응하며, 옛 이란어인 아베스타어 zruvā(어간 zruvan-)[시간]에서 유래한다. 시간과 영원성의 체현으로서의 즈루반은 아후라 마즈다와

의 체계에서는 그 후 무한의 시간(Zruvan akarano)이 궁극적이고 최고의 원리로서 확립되게 된다. 이 시간은, 만물이 그로부터 생겨나고 또한 선과 악이라는 두 대립된 힘들이 발생하는 근원이다. 이 무한의 시간은 스스로 둘로 갈라져서, 이제 서로 필요로 하면서도 그럼에도 어디까지나 계속 싸우지 않으면 안 되는 두 아들로서, 쌍둥이 형제로서, 선과 악을 만들어낸다. 이리하여 '시간'과 '운명'이 명확히 등치되고 있는—그리스어의 자료는 즈루반을 τύχη[튀케, 운명]로 번역하고 있다—이 체계에서도 또한, 개념 구성에는 특유의 이중적 성격이 보여지며, 그 개념은 개개의 구절들에서는 지극히 난해하고도 지극히 미묘한 추상체로까지 높여지고 있는가 하면, 또한 다른 한편으로는 신화에 특유한 시간감정의 색채를 계속 유지하고 있기도 하다. 여기에서는 세계시간인 동시에 운명시간인 시간은 결코 이론적 인식, 특히 수학적 인식에 의한 시간, 즉 관계와 위치의 체계인 순수 이념적인 질서형식이 아니라, 오히려 그 시간은 생성의 근원적 힘 자체로서, 신적인 힘과 악령적인 힘, 창조적인 힘과 파괴적인 힘을 갖추고 있다.[54] 양자의 질서는 서로 보편성과 불가침성을 지닌다고 보여지지만, 다른 한편으로는 그 자체로 질서지어져[규정되어] 있다고도 여겨진다.[145] 모든 사건이 지배하고 있는 시간의 법칙은 반 정도는 인격적이고, 반 정도는 비인격적인 힘에 의해 정립된 것이다. 그 형식과 그 정신적 표현수단이 지닌 제한성 덕분에, 신화는 이 최종적인 장애를 뛰어넘을 수 있다. 하지만 신화적-종교적인 관점이 시간의 개개의 계기들을 여러 가지로 강조하고 그 각각에

• • •

그의 적수 아흐리만의 아버지로 여겨졌다. 3세기 조로아스터교의 이원론적 교의에서는 아후라 마즈다가 직접 아흐리만과 대립하게 되는데, 그 결과 양자를 함께 초월하는 근본원리로서 즈루반(Zurwān=시(時))을 세우는 입장이 생겨나고 이것이 즈루반교로 불린다.

54. 이란 종교의 이와 같은 시간개념과 '즈루반교'의 체계에 대해서는 특히 Heinrich Junker 의 강의 *Über iranische Quellen der hellenistischen Aion-Vorstellung*(Vorträge der Bibliothek Warburg, Bd. I(1921~22), Leipzig 1923, S. 125 ff.)을 볼 것. 또한 Darmesteter, *Ormazd et Ahriman*, Paris 1877, S. 316 ff. 및 Cumont, *Textes et monum. figurés rel. aux mystères de Mithra*, I, 18 ff., 78 ff., 294 ff.도 참조할 것.

전적으로 다른 가치를 부여하며, 그럼으로써 시간의 전체에 다양한 '형태'를 각인할 수 있는 이상, 신화형식의 내부에서 시간개념과 시간감정이 더욱 더 차이화해가는 것도 있을 수 있다.

4. 신화적 및 종교적 의식에서의 시간 형성

이론적 인식, 즉 수학과 수학적 물리학이 걷는 길은, 거기에서 시간의 등질성의 관념이 점차 면밀하게 형성되고 완성되어간다는 점에 그 특질이 있다. 이 관념에 의해 비로소 수학적-물리학적 고찰의 목표인, 시간의 점진적 양화(量化)가 달성될 수 있는 것이다. 시간은 그 개별적 규정 모두에서 순수한 수의 개념과 관련되는 것만이 아니라 최종적으로는 전적으로 수 개념으로 해소되어버린다. 이것은, 근대의 수학적-물리학적 사고의 발전 및 일반 상대성이론의 형성 도상에서, 시간이 그 온갖 특수성을 사실상 벗어버렸던 점에 나타나 있다. 세계 속의 모든 지점은 그 공간-시간 좌표 x_1, x_2, x_3, x_4 에 의해 규정된다. 다만 이 공간-시간 좌표는 이 경우 단지 수치를 의미할 뿐으로, 이 수치는 더 이상 성격의 특수성에 의해 상호 구별되는 것은 아니며, 따라서 상호 치환가능하다. 하지만 신화적-종교적 세계관에 있어, 시간은 결코 그러한 똑같은 양이 아니라, 오히려 그 양에 대해, 설령 시간이라는 개념이 최종적으론 일반적인 것으로서 형성된다고 할지라도, 여전히 어떤 독자적인 '질(質)'로서 주어져 있다. 그리고 다름 아닌 시간의 이러한 성질화에서, 다양한 시대나 문화 그리고 종교적 발전의 다양한 기본적 방향이 극도의 특정적인 방식으로 서로 분리되어간다. 신화적 공간에 대해 밝혀진 것이 그대로 신화적 시간에 대해서도 말할 수 있다. 즉 그 형식은 신화적-종교적인 독특한 강약부여 방식에, '신성한 것'과 '비신성한 것'의 강약배분 방식에 의존하고 있다.[146] 종교의 관점에서 보자면, 시간이란 결코 사건의 단순하고 똑같은 진행이 아니라 오히려 그것은 그 개개의 국면을 부각시키고 구별함으로써 비로소 그 의미를 얻는 것이다. 종교적 의식이 빛과 그림자를 여러 가지로 배분하는 그 방식에 따라, 그리고 어떠한 시간적 규정하에 머물러 그것에 몰두하고 그것에 어떤 특별한 가치의 징표를 부여하는가에 따라, 시간 전체가 하나의 다른 형태를 취하게 된다. 물론 현재, 과거, 미래는 기본적 특징들로서, 시간의 어느 상(像)에든 파고들어간다. ── 하지만 시간의 상의 종류와 그 명암의 배치는, 의식이 때로는 이 계기로, 때로는 저 계기로 향하는 때의 그 에너지에 따라 변한다. 왜냐하면 신화적-종교적인 파악에게 있어 문제인 것은, 순수 논리적인 종합, 즉 "통각의 선험론적 통일"에서 '지금'을 '이전'이나 '이후'와 통합하는 것이 아니라, 여기에서는 모든 것이 시간의식의 어느 방향이 다른 모든 방향에 대한 우위와 우선권을 획득하는가에 달려있기 때문이다. 구체적인 신화적-종교적 시간의식 속에서는 항상 감정의 특정한 역학 ── 자아가 현재, 과거, 미래에 자신을 맡기고, 그 맡기는 행위에서 그리고 그 행위에 의해, 이들 시간계기를 특정한 상호 귀속관계 또는 의존관계 속에 둘 때의 다양한 강도(强度) ── 이 작용하고 있는 것이다.

종교사 전체를 통해 시간감정의 이러한 다양성과 그 변화를 추구하는 일, 그리고 시간을 보는 이러한 관점의 변화나 시간의 존립, 지속, 변화의 파악방식이 어떻게 개개 종교의 특성을 가장 깊은 곳에서 차이화하는가를 나타내 보이는 일은 지극히 매력적인 과제일 것이다. 하지만 여기에서는 그 차이를 낱낱이 추적할 수는 없다. 단지 몇몇 커다란 전형적인 사례를 제시하는 데에 그칠 수밖에 없다. 순수한 일신교 사상의 출현은 종교적 사고에서의 시간문제의 형성방식이나 파악방식에 있어서도 어떤 중요한 전환점을 이루고 있다. 왜냐하면 일신교에서는 신적인 것의 근원적 계시는, 자연을 변화시키고 그 모습을 주기적으로 회귀시키는 그러한 시간형식에서는 일어나지 않기 때문이다. 생성의 이러한 형식으로는 신의 불멸적 존재를 나타내는 상(像)을 제공할 수 없다. 따라서 여기에서 특히 예언자들의 종교의식에서, 자연과 자연현상의 시간적 질서로부터의 급격한 이반(離反)이 수행된다. 「시편」이 신을 자연의 창조자로서, 즉 낮과 밤을 종속시키고 태양과 별이 그 궤도를 갖게끔 하고 [147]달을 만들어 그에 따라 1년을 분할시킨 그러한 창조자로서 찬양하는 데 비해, 예언자들의 직관은 분명 거기에서도 이들 위대한 형상이 모습을 나타내기는 하지만 그럼에도 전체로서는 전적으로 다른 길을 취하게 된다. 신의 의지는 자연 속에 어떠한 징표도 남기지 않으며, 따라서 예언자가 지닌 순수하게 도덕적-종교적 정념은 자연과는 무관하다. 만일 그가 희망이나 두려움 때문에 자연에 집착하게 되면, 신에의 신앙은 미신이 되어버린다. 예레미야는 이렇게 고백한다. "너희는 이방 사람들의 양식을 배우지 말라. 또한 이방 사람들같이 하늘의 징조를 두려워하지 말라."(「예레미야 서」, 31:35, 10:2) 그리고 예언자의 의식에게 있어서는, 자연과 함께 말하자면 우주적, 천문학적 시간 전체도 또한 몰락해버리며, 그 대신에 인류의 역사와만 관계되는 시간의 새로운 관점이 생겨난다. 그러나 이 역사도 과거의 역사로서가 아니라 종교적인 미래의 역사로서 파악된다. 예를 들면, [아브라함, 이삭, 야곱 등] 족장들의 전설이 새로운 예언자들의 자기의식과 신의식에 의해 종교적 관심의 중심으로부터 완전히 배제되어버렸던 점이 이를 잘 말해준다.[55] 이제 모든 진정한 시간의식은 철저하게 미래의식 속으로 편성되기에 이른다. 이제 "너희는 이전 일을 기억하지 말며, 옛적 일을 생각하지 말라"고 단호하게 명령된다.[56] 근대의 사상가 중에서도 예언자의 종교의 이러한 기본적-시원적 사고를 가장 깊이 감지하고 가장 순수하게 갱신했던 헤르만 코헨은 이렇게 말한다. "미래가, 그리고 미래만이 시간이다. 과거와 현재는 미래의 이 시간 속에 가라앉는다. 시간에의 이러한 귀환이란 가장 순수한 이상화이다. 모든 존재는 이상이라는 이 관점 앞에서 사라져버린다. 인간의 존재는 이 미래의 존재 속으로 지양된다. …… 그리스의 주지주의가 산출할 수 없었던 것, 그것이 예언자의 일신교에

• • •
55. Goldzieher, *Der Mythos bei den Hebräern*, S. 370 f.를 참조.
56. 「이사야 서」 43:18.

의해 달성된 것이다. 역사란 그리스적 의식에서는 지식과 전적으로 동일한 의미이다. 따라서 그리스인에게 역사는 언제나 과거로만 향해져 있다. 그에 반해 예언자는 예견자이지, 박식한 자는 아니다. …… 예언자란 역사의 이상주의자이다. 이러한 예견자인 예언자야말로 미래의 존재로서의 역사의 개념을 만들어낸 것이다."[57] 미래에 대한 이 같은 사고로부터 출발하여, 현재의 모든 것, 즉 인간의 현재와 사물의 현재도 개조되고 다시금 새로이 태어나야만 하는 것이다. 있는 그대로의 자연은 [148]예언자의 의식에 더 이상 어떠한 의지할 곳도 제공할 수 없다. 인간에 새로운 마음이 요구되듯이, "새로운 하늘과 새로운 땅"이 — 말하자면, 시간과 사건을 하나의 전체로서 보는 새로운 정신에 걸맞은 기반으로서 — 필요한 것이다. 이리하여 신화나 단순한 자연종교에 대한 신통기(神統記)와 우주발생론은 전적으로 다른 형식과 기원을 지닌 정신적 원리에 의해 극복된다. 본래의 창조사상 또한, 적어도 바빌론 포로시대 이전의 예언자들의 경우에는 거의 전적으로 그 영향력이 감퇴되어버린다.[58] 그들의 신은 시간의 시작이 아니라 오히려 시간의 결말에 서있는 것이다. 신은 모든 사건의 기원이기보다는 오히려 모든 사건의 도덕적-종교적 완성이다.

　　페르시아 종교의 시간의식도 이러한 순수 종교적인 미래관념에 지배되어 있다. 페르시아 종교에서는 선의 힘과 악의 힘의 대립이라는 이원론이 도덕적-종교적인 근본주제를 이루고 있다. 다만 이 이원론도 명확하게 일정한 시기, 즉 "오랜 기간을 지배하는 시간"에 한정되어 있는 이상, 결코 종국적인 것은 아니다. 이 기간의 결말에는 아흐리만의 힘은 패하고, 선의 정령이 독점적인 승리를 거둔다. 이리하여 여기에서도 또한, 종교적 감정은 결코 주어져 있는 것을 보는 관점에서 기인하는 것이 아니라 오로지 새로운 존재와 새로운 시간의 개시를 알리는 것에 향해져 있다. 그렇지만 예언자들

• • •

57. Hermann Cohen, *Die Religion der Vernunft aus den Quellen des Judentums*, S. 293 ff., 308.
58. 이에 대해서는 Gunkel, *Schöpfung und Chaos*, S. 160을 참조.

의 '시간의 결말'의 사상에 비하면, 페르시아 종교가 지닌 미래에의 의지는 극히 한정되어 있고 현세적인 것에 묶여있는 것으로 보인다. 여기서 그 완전한 종교적 승인을 얻은 것은 오히려 文化에의 의지이며 어떤 낙관적인 문화의식이다. 밭을 갈고 물을 대는 자, 나무를 심는 자, 유해한 동물을 살처분하고 유익한 동물을 보호하며 번식시키는 자는 그것에 의해 신의 의지를 성취한다. 이 '농민의 선행'이야말로 『아베스타』에서 거듭 칭송되고 있는 점이다.[59] 아샤를 지키고 돕는 정의의 수호자는 대지로부터 생명의 원천인 곡물을 생산해내는 자이다. 곡물을 키워내는 것이야말로 아후라 마즈다의 법도를 지키는 것이다. 괴테가 『서동시집』 내의 「고대 페르시아 신앙의 유산」에서 "과중한 일과를 매일 준수하는 것, 그 외에는 어떠한 계시도 필요하지 않다"고 표현한 것이 바로 이 종교이다. 왜냐하면 여기에서 는 전체로서의 인류도 개인으로서의 인간도, 결코 우주의 커다란 투쟁 바깥 에서 이것을 단지 외적인 운명으로서 느끼고 경험하는 것이 아니라, *149* 자발적으로 그 투쟁에 개입하도록 정해져 있기 때문이다. 그들의 부단한 협동을 통해서만 선과 정의의 질서인 아샤가 승리를 점할 수 있는 것이다. 정의를 생각하는 자들, 아샤를 지키고 돕는 자들의 의지와 행위와의 공동작 업에 힘입어, 아후라 마즈다는 마지막에는 그 해방과 구원의 과업을 완수한 다. 인간의 선행, 선한 생각은 그 하나하나가 선한 정령의 힘을 증대시키고, 악한 생각은 악한 나라의 힘을 증대시킨다. 따라서 외적인 문화형성으로 향해 있음에도 불구하고 여기에서 신의 관념이 그 참된 힘을 이끌어내는 것은 결국은 '내부에 있는 우주'로부터이다. 종교적 감정의 강조점은 행위의 목적에 두어지는바 —— 즉 거기에서는 똑같은 시간 **흐름**이 유일한 최고 정점으로 압축됨으로써 모든 시간 흐름이 폐기되기에 이르는 그러한 행위 의 목표(Telos)에 두어지는 것이다. 여기에서 다시금 모든 빛은 위대한 세계 드라마의 대단원에 —— 즉 빛의 정령이 암흑의 정령을 이겨낸 시간의 종언

• • •
59. Yasna 12, 51 등을 볼 것.

에 내리 쬐인다. 그때 구원은 신을 통해서만이 아니라 인간을 통해 그리고 인간의 조력에 의해 달성된다. 모든 인간은 한 목소리로 아후라 마즈다를 소리 높여 칭송할 것이다. "세계에 새로운 부흥이 그의 의지에 의해 초래되었다. 세계는 언제까지나 멸망하지 않고 영원할 것이다."[60]

이러한 기본적 견해와, 인도의 철학적·종교적 사변에서 나타나는 시간과 생성의 형상을 비교해보면, 양자 간의 대조가 곧바로 느껴질 수 있다. 인도의 종교에서도 분명 시간과 생성의 지양이 보여진다. —— 하지만 모든 유한한 행위를 최종적으로 유일한 최고 궁극목표로 응집하는 것은 여기에서는 의지의 힘이 아니다. 이 지양을 기대케 하는 것은 사변의 명석함과 깊이이다. 초기의 베다 종교가 지닌 최초의 자연발생적인 형식이 일단 극복되고 나면, 이 종교는 점점 사변적 색채를 짙게 띠어간다. 반성이 사물의 다양성이라는 가상의 배후에까지 뚫고 나아가면, 즉 반성이 모든 다수성의 피안에 절대적 일자가 있다는 확증을 얻으면, 그때 반성에게는 세계의 형식과 함께 시간의 형식도 또한 소멸되어버린다. 인도의 근본사상과 이란의 근본사상 사이에 보여지는 대립은 어떤 하나의 특징적인 경향, 즉 잠[眠]에 대한 종교적인 위치규정과 평가에서 가장 또렷이 나타나 있다. 『아베스타』에서는 잠은 인간의 활동을 마비시키므로 사악한 악령으로 여겨진다. 빛과 어둠, 선과 악과 마찬가지로, [150]여기에서는 깨어있음과 잠이 대립한다.[61] 이에 반해 인도의 사고는 고(古)우파니샤드에서 조차도 이미, 비밀에 찬 주술에 의한 것같이 꿈이 없는 깊은 잠이라는 관념에 이끌리며, 이것을 점점 종교적 이상으로 개조해간다. 존재의 모든 명확한 경계가 용해되고 서로 섞이는 여기에서야말로, 마음의 온갖 고뇌가 극복되는 것이다. 여기에서야말로 죽을 운명의 것이 불사의 것이 되고, 여기에서야말로 죽어야 할 것이 브라만[Brahman, 범(梵), 세계의 근원적 창조원리]에 도달한다. "사랑

• • •

60. Bundahish 30, 23, 32(Geldner 역, *Bertholet* S. 358).

61. Yasna 44, 5. 잠의 악마(Bušyansta)에 관해 상세한 것은 Jackson, *Die iranische Religion im "Grundriß der iranischen Philologie"* II, 660을 볼 것.

하는 아내 품에 안겨 있는 자가 더 이상 무엇이 밖에 있고 무엇이 안에 있는지 모르는 것과 같이, 정신적인 아트만[Atman, 우주아(宇宙我)]에 완전히 안겨 있는 사람의 영혼도 더 이상 무엇이 밖에 있고 무엇이 안에 있는지를 모른다. 분명 이것이야말로, 그 소망이 이루어지고 또한 이제는 소망이나 고통에서도 해방되어 자신에 낯선 것이 되어 있는 영혼의 모습인 것이다.'[62] 머지않아 불교의 원천으로서 완전한 명확함과 최고의 강도를 띠고서 등장하게 되는 어떤 특징적인 시간감정의 맹아가 여기에 있다. 불타의 가르침은 이러한 시간의 관점에 단지 생성하고 소멸하는 계기만을 인정한다. 하지만 생성과 소멸 일체가 그 가르침에서는 본질적으로 고(苦, Schmerz)이다. 고(苦)는 삼중의 갈증에서 생겨난다. 쾌락에의 갈증, 생성에의 갈증, 무상(無常)에의 갈증이 그것이다. 따라서 여기에서 그 전적인 무의미함과 절망적임을 일거에 드러내는 것은 모든 경험적 사건의 시간형식 속에 직접적으로 포함되어 있는 생성의 부단한 연속이다. 생성 그 자체 속에는 어떠한 종결도 없고 따라서 목적도 목표도 있을 수 없다. 우리가 이러한 생성의 수레바퀴에 붙들려 매어있는 한, 우리는 끊임없이, 용서 없이, 쉼 없이, 목적도 없이 이리저리 내몰려간다. 『밀린다 왕(王)의 문경(問經)』[팔리어 불경 중 하나]에는 밀린다 왕이 고승 나가세나에게 영혼의 윤회에 대한 비유를 청하는 대목이 있다. 거기서 나가세나는 땅에 원 하나를 그리고는 다음과 같이 묻는다. "이 원에 끝이 있습니까, 위대한 왕이시여?" —— "없습니다, 존자(尊者)여." —— "탄생의 원환도 그처럼 움직여가는 것입니다." —— "그러면 이 연쇄에 끝이 있습니까?" —— "없습니다.'[63] 불교에 본질적인 종교적-사상적 방법이란 다음과 같은 것이라고 말할 수 있다. 즉 일반적으로 일상적인 경험적 세계관이 어떤 존재, 어떤 지속, 어떤 존립을 보고 있다고 믿는 곳에서, 불교는 이 일견 존재하고 있는 듯 보이는 것에서 생성과 소멸의

• • •

62. *Brhadaranyaka Upan.* 4, 3, 21 ff.(독역 Geldner, a. a. O., S. 196)를 참조.
63. Oldenberg, *Aus Indien und Iran*, Berlin 1899, S. 91 참조.

계기를 제시하며, 그리고 연속이라는 이 단순한 형식 자체를 ¹⁵¹그 형식 속에서 움직이고 형성되는 내용과는 무관하게 그대로 고통(Leiden)으로 감지하는 방식이 그것이다. 불교에서는 모든 앎과 무지가 이 한 점에 기초하고 있다. 불타는 한 제자에게 이렇게 가르친다. "무지한 범부는 생성에 맡겨져 있는 형식에 대해 그 진상을 알지 못하고, 그것이 생성에 맡겨져 있는 것조차 모른다. 그는 또한 소멸에 맡겨져 있는 형식에 대해 그 진상을 알지 못하고 그것이 소멸에 맡겨져 있는 것조차 모른다. …… 범부는 생성에 맡겨져 있는 감각에 관해서도, 표상에 관해서도, 행위에 관해서도 그 진상을 알지 못하며, 그것들이 생멸에 맡겨져 있는 것을 알지 못한다. …… 이것이야말로 제자여, 무지 또는 무명(無明)이라 불리는 것이며, 여기에 머무르는 한, 인간은 무명에 사로잡혀 있는 것이다."⁶⁴ 여기에서도 알 수 있듯이, 예언자들의 종교의 능동적인 시간감정이나 미래감정과는 엄격한 대조를 보이는 지점에 행(行, [=현상]), 즉 상카라(Sankhara)가 있으며, 따라서 우리의 행위 그 자체가 고(苦)의 기초이자 근원이다. 우리의 적극적 행위도 우리의 수동적 고통도 진정한 내적 생활의 진행을 방해하는 것이다. 그것은 이러한 업(業)과 고(苦)가 참된 내적 생활을, 시간의 형식으로 끌어당기고 말려들게 하기 때문이다. 모든 행위가 시간형식 속에서 움직인다는 것, 그리고 그것이 시간형식 속에서 시간형식을 통해 갖는 것 외의 어떠한 실재성도 갖지 않는다는 바로 그 점에 의해서, 업(業)과 고(苦)의 구별은 해소되고 폐기된다. 이 시간적 기반, 모든 고(苦)와 업(業)의 기체(基體)인 시간을— 우리가 이것들을 본질을 결여한 공(空)으로서 통찰함으로써— 폐기하는 데 성공할 때 비로소, 고(苦)와 업(業) 양자로부터의 구원이 달성된다. 즉 고(苦)와 업(業)의 극복은 시간형식의 파괴에 의해 완수되며, 그리고 나서 정신은 참된 영원성의 열반(Nirwana)으로 이르는 것이다. 여기에서는 그 목표는, 차라투스트라[=조로

• • •

64. *Samyutta-Nikāya* XXII, 12(Winternitz의 독역, *Bertholet* S. 229). K. E. Neumann, *Buddhist. Anthologie*, Leiden 1892, S. 197 ff. 참조. 행(行, Sankhara)의 교의에 관해서는 특히 Oldenberg, *Buddha*⁴, S. 279 ff. 참조.

아스터]나 이스라엘의 예언자들에서와 같이 '시간의 종언'에 있는 것이 아니라, 전체로서의 시간이 시간 속에 있는 것과 시간 속에서 '형태와 이름'을 얻는 모든 것과 함께, 종교적 시점(視點)으로부터 완전히 사라져버리는 곳에 있다. 생의 불꽃은 인식의 순수한 혜안 앞에서 사라져버린다. "수레바퀴는 부서지고 시간의 물줄기는 말라버려 더 이상 흐르지 않는다. 부서진 수레바퀴는 더는 구르지 않는다── 이것이 고(苦)의 끝이다."[65]

그리고 우리가 **중국** 종교의 형성에 눈을 돌리면, 전적으로 이질적이되 그러나 그 자체로서 동일하게 중요한 유형의 하나의 시간관과 만나게 된다. [152]인도와 중국을 연결짓는 끈이 아무리 복잡하다고 할지라도, 그리고 특히 인도 신비사상의 개개 형식이 중국 신비사상의 개개 형식과 아무리 밀접한 관계에 있다고 할지라도, 그럼에도 양자는 그 특징적인 시간감정에서나 그리고 시간적인 것에 대해 취하는 지적, 정감적 태도에서 서로 차이가 있는 것으로 보인다. 도교의 윤리에서도 또한 부동(不動)과 무위(無爲)의 가르침을 정점으로 삼는다. 부동과 정적(靜寂)이야말로 확실히 도 자체의 주요한 근본특성이기 때문이다. 하늘[天]의 확고한 운행이자 항상적 질서인 도(道)에 합일하고자 한다면, 인간은 무엇보다도 우선 도의 '무(無)'를 자신 안에 깃들게 하지 않으면 안 된다. 도는 만물을 발생시키지만 또한 만물의 소유를 단념한다. 그것은 만물을 만들지만 또한 만물을 방기한다. 그것이 도의 현묘한 덕이다. 그것은 단념과 방기 아래에서의 창조이다. 이리하여 무위가 중국 신비사상의 원리가 된다. 즉 그 최고 계율은 "부동일 수 있도록 힘쓰고, 무위에 전념하라"라는 것이 된다. 하지만 이러한 신비사상의 의의와 핵심에 한층 더 가까이 다가가면, 실은 이것이 불교를 지배하고 있는 종교적 경향과 정면에서 대립하는 것임이 밝혀진다. 불타의 가르침에서는 생으로부터의 구제(救濟), 끝없는 전생(轉生)의 윤회로부터의 구제가 참된 목표가 되어 있는 데 반해, 도교의 신비사상에서는 생의 연명 장수(延命長壽)가 추구되고 약속되

• • •
65. *Udana* VII, 1; VIII, 3.

어 있는 것이 그 특징을 이루고 있다. 한 도교 경전[『장자(莊子)』 재유(在宥)편, 9] 속에서 어떤 금욕자[광성자(廣成子)]가 황제에게 다음과 같이 가르치고 있다. "최고의 도를 소유함으로써 가능하게 되는 정수는 가장 고요한 고독이자 가장 어두운 암흑입니다. 거기에서는 아무것도 볼 수 없고 아무것도 들을 수 없지요. 그것은 혼을 침묵으로 감싸 안으며, 또한 그것에 의해 육체는 저절로 올바른 상태에 놓여질 것이외다. 그러하니, 묵연(默然)으로서 정적의 상태에 있고 또 그럼으로써 맑게 하여, 그대의 육체를 수고롭게 하지 말고 그대의 정신을 혼들리지 않게 하시오 ── 왜냐하면 이것이 그대의 생명을 연장케 하기 위한 수단이기 때문이오."[66] 불교의 무, 열반이 시간을 종식시키는 것을 지향하고 있는 데 반해, 도교적 신비사상의 무위는 시간을 존속시키며, 존재 일반만이 아니라 최종적으로는 신체 자체 및 그 개체적인 형태조차도 무한히 존속시키는 것을 지향하고 있다. "그때, 그대의 눈이 더 이상 보지 못하고 그대의 귀가 더 이상 듣지 못하며 그대의 마음이 더 이상 느끼지 못하면, 그대의 혼이 그대의 몸을 지켜줄 것이고 그대의 몸은 영원히 살아있을 것입니다." 따라서 누구나 이해하듯이, 여기에서 부정되고 있는 것, 극복되어야 하는 것은 시간 그 자체가 아니라 오히려 시간에서의 변화라는 점이다. 바로 이 변화가 폐기됨으로써, 그것에 의해 순수한 지속, [153]불변불멸의 영생, 동일한 것의 무한한 회귀가 달성되고 확보된다. 존재란 시간 속에서의 단순하고 불변한 영속으로서 이해되고 있다. 하지만 바로 이 영속이야말로 인도적 사고의 기본적 견해와 명확히 대립하는 것이며, 반면 중국적 사변에 있어서는 종교적 소망의 목표가 되고 적극적인 종교적 가치를 표현하는 것이 된다. 칸트는 어느 곳에서 이렇게 말한다. "현상의 모든 변화가 마땅히 그 안에서 생각되어야 하는 그러한 시간은 그 자체 정지해 있어, 변화하지 않는다. 왜냐하면 시간이란, 그 안에서 계기성(繼起性)과 동시성이 현상의 규정들로서 표상될 수 있는 바로 그것

• • •

66. de Groot, *Universismus* S. 104. 특히 S. 43 ff., 128 f.를 참조할 것.

이기 때문이다." 모든 변화의 기체(基體)를 이루고 있는 이러한 불변하는 시간이 중국적 사고에 의해 파악되며, 또한 구체적으로는 하늘[天]과 그것의 항상 회귀하는 양상의 이미지로 보여지고 있는 셈이다. 하늘은 작용[爲]함이 없이 지배한다. 하늘은 모든 존재를 규정하지만 그때 자기 자신으로부터, 즉 항상 똑같은 형식과 규칙으로부터 일탈하는 적은 없다. 현세의 모든 지배와 통치도 또한 이 하늘에 응당 본받아야 한다. "하늘의 도[天道]는 항상 움직이는 일이 없고 또한 멈춰 쌓이는 일이 없다. 제왕(帝王)이 만일 이 부동(不動)을 체현할 수 있다면, 만물도 자신으로부터 발현한다."[67][『장자(莊子)』천도(天道)편] 이리하여 여기에서는, 시간과 하늘에 대응하고 최고의 도덕적-종교적 규범으로까지 높여지고 있는 것은 변화의 계기, 즉 생성과 소멸의 계기가 아니라 오히려 순수한 실체성의 계기이다. 존재 속에서 전적으로 변함없이 영속하는 것이야말로 시간과 하늘이 인간에게 정해둔 규칙이다. 하늘과 시간이 처음 만들어낸 것이 아니라 영원으로부터 존속해 왔고 또 영원으로 계속 머무르게 되듯이, 인간의 행위도 또한 활동하거나 창조하고 있다는 환상에 빠지는 것을 그만두고 그 대신에 지금 있는 것을 유지하고 보존해가는 것을 지향하지 않으면 안 된다.

시간개념에 대한 이러한 종교적 형성 속에 다시금 전적으로 특수하고 특정한 문화감정이 나타나고 있다는 점에 관해서는 별달리 특별한 설명을 요하지 않는다. 유교 윤리 또한 무엇보다도 천도(天道)과 인도(人道)의 '확고 부동함[不易]'을 주장하는 한에서, 이 윤리 역시 동일한 감정에 의해 지극히 강력하게 관류되어 있다. 이리하여 도덕론은 인간의 네 가지 불변하는 특성에 대한 가르침이 되거니와, 이 특성은 하늘의 특성과 동등하게 그리고 하늘 그 자체와 같이 영원불변하는 것이다. 이 기본적 전제로부터 [154]유교 윤리에 각인되어 있는 엄격한 전통주의도 이해될 수 있다. 공자는 자기 자신에 대해, "나는 전승자이지 창조자가 아니며, 따라서 선왕의 도를 믿고

• • •

67. de Groot, a. a. O. S. 49. Grube, *Religion und Kultus der Chinesen*, S. 86 ff. 참조.

그것을 좋아한다'[『논어』술이(述而) 편]고 말했다. 그것은 바로『노자 도덕경(老子道德經)』에서 태고로부터의 도를 유지함으로써 현재의 존재를 제어한다고 말하고 있는[『노자(老子)』 14장, 찬현(贊玄)] 것과 전적으로 동일하다. "[이처럼 도(道)의] 옛 시작을 아는 것을 가리켜 도기(道紀), 즉 도(道)의 많은 실들을 가려내는 것이라 한다."[68] 따라서 여기에는 '새로운 하늘'이나 '새로운 대지'에 대한 요청은 전혀 없다. 미래가 종교적 정당성을 가질 수 있는 것은, 이것이 과거의 단순한 계속, 과거의 정확하고 충실한 모사로서 인정될 수 있는 한에서이다. 우파니샤드와 불교에서는 사변적 사고가 모든 다양성과 모든 변화와 모든 시간형식을 넘어선 피안에 있는 하나의 존재를 추구하고, 한편 메시아신앙에서는 순수한 미래에의 의지가 신앙의 형식을 규정하고 있는 데 비해, 여기에서는 있는 그대로의 기존 사물의 질서가 그대로 영원화되고 성별(聖別)된다. 그리고 이 성별은 사물의 공간적인 배치와 배열의 세부에까지도 미치고 있다.[69] 만물의 불변하는 유일한 질서를 직관함으로써, 정신은 정적(靜寂)에 도달하며, 시간 자체가 말하자면 정지하게 된다. 왜냐하면 지극히 먼 미래도 결코 끊어질 수 없는 많은 실들로 과거와 연결되어 있다고 생각되기 때문이다. 이리하여 조상숭배와 효(孝)가 중국 인륜성의 기본적 요청을 이루며 중국 종교의 기초를 이루게 된다. 데 흐로트(De Groot)는 중국의 조상숭배의 본질을 이렇게 서술한다. "한편에서는 자식들의 탄생에 의해 한 부족의 수가 증가해가지만, 또한 연로한 자부터 차례대로 사멸해

• • •

68. 『노자 도덕경(老子道德經)』 14장, 찬현(贊玄)(Grube 역, Bertholet, S. 65)['能知古始 是謂道紀'].

69. 예를 들면, 데 흐로트에 의한 풍수(風水, Fung Šui)체계의 설명을 참조할 것. de Groot, *The religious system of Chinas*, Vol. III(Leiden 1897), S. 1041. — "가옥의 수리, 벽이나 주거의 건축, …… 기둥을 세우거나 나무를 자르는 일, 간단히 말해 일상적인 사물의 위치를 바꾸는 것은 인근이나 그 구역 전체의 집들이나 사찰의 풍수를 어지럽히고, 사람들에게 재해나 불행, 죽음을 가져오는 원인이 된다. 누군가가 갑자기 병에 걸리거나 죽거나 할 경우, 그 사람의 일가친척들은 즉시, 사물의 기존 질서에 변화를 일으키려고 했던 자, 소유물을 개조한 자가 누구인지를 밝혀내 그에게 책임을 돌리려고 한다. 그러한 자의 집이 습격을 받고 가구가 파괴되고 그의 신병이 공격을 당하는 경우도 결코 적지 않다."

간다. 그럼에도 망자들은 가족에게서 떨어지는 것이 아니다. 피안에 있으면서도 그들은 그 지배력을 계속 행사하며, 자신들의 축복의 의지를 계속 베푼다. …… 이름을 써넣은 판[위패(位牌)]을 통해 현재화되는 그들의 영혼은, 집안의 제단이나 조상을 기리는 사원에 그 자리를 얻으며, 거기서 충실히 숭배되고 조언이 구해지고 [155]음식 공물로 엄숙하게 공양된다. 이리하여 살아있는 자와 망자는 다 같이 한층 더 커다란 부족을 만들어간다. …… 조상이란, 그들의 생전도 그러하였듯이, 자손들의 당연한 수호자인 것이며, 자손들을 악령의 유해한 영향으로부터 멀리 떼어놓고 그럼으로써 그 행복과 번영과 다산을 보증해준다."[70] 조상신앙과 조상숭배의 이러한 형식 속에서 우리는 다시금 종교적–도덕적 강조점이 결코 미래나 그 직접적인 현재가 아니라 무엇보다도 과거에 두어지고 있는 시간감정, 따라서 거기에서는 개개의 시간계기들의 계속성이 말하자면 항상적인 병존과 상호포섭으로 변형되어버리는 시간감정의 현저한 예를 발견하게 된다.

존재의 항상성에로 향하는 이러한 종교적 특징은, 이 역시 다른 모습으로이긴 하지만, 이집트 종교의 형식을 규정하고 있는 기본적 관점에서도 나타나고 있다. 이집트 종교에서도 또한 종교적 감정과 종교적 사고는 현세에 단단히 고정되어 있다. 여기에서도 또한, 현재 있는 것을 넘어서서 그 형이상학적 근거로 거슬러 올라가려고 하지 않으며, 더욱이 현재 있는 것의 피안에 다른 도덕적 질서가 상정되어 현재 있는 것이 그것에 부단히 접근하며 그것에 의해 새로운 모습을 얻게 된다고도 생각되지 않는다. 추구되고 열망되는 것은 오히려 단순한 영속이다. 그것은 무엇보다도 우선 개인의 존재와 인간 개개 형체의 영속이다. 이러한 형체의 보존, 즉 불사성(不死性)은 생명의 물리적인 기체(基體)인 인간의 신체가 그 특수한 형체인 채로 보존되는 것에 전적으로 달려 있다고 여겨진다. 그것은 마치 미래에 대한 순수한 사고란 이러한 기체의 직접적인 현재에 입각해서만 성립될 수 있을 뿐이고,

• • •

70. de Groot, *Universismus*, S. 128 ff.

또한 미래에 대한 사고는 이러한 기체에 대한 불변의 구체적 가시성에 의거해서만 관철될 수 있을 법한 것이다. 따라서 단지 신체 전체를 파괴로부터 지키는 데에 세심한 배려가 주어져야하는 것만이 아니라 개개의 지체(肢體)를 보존하기 위해서도 동일한 배려가 주어지는 것이다. 신체의 각 부분, 즉 각각의 기관은, 어떤 주술적인 의식(儀式)에 의해서건 또는 미라를 방부처리 하는 일정한 물리적인 방법에 의해서건, 그 덧없는 존재로부터 불변하고 불멸하는 상태로 바뀌지 않으면 안 된다. 이리하여 비로소 혼의 존속의 무한성이 보증되기 때문이다.[71] 그리고 여기에서는 대체로 '사후의 삶'의 모든 표상이 경험적 존재를 단순히 연장시킨 것의 표상에 지나지 않으며, *156*거기에서는 이 경험적 존재가 그 세부에 걸쳐 직접적-물리적 구체상 그대로 유지된다. 도덕에 관해서도, 질서라는 것을 신에 의해 보호받는 것만이 아니라 인간도 또한 끊임없이 그 유지에 협력해야만 한다고 보는 사고방식이 지배적이다. 하지만 여기에서 중요한 것은, 이란 종교에서와 같이 미래의 새로운 존재를 전개시키는 것이 아니라, 역시 이미 존재해 있는 것을 견지하고 그대로 존속시켜가는 일이다. 악의 정령은 결코 최종적으로 극복되지는 않는다. 오히려 세계의 시초 이래, 싸움의 개개 국면들에서 힘의 동일한 균형과 동일한 주기적인 성쇠가 재현되고 있다.[72] 이러한 기본적인 관점에 의해, 시간의 동역학(Dynamik)은 모두 최종적으로는 일종의 공간적 정력학(靜力學, Statik)으로 해소된다. 이 해소의 상태를 가장 명백하게 표현하고 있는 것이 이집트 예술로서, 여기에서는 안정화의 이 특징이 가장 장대하고도 가장 수미일관된 모습으로 나타나 있다. 여기에서는 모든 존재, 모든 생명, 모든 운동이 마치 영원의 기하학적 도형들에 사로잡혀 있기나 한 것처럼 보인다. 인도에서는 사변적 사고의 길에서, 중국에서는 국가적-

• • •

71. 이 방법에 관해 상세한 것은 예를 들면, Budge, *Egyptian Magic*[2], London 1901, S. 190 ff.
72. 이에 대해서는 포카르(Foucart)의 주석을 참조할 것. Foucart, *Historie des religions et méthode comparative*, S. 363 ff.

종교적인 생활 질서의 길에서 추구되었던 것, 즉 단순한 시간성을 소멸시키는 일이 여기 이집트에서는 예술적 조형이라는 수단으로, 즉 사물에 대한 순수 직관적이며 조형적이고 건축적인 형상을 통해 달성되고 있는 셈이다. 이 형상은 그 명료함, 명확함 그리고 영원성이라는 점에서, 모든 시간적 형태들의 단순한 계기적 연속, 그 부단한 경과와 유전(流轉)에 대한 승리를 획득한다. 이집트의 피라미드는 이 승리의 가시적인 표시임과 동시에, 이집트 문화의 미적 및 종교적인 기본적 관점의 상징이기도 하다.

　지금까지 우리가 고찰해온 시간개념의 전형적인 형성방식 전체에 있어서는, 순수한 사고, 감정, 직관이 시간을 지배하기 위해, 시간을 추상화하거나 아니면 어떠한 형식으로든 시간을 부정하는 길을 취했던 것이지만, 그러나 이러한 단순한 추상화나 부정과는 다른 곳에 놓여있는 또 다른 길이 남아있다. 시간과 운명의 참된 극복이 말해질 수 있는 것은, 엄밀히 말하자면, 시간적인 것의 특성을 나타내는 기본적 계기를 단지 무시하거나 또는 이것을 도외시하는 것이 아니라, 바로 이 계기를 견지하고 이것을 정립하며 적극적으로 긍정하는 경우뿐이다. 시간의 이 계기를 이와 같이 긍정할 때 비로소 시간의 참된 극복, 즉 외적이지 않고 내적인, 초월적이지 않고 오히려 [157]내재적인 극복이 가능하게 된다. 일단 이 길에 발을 들여놓으면, 그와 더불어 시간의식과 시간감정의 전개가 새로운 국면에 들어서게 된다. 즉 이제 시간과 운명의 관점이 그 신화적 근거로부터 분리되기 시작한다. 시간개념은 바야흐로 새로운 형식, 철학적 사고라는 형식으로 들어가게 된다. 이 커다란 전환――아마도 인류의 정신사에 있어 가장 중요하고 가장 중대한 귀결을 갖는 전환 중 하나――에 관해서도 그리스인의 철학이 최초로 그 기반을 준비하고 그 기본적인 전제를 마련했다. 그리스적 사고는 그 초기에는 동방의 사변적-종교적인 시간론과 지극히 밀접하게 결합되어 있었던 것으로 보인다. 즈루반교(敎)적 사변과 오르페우스교적 우주창조론이나 우주론 사이에 어떤 직접적인 역사적 연관이 입증되든지 혹은 그렇지 않든지 간에,[73] 여하튼 몇 가지 기본적 주제가 실질적으로 유사하다는 것은 명백하다. [피타고라스의 스승인] 시로스(Syros)의 페레키데스(Pherekydes) 의 신통기(神統記) — 이것은 현재 기원전 6세기 중엽의 것으로 여겨지고 있으며, 따라서 직접적으로 그리스 철학의 저 위대한 사상적 창조기의 문턱 에 위치하고 있다 — 에서는, 시간이 제우스와 크토니우스 신들[대지모신 (大地母神)]과 나란히 만물을 낳는 근원적 신성으로서 나타난다. Ζὰς μὲν καὶ χρόνος ἦσαν ἀεὶ καὶ χθονίη — ὁ δὲ χρόνος ἐποίησε ἐκ τοῦ γόνου ἑαυτοῦ πῦρ καὶ πνεῖμα καὶ ὕδωρ.[74] [제우스와 크로노스와 크토니우스들은 영원한 태고로부터 존재했다. — 그리고 크로노스가 자기 자신의 종(種)으 로부터 불과 대기와 물을 만들었다.] 그리하여 여기에서도 또한 창조의 작용과 거기에 포함되어 있는 것 일체가 시간의 소산이다. 다만 다른 오르페 우스교의 시에서는 밤과 혼돈(Chaos)이 만물의 근원으로서 나타나고 있기는 하다. 그리고 좀 더 시간이 지나서, 그리스적 사변의 몇몇 정점들에서 우리는 이러한 신화적인 근본사상이나 근본정조의 여운을 감지하게 된다. 엠페도 클레스의 영혼의 윤회설, 구제설에서도 시간[크로노스(χρόνος)]과 운명 [아낭케(ἀνάγκη)]은 다시금 전적으로 하나의 것으로서 파악되고 있다. "넓 게 쓰여진 서약과 함께 봉인되어 있는 운명의 여신의 신탁, 영원한 태고로부 터의 신들의 결의가 한 가지 있다. 거기에 이르기를, 영생의 생명을 받은 다이몬들 중에 과오를 범해 자신의 손을 살생의 피로 더럽힌 자가 있다면, 더 나아가 싸움의 결과로 거짓 맹세를 한 자가 있다면, 그런 자들은 지복을 얻은 자들로부터 멀리 떨어져서 일만 년의 세 배를 [158]정처 없이 떠돌아 다녀야만 한다. 그리고 시간의 흐름 속에서, 죽기 마련인 것들의 온갖 모습을 띠고 태어나기 위해 고통스러운 생의 길을 계속해서 새로 교체하지 않으면

• • •

73. 그러한 직접적인 연관은 특히 로베르트 아이슬러(Robert Eisler)에 의해 상정되고 있다. 그는 즈루반교 내에서 인도의 칼라(Kâla) 설과 오르페우스교의 Χρόνος ἀγήρατος[크로노스 아게라토스, 늙음을 모르는 시간]의 원형을 보고 있다. *Weltenmantel und Himmelszeit*, München 1910, II, 411 ff., 499 ff., 742 ff.를 볼 것. 또한 위에 인용한 H. Junker의 강의 *Über iranische Quellen der hellenistischen Aion-Vorstellung*도 참조할 것.

74. Pherekydes fragm. 1(Diels). Damasc. 124 b(Diels 71 A 8)을 참조.

안 된다.'(딜즈, 단편 115) 마찬가지로 여기에서도, 하나의 세계질서 즉 스파이로스[Sphairos, 완전한 구(球)] 속에서 전개되는 객관적인 생성 및 다양한 대립은, 깨어질 수 없는 시간법칙과 시간척도에 복속하고 있어, 따라서 그 대립 하나하나가 자신을 완성해야 하는 특정한 '시기(Epoche)'를 지니고 있게 된다. 시간이 차면(τελειομένοιο χρόνοιο), 어떤 대립은 다른 대립과, 사랑은 미움과, 또는 미움은 사랑과 교체되지 않으면 안 된다(딜즈, 단편 30). 그렇긴 하지만 엠페도클레스에게서 이 시간과 운명의 오래된 개념은, 철학적 사고에게는 이미 유효하지 않은 아주 멀리 떨어진 세계로부터의 몇 안 되는 잔향(殘響)에 지나지 않는다. 왜냐하면 엠페도클레스가 예언자나 속죄사제로서가 아니라 철학자나 연구자로서 말할 때, 그 교설은 파르메니데스의 그것에 의거하고 있기 때문이다. 그런데 이 파르메니데스에게서 그리스적 사고는 시간의 문제에 관해 완전히 새로운 입장을 획득하였다. 그에게서 최초로 사고, 즉 논리(Logos)가 존재의 척도로 높여지고, 이 논리에 존재와 비존재의 결정적인 결정, 크리시스(κρίσις, 분리)의 기대가 걸려 있었다는 것은 그의 위대한 업적이다. 그리고 그에게는 시간과 생성의 힘은 단순한 환영으로 용해되어버린다. 존재의 시간적 기원이 있고 존재의 '발생(Genesis)'이 있는 것은 단지 신화에서뿐이다. 반면 논리(Logos)에 있어서는 그러한 기원에 대한 단순한 물음조차도 그 의미를 잃어버린다. "아직 남아 있는 것은, 있는 것은 존재이다라고 말하는 하나의 길의 고지(告知)뿐이다. 그 길에는 수많은 표지들이 서 있다. 태어난 것이 아니기 때문에 사멸하는 것도 아니고, 완전무결하며, 원래 존재하고 있는 것이며, 흔들리지 않으며, 시간적 종결을 갖지 않는다는 [그러한 표지들이다]. 그것에는 과거도 미래도 없다. 왜냐하면 지금 속에 모두가 함께 있기 때문이고, 하나이면서 나눌 수 없기 때문이다. 현재 존재하고 있는 것에서 그대는 어떠한 기원을 발견하고자 하는 것인가? 그것이 어떻게 어디에서 생장해왔다는 것인가? …… 도대체 어떠한 필연성 때문에 좀 더 일찍이든 또는 좀 더 늦게든 간에 무(無)로부터 발생하고 생장하도록 내몰렸다는 것인가? 그러고 보면, 필연적으로 존재하고 있는가 또는 전혀 존재하지 않는가의 둘 중 하나이지 않으면 안 된다. …… 정의는 생성과 사멸을 그 족쇄로부터 풀어낸 것이 아니라 제대로 붙들어두고 있다." (τοῦ εἵνεκεν οὔτε γενέσθαι οὔτ᾽ ὄλλυσ θαι ἀνῆκε δίκη χαλάσασα πέδηισιν, ἀλλ᾽ ἔχει)(딜즈, 단편 8) 이리하여 파르메니데스의 교훈시가 일관되게 말하고 있는 신화적 언어에서도, 다시금 존재의 존속은 디케(Δίκη) 즉 운명의 규정과 질서에 결부되어 있다. 하지만 이 운명은 더 이상 미지의 힘의 표현이 아니라 사고 그 자체의 필연성의 표현이며, 이제 무시간적인 것이 되어 있다 ——[159]즉 파르메니데스가 진리의 이름으로, 생성의 세계를 가상의 세계로서 단정했을 때의 그 진리와 똑같이 무시간적인 것이다. 이와 같이 모든 시간을 제거한 가운데서 비로소 운명이라는 신화적 개념이 필연성이라는 논리적 개념으로 이행하고 여기에서 비로소 디케(Δίκη)가 아낭케(ἀνάγκη)가 된다. 파르메니데스의 교훈시가 취하고 있는 상고기(上古期) 풍의 문체의 장중함과 견고함이 주관적, 개인적인 정감의 표현을 모두 억제하고는 있지만, 그럼에도 이들 시구로부터 때때로, 신화적인 운명의 힘들에 대해 로고스가, 그리고 시간적인 현상계에 대해 순수 사고와 그 사고의 철벽같은 영원한 존립이 거둔 승리의 우렁찬 외침이 들려오는 듯하다. "이런 식으로 생성은 사라지고 소멸은 없어진다. …… 존재는 강력한 질곡에 묶여 부동(不動)한 채이며, 시작도 없고 끝도 없다. 왜냐하면 생성과 소멸은 참된 확신에 의해 밀려나 아주 멀리 내쫓겨버렸기 때문이다. 그것[존재]은 동일한 것으로서 동일한 채로 존속하고, 자기 자신 속에 휴식하며, 확고하게 거기에 존립하고 있다. 왜냐하면 강한 필연성이 그 주위를 에워싸는 질곡 속에 이것을 유지하고 있기 때문이다. …… 그러므로 죽기 마련인 것들이 참이라고 확신하고 그들의 언어로 고정시킨 것, 즉 생성도 소멸도, 존재도 비존재도, 위치의 변화도 휘황한 색의 변화도 모두 공허한 울림에 지나지 않는다."(단편 8, 21행 이하) 철학적 사고의 힘, 참된 확증의 힘이야말로 신화의 근원적인 힘인 생성이나 경험적-감각적인 모습을 지닌 생성 모두를 자신으로부터 내쫓는다는 점이 여기에서 직접 말해지고 있다. (ἐπεὶ γένεσις καὶ ὄλεθρος τῆλε μαλ' ἐπλάχ θησαν, ἀπῶσε δὲ πίστις ἀληθής)[생성과 소멸은 참된 확신에 의해 밀려나 아주 멀리 내쫓겨버렸다]). 철학적 고찰의 관점에서 보자면 시간은 변증법 적으로 스스로 붕괴되고 그 고유한 내적 모순을 드러내는 것인 한에서, 시간의 힘은 깨어져버린다. 종교적 감정, 특히 인도에서의 종교적 감정은 시간 속에서 무엇보다도 우선 고뇌의 짐을 느끼고 있지만, 철학적 사고에게 는——여기에서 비로소 완전한 자립성과 의식성을 지닌 채 등장해온 철학 적 사고에게는—— 시간은 모순의 하중에 의해 몰락해가는 것이다.

그리고 이 근본사상이야말로 그리스 철학의 진전 속에서, 비록 그것이 아무리 다채로운 변형을 겪는다고 할지라도, 부단히 영향을 미치는 힘이라 는 점이 확인된다. 데모크리토스와 플라톤 모두 파르메니데스가 단 하나의 '참된 확신[인식]'의 길이라고 일컬은 길을 나아갔다. 그것은 로고스의 길인 바, 그들에게도 이것이야말로 존재와 비존재의 결정을 가져오는 최고의 법정이 된다. 하지만 파르메니데스가 생성 변화를 사고에 있어 부정했다고 믿고 있었던 데 대해, 그들은 오히려 그것의 사상적 관철을 요구하고 [160] 또한 생성 자체의 '관조(Theorie)'를 추구했다. 변화의 세계는 부정되는 것이 아니라 오히려 '구제'되어야 하는 것이다. 하지만 이 구제는 감각적 현상계 아래에 확고한 사상적 기체(基體)가 마련되어 있음으로써만 달성된다. 이러 한 요청에서 출발하여 데모크리토스에게서는 원자(Atom)의 세계가, 플라톤 에게서는 이데아의 세계가 구상되기에 이른다. 이리하여 시간적인 생성과 소멸에, 한편에서는 모든 물체적인 사건을 지배하는 불변하는 자연법칙의 존립이, 다른 한편에서는 모든 시간적 존재가 관여하고 있는 순수한 무시간 적인 형식들의 나라가 서로 대립한다. 데모크리토스는 자연법칙의 개념을 참된 엄밀성과 보편성에서 생각하고 그것에 의해 그가 제시한 새로운 기준 의 힘을 빌려, 모든 신화적 사고를 단지 주관적이고 의인적(擬人的)인 사고로 떨어뜨린 최초의 사람이다. "인간들이 우연, 즉 운명(Tyche)이라는 허상을 만든 것은 자신의 사려 없음의 변명으로서인 것이다."(딜즈, 단편 119) 인간의 이러한 우상에 대립하는 것이, 결코 어떠한 우연도 세계의 사상(事象)의 보편적 규칙으로부터의 어떠한 일탈도 알고 있지 않는 로고스의 영원한 필연성이다. οὐδὲν χρῆμα μάτην γίνεται ἀλλὰ πάντα ἐκ λόγου τε καὶ ὑπ᾽ ἀνάγκης[어떠한 것도 아무렇게나 발생하는 법은 없고 모든 것은 로고스로부터 필연에 의해 생겨난다. ─ 딜즈, 단편 2]. 그리고 필연성(Ananke)이라는 이 새로운 논리적 개념과 나란히, 필연성의 새로운 도덕적 개념도 또한 그리스적 사고 속에서 점점 명확함과 의식화의 정도를 높여가면서 등장한다. 이 도덕적 개념이 전개되는 것은 무엇보다도 그리스 시에서이며, 또한 운명의 전능에 대해 자아, 즉 도덕적 자기의 새로운 의미와 힘이 처음으로 발견되는 것은 다름 아닌 비극에서의 일이지만, ─ 또한 마찬가지로 그리스적 사고는 비극이 뿌리내리고 있는 신화적-종교적 기반으로부터의 점진적 이탈이라는 이 과정에 단지 수반하는 것만이 아니라 이 과정에 비로소 참된 발판을 부여하기도 하는 것이다. 동방의 종교들과 마찬가지로, 그리스 철학도 또한 그 시초에는 시간적 질서를 자연적 질서인 동시에 도덕적 질서로서 파악한다. 그리스 철학에 있어서는 시간적 질서는 도덕적인 정의의 질서의 성숙이자 집행으로 간주되고 있다. 아낙시만드로스는 이렇게 말한다. "사물들은 그것이 생성해온 곳으로 필연성에 따라 다시금 되돌아가지 않으면 안 된다. 왜냐하면 사물들은 부정(不正)의 벌과 상을 서로 지불하는 것이기 때문이다." 이 교훈을 전한 테오프라스토스는 거기에서 신화적-시적 반향을 느끼고서 이것을 강조했다.[75][161] 그러나 이제, 동시에 운명이기도 한 시간의 신화적 개념은 도덕적 측면으로부터도 점점 새로운

• • •

75. Theophrast Phys. Opin., fr. 2 D. 476 (Diels 2, 9) 참조. ἐξ ὧν δὲ ἡ γένεσίς ἐστι τοῖς οὖσι, καὶ τὴν φθορὰν εἰς ταῦτα γίνεσθαι κατὰ τὸ χρεών διδόναι γὰρ αὐτὰ δίκην καὶ τίσιν ἀλλήλοις τῆς ἀδικίας κατὰ τὴν τοῦ χρόνου τάξιν, ποιητικωτέροις οὕτως ὀνόμασιν αὐτὰ λέγων.[그렇지만 사물은 자신이 생성되어 나온 곳으로 그 소멸도 또한 필연적으로 향하게 된다. 즉 그것들은 정해진 시간에 따라, 그 부정(不正) 탓에 서로 벌을 받고 서로 벌의 보상을 해야 하기 때문이다라고 이와 같이 그[아낙시만드로스]는 약간 시적인 언어로 이것을 말하고 있다.]

정신적 심화와 내면화를 겪게 된다. 헤라클레이토스에서도 이미, 인간의 성격이야말로 그의 운명이자 숙명이다, ἦθος ἀνθρώπῳ δαίμων(단편 119)라는 심원한 말이 있다. 그리고 플라톤에게서 이 사상은 죽은 자의 심판에 대한 익히 알려진 서술에서 완성된다. 아마도 이것은 이란의 사자(死者)신앙과 영혼신앙의 동기에서 유래하는 것일 터이지만, 바로 이 동기에 역시 어떤 새로운 의미와 표현이 부여되고 있다. 『국가』 제10권에는, 모든 영역들을 운동하게끔 하는 '필연성의 방추(紡錘)(Ἀνάγκης ἄτρακτον)'라는 이미지가 등장한다. "흰 옷을 입고는 머리에는 화관을 두르고 있는 필연성의 자매들, 즉 라케시스와 클로토 및 아트로포스라는 운명의 여신들은 세이렌들의 화음에 맞추어 노래를 부르는데, 라케시스는 지난 일들을, 클로토는 현재의 일들을, 그리고 아트로포스는 미래의 일들을 노래한다네. …… 그런데 혼들이 도착하면 그 즉시 라케시스에게로 나아가지 않으면 안 되었다네. 그러자 한 예언자가 우선 혼들을 정렬시키고 그 다음엔 라케시스의 무릎에서 제비와 여러 삶의 방식의 견본들을 집어 들고서는 높은 제단에 올라 이렇게 말했다네. '이는 필연성의 자매들이며 처녀이신 라케시스의 말씀이시다. 하루살이들인 혼들이여! 죽기 마련인 종족에게 죽음을 가져다주는 새로운 순환이 시작되는도다. 너희들을 숙명이 선택하는 게 아니라 너희들이 숙명을 선택하리라. …… 덕(德)은 주인을 갖지 않는다. 덕을 칭송하는가 경멸하는가에 따라 각각의 혼은 덕을 더 많이 또는 더 적게 갖게 되리라. 책임은 선택하는 자에게 있는 것이지 신에게 책임은 없느니라.'"(『국가』 616 C 이하) 하지만 그리스 정신 특유의, 특히 플라톤 특유의 어떤 신화적 형성력 전체가 한층 더 총괄되어 있는 이 장대한 환상에서도, 역시 우리는 더 이상 이미 신화의 토양에 몸을 두고 있는 것은 아니다. 왜냐하면 신화적 과오와 신화적 숙명의 사상에 대해, 여기에서는 **소크라테스적인 근본사상**, 즉 도덕적 자기책임의 사상이 모습을 나타내고 있기 때문이다. 인간 생의 의미와 핵심, 더욱이 인간의 참된 운명을 형성하는 것, 그것은 인간 자신의 내면으로 옮겨진다. 파르메니데스에서 순수한 사고가 달성한 바와 마찬가지로, 여기에서는 도덕적 의지가 시간과 운명을 극복한 셈이다.

이 내면적인 정신의 해방과정에 의해, 그리스 정신 아래에서 최초로 참된 성숙에 도달한 어떤 특징적인 시간감정도 또한 설명된다. 여기에서 비로소 사고와 감정이 시간적 현재에 대한 순수하고 완전한 의식으로 해방되었다고 말할 수 있을 법하다. '현재 있다'고 생각되어야 하고 생각될 수 있는 것은 파르메니데스가 말하는 존재뿐인바, *162*이것은 전혀 존재한 적도 없고 앞으로도 존재하지 않을 것이다. 왜냐하면 파르메니데스가 말하는 존재는 하나이자 불가분적인 것으로, 모든 것이 공히 지금 속에 있기 때문이다(οὐδέ ποτ᾽ ἦν οὐδ᾽ ἔσται, ἐπεὶ νῦν ἔστιν ὁμοῦ πᾶν ἕν, συνεχές). 이 순수한 현재는 플라톤의 이데아의 특성이기도 하다. 왜냐하면 항상 존재하는 것, 결코 변화하지 않는 것으로서만 이데아는 사고와 그 동일성의 요청에, 즉 항상 자기 자신에 동일한 상태여야 한다는 요청에 응할 수 있기 때문이다. 그리고 플라톤이 말하는 바로는, 철학자란 추론의 힘에 의해 이렇듯 항상 존재하고 있는 것에 늘 전념하는 자인 것이다.[76] 더 나아가, 통상 참된 '생성의 철학자'로 간주되곤 하는 사상가조차도 그리스적 철학함의 이러한 기본성격으로부터 벗어나 있다고 보는 것은 외견상의 관찰에 지나지 않는다. 왜냐하면 헤라클레이토스의 '만물은 유전(流轉)한다'라는 테제를 부정적인 의미로만 받아들이면, 그것은 그의 교설을 오인하고 오해하게 될 것이기 때문이다.[77] 그는 확실히 '시간의 흐름'에 대한 관점을 좀처럼 잊을 수 없는 이미지로 표현하고 있다. —— 즉 그 흐름은 모든 존재하는 것을 저항할 수 없이 쓸어가며, 누구도 그 흐름에 두 번 발을 담글 수 없다는 것이다. 하지만 그의 시선은 결코 이러한 흐름이나 흘러감이라는 단순한 사실만이 아니라 오히려 그 흐름 속에서 파악되는 영원의 척도에도 향해져 있다. 이 척도는 세계의 진정 유일하고 진정 불변하는 로고스이다. 그는

• • •

76. Platon, *Sophistes* 254 A.
77. 이러한 생각에 대해서는 나는 특히 Karl Reinhardt, *Parmenides und die Geschichte der griechischen Philosophie*, Bonn 1916(특히 S. 206 ff.)에 찬성한다. 그 논증을 참고하기를 바란다.

이렇게 전한다. "이 세계의 질서를 만든 것은 신들도 인간들도 아니다. 오히려 그것은 정해진 만큼 타오르고 정해진 만큼 꺼지면서도 영원히 살아 있는 불로서 언제나 있었고 현재도 있으며 앞으로도 있을 것이다."(딜즈, 단편 30) 그리고 모든 일들에 필연적으로 내재하고 있는 척도라는 이 생각이 신화적으로 의인화된 것이 바로 디케, 즉 심판하는 숙명이라는 형상이다. "태양은 자신의 척도를 뛰어넘지는 않을 것이다. 만약 뛰어넘는다면 디케를 보좌하는 에리뉘에스[복수의 여신들]가 그를 찾아낼 것이다."(딜즈, 단편 94) 모든 변화 속에서 유지되고 있는 척도(Metron), 즉 확실하고 필연적인 운율의 이 확실성에, "보여지는 조화보다 뛰어난 보여지지 않는 조화"의 확실성이 의거해 있다. 헤라클레이토스가 부단히 생성의 직관으로 되돌아오는 것은 이 숨겨진 조화를 거듭 확인하려고 하는 것밖에 없다. 그러고 보면, 그를 사로잡고 속박하는 것은 생성의 사실 그 자체가 아니라 그 의미인 셈이다. "지혜는 오직 하나로서, 즉 모든 것에 걸쳐 그 낱낱의 것들을 지배하고 있는 의미를 파악하는 것이다."(딜즈, 단편 41) [163]이 입장이 취하는 이중성, 즉 시간 직관에 이와 같이 집착하면서, [다른 한편] 그 한가운데서 직접 생생하게 파악될 수 있는 통일적 법칙이 있다는 사상에 의해 이 시간 직관을 극복하려는 이 입장 속에, 그리스 사상가로서의 헤라클레이토스의 특질이 다시금 지극히 선명하게 나타나 있다. 올덴베르크는 생성과 영혼에 대한 헤라클레이토스의 교설과, 동일한 문제에 대한 불교의 교설 사이에서 보여지는 많은 평행관계를 지적했다. 그는 이렇게 말한다. "서양이 창조한 것과 동양이 창조한 것에는 많은 측면에서 놀랄 만큼 상호 동질성이 있다—중요한 사항에서든 사소한 사항에서든 종교적 의식이 의지할 곳으로 삼고자 하는 슬로건을 만드는 방법에 있어서나 또는 환상적인 일의 장대한 질서를 나타내는 비유들에 있어서나 말이다. …… 외면적으로나 내면적으로나 멀리 떨어져 있었던 두 민족 간의 사상의 일치가, 지금 문제로 삼고 있는 발전이라는 바로 이 점에서 그 이전 시기들에서보다 다양한 견지에서 한층 더 강력하게 두드러진다는 것은 명백히 우연이 아니다. 그 이전에 지배적이었던 신화형성적인 환상은 계획도 목적도 없이 그 길을 나아갈 뿐이다. 거기에서는 우연이 환상을 몰아댄다. 즉 우연은 멀리 떨어진 것을 기분에 따라 결합하며, 유희하면서 의미심장한 것이든 기묘한 것이든 항상 새로운 형상을 풍요의 뿔로부터 계속 쏟아내는 것이다. 하지만 숙고가 급속히 탐구적 사고로 변화되고 목적의식의 정도를 높이면서 세계와 인간존재의 문제들을 파악하려고 하게 되면, 단순한 가능성이 작용할 여지는 좁혀진다. 비록 보는 기술에 있어 아직 경험이 일천한 시대의 눈일지라도 역시 주의 깊은 사람의 눈에는, 거의 불가피하게 현실로서 나타나는 것이, 다양한 표상의 흐름을 어떤 고정된 하상(河床)에 붙들어 매고 그럼으로써 그리스 정신과 인도 정신을 몰아붙인 유사한 사고과정에 놀랄 만큼 비슷한 지극히 다양한 특징을 각인하는 것이다."[78] 그러나 다름 아닌 이 유사성을 추적해가면, 다른 한편에서는 사고방법 및 일반적인 지적 분위기의 전형적인 대립 또한 한층 더 명백하고 한층 더 간결하게 보여진다. 불교에서는 사건들의 종교적 의미가 노정되기 위해서는 우선 만물이 결부되어 있는 유한한 형식이 깨뜨려지고, 그 자체 고유하게 한정되어 있는 형태라는 환상이 폐기되지 않으면 안 된다. 형상(rupa, [=색(色)])은 모든 고통의 원천과 근거를 지니고 있는 다섯 가지 존재요소[오온(五蘊)]의 첫 번째의 것이다. 불타의 한 설법에서는 이렇게 말해지고 있다. "수행승들이여, 나는 그대들에게 *164*무거운 짐[번뇌]에 대해, 짐을 지는 자에 대해, 짐을 들어 올리고 내려놓는 것에 대해 설명하고자 한다. 수행승들이여, 번뇌란 무엇인가? 그것에는 이렇게 대답할 수 있다. 다섯 가지 존재요소들이다, 라고 말이다. 그 다섯 가지란 무엇인가? 그것은 형상[색(色)], 감각[수(受)], 표상[상(想)], 활동[행(行)], 의식[식(識)]이라는 존재요소이다." 다른 곳에서는 이러한 물음을 받고 있다. "그러면 형상[色]은 항상적인 것입니까 아니면 무상한 것입니까? 무상한 것이다, 벗이여. 그러면 그 무상한 것은 고(苦)입니까 기쁨[喜]입니까? 고(苦)

• • •
78. Oldenberg, *Aus Indien und Iran*, S. 75 f.

이다, 벗이여.”[79] 통상의 사고방식에서 사물의 '형상'이라 일컬어지고 있는
것이 얼마나 변하기 쉬운 것인가를 헤라클레이토스만큼 강력하게 주장한
자는 없다. 하지만 그는 그것으로부터 불타의 설법이 이끌어낸 것과는 정반
대의 결론을 끌어내고 있다. 왜냐하면 그는 이 변하기 쉬움으로부터 존재를
부인하는 것이 아니라 오히려 존재를 열정적으로 긍정하는 쪽으로 나아가
기 때문이다. 불교의 전설에 의하면 왕자 싯다르타는 노화와 질병, 죽음의
광경을 한 눈에 본 것만으로 출가하여 고행자가 되고 속죄자가 되었던
데 비해, 헤라클레이토스는 이 모든 것들을 찾아 나서고 또한 거기에 머물렀
던 것으로, 그 이유는 로고스라는 것은 항상 대립들 속에서 분산함으로써만
존재하는 것이라는, 로고스의 비밀을 파악하는 수단으로서 그것들을 이용
하려고 했기 때문이다. 신비주의자가 시간적 생성 속에서 무상의 고뇌만을
느끼는 데 대해, 헤라클레이토스는 자신을 자기 자신 속에서 재발견하고자
자신을 자신 속에서 양분(兩分)하지 않으면 안 되는 위대한 일자(一者)의
직관에 몰두했던 것이다. "서로 길항하는 것이야말로 한 곳에 모이고 대립하
는 것들로부터 가장 아름다운 조화가 생겨난다. 그것은 마치 활과 리라의
경우처럼 반대로 당기는 조화이다."(단편 8, 51) 헤라클레이토스에게는 이
같은 '반대로 당기는 조화'의 직관에서야말로 형상의 수수께끼가 풀려지고
그것과 함께 생성의 하중이 우리로부터 제거된다. 이제 시간적인 것은 더
이상 전적인 결여, 한계, 고뇌로서 나타나는 것이 아니라 거기에서는 신적인
것의 가장 내밀한 생명이 개시되고 있는 것이다. 생성이 소멸해버린 곳,
대립이 없는 완성에서는 휴식도 지복도 없다. "병이야말로 건강의 기쁨을
알아차리게 하고 사악함이야말로 선(善)의, 굶주림이야말로 배부름의, 수고
야말로 휴식의 쾌적함을 깨닫게 한다."(단편 111) 삶과 죽음의 대립조차도
이제는 상대화된다. "살아있음과 죽음, 깨어있음과 잠듦, 젊음과 늙음은

• • •

79. Samyutta-Nikāya XXII, 22, 85(Winternitz의 독역, *Bertholet* S. 232, 244). 특히 *Die Reden
 Gotamo Buddhos aud der mittleren Sammlung*, Karl Eug. Neumann 역, München 1921, 제14부,
 제7회(話)(Bd. III, S. 384 ff.) 참조.

항상 동일한 하나의 것으로서 우리 안에 살고 있다. 왜냐하면 이것이 뒤집혀 저것이 되고 저것이 뒤집혀 이것이 되기 때문이다."(단편 88) [165]불타와 마찬가지로, 헤라클레이토스도 자신의 이 교설의 내용을 표현하기 위해 즐겨 원환의 이미지를 사용한다. 한 단편에서는 다음과 같이 말해지고 있다. "원주 위에서는 시작과 끝이 공통이다."(단편 88) 불타에게는 원환은 끝이 없는 것의 이미지이며, 따라서 생성에 목적도 의미도 없음을 나타나는 데에 사용되고 있지만, 헤라클레이토스에 의해서는 동일한 원환이 완전성의 상 징으로서 사용된다. 자기 자신으로 귀환해가는 선은 형상의 완결성, 우주를 지배하는 기본법칙으로서의 형태를 의미하고 있다. 마찬가지로 플라톤이나 아리스토텔레스도 또한, 원형을 이용하여 우주에 대한 자신들의 지적 이미 지를 완성하고 조형한 바 있다.

그러므로, 인도적 사고가 본질적으로 시간적인 것의 무상함에 눈을 돌리고, 또한 중국적 사고가 그 지속의 직관에 눈을 향하고 있는 데 대해, 다시 말해 전자가 변화의 계기를, 후자가 영속의 계기를 각각 일면적으로 강조하는 데 대해, 그리스 사상에서는 두 계기가 진정 내적인 균형을 유지하고 있다. 가변성의 사상과 실체성의 사상이 서로 하나로 결합되어 있다. 그리고 이 결합으로부터 어떤 새로운 감정이 생겨나는데, 이것을 가리켜 순수하게 사변적인 시간감정과 현재감정이라고 부를 수 있을지도 모른다. 여기에서는 더 이상 신화에서와 같이 사물들의 시간적 시초로 거슬러 올라가는 것도 아니고 또한 예언자적 정감, 즉 종교적-도덕적 정감에서와 같이 사물들의 궁극목적, 텔로스를 시사하는 것도 아니며, 사고는 만물의 영원히 자기동일적인 기본법칙의 순수한 관조에 머무르려고 한다. 이 현재감정에서 자아는 분명 현재로 인도되지만, 그럼에도 현재에 얽매이는 것은 아니다. 자아는 현재의 직접적 내용에 묶이는 것도 아니고 현재의 기쁨에 붙잡히거나 현재의 고통에 시달리거나 함이 없이, 현재 속에서 말하자면 자유로이 떠다닌다. 따라서 이 사변적 '지금'에서는 경험적인 시간형식의 차이는 폐지되어버린다. 세네카에 의해, 모든 나날들은 동일하다(unus dies par omni est)(단편 106)라는 헤라클레이토스의 발언이 인용되고 있다. 이것은 결코 일어난 일들의 내용이 동일하다는 의미가 아니다. 일들의 내용은 날마다 변화할 뿐만 아니라 매 시간마다, 매 순간마다 바뀌어간다. 오히려 여기에서 문제가 되는 것은, 가장 작은 것에서도 가장 큰 것에서도, 지극히 단순한 현재의 한 순간에서도 시간의 무한한 지속에서도 똑같이 확실하게 나타나는 세계 과정의 항상 동일한 형식인 것이다. 근대인들 중에서, 이 헤라클레이토스적인, 진정 그리스적인 이 시간감정과 생활감정을 가장 심원하게 감지하고 가장 강렬하게 자신 속에서 복원해낸 것은 괴테이다. "오늘은 오늘, 내일은 내일 —— 그 이전의 것과 그 이후의 것은 아무래도 좋은 것이요 여기에는 없는 것이다." [166]사실 시간에 대한 사변적인 관점에는 시간에 대한 예술적인 관점과 지극히 유사해 보이는 하나의 특징이 있다. 왜냐하면 양자 모두는 불타의 교설 속에서 지극히 충격적으로 표현된 생성의 무거운 짐[번뇌]을 우리에게서 제거하기 때문이다. 시간을 볼 때에 더 이상 일어난 일의 내용에 집착하지 않고 그것의 순수한 형식을 파악하는 자에게는, 이 내용은 결국에는 형식으로 해소되고 존재와 사건의 소재는 순수한 유희로 해소되어버린다. 이리하여 아마도 헤라클레이토스의 저 특이한 심원함을 지닌 발언도 이해될 수 있을 것이다. αἰὼν παῖς ἐστι παίζων, πεττεύων. παιδὸς ἡ βασιληίη —— "시간은 바둑돌을 이리저리 늘어놓으면서 노는 아이이다. 지배권은 아이의 수중에 있다."(단편 52)

바로 이 점에 토대를 두고 있었던 시간의 사변적인 파악방식이 그 이후에 어떻게 전개되고 또한 마침내 경험과학적 인식의 영역에 결정적인 역할을 하게 되었는가를 지금 이 자리에서 더 이상 추적할 수는 없다. 하지만 이 영역에서도 또한 그리스 철학, 특히 플라톤 철학이 중간항이자 연결항을 이룬다. 왜냐하면 플라톤의 교설도 또한, 비록 그것이 이데아라는 순수 존재와 생성의 세계 사이의 경계선을 선명하게 끌어들이긴 하지만, 시간과 생성을 한갓 부정적으로만 평가하는 데 그치고 있는 것은 아니기 때문이다. 플라톤의 후기 저작들에서는 '운동'의 개념이 순수한 이데아계의 서술 속으로 스며들고 있다. 순수한 형식들[이데아들] 자체의 운동, κίνησις τῶν εἰδῶν[에이도스의 운동]이 있다고 여겨지는 것이다. 그리하여 시간개념이 이제 플라톤의 교설의 구성 전체에 있어 얻게 된 새로운 의미가 그의 **자연철학**의 형성 속에서 한층 더 확연하고도 명확하게 나타나고 있다. 『티마이오스』에서는 시간이 가시적 세계와 비가시적 세계의 매개자가 되고 있다. 즉 가시적인 것이 순수한 형식들의 영원성에 참여할 수 있음을 설명해주는 것이 시간인 것이다. 시간의 창조와 함께 자연적-물체적 세계가 시작된다. 세계창조자[데미우르고스]는 영원한 모델인 영원한 존재자, 즉 이데아를 보고서, 감성계를 가능한 한 이것과 비슷하게 만들고자 했다. 하지만 영원한 원형의 본성을 생성물에 완전히 옮겨 넣는 것은 가능하지 않았다. 거기에서 그는 영원성의 움직이는 모상을 만들기로 결정했다. 동일한 하나의 것으로 계속 지속하고 있는 영원성의 이 움직이는 모상이야말로 우리가 '시간'이라고 부르고 있는 바로 그것이다. 이리하여 낮과 밤, 달[月]과 해[年]가 창조자 (Demiurgos)의 의지에 의해 전체의 구조와 결합하여 나타났던 것이다. 그러므로 수에 따라 원환운동을 하는 시간이야말로 생성물이 달성할 수 있는 한에서의, 영원성의 가장 완전한 최초의 모방인 것이다.[80] *167*이리하여 지금까지는 단지 생성하는 것만을 나타낼 뿐 존재하는 것의 표현이 되지는 않았던, 즉 사고의 원리적인 한계를 보인다고 여겨져 왔던 시간이, 세계인식의 하나의 기본개념이 되었다. 시간질서라는 매개개념이야말로 플라톤의 철학체계에서 말하자면 세계의 정당성을 변호하는 논증을 수행하는 것이며, 우주에 영혼을 부여하고 우주가 정신적 전체로 승격하는 것을 보증하는 것이다.[81] 플라톤은 여기에서도 여전히 의식적으로 신화의 언어로 말하고 있다. 그러나 동시에 그는 엄밀한 역사적 연속성 속에서 근대의 과학적 세계상으로 통하는 하나의 길을 지시하고 있었다. 케플러가 『티마이오스』

• • •

80. 『티마이오스』 37 D ff.
81. 이에 관해 상세한 것은 나의 저서 *Platonische Philosophie im Lehrbuch der Philosophie*, hg. von Dessoir, I, S. 111 ff.에 서술되어 있다.

의 근본사상에 완전히 몰두해 있었던 것은 분명하며, 그 사상은 자신의 처녀작『우주의 신비(*Mysterium Cosmographicum*)』[1596]로부터 성숙기의 저작『세계의 조화(*Harmonia mundi*)』[1619]에 이르기까지 끊임없이 그를 이끌고 있다. 그리고 여기에서 최초로 새로운 시간개념, 수학적 자연과학의 시간개념이 전적으로 명확하게 나타나고 있다. 케플러의 3법칙의 정식화에 있어 기본변수로서의 시간이 나타난다. 즉 균일하게 변화하는 양으로서의 시간이 그 모습을 나타냄으로써, 모든 불균일한 변화와 운동은 그것과 관계되고 또 그것에 입각해 그 변화량이 규정되고 읽혀지는 것이다. 이후 이것이 시간의 이념적인 의미, 순수하게 논리적인 의미가 되는 것이며, 이것이 곧 계승되어 수학적 물리학의 새로운 형태를 고려에 넣으면서 라이프니츠에 의해 보편적인 철학적 개념으로 확립된다.[82] 시간개념이 함수개념에 의해 채워지고 그것이 함수적 사고의 지극히 중요한 적용과 형성의 하나로 간주됨으로써, 시간개념은 전적으로 새로운 하나의 의미층위로 높여지게 된다. 이제 플라톤의 시간개념이 확증된 셈이다. *168*현상들이 시간이라는 연속체 속에 배치되고 이 "영원성의 움직이는 모상"에 관계됨으로써 비로소 현상들은 지(知)에 적합하도록 성숙되고 이데아에서의 자신의 몫을 획득한 것이기 때문이다.

하지만 이러한 통찰이 **행성 운동**의 문제에도 도달한다는 사실――이것도 또한 마찬가지로 전형적인 의미를 지닌 하나의 정신사적 연관으로 우리

• • •

82. "일련의 표상은 우리 안에 지속의 관념을 불러일으키지만, 그러나 표상이 그것을 만드는 것은 결코 아닙니다. 우리들의 표상은, 하나의 직선처럼 균일하고 단순한 연속체인 일련의 시간에 대응하기에 충분할 만큼 항상적이고 규칙적인 계속성을 갖지는 않습니다. 표상의 변화가 우리에게 시간의 변화를 생각할 기회를 주지만, 시간은 균일한 변화에 의해 측정됩니다. 하지만 자연 속에 균일한 것이 아무것도 없을 때에는 시간은 결정될 수 없습니다. 그것은 마치 고정된 부동의 물체가 없을 때에는 장소가 결정될 수 없는 것과 같습니다. 우리들은 항상, 균일하지 않은 운동의 규칙을 알고, 그것을 가지적인 균일한 운동에 관계시키며, 그러한 수단으로 다른 운동이 하나로 결합됨으로써 무엇이 일어나는가를 예측할 수 있습니다. 이런 의미에서 시간은 운동의 척도입니다. 즉 균일한 운동이 균일하지 않은 운동의 척도가 됩니다." Leibniz, *Nouveaux Essais* Liv. II, chap. XIV, § 16.

의 주의를 향하게 한다. 행성들, '유성과 혜성'은 예로부터 신화적 및 종교적 관심을 야기해왔다. 행성은 태양과 달과 함께 신으로서 숭배되고 있다. 바빌로니아의 천체종교에서는 특히 새벽과 저녁의 밝은 별인 금성(Venus)이 이러한 숭배를 받아, 이쉬타르(Ischtar) 여신의 모습으로 바빌론 신전의 주신의 하나로까지 되어 있다. 멀리 떨어진 다른 문화권, 예를 들면 고대 멕시코인의 경우에서도 이러한 행성숭배가 있었음이 입증되어 있다. 종교적 발전의 이후의 진행에서, 특히 일신교적인 근본사상으로의 이행과정에서도, 이러한 옛 신들의 형상에 대한 신앙은 여전히 오랫동안 계속 살아남아 있다. —— 다만 그러한 신들은 이제는 악마로 강등되어, 만물의 질서와 법칙성에 적대하고 이것을 교란하는 것으로서 개입해온다. 이리하여 이란 종교에서는 행성은 선한 세계질서 아샤에 저항하는 악한 힘으로서 여겨진다. 행성들은 아흐리만의 수하로서 천계(天界)에 덤벼들며, 그 방종한 운행으로 천계의 규칙적인 체제를 교란시키는 것이다.[83] 행성을 악마로 여기는 이러한 관점은 그 후 특히 그노시스 사상에서 다시금 나타난다. 악마적 행성의 힘은 그노시스파의 참된 적으로서, 이 행성에는 운명의 힘, 즉 εἱμαρμένη[헤이마르메네]의 힘이 구현되어 있어 그노시스파 사람들은 이것으로부터 해방되고자 애쓴다.[84] 그리고 더 나아가 근대의 철학, 예를 들면 르네상스의 자연철학적 사변에 이르기까지, 행성의 운행은 무규칙적이라는 이 관념이 영향을 미치고 있다. [물론] 고대에서 이미 플라톤 아카데미의 수학자이자 천문학자였던 크니도스의 에우독소스(Eudoxos)가 행성의 운동에 대한 엄밀한 수학적 이론을 확립했으며, 이것에 의해 행성은 결코 혼란스럽게 떠도는 별이 아니라 확고한 법칙에 따라 운동하는 것임이 증명되었다. 하지만 케플러조차, 행성의 운행을, 교차하는 원(圓)궤도, 원과 [169]주변원에 의해 규정하

* * *

83. Bundahish 2, 25. 또한 Jackson, *Grundriß der iranischen Philologie* II, 666, 672, 및 Darmesteter, *Ormazd et Ahriman*, S. 277을 참조할 것.

84. 이에 관해서는 Bousset, *Hauptprobleme der Gnosis*, Göttingen 1907의 상세한 논거를 참조할 것. 특히 S. 38 ff. 또한 Bousset, *Kyrios Christos*[2], S. 185 ff.도 참조

려고 하는 수학적 천문학의 모든 노력은 무익하다―― 왜냐하면 실은 행성은 혼을 지니고 이성을 구비한 존재로서, 유동하는 에테르 속에서 우리에게 보여지는 바대로 저 기묘하게 구부러진 지극히 다양한 궤도들을, 속도를 변화시키면서 움직여가는 것이기 때문이다―― 라는 파트리치(Patrizzi)의 구상과 대결하지 않으면 안 되었다. 케플러의 사고방식의 특질은, 이러한 사고방식에 우선 방법적 논증―― 그 자신 '철학적'이라고 일컫는 논증―― 을 대립시키고 있는 점에 있다. 모든 외견상의 무질서를 질서로 환원하고 모든 외견상의 무법칙성 속에 숨겨진 규칙을 찾아내는 것, 그것이야말로 모든 '철학적 천문학'의 기본원리임을 케플러는 파트리치에 반대하면서 강조하고 있다. "건전한 철학의 신봉자들 가운데 이러한 견해를 가지지 않은 자는 없다. 그리고 오류의 원인을 발견하여 행성의 참된 운동과 한갓 외관상의 우연적 궤도를 구별하며, 이리하여 그 운행의 단순성과 규칙적인 질서를 증명하는 데 성공했을 때, 자기 자신과 천문학의 최고의 행운을 바라지 않는 자는 없다."[85] 케플러가 티코 브라헤를 변호하면서 썼던 저작 내의 이 솔직하고 철저한 발언과, 그 직후에 케플러가 화성의 운동에 대해 썼던 저작에서 수행한 구체적인 실증 속에서, 행성은 시간과 운명을 주관하는 신들로서의 예전의 권좌로부터 퇴위 당했다―― 그리고 또한 시간과 시간적 사건에 대한 전체적 관점은 신화적–종교적 환상의 형상세계로부터 과학적 인식의 정밀한 개념세계로 이행하게 되었다.

5. 신화적 수(數) 그리고 '신성한 수'의 체계

공간, 시간과 나란히, 신화적 세계의 구축을 지배하고 있는 세 번째로 중요한 형식적 계기로서 나타나는 것은 수(數)의 계기이다. 그리고 이 경우도

* * *

85. Kepler, *Apologia Tychonis contra Ursum*, Opera ed. Frisch, I, 247.

또한, 수의 신화적인 기능을 그 자체로 이해하고자 한다면, 그것을 수의 이론적인 의미나 작용으로부터 엄정하게 분리하지 않으면 안 된다. 이론적 인식의 체계에서는, 수는 이질적인 내용들을 포섭하여 그것들을 개념적인 단위로 개편하는 커다란 결합수단을 의미한다. 온갖 다양하고 상이한 것을 이와 같이 지(知)의 단위로 해소해가는 힘 덕분에, 수는 여기에서는 인식 자체의 이론적인 주요목표이자 근본목표의 표현으로서, 즉 '진리' 자체의 표현으로서 나타난다. 수가 최초로 철학적-과학적으로 규정되었던 때로부터, 수에는 이미 이러한 기본성격이 부여되어 있다. 필롤라오스(Philolaos)의 단편에는 다음과 같이 말해지고 있다. "수의 본성은 지(知)를 공급하는 것, [170]의심스럽거나 알려져 있지 않은 모든 사물에 관해 모든 이에게 지식을 안내하고 가르치는 것이다. 왜냐하면 만약 수와 그 본질이 없다면, 사물이란 그 자체와의 관계에서든 다른 것과의 관계에서든 어느 누구에게도 무엇 하나 명확하게 되지 않을 것이기 때문이다. 이리하여 수는 영혼 내에서 모든 사물을 감관지각과 조화시키며 또한 그럼으로써 사물을 가지적이게끔 하고 상호 일치하게끔 한다. 그것은 수가 사물에 물체성을 부여하고, 한정하는 사물들이나 무한정한 사물들의 다양한 관계를 하나하나 떼어 구별하기 때문이다."[86] 이러한 결합과 분리, 확고한 경계나 확고한 관계의 이러한 정립에서야말로 수의 진정 논리적인 힘이 놓여있는 것이다. 감성적인 것 자체, 즉 지각의 '소재'가 수에 의해 점점 더 그 특수한 성질을 빼앗기고, 보편적인 지적 기본형식으로 주조되어간다. 인상의 직접적인 감각적 상태, 그 가시성, 그 가청성, 가촉성 등은 현실적인 것의 '참된' 본성에 견주어 보면, 단순한 '제2성질'일 뿐이며, 그 참된 근원, 그 제1근거는 순수한 양적 규정에서, 즉 최종적으로는 순수한 수의 관계에서 찾아져야한다. 근대의 이론적 자연인식의 진전은, 감관지각의 특수한 성질만이 아니라 그에 못지 않게 순수한 직관형식들의 특수한 성질, 즉 공간과 시간의 본성까지도 수의

• • •

86. Philolaos, fragm. 11(Diels 32, B 11).

형식으로 환원시킴으로써, 이러한 지(知)의 이상을 완수해나갔다.[87] 그리하여 여기에서 수는 의식내용의 '동질성'을 성립시키기 위한 참된 사상적 수단으로서 작용함과 동시에, 수 자체도 또한 점점 더 전적으로 등질적인 것, 동형적인 것으로 발전해가는 것이다. 낱낱의 개수(個數)들은, 그것들이 전체체계 속에서 점하는 위치로부터 생겨나는 차이 이외에는 서로 간에 어떠한 차이도 보이지 않는다. 수는 그것이 점하는 이 위치에 의해, 즉 하나의 이념적 총체 내에서의 관계에 의해 그것에 부여되는 것 이외의 어떠한 존재도 상태도 본성도 가지고 있지 않다. 따라서 여기에서는, 이것이라고 지시할 수 있는 어떠한 감성적 내지 직관적인 기체(基體)가 그것에 직접 대응하고 있지 않더라도, 이 관계에 의해 명백하게 그 성격이 부여되는 특정한 수가 '정의'될 수 있으며, 즉 구성적으로 만들어질 수 있다. 예를 들면, 데데킨트 이래 지배적이 되어 있는 무리수(無理數)에 대한 잘 알려진 설명에서는, 무리수란 [171]유리수의 체계 내부의 '절단'으로서(즉 일정한 개념적 지정에 의해 수행되는, 유리수 체계가 두 집합으로 완전히 분할되는 것으로서) 나타난다. 순수한 수학적 사고가 어떠한 '개별적인' 수인 개수(個數)라는 것을 파악하는 데는 기본적으로는 이 형식으로 파악할 수밖에 없다. 수는 수학적 사고에게는 개념적 관계들의 표현에 다름 아니며, 그 관계들은 하나의 전체로 통합됨으로써 비로소 수 '그 자체'와 수의 영역 일반의 자기완결적이고 통일적인 구조를 나타내 보인다.

하지만 우리가 사고와 순수 이론적인 인식이라는 '양상'을 벗어나 수가 정신적 형성작용의 다른 영역들에서 겪는 형성과정을 고찰해본다면, 곧바로 수의 전적으로 다른 성격이 나타난다. 이미 언어의 고찰에 의해, 각각의 특정한 수가 단지 한 체계의 항을 의미하는 것이 아니라 아직 전적으로 개성적인 특징을 지니고 있는 수(數)형성의 단계가 있다는 사실이 제시된

• • •

87. 이에 관해 상세한 것은 나의 저서 *Zur Einsteinschen Relativitätstheorie*, Berlin 1921, S. 119 ff. 참조.

바 있다. 이 단계에서는, 수의 표상은 추상적인 보편타당성을 지니는 것이 아니라, 그 표상이 벗어날 수 없는 어떠한 구체적인 개별적 직관에 항상 토대를 두고 있다. 여기에서는 아직 어떠한 임의의 내용에도 적용 가능한 보편적 규정으로서의 수는 없고 수 '그 자체'도 없으며, 오히려 수에 대한 사고방식과 그 명명은 하나하나 셀 수 있다는 점으로부터 출발하고 어디까지나 이 직관과 결부된 채로 있다. 따라서 여기에서는 이 셀 수 있는 것의 내용상의 차이에 의해, 즉 특정한 수량에 늘 따라다니는 특수한 직관적 내용과 특수한 감정적 색조에 의해, 다양한 수들도 또한 전적으로 똑같은 형상으로서가 아니라 오히려 다양한 것으로서 차이화되어 말하자면 그 자체의 색조를 지닌 것으로서 나타난다.[88] 수가 지닌 이러한 독특한 감정적 색조와 또한 이것이 순수 개념적인, 추상적–논리적 규정과 이루는 대립관계는, 신화적 표상의 영역으로 눈을 돌리면 그 즉시 더욱 더 명확하고 첨예하게 나타난다. 신화는 순수 이념적인 것을 전혀 모르고, 또한 신화에게 내용들의 대등성이나 유사성이란 모두 내용들 간의 단순한 관계로서가 아니라 그 내용들을 연결시키고 서로 얽어매는 실재적인 끈으로서 나타나는바, ──이는 특히 수의 동등성의 규정에 들어맞는다. 두 개의 양(量)들이 서로 '같은 수'로 여겨질 때, 즉 두 양의 항과 항이 서로 일 대 일로 일의적으로 대응될 수 있음이 명백해질 때, ── 인식에서는 순수 이념적인 관계로서 나타나는 이 대응의 가능성을, 신화는 그 두 양들이 어떤 신화적 '본성'을 공유하고 있다는 것에 의해 '설명'한다. [172]동일한 수를 지니고 있는 것은 그 감성적인 외관이 아무리 다르다고 할지라도 신화적으로는 '동일'하다. 하나의 본질이 서로 다른 현상형식들 아래에 감추어져 은폐되어 있을 뿐이다. 이와 같이 수를 자립적인 존재와 힘으로 높이는 것은 신화적 '실체화'의 기본 형식의 특히 중요하고 특징적인 한 사례일 뿐이다.[89] 그런데 이로부터, 수에 대한

• • •

88. 이에 관해서는 제1권, S. 192 ff.를 참조
89. 이에 관해서는 이 책, 94쪽 ff.를 참조

신화적인 사고방식이 —— 공간이나 시간에 대한 사고방식과 마찬가지로 —— 보편성의 계기와 일관된 특수화의 계기를 동시에 포함하고 있음이 밝혀진다. 여기에서는 수는 결코 단순한 순서수(順序數)이거나 포괄적 체계 전체 내에서의 단순한 위치 표시인 것이 아니라 각각의 수가 그 고유한 본질, 그 고유한 개성적인 성질과 힘을 지니고 있는 것이다.[90] 하지만 바로 수가 지닌 이 개성적인 성질은, 그것이 단순한 경험적 지각에는 상호 전적으로 이질적인 것으로서 나타나는 다종다양한 존재방식들 속으로 스며들어갈 때, 그리고 그러함으로써 그것들을 서로 관여하게끔 하는 것인 한에서, 어떤 보편적인 것이 될 것이다. 이리하여 수는 신화적 사고에서도 어떤 일차적이고 기본적인 관계형식으로서 작용한다. 다만 여기에서는 바로 이 관계가 결코 단순히 관계로서 받아들여지는 것이 아니라 그 자체로 어떤 직접 현전하고 있는 것, 직접 효력을 발휘하는 것이라는 방식으로, 즉 독자적인 속성과 힘을 지닌 하나의 신화적 대상으로서 나타난다. 논리적 사고에게 있어 수가 어떤 보편적인 기능을 지니고 어떤 보편타당한 의미를 지니는 데 비해, 신화적 사고에게는 수는 철두철미 그 아래에서 파악되는 모든 것에 그 본질과 힘을 전하는 어떤 근원적인 '존재자'로서 나타나는 것이다.

하지만 이것에 의해 동시에, 이론적 사고와 신화적 사고라는 두 상이한 영역에서 수의 개념이 겪는 전개가 동일한 방향으로 수행되는 것은 아니라는 점도 명확해진다. 물론 둘 중 어느 영역에서도, 수의 개념이 감각이나 직관이나 사고의 더욱 넓어져가는 권역 위로 점차 더 확장되어가고, 마침내 의식의 거의 모든 영역을 자신의 영향권으로 끌어들여가는 과정을 추적할 수 있다. 하지만 거기에서 우리에게는 전적으로 다른 두 목표와 전적으로 다른 정신의 두 기본적 태도가 보여진다. 순수인식의 체계에서는 수는—— 공간이나 시간과 마찬가지로—— 주로 그리고 본질적으로 [173]현상들의 구체

• • •

90. 신화적 사고에서 낱낱의 수가 지닌 이러한 '개성적 외관'의 예에 대해서는 특히 Lévy-Bruhl, *Das Denken der Naturvölker*, S. 178 ff.에서 발견된다.

적 다양성을 그 '근거'인 추상적-이념적 통일성으로 되돌리는 작용을 한다. 즉 수의 통일성이야말로 감성적인 것이 비로소 지적인 것으로 형성되기 위한 매체인 것이다. 감성적인 것은 수를 통해 자기완결적인 하나의 우주로, 즉 순수하게 지적인 구조를 지닌 통일체로 총괄된다. 현상하는 모든 존재가 수에 관계되며 수 안에서 표현되는 것이다. 왜냐하면 이 관계와 이 환원이야말로 현상들 간의 일관되고 일의적인 **법칙성**을 만들어내기 위한 유일한 방법임이 명백하기 때문이다. 이리하여 인식, 즉 과학이 '자연'이라는 이름 아래에서 파악하는 모든 것은 최종적으로는 순수하게 수적인 요소들과 규정들로부터 구축되는 것이며, 이들 요소와 규정은 여기에서 단지 우연적인 모든 존재를 사고의 형식에, 즉 법칙적 필연성의 형식에 적합하도록 새로 만들기 위한 수단으로서 작용하고 있다. 신화적 사고에서도 또한 수는 그러한 정신화의 매개로서 나타난다. 하지만 여기에서는 이러한 정신화의 과정은 다른 방향으로 나아간다. 과학적 사고에서는 수가 근거 마련을 위한 중요한 도구인 데 비해, 신화적 사고에서는 종교 특유의 **의미부여**의 매체가 된다. 한편에서는 수는 모든 경험적 존재자를 순수 이념적인 연관과 순수 이념적인 법칙의 세계로 수용하도록 준비하며 이를 성취하기 위해 작용한다. 하지만 다른 한편에서 수는 현재 존재하는 모든 것, 직접적으로 주어져 있는 모든 것, 단순히 '세속적인' 모든 것을 '신성화(神聖化)'라는 신화적-종교적 과정 속으로 끌어들이는 것이다. 왜냐하면 어떠한 방식으로든 수에 관여하는 것, 자신에게서 특정한 수의 형태와 힘을 드러내는 것은 신화적-종교적 의식에게는 더 이상 한갓 하찮은 존재를 이끄는 것이 아니라 바로 그것에 의해 전적으로 새로운 의미를 획득한 것이 되기 때문이다. 여기에서는 전체로서의 수만이 아니라 하나하나의 개별 수가 말하자면 고유한 주술적 힘을 지닌 숨결로 둘러싸여져 있어, 이 숨결은 수와 결합되는 모든 것, 일견 아무래도 좋은 극히 보잘것없는 것에마저도 전해진다. 우리는 신화적 사고의 가장 낮은 영역에 이르기까지, 즉 주술적 세계관이나 원시적인 주술적 실천의 영역에 이르기까지, 수를 에워싼, 신성한 것에의 이러한 외경심을 감지할 수 있다. 왜냐하면 주술의 대부분은 수의 주술이기 때문이다. 이론과학의 발전에서도 또한, 수에 대한 주술적인 사고방식으로부터 수의 수학적인 사고방식으로의 이행은 극히 점진적으로밖에 행해지지 않았다. 천문학이 점성술에서, 화학이 연금술에서 유래하듯이, 인류의 사고의 역사에서 산술과 대수학도 또한 보다 오래된 주술적 형식의 수론(數論), 즉 [174]알마카발라(Almacabala)의 학에서 유래한다.[91] 그리고 참된 이론적 수학의 정초자들, 즉 피타고라스학파 사람들만이 수에 관한 두 가지 견해의 중간에 서 있었던 것이 아니라 근대에의 이행기인 르네상스 기에서조차도 우리는 일반적으로 동일한 정신적 혼합형태, 중간형태와 만난다. 여기에는 페르마나 데카르트와 나란히, 그 저서들에서 수의 주술적–신화적인 신비력을 논한 조르다노 브루노나 로이힐린이 있다. 한 인간 내에 두 가지 경향이 일치되고 있는 경우도 적지 않다. 가령 카르다노는 사고의 이 이중적 유형을 최고도로 특징적인 방식으로 그리고 역사적으로 보더라도 최고도로 자극적인 방식으로 나타내 보이고 있다. 물론 이들 모든 경우에서 그들이 만약 내용적으로나 체계적으로 적어도 하나의 특징적인 동기에서, 즉 어떤 정신적 기본경향에서 일치하고 있지 않다면, 여러 형식들의 이러한 역사적 혼합도 일어나지는 않았을 것이다. 이미 신화적인 수는 어떤 정신적 전환점에 서 있으며,——즉 그것은 직접적 세계관, 즉 감성적–사물적 세계관의 협소함과 속박으로부터 벗어나 보다 자유롭고 보편적인 전체적 관점으로 향하려 하고 있는 것이다. 하지만 여기에서 나타나는 새로운 보편을, 정신은 자기 자신의 창조물로서 파악하고 통찰할 수 없으며, 그것은 오히려 낯선 악령의 힘으로서 정신에 대립하는 것이다. 이리하여 필롤라오스조차도 '수의 본성과 그 힘'을 모든 인간의 작품이나 말들 그리고 모든 조형능력이나 음악 속에서만이 아니라, 모든 '악령적 및 신적인 사물'[92] 속에서 찾았던 것이며, 그 결과 여기에서는

• • •

91. 이에 대해서는 예를 들면, 맥 기의 관찰을 참조할 것. Mc Gee, Primitive numbers, *19th Annunal Rep. of the Bur. of Ethnol.*, Washington 1900, S. 825 ff.

92. Philolaos, fr. 11(Diels 32, B 11).

수가 플라톤에서의 에로스처럼 '위대한 중개자'가 되어 지상적인 것과 신적인 것, 죽기 마련인 것과 불사의 것이 이것을 통해 서로 왕래하고 통일적인 세계질서로 총괄되기에 이르는 것이다.

수의 신격화와 신성화의 이러한 과정을 낱낱이 추구하고 그 지적 및 종교적 동기를 하나하나 발견해보려고 하는 것, ── 물론 이는 무익한 시도인 것으로 보인다. 왜냐하면 언뜻 보기에 거기에서 보여지는 것은, 모든 고정된 규칙을 비웃는 신화적 환상의 자유로운 유희에 지나지 않는 것으로 생각되기 때문이다. 개개의 수가 '신성성'이라는 그 특수한 성격을 갖게 되는 어떤 선택의 원리, 즉 그 근거는 이제는 그 이상 추궁될 수 없는 것으로 보인다. 왜냐하면 어떠한 수도 무차별적으로 신화적인 해석이나 숭배의 대상이 될 수 있기 때문이다. [175]기수(基數)의 계열을 취해 보면, 도처에서 그러한 신화적-종교적 실체화와 만나게 된다. 일, 이, 삼에 대한 그러한 실체화의 예는 자연민족의 사고에서만이 아니라 오늘날의 모든 문화적 대(大)종교들에서도 명백하게 보여진다. 일자(一者)가 자신으로부터 걸어 나와 '타자(他者)', 즉 제2의 것이 되고, 종국에는 제3의 자연 속에서 다시금 자신을 결합시킨다 ── 라는 이러한 문제는 인류의 참된 정신적 고유재산인 것이다. 이 문제의 순수한 사상적 표현은 사변적 종교철학에서 비로소 등장하고 있지만, '삼위일체의 신'이라는 관념이 보편적으로 널리 미치고 있다는 점 역시, 이 관념에는 무언가 궁극적이고 구체적인 감정의 기반이 있어서, 이 관념이 여기로 되돌아오고 또 여기로부터 거듭 새로이 발현하고 있음에 틀림없다는 것을 말해준다.[93] 처음의 3의 수에, 4가 이어지지만, 이 4의 보편적인 종교적-우주적 의미에 관해서는 특히 북아메리카의 여러 종교들에서

- - -

93. '삼위일체'의 관념이 종교적 발전의 아주 원시적 단계로부터 발견된다는 것은 Brinton, *Religions of primitive peoples*, S. 118 ff.에서 강조되어 있지만 그러나 그가 그것을 순수하게 논리적인 기본적 사실, 즉 기본적 '사고법칙'의 형식과 특성으로 소급하려고 하는 한에서, 그는 이 사실에 너무나 추상적인 설명을 찾고 있는 셈이다. (더 나아가 이 책 230쪽 ff.를 참조할 것.)

그 증언이 보여진다.[94] 이와 동일한 존엄은 훨씬 더 높은 강도로 7에도 해당되는데, 이 숫자는 인류의 가장 오래된 문화 발상지 메소포타미아로부터 모든 방향으로 퍼져나가고 있으며, 바빌로니아-아시리아의 종교나 문화의 영향이 전혀 입증되지 않거나 또는 영향이 있을 것 같지 않은 곳에서도 7이 특별히 '신성한' 수로서 나타나고 있다.[95] 그리스 철학에서도 또한, 7에는 이러한 신화적-종교적 기본성격이 부착되어 있다. 필롤라오스의 것으로 여겨지는 한 단편에서, 7은 어머니 없이 태어난 젊은 처녀 아테나에 비유되어, "만물의 지도자이자 지배자로서, 신으로서, 유일하고, 영원히 존속하고, 움직이지 않고, 자기 자신과 동일하고, 다른 모든 것과는 상이하다"고 말해지고 있다.[96] 그 이후 그리스도교적 중세에서도 교회의 신부들은 7을 충만과 완성의 수, 진정 보편적이고 '절대적인' 수로 생각하고 있었다. "septenarius numerus est perfectionis[7은 완전성의 수이다]."[97] 하지만 예로부터 ¹⁷⁶이 점에서 7과 경쟁해왔던 것은 9이다. 그리스인의 신화와 제사에서는 게르만의 신앙관념의 영역에서와 마찬가지로 7의 주기와 나란히, 9의 주기나 9일로 이루어진 주간이 나타난다.[98] 더 나아가, '단순한' 수에 어울리는 동일한 성격이 합성된 수에도 옮겨져서 ― 예를 들면, 3, 7, 9, 12라는 수들만이

• • •

94. 이 책 228쪽을 참조할 것.

95. 7을 '신성한 수'로 여기는 의미와 분포에 대해서는 특히 Franz Boll 이 쓴 항목 '요일 (Hebdomas)', in: *Pauly-Wissowas Reallexikon des klassischen Altertums*, Bd. VII, Sp. 2547 ff.를 참조할 것. 또한 Ferd. v. Andrian, *Die Siebenzahl im Geistesleben der Völker, Mitteilungen der Anthropol. Gesellschaft in Wien*, Bd. XXXI, Wien 1901도 참조할 것.

96. Philolaos, fr. 20(Diels 32, B 20).

97. 이에 대한 예는 Jos Sauer, *Symbolik des Kirchengebäudes*, S. 76. 및 Boll, *Dei Lebensalter*, Leipzig 1913, S. 24 f.에서 보여진다.

98. W. H. Roscher, Die enneadischen und hebdomadischen Fristen und Wochen der ältesten Griechen u. Die Sieben- und Neunzahl im Kultus und Mythus der Griechen(*Abh. der Kgl. Sächs. Ges. der Wiss.*, Philol.-histor. Kl., XXI, 4; XXIV, 1.)을 참조할 것. 게르만 종교들에 관해서는 Karl Weinhold, Die mythische Neunzahl bei den Deutschen, *Abh. der Berlin. Akad. d. Wiss.*, 1897을 볼 것. 점성술에서의 7일 주기 및 9일 주기에 관해서는 Bouché-Leclercq, *L'astrologie grecque*, Paris 1899, S. 458 ff., 476 ff.를 볼 것.

아니라 그것들을 서로 곱한 수에도 특수한 신화적-종교적 힘이 귀속된다는 것을 고려한다면, 결국 이러한 관점의 권역에 그리고 '신성화'의 과정에 끌어들여질 수 없는 수의 규정은 거의 없다는 것이 명백해진다. 바로 여기에서 신화적 형성충동에 무제한적인 활동공간이 열려지는바, 즉 거기서 이 충동은 어떠한 고정적인 논리규범에 의해서도 또한 어떠한 '객관적' 경험법칙에의 고려에 의해서도 묶이는 일 없이, 자유로이 움직일 수 있는 것이다. 수가 과학에게는 진리의 규범이 되고, 엄밀하게 '합리적인' 모든 인식의 조건이자 준비가 되는 데 비해, 여기에서는 수가 이 영역에 들어오는 것, 이 영역과 서로 접촉하여 이 영역에 의해 관철되는 것 모두에 신비——이성의 측심연(測深鉛)이 더 이상 닿지 않는 듯한 깊이를 지닌 신비——의 성격을 새겨 넣는 것이다.

하지만 그렇다고 해도, 신화적 사고의 다른 영역에서와 마찬가지로, 일견 불가해한 착종을 보이는 신화적-신비적인 수의 교설 내에서도, 전적으로 명확한 정신의 윤곽을 인지하고 그 특징을 지적할 수 있다. 여기에서도 또한, 단순한 '연상'의 충동이 아무리 무제한적인 힘을 발휘하더라도, 여전히 형성작용의 주요행로와 부차행로가 구별된다. 즉 여기에서도 또한, 수의 신성화 및 그와 함께 세계의 성화(聖化)의 과정을 규정하고 있는 어떤 전형적인 방침이 점차로 두드러진다. 언어적 사고에서 수 개념이 거쳐나간 전개를 되돌아본다면, 우리는 이 방침을 인식하기 위한 확고한 입각점을 이미 가지고 있는 셈이다. 언어적 사고에서는 수량적인 관계의 모든 정신적인 파악과 표시가 항상 어떤 구체적-직관적인 기초로 되돌아가도록 지시하며, 수와 그 의미에 대한 의식이 생기는 주요영역은 공간의 관점, 시간의 관점 그리고 '인칭'의 관점이라는 사실이 명확하게 된 바 있지만,[99] 177우리는 이와 유사한 분절화를 신화적인 수론(數論)의 발전 속에서 추정해도 좋을 것이다. 만일 우리가 개개의 '신성한 수'에 부착되어 있는 감정적 가치를 그 기원에까지

• • •
99. 이에 관해서는 제1권 S. 187 ff., 203 ff.를 볼 것.

거슬러 추구하고 그 참된 근원을 밝혀내고자 한다면, 거의 언제나 그것이 신화적 공간감정, 신화적 시간감정, 신화적 자아감정의 독자성에 기초를 두고 있음이 밝혀진다. 공간에 관해 말하자면, 신화적인 사고방식에 있어서는, 개개의 방위와 방향 자체가 아주 명확한 종교적 가치의 강약을 띠고 있을 뿐만 아니라 이들 방향 전체에도, 즉 이들 개개의 방향이 그것에 연결되어 있다고 생각되는 바로 그 전체에도 그러한 강약이 부착되어 있다. 북과 남, 동과 서가 세계의 '근본 지점들'로서 구별되는 곳에서는, 이 특수한 구별이 세계의 내용이나 세계의 사건의 그 이외의 모든 분절 내지 배열을 위한 범형이 되고 모범이 되는 것이 통례이다. 그리고 이제 4는 특별한 '신성한 수'가 된다. 왜냐하면 거기에서 바로 모든 개별적 존재와 우주의 기본형식 간의 연관이 표현되어 있기 때문이다. 어떠한 실제적인 사지적(四肢的) 분절을 보이는 것은, ── 그 분절이 감성적 관찰에 직접적으로 확실한 '현실'로서 떠오르는 것이든 특정한 방식의 신화적 '통각'에 의해 순수한 이념으로서 가능하게 된 것이든 ── 그러함과 더불어 저절로 그리고 마치 내적인 주술적 끈에 의한 것처럼 공간의 특정 부분들에 부착되어 나타난다. 신화적 사고에서 볼 때, 여기서 일어나고 있는 것은 단순한 간접적인 이행이 아니다. 신화적 사고는 직접적 명증성을 띠고서 어느 한쪽 내에서 다른 한쪽을 보는 것이다. 그것은 저마다 특수한 4라는 것 속에서 우주적인 4의 보편적 형식을 파악하는 것이다. 4가 이러한 기능을 지니고 나타나는 것은 단지 북아메리카의 많은 종교들에서만이 아니다.[100] 중국의 사고에서도 그러하다. 중국의 사상체계에서는 동서남북이라는 네 주요방위 각각에 특정한 계절, 특정한 색, 특정한 원소, 특정한 동물, 인체의 특정기관 등이 대응하며, 최종적으로는 존재의 다양성 전체가 이 관계에 의해 그 어떤 방식으로 분할되고 직관의 어떤 특정영역으로 *178*말하자면 고정되며 정착되고 있는

• • •

100. 이에 대한 실례는 Buckland, Four as a sacred number, *Journ. of the Anthropol. Instit. of Great Britain*, XXV, 96 ff. 및 Mc Gee, *Primitive numbers*, a. a. O., S. 834를 참조할 것.

것으로 보인다.[101] 4라는 수에 대한 이와 동일한 상징체계는 [북아메리카 인디언의 한 부족인] 체로키 족에게서도 보여지는데, 거기에서도 또한 마찬가지로 세계의 네 '근본 지점들'에, 특수한 색, 특수한 활동, 또는 특수한 운명적 상태, 가령 승리, 패배, 병, 죽음 등이 배속되어 있다.[102] 그리고 신화적 사고는 그 특성으로 보아, 이러한 모든 관계나 배속을 결코 그 자체로서 파악하거나 말하자면 추상적으로(in abstracto) 고찰하는 데에 만족하지 못하고, 오히려 이들 관계나 배속을 진정으로 확인하기 위해 이것들을 하나의 직관적인 형상으로 총괄하고 또한 이것들을 이 형체 속에 감각적이고 형상적으로 자신 앞에 제시하지 않을 수 없다. 이리하여 4에 대한 숭배가 십자형(十字形)의 숭배로 명백하게 나타나는바, 이것이야말로 가장 오래된 종교적 상징 중 하나라는 점이 증명되어 있다. 십자형의 가장 오래된 형태인 卍의 모양으로부터 십자의 직관 속으로 그리스도교 교의의 내용 전체를 끌어넣은 중세의 사변에 이르기까지, 이 상징에서는 종교적 사고에 공통된 기본적 방향이 추적될 수 있다. 중세에 십자의 네 끝부분을 하늘과 대지의 네 방위와 동일시하고 동서남북을 그리스도교적 구원사의 특정 단계들에 연결지었던 것은 명확한 우주적-종교적인 근원 동기의 부활이었다.[103]

뿐만 아니라, 방위의 제사로부터 4의 수에 대한 숭배와 똑같이, 5와 7의 수에 대한 숭배도 발전해왔다. 동서남북의 네 방위와는 별도로, 부족이나 민족이 자신에게 할당된 터전을 마련해야 하는 장소로서 세계의 '중심'이라는 것이 고려되고, 더 나아가 위와 아래, 천정(天頂)과 천저(天底)가 그

- - -

101. 이에 대해서는 de Groot, *Universismus*, S. 119; *The religious system of China* I, 316 ff. 또한 상세한 것은 나의 시론 Begriffsform im mythischen Denken, S. 26, 60 f.를 참조할 것.

102. Mooney, Sacred formula of the Cherokees, *Seventh Annunal Rep. of the Bur. of Ethnology* (Smithson. Inst.), S. 342를 참조할 것.

103. 이에 관해 상세한 것은 Joseph Sauer, *Symbolik des Kirchengebäudes* 내의 "Symbolik der Himmelsrichtungen", S. 87 ff.를 참조(이 책 162쪽 f.를 참조할 것). 卍의 의미와 분포에 대해서는 특히 Thomas Wilson, *The Swastika, the earliest known symbol and its migrations*, Washington 1906을 참조할 것.

특수한 신화적-종교적인 선별을 거치게 된다. 이러한 공간적-수적인 분절로부터 예를 들면 주니 족의 경우 '칠두정체(七頭政體)'의 형식이 생겨나온 것으로, 이것은 그들의 세계상을 이론적으로나 실천적으로, 지적 견지에서나 ¹⁷⁹사회학적 견지에서 공히 규정하고 있다.[104] 그 이외의 곳에서도 특히 7의 수의 주술적-신화적 의미는, 우주의 특정한 기본적 현상이나 기본적 표상과의 연관이 도처에서 아직도 명료하게 추적되고 있는 사실의 근거가 되고 있다. 하지만 여기에서 즉시 명확하게 되는 것은, 신화적 공간감정이 신화적 시간감정과 불가분하게 결합되어 있다는 점, 그리고 이 양자가 공히 수에 대한 신화적인 사고방식의 출발점이 되고 있다는 점이다. 신화적인 시간감정의 하나의 기본적 성격으로서 이미 밝혀졌던 것은 '주관적' 계기와 '객관적' 계기가 아직 불가분적으로 병존하며 서로 삼투되어 있다는 점이다. 여기에 있는 것은 어떤 독특한 '국면감정', 사건 자체의 단계적인 구분에 대한 감각뿐이며, 이 사건이 두 개의 다른 절반들, 즉 '안'과 '밖'으로 분열하고 있지는 않다. 따라서 신화적 시간은 항상 자연적 과정의 시간으로서 생각됨과 동시에 생명과정의 시간으로서도 생각되고 있다. 그것은 생물학적-우주적 시간인 것이다.[105] 그리고 이 이중성이 이제 수에 대한 신화적 사고방식에서도 공유된다. 신화적인 수 하나하나는, 그것이 근거해 있고 또 끊임없이 거기로부터 새로운 힘을 길어내는 대상적 직관의 특정영역을 지시하고 있다. 하지만 이 대상이 되는 것 자체는 이 경우 결코 단순히 사상적(事象的)-사물적인 것이 아니라 독자적인 내적 생명으로 가득 차 있으며, 그 생명은 아주 명확한 리듬에 따라 움직이고 있다. 이 리듬은 어떠한 개별적 변화도 넘어 관철된다. 즉 개별적 변화가 제아무리 다양한 모습으로 진행되든 간에 또한 그것이 신화적 공간 내의 아무리 서로 멀리 떨어진 지점들에서 일어나든 간에, 그 리듬은 관철되는 것이다. 우주적 사건의

• • •

104. Cushing, *Outlines of Zuñi Creation Myths.* (이 책 150쪽을 참조할 것.)
105. 이 책 170쪽 ff.를 참조할 것.

이 보편적 주기가 일어나는 것은 무엇보다도 월상(月相)[106]에서이다. 달은
── 많은 인도-게르만 족어와 셈 족어 및 함 족어권 내에서의 달의 명칭이
이미 보여주고 있듯이[107] ── 일반적으로 시간의 분할자, '측정자'로서 나타
난다. 하지만 이것으로 그치는 것은 아니다. 왜냐하면 자연과 인간 존재에서
의 모든 생성 변화는 어떠한 방식에서든 달과 관계되어 있는 것만이 아니라
'기원'으로서의, 질적인 근거로서의 달에서 유래한다고 여겨지기 때문이다.
주지하듯이, 이러한 태고의 신화적 직관이 근대의 [180]생물학적 이론에서도
유지되고 계승되며, 그것과 함께 7이라는 수가 다시금 모든 생명을 지배하는
통치자라는 보편적인 의미를 획득하고 있다.[108] 7의 수에 대한 숭배가 일곱
행성에 대한 제사와 결부되는 것은 비교적 이후 시대, 그리스-로마의 점성
술의 시대에서부터이며, 처음에는 7일의 주기나 주간은 그러한 관계를 보이
지는 않고, 오히려 28일로 되어 있는 한 달의 자연스럽고 말하자면 직관에
저절로 나타나는 네 분할로부터 생겨나고 있다.[109] 따라서 여기에서 7의
수의 신성화와 그것을 '완전수(完全數)', '충만과 전체성'의 수로 보는 사고방
식의 기반이 어떤 전적으로 특정한 직관영역에 놓여있는 것은 분명하되,
그럼에도 이 직관영역이 유효하게 작용하는 것은 그것이 신화적 사고, '구조
적' 사고의 형식과 특성에 의해 전진적으로 확장되고 결국 그것이 모든
존재와 사건을 아우르는 곳에까지 확대되는 데에 따른 것이다. 우리가 가령

• • •

106. [역주] 달의 위상(位相)이나 월령(月齡)에 따라 달 표면의 빛나는 부분이 변하는 모양.
107. 인도-게르만어들과 이집트어에서 달을 시간의 '측정자(測定者)'로 부르는 것에 대해서는
    W. H. Roscher, *Die ennead. u. hebdomadischen Fristen u. Wochen bei den ältesten Griechen*,
    S. 5를 참조할 것. 또한 셈 족어들에 대해서는 Joh. Hehn, *Siebenzahl und Sabbat bei den
    Babyloniern u. im alten Testament*, Leipzig 1907, S. 59 ff.를 볼 것.
108. 이에 관해서는 Wilhelm Fliess, *Der Ablauf des Lebens*, Wien 1906; Hermann Swoboda,
    Das Siebenjahr, Untersuchungen über die zeitliche Gesetzmäßigkeit des Menschenlebens, Wien
    u. Leipzig 1917을 참조.
109. 이 문제를 결정하는 데 긴요한 자료는 모두 Boll이 집필한 항목 'Hebdomas[요일]',
    in: *Pauly-Wissowa*에 집성되어 있다. 또한 Roscher, *Ennead. Fristen*, S. 71 ff. 및 Hehn, a.
    a. O., S. 44 ff.를 볼 것.

7의 수에 대한 위(僞)-히포크라테스의 글에서 7이 우주를 구성하는 참된 수라는 주장과 만나는 것도 이러한 의미에서이다. 즉 7은 우주의 일곱 영역에서 작용하며 활동하고, 바람과 계절과 연령의 수를 규정하는가 하면, 인체 기관들의 자연적 분절이나 인간 영혼의 힘의 배분도 이것에 기초를 두고 있다.[110] 그리스의 의학에서 시작된 7의 수의 '생명력'에 대한 신앙은 그 후 중세와 근대의 의술에까지 계승되고 있다. 이 신앙에서는 7년마다 '갱년기'가 도래하며, 또한 7년마다 체액의 혼합도나 신체와 영혼의 기질에 결정적 전환이 초래된다고 여겨지고 있다.[111]

[181]지금까지 고찰해온 사례들에서는 항상 어떤 특정한 객관적 직관영역이 특정한 수의 신성화의 출발점이자 기반이 되어 있었지만, 그러나 우리는 이미 고찰된 수의 관계의 언어적 표현을 떠올려봄으로써 이러한 객관적인 계기만이 독점적으로 그것을 규정하고 있는 것은 아니라는 사실을 이미 예상할 수 있다. 수의 의식이 성숙하는 것은 오로지 외적 사물의 지각이나 외적 사건의 경과의 관찰에 의해서만 일어나는 것은 아니다. 오히려 그것의 가장 강력한 근원의 하나는 주관적-인칭적 존재, 즉 나, 너, 그의 관계가

• • •

110. 상세한 것은 Roscher, Die Hippokrat. Schrift von der Siebenzahl, *Abh. der Kgl. Sächs. Ges. d. Wissensch.* XXVIII, 5, Leipzig 1911. 특히 S. 43 ff.

111. 고대 의술의 '갱년기(更年期, klimakterische Jahre)' 이론과 그 보급에 관해서는 Boll, *Die Lebensalter*, S. 29 ff. 를 볼 것. 또한 Bouché-Leclercq, *L'astrologie grecque*, S. 526 ff.도 참조할 것. 또한 우리가 신화적 시간관의 기본적 구성요소로서 인정했던 독특한 신화적 '국면감정'은, 생(生)을 이와 같이 분절(分節)할 때에 서로 명확히 구별되는 각각의 특징적인 시기들에만 머물지 않고, 태어나기 이전의 시기에까지도 소급되는 일이 예사이다. 태아의 성장에서도 이미 동일한 규칙적 리듬이 지배하며, 그 후 이것은 출생한 뒤에도 그 사람을 존재의 전체에 걸쳐 계속 지배하고 있다. 특히 셈 족계 종교들의 권역에서 40이라는 수에 대한 숭배는 모태 속에서의 태아의 성장에 대한 이러한 관점에서 유래하는 것으로 보인다. 이 40이라는 수의 의미는, 아마도 로셔가 지적했듯이, 280일로 정해져 있는 임신기간을 일곱 등분한 40일씩의 기간으로 보아, 그 기간 각각에 태아의 성장과 성숙의 전(全) 과정에서의 제각각의 특징적인 기능을 할당하는 사고방식에 기초를 두고 있다. Roscher, Die Zahl 40 im Glauben, Brauch u. Schrifttum der Semiten, *Abh. der Kgl. Sächs. Ges. d. Wiss.* XXVII, 4, Leipzig 1909, S. 100 ff.를 참조할 것.

이끌어가는 저 기본적 구별에 있다. 언어는 양수(兩數), 삼수(三數)[112]의 예나 '포함적' 및 '배제적' 복수(複數)의 형식을 실마리로 하여, 특히 2의 수, 3의 수가 이 영역에 관계되며 이들 수의 표현이 이 영역에 의해 규정되어 있음을 보여준다(제1권, S. 203 ff. 참조). 그리고 이제 전적으로 유사한 관찰이 신화적 사고의 영역에서도 행해질 수 있는 것으로 보인다. 우제너는 신화적 수론의 근거를 마련하고자 한 삼수(三數)에 대한 자신의 저작에서 다음과 같은 생각을 주장하고 있다. 즉 유형적인 수에는 두 그룹이 있어서, 한쪽은 시간의 파악방식이나 분절화에서 유래하고 다른 한쪽은——이것에는 특히 2와 3이 속한다——이것과는 다른 기원에서 유래한다는 것이다. 그는 더 나아가, 원시문화의 시대에서는 3이 수열의 최종항을 이루고 있었고 또 이로부터 3이 완성의 표현이자 절대적 전체성 자체의 표현이 되었다는 점에서, 3의 신성성과 그 신화 특유의 특성의 근거가 마련된다고 생각했지만, 3의 개념과 무한의 개념 사이에 결국 순수 지적이고 사변적인 결합을 상정하는 이 이론에 대해서는 물론 민족학적 입장으로부터 중대한 이의가 제기되어 있다.[113] 하지만 그럼에도 불구하고 '신성한' 수를 두 가지 다른 그룹으로 나누어 [182]그 상이한 정신적-종교적 기원을 지시한 것은 여전히 정당하다. 특히 3과 관련해볼 때 종교적인 기본적 표상의 역사가 시사하고 있는 바는, 거의 도처에서의 고도로 발달된 종교적 사변에서 3이 도달하는 순수 '예지적'인 의미는 다른 식의, 말하자면 소박한 관계에서 생겨난 후세의 간접적 소산이라는 사실이다. 종교철학이 신의 삼위일체의 비밀에 침잠하여 성부 성자 성령의 3위격(位格)으로 그 통일성을 규정하는 데 비해, 종교사가 전하고 있는 바는 이 3위격 자체가 원래는 전적으로 구체적으로 파악되고 감지된다는 점, 즉 거기에 나타나고 있는 것은 전적으로 특정한

• • •

112. [역주] 여기서 삼수(三數)는 대명사 등의 어형에서 단수, 양수, 복수 등 3수를 모두 나타내는 경우를 일컫는다.

113. Usener, *Dreiheit*(Rheinisches Museum N. F., Bd. LVII에 처음 수록됨). 우제너의 이론에 대한 민족학적 비판으로는 Lévy-Bruhl, *Das Denken der Naturvölker*, S. 180 ff.가 있다.

"인간생활의 자연형식"이라는 점이다. 성부 성자 성령의 사변적인 3위격 아래의 얇은 막을 통해서 오히려 아버지 어머니 아들이라는 자연적 3조(組)가 자주 비쳐 보이기 마련이다. 특히 셈 족의 종교권 내에서의 신적 3조의 형성에서는 이 기본적 직관이 아직 뚜렷하게 식별될 수 있다.[114] 이 모든 실례들에 의해, 수를 정신의 영역의 하나의 기본력으로서 그리고 인류의 자의식의 구축에서의 하나의 기본력으로서 출현하게끔 하는, 저 독특한 수의 마력(Magie)이 입증되는 셈이다. 수는, 의식의 다양한 기본적 능력들이 접합하여 하나의 혼융체가 되기 위한, 즉 감각, 직관, 감정이라는 다양한 권역이 하나의 통일체로 총괄되기 위한 접착제임이 증명된다. 여기에서는 피타고라스학파 사람들이 조화에 할당한 기능이 수에 할당되게 된다. 그 기능이란 "혼합된 많은 사물들을 통일하는 것이며, 상이하게 어울리는 것들을 합치시키는 것이다."(πολυμιγέων ἔνωσις καὶ δίχα φρονεόντων συμφη ρόνσις, 필롤라오스, 단편 10) 수는, 자신 아래에서 사물들을 결합한다기보다는 오히려 사물들을 "영혼 내에서 공명하도록 하는" 주술적인 끈으로서 작용하는 것이다.

● ● ●

114. 이에 대한 예증은 현재 Ditlef Nielsen의 연구논문 Der dreieinige Gott in religionshistorischer Beleuchtung, Bd. I: *Die drei göttlchen Personen*, Kopenhagen 1922에 집성되어 있다.

제 3 부

생활형식으로서의 신화

신화적 의식에서의 주관적 현실의 발견과 규정

제1장

자아와 영혼

[185] 만약 자아의 개념과 영혼의 개념이 모든 신화적 사고의 **출발점**을 이룬다는 널리 유포된 견해가 정당하다면, 신화 속에서 주관적 현실이 처음 **발견된다**고 말하는 것은 가능하지 않을 것이다. 타일러가 그 기초적인 저작에서 신화형성의 기원은 '애니미즘'이라는 이론을 주장한 이래, 이 이론은 더욱 더 신화연구의 확실한 경험적 핵심이자 경험적 준칙임이 입증되어온 것으로 보인다. 분트(Wundt)의 민족심리학적 고찰도 또한 이 사고방식에 기초를 두고 있다. 즉 이 고찰도 모든 신화적인 개념과 표상을 근본적으로는 영혼표상의 변종으로 간주하고 있고, 따라서 이 영혼표상은 신화적 세계관의 목표가 아니라 이미 주어져 있는 전제가 되어 있는 것이다. 그리고 이른바 '전(前)애니미즘' 이론에 의해 시작된, 이 관점에 반대하는 운동조차도, 단지 신화적 세계의 사실적 상황에다 애니미즘적 해석에서는 유념되지 않았던 몇몇 새로운 특징을 첨가하려고 했을 뿐 해명의 원리 자체를 거론하고 있지는 않다. 왜냐하면 이 운동에서는, 신화적 사고나 신화적 표상작용의 어떤 근원적 기층들, 특히 가장 원시적인 주술적 관행에 있어 영혼이나 인격의 개념이 불가결한 조건으로서나 또 본질적 구성성분으로서도 간주되고 있지는 않지만, 그렇더라도 그러한 원시적인 기층을 일단 넘어선 신화적

사고의 모든 내용과 형식에 있어 이들 개념이 지닌 중요성은 대체로 인정되고 있기 때문이다. 그러므로 신화는──타일러 이론을 전(前)애니미즘 식으로 전환시킨 입장을 취해본다고 할지라도──그 구조와 기능 전체로부터 보자면 사건이라는 '객관적'인 세계를 말하자면 '주관적'인 세계로 되감아서, 그것을 이 주관적 세계의 범주에 따라 해석하려고 하는 시도에 다름 아닐 것이다.

[186]그러나 민족학, 민족심리학 측으로부터 아직 여전히 본질적인 반박이 가해져있지 않은 이러한 전제도, 우리가 그것을 우리의 보편적인 기본문제의 연관 속에서 고찰하자마자 중대한 의구심이 제기된다. 왜냐하면 개개의 상징형식들의 발전을 일별한 것만으로도 도처에서 우리에게는 다음과 같은 사실이 보여지기 때문이다. 즉 상징형식의 본질적인 작용은, 외적 세계를 내적 세계에 모사하거나 또는 이미 완성되어 있는 내적 세계를 단지 외부에 투영시키는 데에 있는 것이 아니라 오히려 상징형식들 속에서 그리고 상징형식들의 매개에 의해 비로소 '안'과 '밖', '자아'와 '현실'의 두 계기가 그 규정을 받으며 서로의 상반된 경계를 얻게 된다는 점이 그것이다. 이러한 상징형식들 각각이 자아와 현실의 어떤 정신적인 '합의'를 포함하고는 있지만, 그럼에도 이는 결코 자아와 현실 양자가 거기에서 이미 일정한 크기를 지닌 양──즉 이미 완성되어 자존해 있는 '절반들'──으로 간주되고 이것들이 나중에 결합해서 하나의 전체로 합쳐진다는 의미로 이해되어선 안 된다. 오히려 모든 상징형식의 결정적인 작용은 자아와 현실 사이의 경계를 이미 결정적으로 확정된 것으로서 전제하는 것이 아니라 상징형식들 스스로 이 경계를 비로소 설정하는 데에 있는 것이며, 게다가 각각의 기본형식이 그 경계를 다른 식으로 설정한다는 데에 있는 것이다. 이러한 일반적인 체계적 고찰로부터 이미, 우리는 신화에 대해서도 또한, 그것이 자아나 영혼이라는 기성개념을 단서로 해서 출발하는 것도 아니며 또한 객관적인 존재나 사건에 대한 기성의 이미지로부터 출발하는 것도 아니라, 오히려 신화는 이 양자를 처음으로 획득해야 하고 자신의 손으로

비로소 형성해야만 하리라는 점이 인정될 것이다.[1] 그리고 신화적 의식의 현상학은 실제로 이 체계적 추정에 일관된 확증을 제공하고 있다. 이 현상학의 틀을 넓혀 그 기반과 기층으로 깊이 파고들어가려 하면 할수록, 신화에 있어서의 영혼개념은 파악되는 모든 것이 무리하게 끼워 넣어지는 기정의 고정된 형판(型板)이 아니라 오히려 유동적이고 가소적(可塑的)인, 변형되기 쉽고 조형되기 쉬운 요소, 사용하고 있는 사이에 말하자면 손 안에서 변화해 가는 요소를 의미하는 것임이 더욱 더 분명해진다. 형이상학, 즉 '합리적 심리학'이 영혼의 개념을 마치 이미 취득된 재산처럼 마음대로 다루면서 이것을 특정한 불변적 '속성들'을 지닌 하나의 '실체'로 간주하는 데 대해, 신화적 의식은 그것과 정반대의 태도를 보여준다. [187]형이상학이 통상 '영혼' 개념의 분석적 징표들로서 간주하는 속성이나 특성, 즉 그 통일성이나 불가분성, 그 비물질성이나 지속성이 신화에서는 결코 처음부터 영혼 개념과 필연적으로 결합되어 나타나는 것은 아니다. — 이러한 특성들 모두는 신화적 표상작용이나 신화적 사고의 과정에서 지극히 점진적으로, 실로 다양한 단계를 거쳐 비로소 획득된 것임에 틀림없는 특정 계기들을 나타내고 있는 데 지나지 않는다. 이런 의미에서 영혼의 개념은 신화적 사고의 출발점이라고 말하는 것과 거의 동등한 권리에서 그 종결점이라고 말할 수도 있다. 신화적 사고의 출발점인 동시에 종결점이라는 바로 그 점에서야말로 영혼이라는 이 개념의 내용과 그 정신적인 폭이 놓여 있다. 이 개념은 우리를 끊임없는 진행 속으로, 신화적 의식의 한 극단에서 다른 극단으로 미치는 형태화작용의 부단한 연관 속으로 끌어들인다. 영혼의 개념은 가장 직접적인 것으로서 나타나는 동시에 가장 간접적인 것으로서도 나타나는 것이다. 신화적 사고의 초기에는 '영혼'은 사물로서, 즉 매우 잘 알려져 있고 자연적인 존재자와 거의 동일하게 손에 잡을 수 있는 것으로서 나타나 있다. 그러나 이 사물적인 것에 어떤 전환이 일어나고, 그것에 점차 정신적 의미내용이

• • •

1. 이에 관해서는 특히 제1권. S. 23ff. 참조.

덧붙여지며 그 풍부함을 늘려나가 마침내는 영혼이 정신성 일반의 고유한 '원리'가 된다. 결코 단번에가 아니라 조금씩 그리고 수많은 간접적인 경로를 거쳐서 '영혼'이라는 신화적 범주로부터 자아라는 새로운 범주, 즉 '인격'이나 인격성이라는 관념이 생겨나는 것이다. 하지만 이 자아 관념은 그것이 극복하지 않으면 안 되는 다양한 저항들 하에서야말로 비로소 그 독자적인 내용을 완전히 나타낸다.

물론 이 과정에서 중요한 것은 단순한 반성과정, 즉 순수하게 관찰에 의해 얻어지는 성과가 아니다. 중심 문제가 되는 것은 단순한 관찰이 아니라 오히려 행위이며, 이것이야말로 인간에게 현실이 정신적으로 조직화되는 때의 출발점이 되는 것이다. 여기에서 우선 객관적인 것과 주관적인 것의 영역, 즉 자아의 세계와 사물의 세계가 구별되기 시작한다. 행위의 의식이 전진해감에 따라 이 구별은 한층 더 선명하게 두드러지며, '자아'와 '비아'의 경계가 더욱 더 명확하게 나타난다. 따라서 신화적 표상세계도 바로 그 최초의 가장 직접적인 형식에서는 **활동**의 세계와 지극히 밀접하게 결부되어 있다. 바로 여기에서야말로, 활동의 분위기로 넘쳐났던 주술적 세계관, 아니 그뿐만 아니라 주관적인 감정과 충동의 세계를 감각적–객관적인 존재 속으로 옮겨놓고 바꿔 넣은 것에 다름 아닌 주술적 세계관의 핵심이 있는 것이다. 인간이 [188]독자적이고 자립적인 것으로서의 자기 자신을 사물들에 대립시키는 최초의 힘은 소망의 힘이다. 소망 속에서는 인간은 세계나, 사물의 현실성을 단순히 수용하는 것이 아니라 자신에게 이것을 적극적으로 구축한다. 소망 속에서 일어나는 것이야말로 존재를 **형성하는** 능력의 가장 원초적인 의식이다. 그리고 이 의식이 모든 '내적' 직관과 '외적' 직관에 침투함으로써 이제 모든 존재가 이 의식에 의해 지배되어 있는 것으로 보인다. '관념의 전능'과 '소망의 전능'에 끝내 따르지 않아도 될 법한 어떠한 존재도 또 어떠한 사건도 없다.[2] 이리하여 주술적 세계관에서는 자아가

- - -
2. 이 '관념의 전능(Allmacht des Gedankens)'이라는 용어가 주술적 세계관의 특징을 나타내는

현실에 대해 거의 무제한적인 지배권을 행사하며 자아는 모든 현실을 자신 속으로 회수해버린다. 하지만 바로 이 직접적인 일-체-화에서야말로, 근원 적 관계가 역전하게 되는 독자적인 변증법이 포함되어 있는 것이다. 주술적 인 세계관에 나타나 있다고 보여지는 고양된 자아감정은 다른 한편에서는 바로 그것이 아직 참된 자기에 이르지 않았음을 보이고 있는 셈이다. 자아는 주술적으로 전능인 의지의 힘으로 사물을 파악하며 그것을 자신의 생각대 로 길들이려고 한다. 하지만 바로 이 시도 속에, 자아가 사물에 의해 아직 완전히 지배되어 있고 아직 완전히 '사로잡혀 있다'는 것이 밝혀진다. 자아 의 행위라고 생각되고 있는 것조차도 이제 자아에게 고통의 한 원천이 된다. 여기에서는 말의 힘이나 언어의 힘과 같은 자아의 관념적인 힘들조차 도 이미 악령적 존재라는 모습으로 파악되며, 자아와는 무관한 것으로서 외부로 투사된다. 이리하여 여기에서 획득되는 자아라는 표현도 그리고 또한 최초의 주술적-신화적인 '영혼'의 개념도 아직 철저하게 이러한 관점 과 결부되어 있는 상태인 것이다. 영혼이라고 하더라도 그것은 인간의 육체 ――그리고 동시에 그 생명기능의 총체와 함께――를 외부로부터 규정하고 외부로부터 소유하는 어떤 악령적인 힘이라고 생각된다. 따라서 바로 자아 감정의 증대된 강도나 또한 거기에서 오는 활동의 비대 속에서 생겨나는 것은 활동의 환영에 지나지 않는다. 왜냐하면 활동의 참된 자유란 어떤 내적인 구속을 전제로 하며 활동의 명확한 객관적 한계의 승인을 전제로 하는 것이기 때문이다. 자아가 자기 자신에 도달하는 것은, 자신에게 이러한 한계를 설정하고, 그리하여 처음에는 사물의 세계에 귀속되어 있던 무조건 적인 인과성을 점차 제한시켜감에 의해서일 뿐이다. [189]정서나 의지가 더 이상 희망했던 대상을 직접 파악하려 하거나 자신의 권역으로 끌어넣으려 하지 않고, 단순한 소망과 그 목표 사이에 한층 더 많고 한층 더 명확하게

<hr />

것으로서 사용되었던 것은 우선 프로이트에 의해서이다. 그의 상세한 설명을 참조하기 바란다. *Totem und Tabu*, 3. Aufsatz: Animismus, Magie und Allmacht der Gedanken, 2. Aufl., Wien 1920, S. 100 ff.

파악된 중간항들이 들어가게 됨으로써, 한편에서는 객체가, 다른 한편에서는 자아가 비로소 자립적인 고유 가치를 획득한다. 양자의 규정내용은 이러한 매개의 형식을 통해 비로소 얻어지는 것이다.

이에 반해, 이러한 매개가 결여되어 있는 곳에서는 활동의 표상 자체에 어떤 특유한 무차별성이 항상 따라다니고 있다. 즉 모든 존재자와 사건들에는 전체적으로나 개별적으로나 주술적-신화적 작용이 침투해 있지만, 그 활동을 볼 때, 원리적으로 상이한 작용요인들, '물질적인 것'과 '정신적인 것', '물리적인 것'과 '심리적인 것'이 아직 구별되어 있지 않다. 거기에 있는 것은 단지 하나의 미분할된 활동영역 뿐이며, 그 내부에서는 우리가 통상 '영혼'의 세계와 '물질'의 세계로 구별하고 있는 두 영역 간의 끊임없는 이행, 부단한 교환이 일어나고 있다. 활동의 표상이 세계이해나 '세계해석' 모두를 포괄하는 보편적인 범주가 되어 있는 곳에서야말로 활동의 표상의 내부에서의 이 미분화가 가장 명백하게 나타난다. 폴리네시아인의 마나(mana), 북미 알곤킨 족의 마니투(manitu), [북미 인디언] 이로쿼이 족의 오렌다(orenda) 등에서 공통의 기본적 구성성분으로서 두드러지는 것은 온갖 단순한 '자연적인' 경계를 넘어서는 **활동력 자체**라는 개념과 직관뿐이며, 그 활동력 내부에서 활동의 개개의 힘(Potenz)들이나 그 종류나 형식들은 명확히 구별되는 것이 아니다. 마나는 단순한 사물에게도 특정 사람에게도, '정신적인 것'에게도 '물질적인 것'에게도, '살아있는 것'에도 '살아있지 않은 것'에도 동일하게 귀속하는 것으로 간주된다. 따라서 순수한 애니미즘의 신봉자도 또 그 적대자인 '전(前)애니미즘'의 신봉자도 자신들의 견해를 유지하기 위해 마나의 표상을 증거로 끌어대지만, 이에 반해 사람들은 정당하게도 마나라는 말은 "그 자체로는 전애니미즘적 표현도 애니미즘적 표현도 아니며, 이들 이론에 대해 전적으로 중립적인 것"이라는 이론(異論)을 주장했다. 마나는 힘으로 충만하고 활동적이며 생산적인 것이지만, 이 활동력에 좁은 의미에서의 의식적인 것, '심적인 것', 인격적인 것이라는 특수한 규정이 들어갈 여지는 없다.[3] [190]이 이외의 곳에서도, 신화적 사고의 '보다 원시적인' 단계로 거슬러 올라가면 갈수록, 주관적–인격적 존재의 선명성, 즉 그 명확성과 확정성이 더욱 더 감소한다는 것은 일반적으로 명백하다. 원시적 사고의 특성은, 다름 아닌 이 사고에서의 인격적 존재의 관점이나 개념에 여전히 남아 있는 독특한 유동성에 있다. 따라서 거기에서는 신체적인 것으로부터 분리된 자립적이고 통일적인 '실체'로서의 '영혼'은 없으며, 오히려 영혼이란 신체에 내재하고 필연적으로 신체와 결합되어 있는 생명 자체에 다름 아니다. 이 내재성은 '복합적'인 신화적 사고의 특성에 상응하여, 공간적으로도 또한 명확한 규정이나 한계를 갖지 않는다. 생명은 미분화된 전체로서는 신체 전체 속에 살고 있지만 그것은 신체의 각 부분들에도 현재하고 있다. 따라서 이러한 의미에서 생명의 '자리'로서 간주되는 생명에 있어 중요한 특정 기관들, 가령 심장, 횡경막, 신장 등만이 아니라 신체의 임의적인 구성성분 모두가 비록 신체 전체와 더 이상 '유기적'으로 결합되어 있지 않은 듯한 경우조차도 여전히 신체에 내재하는 생명의 담당자로서 생각될 수 있다. 사람의 타액, 배설물, 손톱, 잘려진 머리카락조차도 이런 의미에서는 마찬가지로 생명이나 영혼의 담당자인 것이며 또한 그렇게 계속 존재한다.[4] 이러한 것들에 가해지는 모든 작용이 생명 전체에 직접 타격을 가하며 그것에 위험을 끼친다. 여기에서 다시금, 언뜻 보기에 '영혼'에 자연적인 존재나 사건에 대한 전능이 인정되고 있는 듯 보이면서 실은 이에 의해 영혼이 한층 더 강고하게 물질적 존재의 영역으로 얽매여져 물질적 존재의 운명에 얽혀 들어가는 역전(逆轉)이 나타난다. 그리고 **죽음**의 현상도 이 연관을 해소하지 못한다. 원초적인 신화적 사고가 파악하는 죽음

• • •

3. 이에 관한 상세한 증명은 Fr. Rudolf Lehmann, *Mana*, S. 35, 54, 76(이 책 102쪽 참조). 이로쿼이족의 오렌다(Orenda)에 관해서도, 휴잇(Hewitt)은 이것이 '심적인' 힘이나 단순한 '생명력'의 동의어(as a synonym of some biotic or psychic faculty)로서 규정할 수는 없고, 오로지 '힘 일반'의 표현이라는 점을 명확히 밝히고 있다. Orenda and a definition of religion, *American Anthropology*, N. S. IV, 44 f.를 볼 것.

4. 이 점에 관해 상세한 것은 예를 들면 Preuß, *Ursprung der Religion und Kunst*, Globus 86, 355 ff.(이 책 93쪽 ff.)를 참조할 것.

은 결코 영혼과 신체의 명확한 분리, '분할'을 의미하지 않는다. 이미 앞에서 보았듯이, 삶과 죽음이 처해 있는 조건들의 이러한 분리, 그것들의 명확한 대립은 신화의 사고방식과 모순하는 것이며, 신화에 있어서는 양자의 경계는 철저하게 유동적인 것이다.[5] 이리하여 신화에 있어서는 [191]죽음도 또한 결코 존재를 무화하는 것이 아니라 다른 존재형식으로의 이행에 지나지 않으며——더욱이 이 다른 형식 자체도 신화적 사고의 기본적이고 근본적인 층들에서는 다시금 일관된 감각적인 구체성을 지닌 것으로서밖에 생각되지 않는 것이다. 죽은 자도 또한 여전히 '존재해 있고', 그 존재는 물리적인 것으로서밖에 파악되지 않으며, 물리적으로밖에 기술될 수 없는 것이다. 살아있는 자와 비교할 때 죽은 자는 힘없는 그림자처럼 보여지긴 하지만 그럼에도 이 그림자는 아직 완전한 현실성을 갖고 있다. 그리하여 죽은 자는 그 형태나 특징에서만이 아니라 그 감각적–신체적 요구에서도 살아있는 자와 유사한 것이다. 『일리아스』에서는 아킬레우스에게 파트로클로스의 그림자가 "그 크기와 모습과 유사하게 그리고 사랑스런 눈매도 그대로, 목소리도 그대로, 그리고 예전처럼 몸에 의복을 입고" 나타나지만,——그와 똑같이 이집트의 기념비에는 사후에도 계속 살아있는 인간의 카(Ka)가 마치 인간과 꼭 빼 닮은 신체를 지닌 분신으로서 묘사되어 있다.[6] 따라서 영혼은 한편으로는 '상', εἴδωλον[에이돌론, 환영]으로서, 말하자면 조야한 소재를 벗어버리고 있어, 물질적인 사물의 세계보다도 더 세련되고 섬세한 소재로 짜여있는 것으로 생각되지만,——그러나 다른 한편으로 신화적 사고의 관점으로부터는 이 상 자체가 결코 단지 이념적인 것이 아니라 특정한 실재적인 존재와 실재적인 활동력을 갖추고 있는 것이다.[7] 따라서 '그림자'라고 하더라도, 그것에는 여전히 일종의 물리적 현실성과 물리적 형태가 속해

● ● ●

5. 이 책 70쪽 f. 참조
6. 예를 들면 Budge, *Osiris and the Egyptian resurrection*, London 1911, II, 119에 수록되어 있는 룩소르 사원의 저부조(低浮彫)를 참조할 것. 또한 Erman, *Die ägyptische Religion*[2], S. 102.
7. 이 책 79쪽 ff. 참조

있다. 휴런 족[북아메리카 원주민. 이로쿼이 동맹에 속하는 한 부족]의 관념에서는 영혼은 머리와 몸체를 지니고 양팔과 두 다리를 지닌, 요컨대 모든 점에서 '실제적인' 신체와 그 조직을 그대로 지닌 모상이다. 거기에서는 대부분의 경우 눈에 보이는 신체적 관계 모두가 단지 한층 더 작은 공간에 압축되어 축소 모형처럼 보여지고 있다. 말레이인에게서는 영혼은 신체의 내부에 사는 소인(小人)의 모습으로 생각되고 있다. 그리고 이 감성적이고 소박한 기본적 표상이 때로는 '자아'에 대한 전적으로 다른, 순수하게 정신적인 관점으로의 이행이 이미 달성되어 있는 영역에서조차도 유지되고 있다. 자아의 순수한 본질인 아트만에 대한 우파니샤드의 사변의 한가운데서도 영혼을 다시금 푸루샤(Purusha)라는 엄지손가락 크기의 사람이라고 간주하는 생각이 모습을 나타낸다. "한 치 크기로, 신체의 한가운데인 여기에, 이미 있던 것과 지금부터 있을 것의 주인, 푸루샤가 살고 있다. *192*그를 알고 있는 자는 더 이상 그를 두려워하지 않는다."[8] 이러한 모든 사례에서는 영혼을 상(像)과 그림자로서, 말하자면 존재의 다른 차원으로 옮겨놓으려고 하는 동일한 노력이 보여진다. 하지만 다른 한편으로는 영혼은 바로 상이자 그림자이기 때문에, 그것은 어떤 고유한 자립적 특징을 갖지 않고 그 존재와 속성 모두를 원래의 신체의 물질적 규정들로부터 빌려오고 있는 셈이다. 신체의 존재를 넘어 영혼에 귀속되어 있는 생명의 형식조차도 우선은 그 감각적-지상적 존재방식의 단순한 연장에 다름 아니다. 영혼은 그 존재 전체, 그 충동, 그 욕구와 함께 이 물질적인 세계에 향해져 있고 거기에 묶여 있는 것이다. 영혼은 그 존속과 안녕을 위해 식물이나 음식, 의복이나 집기, 가구나 장식품의 모습으로 제공되는 물리적 소유물을 필요로 한다. 영혼을 기리는 제사의 보다 후대의 형식에서는 그러한 공물은 대부분 단지 상징적인 것이 되고 있지만,[9] 그럼에도 그것은 본래 의심할 여지없이 실재적

• • •

8. *Kathaka Upanishad* IV, 12(Deussen 역, *Geheimlehre des Veda*, S. 162). 민족학적 자료에 대해서는 특히 Frazer, *Goulden Bough*[3] II, 27, 80 u. s.를 참조할 것.

9. 따라서 예를 들면 중국에서는 사자(死者)에게 희생을 바치는 제례 때에, 실제 의복과 함께

인 것으로 생각되고 있었으며, 죽은 자가 실제로 사용하는 것으로 간주되고 있었다. 따라서 이 점에서도 또한 '피안'의 세계란 무엇보다도 우선 차안(此岸)의 세계의 단순한 모사이자 그 단순한 감각적 복제로서 나타난다. 그리고 이 두 세계를, 그 내용상의 대립을 강조하고 상세하게 묘사해냄으로써 구별하려고 하는 시도가 행해지는 경우조차도, —— 바로 대조에 의한 이 형상화는 유사성에 의한 형상화 못지않게, '차안'과 '피안'이란 다름 아닌 그 자체에서 등질적인 동일한 하나의 감각적인 존재형식의 다른 두 측면으로서밖에 파악되지 않음을 뚜렷하게 보여준다.[10] *193*그리고 보통 차안의 사회적 질서는 그대로 명계(冥界)의 질서로 이어진다. 각 사람들은 영계(靈界)에서, 지상의 존재에 할당되어 있었던 것과 동일한 지위를 점하며 동일한 직업과 동일한 직분을 수행한다.[11] 이리하여 신화는 그것이 직접 주어져 있는 감각적-경험

• • •

다량의 종이로 만든 의복 또는 종이 의복 모형을 소각하여 피안에 있는 사자에게 보내주는 것이다. de Groot, *The religious system of China* II, 474 ff.

10. 이러한 점에 대한 특징적인 증거가 되는 것은 예를 들면 수마트라의 바탁 족의 종교나 저승세계에 대한 그 사고방식이다. 바르네크는 이 사고방식을 다음과 같이 그려 보이고 있다. "베구(begu, 죽은 자의 정령)의 상태는 살아있는 자의 상태와 정확히 반대이다. 죽은 자는 계단을 내려갈 때, 머리로 기어 올라간다. 여러 명이 무거운 짐을 운반할 때 죽은 자들은 앞을 향하면서 뒤로 걸어간다. 그들은 시장을 열지만 야간에만 개장한다. 그들의 집회, 그들의 활동도 모두 밤에 행해진다." 등등(Warneck, *Die Religion der Batak, Ein Paradigma für die animistischen Religionen des indischen Archipels*, Göttingen 1909, S. 74).

11. 이러한 사고방식은 중국과 이집트에서 특히 선명하게 나타나 있는 것으로 보인다. de Groot, *Religious System of China* I, 348 ff. 및 Breasted, *Development of religion and thought in ancient Egypt*, S. 49 ff.를 참조. 이집트의 『사자(死者)의 서(書)』에 의하면, 죽은 자는 자신의 사지를 계속 사용한다. 그는 신들이 준비해둔 식물을 먹고 스스로 경작할 토지와 경작지를 가지고 있다. 한편, 오비디우스도 또한 그 유명한 구절에서, 그림자는 피도 없고 육체도 없고 뼈도 없이 이리저리 헤매어 다닌다고 묘사하고 있다. 어떤 사람들은 광장에 모여 있고 다른 사람들은 일에 종사하고 각자가 자신의 생활의 이전 형식을 모방하는 것이다(『변신 이야기』 IV, 443 ff.). 그 밖에 로마의 사자(死者)신앙에서도 그러한 개개의 활동에서가 아니라 그 기초가 되어 있는 일반적인 사고방식에서, 여전히 '원시인'의 신앙에 입각하고 있는 점이 이 문제에 대한 특히 최근의 상세한 연구들에서 밝혀지고 있다. Walter F. Otto, *Die Manen*, Berlin 1923. 및 Cumont, *After Life in Roman Paganism*, New Haven 1922, S. 3 ff., 45 ff. u. ö. 참조.

적 존재의 세계를 넘어간다고 생각되는 곳, 즉 그것이 이 세계를 원리적으로 '초월한다'고 보이는 곳에서야말로 실은 이 세계와 견고한 연결고리들로 묶여있는 것이다. 이집트인의 문헌에서는 영혼의 보존이나 영속은, 주술적 수단을 사용함으로써 영혼에 개개의 감각적 기능이나 감각기관을 다시 사용할 수 있도록 해주는 것과 연계되어 있다. 죽은 자가 다시 감각을 소유하여 시각, 청각, 후각, 미각을 다시 획득하게 할 '개구(開口)'의 의식(儀式), 개이식(開耳式), 개비식(開鼻式) 등의 의식이 여기에 상세하게 쓰여져 있고 규정되어 있다.[12] 이 규정에 대해, 그것이 명계의 표상을 만들어내기 위해서이기보다는 오히려 바로 그러한 표상에 대한 필사적인 저항을 위해 마련되어 있는 것이라고 주장된 적이 있다.[13] 그리고 사실 이집트의 망자의 묘비에는 되풀이하여 '살아있는 자'라고 강조하여 적고 있는데, —— 그것은 중국에서 ¹⁹⁴관이 '살아있는 관', 망자의 사체가 '살아있는 채 입관된 유해'로 불리는 것과 마찬가지이다.[14]

따라서 인간의 자아도, 그 자기의식도 자기감정의 통일도, 이 단계에서는 신체로부터 분리된 자립적 '원리'로서의 '영혼'에 의해 구성되어 있는 것이 아니다. 사람이 살아있고 구체적인 신체성과 그 감각적 활동능력 속에 있는 한, 그 자기와 그 인격은 이 전체로서의 그의 존재 속에 포함되어 있다. 그의 물질적 존재와 그의 '심적' 기능이나 작용, 즉 그 감정, 감각, 의지는 미분화되고 무차별적인 하나의 전체를 이루고 있다. 따라서 양자의 분리가 눈에 보이는 확연한 모습으로 행해진 것처럼 보이는 그 연후에라도,

• • •
12. 이에 관해서는 Budge, *Osiris and the Egyptian resurrection*, I, 74, 101 ff. u. ö. 참조.
13. 가장 오래된 『피라미드 텍스트』에 대한 브레스테드(Breasted, a. a. O. S. 91)의 다음 서술을 참조. "전체를 관통하는 주요하고 지배적인 어조는 죽음에 대한 격정적이기까지 한 강한 저항이다. 이 문서는, 거기에서 되돌아온 자 없는 거대한 암흑과 침묵에 대한 인류의 최초의 숭고한 반항의 기록이라고 말해도 좋다. 『피라미드 텍스트』에서는 죽음이라는 말은 부정적으로 또는 적의를 띤 것으로밖에 사용되지 않았다. 그리고 몇 번이고 되풀이하여, 죽은 자는 살아 있다는 끊임없는 보증이 이루어지고 있다."
14. de Groot, a. a. O., III, 924 u. ö. 참조.

즉 생명이 수행하는 감각작용이나 지각작용이 신체로부터 떠난 후에도, 인간의 '자기'는 아직 말하자면 일찍이 이 전체를 형성하고 있었던 두 요인 사이에 서로 나뉘어 존재한다. 호메로스에서는 영혼(Psyche)이 인간을 버리고 떠나갔다고 하더라도 인간 자체, 즉 그의 주검은 개의 먹이로서 남아 있다. 하지만 호메로스에서는 이와 함께 다른 사고방식이나 다른 어휘사용도 보여지는데, 그것에 의하면 바로 이 '자기'야말로 이제부터 명계(Hades)에서 그림자이자 환영으로서 계속 살아간다. 베다 문헌도 또한 동일한 특징을 띤 동요를 보이고 있다. 즉 어떤 때는 죽은 자의 신체가, 또 어떤 때는 그의 영혼이 참된 '그 자신', 즉 그의 인격의 담당자로 생각되고 있다.[15] 다양한, 그러나 마찬가지로 동일하게 현실적인 존재형식에 연결되어 있는 것에, 이 '그 자신'은 아직 그 순수하게 이념적인 통일, 그 기능적인 통일을 실현시킬 수 없는 것이다.[16]

[195]그러므로 영혼개념의 이론적인 형성과 발전에서는 영혼의 통일성과 단일성이야말로 그 본질적인 징표, 즉 그 진정 구성적인 징표가 되는 데 반해, 신화에 있어서는 본래 이와 정반대인 것이다. 사변적인 사고의

• • •

15. 이에 관해 상세한 것은 Oldenberg, *Religion des Veda*[2], S. 585 f., S. 530 Anm. 2; Rohde, *Psyche*[2] I, 5 ff.와 비교할 것.
16. 이와 같이, 인간의 '자기'를 유해와 그림자 영혼으로 나누는 것을 신화적 사고에서는 지극히 당연한 것으로 생각한다. 그것은 신화적인 인격 개념이 유동적이고 무규정적인 성질을 띠기 위해, 생전에도 유사한 분할이 행해지는 일이 있기 때문이다. 살아있는 동안에도 동일한 인간이 동시에 몇 개의 신체 속에 존재할 수 있어서, 그 인간은 그 신체들을 자신에 '속해 있다고 보는 것이다. 이리하여 예를 들면, 오스트레일리아 원주민의 토템 조직에서는 나무나 돌로 만든 특정 대상들, 이른바 '추룽가(tjurunga)' — 그것은 그 토템의 선조가 변신한 것이다 — 는, 그와 대응하는 토템에 속해 있는 사람들의 '일부를 이루는' 관계에 있다고 믿어지고 있다. 스트렐로우의 보고에 따르면, "인간과 추룽가의 관계는 nana unta mburka nama, 즉 '이것[추룽가]이야말로 너의 신체이다'라는 글에 표현되어 있다. 따라서 각각의 인간은 두 신체를 지니는바, 한편으로는 살과 피로부터, 다른 한편으로는 돌이나 나무로부터 이루어진다 ……." Strehlow-Leonhardi, Die Aranda- und Loritja- Stämme in Zentral-Australien, Veröffentl. des Städt. Völker-Mus. Frankfurt a. M., Frankfurt a. M. 1908, I, 2, S. 77 ff.

역사에서조차 그 통일성과 단일성이 서서히 획득되며 확보되는 과정이 추적될 수 있다. 플라톤에게서도 여전히 혼의 통일성이라는 논리적-형이상 학적 동기, ἕν τι ψυχῆς[혼의 통일]은 대립계기인 '혼의 부분들'의 다양성에 대해 자기를 주장하고 자기를 관철하지 않으면 안 되었다. 하지만 신화에서 는 그 원초적인 형태에서만이 아니라 비교적 발달된 형태에서조차도 자주 영혼의 분할이라는 동기가 영혼의 통일이라는 동기를 훨씬 능가하고 있는 것이 통례이다. 엘리스(Ellis)에 따르면, [아프리카 서해안의] 취(Tschi) 흑인 족은 두 개의 영혼을, 메리 킹슬리(Mary Kingsley)에 따르면 서아프리카인은 네 개의 영혼을, 스키트(Skeat)에 따르면 말레이인은 일곱 개의 서로 자립적 인 영혼이 있다고 믿고 있다. [나이지리아 남서부의] 요루바 족의 경우에는 각 사람이 세 개의 영혼을 가지고 있어 그 중 하나는 머리에, 다른 하나는 배에, 나머지 하나는 엄지발가락에 살고 있다고 한다.[17] 그러나 이와 동일한 표상이 더 세련된 모습으로 그리고 거의 사고에 의해 차이화 되고 사고에 의해 체계화된 형태로도 표현될 수 있다. 개개인의 '영혼'과 그 기능의 이러한 체계적 차이화가 가장 엄밀한 완성 형태에 도달하고 있는 것은 이집트의 종교에서이다. 거기에서는 신체, 즉 살, 뼈, 피, 근육 등을 만들어내 고 있는 요소들과 함께, 인간의 다양한 영혼들을 구성하는 보다 섬세한, 하지만 마찬가지로 물질적인 것으로 간주되는 다른 요소들이 있다고 생각 되고 있다. 인간의 생존 중에는 정신적인 살아있는 영(靈)으로서 그 신체에 살고 있으며 또한 임종해서도 인간을 내버리는 일 없이 일종의 수호신으로 서 자신의 주검 속에 머물고 있는 카(Ka)와 함께, 의미와 존재형식이 다른 제2의 '영혼'인 바(Ba)가 존재하며, 이것은 죽음의 순간에 새의 모습이 되어

• • •

17. Ellis, *The Yoruba-speaking Peoples*, S. 124 ff.; Skeat, *Malay Magic*, London 1900, S. 50을 비교 참고할 것. 더 나아가 Frazer, *Golden Bough*[2], I, 528, II, 27. 스펜서와 길렌에 따르면, 다수의 영혼이라는 동일한 관념이 오스트레일리아의 원주민에서도 발견된다(Spencer & Gillen, *The native tribes of Central Australia*, S. 512 ff., *The northern tribes of Central Australia*, S. 448 ff.).

신체에게서 날아갔다가 이후 공중을 자유로이 방랑하며 때때로 묘 안의 카와 신체를 방문한다. 하지만 문헌에서는 새로이 제3의 영혼 쿠(Khu)에 대해서도 말해지고 있는데, 이것은 불변하고 불멸하며 불사인 것으로서 [196]묘사되며 따라서 그 의미는 대체로 우리의 '정신'의 개념에 가까운 것으로 생각된다.[18] 여기에서는 세 가지 다른 방도로 신체의 존재에 대한 영혼의 존재의 특수성을 규정하려고 하는 시도가 이루어지고 있다. 하지만 바로 이처럼 다양한 단서를 요구한다는 것은 바꿔 말하면 '인격'이라는 고유의 특수한 원리가 완성되는 데 이르고 있지 않음을 보여준다.[19] 그리고 이 인격 의 원리의 발견을 오랜 기간 억제하고 있었던 것은 단지 소극적인 계기만이 아니다. 거기에는 최고도로 중요한 적극적인 계기도 작용하고 있다. 거기에 서 문제가 되는 것은 신화적 의식의 지적인 무능력만이 아니다. 신화적인 생활감정 자체의 고유성에 깊이 뿌리내리고 있는 계기도 거기에서 함께 작용하고 있는 것이다. 이미 살펴본 대로, 이 생활감정은 무엇보다도 우선 '국면감정'으로서 나타나며, —— 따라서 생활 전체가 전적으로 단일한 연속 적 과정으로서 받아들여지는 것이 아니라 전적으로 명확한 몇몇 구획들에 의해, 즉 몇몇의 위기적인 지점이나 시기에 의해 단절되어 있는 것이다. 이러한 단절은, 생활의 연속체를 서로 구별되는 몇몇 단편들로 나누는 것처 럼, 그와 동일하게 자기의 통일성도 나눈다. 여기에서는 이념적인 '자기의식

• • •

18. 이집트에서의 이러한 영혼의 삼분성 및 각각의 영혼의 기능과 의미에 관해서는 특히 Budge, *Osiris and the Egyptian Ressurection*, Bd. II, Kap. 19를 참조하기를 바란다. 여기에서는 아프리카의 다른 종교와의 평행관계도 상세하게 고찰되고 있다. 또한 Georges Foucart, Body[Egypt](*Hastings Encyclopaedia of Rel. and Ehtics* 에 수록) 및 Erman, *Ägypten und ägypt. Leben im Altertum*, II, 414 ff.도 참조할 것.

19. 브레스테드(Breasted)는 이집트의 영혼신앙에 관한 자신의 서술에서 다음과 같이 말한다. "영혼이라는 용어를 그처럼 이른 시대의 사람들에게 적용할 때에 기억해야만 하는 것은 그들이 인격의 그러한 요소의 정확한 본성에 대해 명확히 정의된 관념을 가지지는 않았다는 점이다. 이집트인이 감각의 도구나 담지자로서의 신체로부터 인격을 완전히 분리해서 생각하지 않았던 것은 분명하다. 그들은 감각을 통괄하고 있었던 바(ba)가 신체를 떠난 뒤에도 이런저런 정교한 장치에 의지하여 신체에 감각기능을 위한 다양한 경로를 회복하려 고 했던 것이다."(*Development of religion and thought in ancient Egypt.*, S. 56.)

의 통일성'이 내용들의 온갖 다양성을 배제하여 자신을 자아라는 순수한 '형식'으로 구성하는 추상적 원리로서 작용하는 것이 아니라 이러한 형식적 총합이 내용들 자체 하에서 또한 내용들의 구체적인 성질들 하에서 전적으로 명확한 한계를 발견하는 것이다. 내용들의 다양성이 완전한 대립으로 바뀔 정도의 긴장에 이르는 곳에서는 이 불일치에 의해 생활의 연관과 또한 자기의 통일성조차도 폐기된다. 특색 있는 새로운 생활국면와 함께, 새로운 자기가 생기기 시작한다. 바로 신화적 의식의 원시적인 층들에서 *197*우리는 이러한 기본적 사고방식과 거듭 만나게 된다. 일반적으로 하나의 신화적 과정으로서 고유한 특성을 지니는 것으로 간주되며, 특수한 주술적-신화적 관습에 의해 인생의 전체로부터 부각되어 있는, 어린아이로부터 성인으로의 이행은 '성장' 내지 진화라는 모습으로 수행되는 것이 아니라 그것은 어떤 새로운 자아를 획득하는 것, 어떤 새로운 '영혼'을 획득하는 것을 의미한다는 것은 널리 분포되어 있는 사고방식이다. [서아프리카의] 라이베리아 내륙지역의 어떤 종족의 경우에는 어린아이가 성년식이 거행되는 성스러운 숲에 들어가자마자 숲의 정령에 의해 죽임을 당하고 그런 다음 새로운 생으로 불러 깨워져서 '새로운 영혼을 부여받는다'고 생각되는 신앙이 지배한다고 보고되어 있다.[20] 남동 오스트레일리아의 쿠르나이 족에서는 어린아이는 성인식 때 평소와는 다른 일종의 주술적인 잠에 들어, 그로부터 완전히 다른 인물, 즉 종족의 토테미즘적인 선조와 꼭 닮은 사람이나 그 화신이 되어 깨어난다.[21] 이 두 경우에서도 분명한 것은 순수한 기능적인 통일체로서의 '자아'가 여기에서는 아직, 무언가 결정적인 '위기적' 국면 지점 내지 전환점에 의해 분리되고 단절되어 있다고 여겨지는 것을 포괄하거나 통합시키는 힘을 갖고 있지 않다는 점이다. 여기에서는 직접적-구체적인 생활감정이 추상적인 자아감정이나 자기감정에 대해 우위에 서 있는

• • •

20. Schurtz, *Altersklassen und Männerbünde*, S. 102 ff.; Boll, *Die Lebensalter*, S. 36 ff.
21. Howitt, *The natives tribes of South East-Australia*, London 1904을 볼 것. 또한 P. W. Schmidt, *Die geheime Jugendweihe eines australischen Urstamms*, Paderborn 1923, S. 26 ff.

것이며, 이는 우리가 신화적 표상작용에서만이 아니라 순수하게 직관적인 예술적 본성 하에서도 되풀이하여 만나는 점이다. 단테가 베아트리체에 대한 사랑의 체험——이것을 계기로 그는 청년이 되고 남성이 된다——을 '신생(新生, Vita nuova)'의 이미지 하에 표현한 것은 결코 우연이 아니다. 괴테의 생애에 있어서도 그가 내면적인 성장의 가장 중요한 국면들을 경과한 바로 직후에 그것들을 "지나가는, 지나가버린 상태들을 벗어버리는 것"이라고 느끼고, 자신의 시작(詩作)을 단지 "길가에 남겨진, 뱀의 벗겨진 허물"이라고 느끼는 것은 일관된 특징이다.[22] 신화적 사고에 있어서는 이와 동일한 분열의 과정이 계기적 연속의 관계에서도 또 병존적 관계에서도 진행된다. 즉 동일한 한 사람 속에서, 동일한 경험적 개체 속에서 신화적으로는 완전히 다른 '영혼'이 서로 공존해 있거나 평화적으로 병존해 있을 수 있듯이, [198]마찬가지로 생명현상의 경험적 연속도 전적으로 다른 '주체들'에 배분되어 그 하나하나가 어떤 특수한 존재의 모습으로 신화적으로 사고될 뿐만 아니라 인간을 점유하는 직접적으로 살아있는 영적 힘으로서 신화적으로 감지되고 직관되는 사례도 있다.[23]

• • •

22. Goethe zu Reimer, 23. Juni 1809; zu Eckermann, 12. Januar 1827(*Gespräche*, hrsg. von Beidermann[2], II, 42; III, 316)를 볼 것.

23. 언뜻 보기에는, 신화적 자아감정과 신화적 영혼개념 속에서 거듭 생기는 이러한 '분열'은 이전에 신화적 사고의 '복합적', 비분석적인 특성으로 불렸던 것과 모순되는 것처럼 생각될지도 모른다(이 책 85쪽 f. 참조). 하지만 보다 면밀히 고찰해보면, 여기서 문제가 되고 있는 것은 서로 상응하고 서로 보완하는 두 계기임이 밝혀진다. 이론적 사고는 그것이 진전함에 따라 더욱 더 명확하게 '상이한 것의 통일'로서의 '종합적 통일'의 형식을 형성하고, 하나와 여럿[多] 간의 어떤 상관관계를 설정하는 반면, 신화적 사고는 우선 양자 사이에 단순한 양자택일적 관계밖에 인정하지 않는다. 따라서 신화적 사고는, 그것이 어떤 장소적, 시간적, 인과적 관계에 의해 상호 관계하는 개개의 요소들을 동일시하고 이것들을 단지 하나의 형상으로 '유착시키는(konkreszieren)' 것에 의해 차이들을 부정하거나(이 책 109쪽 ff. 참조), 그렇지 않으면 이러한 부정이 더 이상 행해질 수 없는 경우, 즉 단순한 차이가 '대립'에까지 강화되어 그것으로서 그대로 자신을 강요해오는 경우에는, 신화적 사고는 다양한 규정들의 특수성을 서로 분리된 다수의 존재들로 배분해버리든가, 둘 중 어느 한 쪽이다. 따라서 여기에서는 구별이 전혀 설정되지 않든가 아니면 구별이 그 설정과 동시에 실체화되든가 이다. 이론적 사고가 도달하려고 하는 의식의 기능적 통일은, 차이를

자아에 대한 관점이 이러한 속박에서 해방되어 자아가 자신을 이념적 자유 속에서 이념적 통일체로서 파악해야 하는 것이 되려면, 이는 전적으로 다른 길 위에서만 일어날 수 있다. 영혼의 개념의 강조점이 이동할 때, 즉 영혼이 생명현상의 단순한 담지자 내지 원인에 머무르는 것이 아니라 오히려 도덕적 의식의 주체로서 파악될 때에, 우선 최초의 결정적인 전환이 일어난다. 생명의 권역을 넘어 도덕적 행위의 권역으로, 생물학적 권역으로부터 도덕적 권역으로 시선이 향해질 때, 그것과 함께 비로소 자아의 통일성이 물질적 내지 반 정도의 물질적인 영혼의 표상에 대해 우위를 점하게 된다. 신화적 사고 자체의 권역 내부에서조차도 이미 이 전환이 추적될 수 있다. 이러한 이행의 가장 오래된 역사적 증거는 이집트의 『피라미드 텍스트』가 제공하고 있는 것으로 보인다. [199]거기에서는 자기(自己)가 아직 전적으로 감성적으로 파악되어 있는 일련의 전(前)단계를 경과하여, 자기의 새로운 도덕적 형식이 여기서 점차 형성되어가는 사정을 더욱 명확히 추적할 수 있다. 사후의 영혼의 생존이 모두 그 물질적 기체의 존속을 필요로 한다는 이 점이야말로 이집트의 영혼신앙의 일차적이고도 자명한 전제이다. 그러므로 망자의 '영혼'을 위한 모든 배려는 우선 미라의 보존으로 향해지지 않으면 안 된다. 하지만 영혼 자체가 신체의 영혼임과 함께 상(像)의 영혼이자 그림자의 영혼이기도 한 것과 같이, 영혼의 그러한 계기가 그 제사의 형식에서도 나타난다. 종교적 사고와 종교적 직관이 본래 숭배의 마음과 결부되어 있었던 물질적이고 구체적인 육체로부터 벗어나서 점점 순수한 상(像)의 형식으로 높여져가는 것이다. 이 상의 형식 속에 그리고 특히 이 상의 형식 속에 자기의 존속을 위한 보장과 보증이 보여지며 미라와

• • •

설정하고 동시에 이 차이를 다리 놓으며, 이것을 사고의 순수한 형식으로 해소하려고 한다. 한편 실체적인 신화적 사고형식은 여럿[多]을 하나로 만들든가 혹은 하나를 여럿[多]으로 만들든가 이다. 여기에는 합일 또는 분리 중 어느 한 쪽만 있을 뿐이며, 의식의 순수하게 지성적인 통일과 그 특수한 논리적 통일형식, 즉 '통각의 선험론적 통일'에서 수행되는, 상이한 것의 저 특유한 통합은 없는 셈이다.

함께 그것과 동일한 효과를 지닌 불멸성의 수단으로서 조상(彫像)이 나타난다. 이러한 종교적인 기본적 관점으로부터 조형예술, 특히 이집트의 조각예술이 싹터오는 것이다. 이집트의 왕릉, 피라미드가 시간적 영원성과 자아의 무제한적인 영속을 추구하는 이러한 기본적인 정신적 지향의 가장 강력한 상징이 되는 것이지만, 그러나 이 지향은 건축이나 조상(彫像)에 의한 구체화, 즉 공간의 직관적인 가시성 속에서야말로 그 목적을 달성하고 실현할 수 있다. 하지만 가시성이나 그처럼 가시적으로 만드는 것의 권역 전체를 넘어 한층 더 높은 단계로 나아가기 위해서는 사자(死者)신앙과 사자 제사 내에 '자기'의 도덕적 계기가 더욱 더 선명하게 모습을 나타내지 않으면 안 된다. 영혼의 영속과 운명은 이제는 더 이상 그 영혼과 함께 주어지는 물질적인 보조수단에만 전적으로 의존하는 것이 아니고, 또한 영혼을 주술적으로 수호하고 조성하기 위한 일종의 제의상의 규칙을 준수하는 것에 의존하는 것도 아니며, 오히려 영혼의 도덕적인 존재방식과 도덕적 행동에 좌우되는 것이다. 이집트의 초기의 텍스트에서는 주술적 관습에 의해 강요받고 있는 망자의 신 오시리스의 은혜는 보다 후대가 되면 선과 악에 대한 오시리스의 심판에 의해 대체되어 있다. 『입구의 서(書)(Buch der Pforten)』의 서술에 의하면, 망자는 오시리스 앞으로 나아가 자신의 죄를 고백하고 또한 자신의 정당함을 밝힌다. 그의 심장이 신 앞에 놓인 저울에 달아져서 결백하다고 인정되면 비로소 그는 지복의 나라에 들어가게 된다. 그가 죽어서 승리를 얻는가 아닌가를 결정하는 것은 현세에서의 그의 힘이나 품격도 아니고 그의 주술의 기능도 아니며, 다름 아닌 그의 정의와 결백인 것이다. [20]텍스트의 한 대목에는 다음과 같이 쓰여 있다. "너는 아침에 상쾌하게 잠에서 깨어 모든 악이 너에게서 멀어진다. 너는 네 자신 속에 존재하는 신을 찬양하는 말과 더불어 기쁨으로 가득 차 영원을 거닌다. 네 마음은 너와 함께 있으며 너를 저버리지 않는다." 여기에서는 마음, 즉 인간의 도덕적인 자기는 그 인간 속에 있는 신과 하나가 되어 있다. "인간의 마음이야말로 그 인간 자신의 신이다." 여기에서 신화적 자기로부터 도덕적 자기로의 전진이 전형적인 명확함으로 보여진다. 인간이 주술의 단계로부터 종교의 단계로, 악령에의 공포로부터 신들에의 신앙과 숭배로 높여짐으로써, 이 숭배의 마음은 바깥쪽으로부터가 아니라 안쪽으로부터 작용한다. 이제 인간은 세계만이 아니라 무엇보다도 자기 자신을, 어떤 새로운 정신적 형태에서 파악하는 것이다. 페르시아의 사자(死者)신앙에서는 영혼은 신체로부터 벗어난 후에도 여전히 사흘간은 주검 가까이에 머물고 있다. 하지만 나흘째에는 영혼은 지옥 위에 걸려 있는 재판 장소인 친바트(Tschinvat) 다리에 이른다. 여기에서 정의로운 자의 영혼은 선한 생각, 선한 말, 선한 행동이 살고 있는 곳을 통과해 빛의 나라로 올라가는 반면, 부정한 자의 영혼은 사악한 생각, 사악한 말과 행동의 단계를 통과해 '거짓의 집'으로 내려간다.[24] 신화적인 형상은 여기에서는 거의 투명할 정도로 얇은 베일로서 보여지고 있을 뿐이며, 그 배후에 도덕적 자기의식의 명확한 기본형식이 더욱 더 명료하고 순수하게 묘사되어 있다.

　　이와 같이 신화(Mythos)로부터 도덕(Ethos)으로의 전환은 신화적 의식의 현상학 내부에서 이미 그 전사(前史)를 갖고 있는 셈이다. 원시적인 정령신앙과 영혼신앙의 가장 낮은 단계에서는 영혼적 존재는 인간에게 마치 단순한 사물처럼 맞서 있다. 영혼적 존재는 인간 속에서 자신을 알리는 하나의 이질적인 외적 힘인 것이며, 인간이 주술적인 보호수단에 의해 그것을 자신으로부터 물리치는 데 성공하지 않는 한, 그것에 지배받게 되는 악령적인 힘이다. 하지만 영혼이 단지 자연정령으로서만이 아니라 **수호정령**으로서도 파악되게 되면, 거기에서 이미 새로운 관계가 시작된다. 왜냐하면 수호정령은 그것이 시중드는 사람에 대해 한층 더 친밀하고 또한 말하자면 한층

- - -

24. 페르시아의 사자(死者)신앙과 피안(彼岸)신앙에 대해서는 특히 Reitzenstein, *Das iranische Erlösungsmysterium. Religionsgeschichtliche Untersuchungen*, Bonn 1821. 또한 Jackson, *Grundr. der iran. Philol.* II, 684 f.도 참조. 사자(死者)의 심판이라는 이집트의 사고방식에 관해서는 Erman, *Ägypt. Religion*[2], S. 117 ff.; Wiedemann, *Die Religion der alten Ägypter*, S. 47 ff., 132 ff.; Budge, *Osiris and the Egyptian resurrection*, S. 305 ff., 331 ff.

더 내적인 관계에 있기 때문이다. 그것은 단지 그 사람을 지배하는 것만이 아니라 그 사람을 지키고 돌본다. 그것은 [201]더 이상 전적으로 외적인 것, 이질적인 것이 아니라 그 개인에 특별하게 속하는 것이자 그 개인에게 친숙하고 친밀한 것이 된다. 이리하여 로마의 영혼신앙에서는 '라르(Lar)'와 '라르바(Larva)'가 구별되어, 라르바는 공포와 악을 퍼뜨리면서 방랑하는 유령이지만, 라르는 우호적인 정령들로서 특정한 사람 또는 특정한 장소, 집, 경작지와 연결되어 유해한 영향으로부터 이것들을 지켜준다는 특정한 개별적 특성을 지니고 있다.[25] 이러한 인격적인 수호정령의 표상은 거의 모든 민족의 신화에서 보여진다. 그리스인과 로마인에서도, 아메리카 원주민의 종교에서도, 또한 핀란드인에서도 고대 켈트인에서도 이러한 표상이 있었던 것이 확인된다.[26] 물론 이 수호정령도 대부분의 경우 결코 인간의 '자아'나 인간의 내면생활의 '주체'로서 생각되고 있는 것은 아니며, 오히려 인간의 '안에 사는, 따라서 공간적으로 그 사람과 연결되어 있기도 하지만 다시금 공간적으로 그 사람으로부터 떨어질 수도 있는, 그 자체 아직 사물과 같은 것으로서 생각되고 있는 것이다. 예를 들면 [페루 및 콜롬비아 지역에 거주하는] 우이토토(Uitoto) 족에게는 수호정령은 여러 대상들의 영혼, 가령 사람이 힘으로 포획한 다양한 동물들의 영혼과 같은 것으로, 그것은 그 소유자 곁에 머물고 있을 뿐만 아니라 어떠한 사명을 완수하기 위해 그 사람에 의해 파견되기도 한다.[27] 또한 수호정령과 그것이 살고 있는 인간 사이에 생각할 수 있는 한에서의 가장 친밀한 결합이 있는 경우조차, 즉 수호정령이 그 사람의 존재 전체와 운명을 규정하고 있는 경우조차도, 마찬가지로 그 수호정령은 자립적인 것, 분리된 기묘한 것으로서 나타난다. 이리하여 예를 들면 [인도네시아 수마트라의] 바탁(Batak) 족의 영혼신앙은,

• • •

25. 이에 관해서는 Cumont, *After Life in Roman Paganism*, S. 61 ff.를 참조할 것. 또한 Wissowa, Die Anfänge des römischen Larenkultes, *Archiv. f. Religionswiss.* VII (1904), S. 42 ff.를 볼 것.
26. 이에 관한 증거는 Brinton, *Religions of primitive peoples*, S. 192.
27. Preuß, *Religion und Mythologie der Uitoto*, Göttingen 1921, S. 43 ff.을 볼 것.

인간은 태어나기 이전에, 즉 그 감성적-신체적인 존재를 얻기 이전에 그 영혼, 그 톤디(tondi)에 의해 선택된 것이며 인간에게 닥치는 모든 것, 모든 행과 불행은 이 선택에 관계되어 있다는 사고방식에 기초해 있다. 인간에게 항상 닥쳐오는 것은 그 사람의 톤디가 그러한 것을 바랐기 때문에 일어나는 것이다. 그의 신체적 상태, 그의 심리적 기질, 그의 안부, 그의 성격은 전면적으로 그 수호정령의 특성에 의해 결정된다. 따라서 수호정령이란 "인간 속에 살고 있는 일종의 인간이지만, 그러나 그 인격과 일치하는 것은 아니고 오히려 그 인간의 자아와 갈등상태에 있는 일이 많으며, 인간 속에 있으면서 독자적인 의지나 소망을 지닌 특수한 존재이자 인간의 의지에 거슬러 혹독한 방식으로 자신의 의지나 소망을 관철시키는 힘을 지니고 있다."[28] 따라서 여기에서는 아직 자신의 정령에 대한 공포의 계기가 신뢰의 계기, 내적-필연적 결합과 부속의 계기보다도 우세하다. 하지만 이 최초의 '정령적' 형식으로부터 출발하여 영혼은 점차 또 다른 한층 더 '정신적인' 의미로 이행하기 시작한다. 우제너는 의미상의 이 정신적인 것으로의 전환을 그리스어와 라틴어에서 δαίμων[다이몬]이라는 호칭과 genius라는 호칭이 점차 겪었던 언어상에서의 의미 변화를 단서로 추적해보이고 있다. 정령은 우선 우제너가 '순간신 또는 특수신'이라고 부르는 것의 전형적 표현이다. 어떤 임의의 표상내용도 또 어떤 임의의 대상도 그것이 비록 일시적이라 할지라도 신화적-종교적 관심을 환기하고 끌어당기는 것이라면 어떤 독자적인 신, 즉 정령(Dämon)의 지위에 올려질 수 있다.[29] 하지만 이와 병행하여, 외적인 정령을 내적인 정령으로, 순간신, 우연신을 운명적인 본질이나 형상으로 전환하려고 하는 방향을 취하는 또 다른 운동이 일어난다. 인간에게 바깥쪽으로부터 닥쳐오는 것이 아니라 인간이 본래 그러한 것이 그 사람의 정령이 되는 것이다. 그것은 그가 태어난 때부터 그에게 부여되어 있고, 이후 생애를

· · ·

28. Warneck, *Die Religion der Batak*, S. 8.
29. Usener, *Götternamen*, S. 291 f.; δαίμων[다이몬]이라는 말의 역사에 대해서는 또한 Dieterich, *Nekyia*², S. 59를 참조할 것.

통해 그를 동반하며 그의 소망과 행동을 이끌게 된다. '게니우스(genius)'라는 고대 이탈리아의 개념에서 발견된 이 기본적인 사고방식이 한층 더 명확하게 조탁됨으로써, 수호신(Genius)이 생겨난 것이지만, 이것은 그 이름이 나타내고 있듯이 인간의 참된 '출산자'로서, 그것도 단지 육체만이 아니라 정신의 출산자로서, 그 인간의 인격적 개성의 기원이자 표현인 것이다. 따라서 자신 속에 참된 정신적 '형식'을 지닌 모든 것은 그러한 수호신을 갖게 된다. 이것은 단지 개인에서만이 아니라 가족, 집안, 국가, 민족, 일반적으로 모든 형식의 인간 공동체에서 인정되고 있다. 이와 유사하게 게르만 민족의 표상영역에서도 개인과 마찬가지로 혈족 전체, 종족 전체에 그 수호신이 있다. 북구 전설에서는 개인의 수호정령 mannsfylgia[만스필기아]에 종족의 수호여신 kynfylgia[킨필기아]가 대립하고 있다.[30] 신화적-종교적 사고는 [203]순수하게 자연적인 영역으로부터 정신적인 '목적의 왕국'의 직관으로 파고들면 들수록, 한층 더 이 표상을 선명하게 형성하며 또한 그것에 더욱 더 중요한 역할을 할당하는 것으로 보인다. 이리하여 예를 들면 페르시아의 종교와 같이 완전히 선과 악이라는 하나의 기본대립에 기초를 둔 종교에서는 선의 수호정령인 프라바시(Fravashi)가 세계의 위계 속에서 중앙의 자리를 점한다. 프라바시는 이미 세계의 창조 때에 최고의 지배자 아후라 마즈다(Ahura Mazda)를 도와주었고 또한 아후라 마즈다가 어둠과 허위의 정령에 맞서 싸울 때에도 결국 그가 유리하도록 해주었다. 아후라 마즈다는 차라투스트라에게 이렇게 알린다. "그들[프라바시]의 힘과 영광을 가지고 나는 하늘을 쌓아 올렸다. 하늘은 그곳 위쪽에서 빛나고 있으며, 미광(微光)으로 가득 채운 채 이 대지를 덮고 있고 마치 집처럼 둘러싸고 있다. …… 그들의 힘과 영광을 가지고 나는 신이 만든 넓은 대지를 마련했다. 대지는 크게 넓혀져서 많은 아름다운 것을 떠맡고 모든 육체적인 생의 작용을

• • •

30. Golther, *Handbuch der german. Mythologie*, S. 98 ff.을 볼 것. 로마인의 언어용례와 표상영역에 대해서는 우제너에 의한 지적(a. a. O., S. 297) 외에, Wissowa, *Religion und Kultus der Römer*[2], S. 175 ff. 또한 Walter F. Otto, Artikel 'Genius' bei Pauly-Wissowa를 참조할 것.

담당하며 살아있는 자와 죽은 자, 그리고 대기와 물로 넉넉한 높은 산들을 짊어진다. 만일 올바른 신앙을 가진 자들의 강력한 수호천사가 나를 도와주지 않았다면 여기에서는 그 종의 최고를 이루는 동물과 인간은 없었을 것이다. 그 경우 허위가 힘을 지니고, 허위가 지배력을 가지며 육체적 세계는 허위에 속하게 되었을 것이다.ʼ[31] 그리하여 여기에서는 수호를 필요로 한다는 사고방식이 최고의 지배자, 참된 창조신에조차도 미치고 있다. 왜냐하면 예언자적-도덕적 종교로서의 마즈다 종교에 고유한 사고방식에서 보자면, 신조차도 그가 신인 것은 그 압도적인 물리적 힘에 의한 것이 아니라 오히려 그가 그 집행자로서 여겨지는 신성한 질서 덕분이기 때문이다. 정의와 진리의 이 영원한 질서는 프라바시에 구현되어 이것을 매개로 해서 비가시적인 것의 세계로부터 가시적인 것의 세계로 내려온다. 『분다히시(Bundahisi)』[조로아스터교의 창세신화를 기술하고 있는 성전(聖典)]의 한 구절에 따르면, 아후라 마즈다는 수호정령인 프라바시들에게, 단지 그들이 육체를 갖지 않은 순수한 정령이었을 때, 순수한 이 지복의 상태에 남아 있든가 아니면 육체를 부여받아 자신과 함께 아흐리만과의 싸움에 협력하든가 둘 중 하나를 선택하게끔 했다. 그들은 후자를 택했다. —— 이리하여 그들은 물질적 세계를 적대적인 원리의 힘, 즉 악의 힘으로부터 해방하기 위해 이 세계 속으로 들어온 것이다. 이것은 그 기본적 경향에서 거의 사변적인 종교적 관념론의 정점을 떠올리게 하는 사상이다. 왜냐하면 [204]감성적이고 물질적인 것이 여기에서는 '예지적인 것'의 장애로서 나타나고 있기 때문이다. 하지만 이것은 그럼에도 불구하고 필요한 장애이다. 왜냐하면 이 장애에 의해서만, 즉 이 장애를 점차로 극복해감을 통해서만 정신의 힘은 증명되고 눈에 보이는 것으로서 계시되기 때문이다. 그리고 여기에서는 '정신적인 것'의 영역은 '선한 것'의 영역과 합치한다. 악에는 수호정령 프라바시가 없기 때문이다. 이러한 전개 속에서 신화적인 영혼개념이 도덕적으로 첨예

• • •

31. Yasht 13, 1; 13, 12 und 13(Geldner 의 독역, *Bertholet*, S. 341).

화되고 도덕적으로 협애화되어 왔음을 알 수 있지만, 그러나 바로 이 협애화가 동시에 정신에 특유한 내용으로의 전적으로 새로운 응집을 포함하고 있는 것이다. 왜냐하면 단지 생물학적인 원리, 운동과 생활만의 원리로서의 영혼은 인간에서의 정신적 원리와 이제는 더 이상 합치하지 않게 되기 때문이다. 페르시아 종교에 대한 한 해석자는 이렇게 단정한다. "프라바시 개념이 인도-유럽어족 사람들에게 성행한 선조숭배로부터 생겨난 것은 틀림없다고 할지라도, 발달된 정신화를 겪은 단계에서는 이 개념은 죽은 자의 망령과는 확실히 다른 것이 되고 있다. 왜냐하면 아리아 계(系) 인도인 이나 로마인은 사별한 선조들의 영혼을 숭배하지만 마즈다 종교의 귀의자 들은 자기 자신의 수호신인 프라바시와 다른 모든 사람들의——이들이 죽은 자이건 살아있는 자이건 미래에 태어나게 될 자이건 간에——프라바시를 숭배하기 때문이다."[32] 실제로 여기에서 돌연 출현하고 있는 인격성에 대한 새로운 감정은 조로아스터교를 지배하고 있는 새로운 시간감정과 연관되어 있다. 미래에 대한 도덕적-예언자적 사고로부터 개성의 참된 발견, 인간의 인격적 자기의 발견이 생겨난다. 일반적으로 이 발견의 기반으로 서 영혼에 대한 원시적 신화의 표상들이 작용하고 있는 것은 확실하지만, 이와 같은 재료에 결국 전적으로 새로운 형식이 각인되는 것이다.

그러므로 바로 이 자리에서 신화적 의식 자체의 영역 내에 그 한계를 넘을 수 있도록 정해져 있는 전개가 행해지는 셈이다. '자기'에 대한 사변적 인 사고를 그 신화라는 모태로부터 점차로 해방시켜가는 과정은 그리스 철학의 역사 속에서 여전히 그 개개의 단계들을 모두 추적할 수 있다. 피타고 라스학파의 영혼론에는 아직 완전히 태고의 신화적 유산이 침투되어 있다. 로데(Rohde)는 이 영혼론에 대해, 그 기본적 특징은 단지 오래된 민간심리학 에서 보여지는 망령(Phantasma)을 묘사하고 있는 데 지나지 않는다고 말한

• • •

32. Victor Henry, *Le Parsisme*, S. 53 f.; 프라바시에 대한 교설에 대해서는 특히 Söderblom, *Les Fravashi*, Paris 1899; Darmesteter, *Ormazd et Ahriman*, S. 118, 130 ff.를 참조할 것.

다. 이 망령이 ²⁰⁵신학자나 속죄의 사제(司祭), 그리고 가장 나중에는 오르페우스 교도에 의해 높여지고 변형되면서 완성된다는 것이다.[33] 그럼에도 이러한 특질로써 피타고라스학파의 심리학의 본질적인 특성이 모두 드러나는 것은 아니다. 왜냐하면 피타고라스학파의 심리학은 이 학파의 세계개념에도 그 특수한 특질을 부여하고 있는 바와 동일한 계기에 기초해 있기 때문이다. 그 영혼은 그 자체 어떤 물질적인 것도 아니며, 또한 영혼의 신화적인 방랑이라는 사고방식이 있음에도 불구하고 단순한 호흡이나 그림자와 같은 영혼도 아니다. 오히려 이 영혼은 그 가장 깊은 존재에서 그리고 그 궁극적인 기반에서 조화와 수로서 규정된다. 플라톤의 『파이돈』에서 영혼을 '신체의 조화'로 보는 이 기본적 견해가 필롤라오스의 제자인 시미아스와 케베스에 의해 전개되어 있다. 이와 함께 비로소 영혼이 한계와 형식 자체의 표현, 즉 도덕적 질서 및 논리적 질서의 표현으로서의 척도의 관념에 관계하게 된다. 이리하여 수는 단지 전(全)우주적인 존재에 대해서만이 아니라 신적인 것, 악령적인 것에 대해서도 지배자가 된다.[34] 그리고 이론에 의한 신화적-악령적 세계의 극복, 수 안에서 나타나고 있는 일정한 법칙으로의 이러한 세계의 종속은 그리스 철학에서 도덕의 근본문제가 수행한 전개에 의해 보완되고 상응하게 된다. 인간의 마음이야말로 그의 다이몬[정령]이라는 헤라클레이토스의 말로부터 시작하여, 이 전개는 데모크리토스와 소크라테스로 나아간다.[35] 아마도 이 연관 속에서 비로소 우리는 소크라테스의 다이모니온[신령]과 그의 '에우다이모니아(Eudaimonia, 행복)'의 개념에 항상 붙어있는 특수한 의미와 울림을 그대로 느낄 수 있을 것이다. 에우다이모니아는 소크라테스가 창시한 새로운 형식의 앎에 기초를 두고 있다. 그러한

• • •

33. Rohde, *Psyche*² II, 167.
34. Philalaos, fr. 11. 또한 이 책 223쪽 참조.
35. 데모크리토스에 대해서는 특히 fragm. 170, 171 (Diels): εὐδαιμονίη ψυχῆς καὶ κακοδαιμον ίη — εἰδαιμονίη οὐκ ἐν βοσκήμασιν οἰκεῖ οὐδὲ ἐν χρυσῶι. ψυχὴ οἰκητήριον δαίμονο ς. [행복은 불행과 마찬가지로 혼의 소관이다. 행복은 살찐 가축들 속에도 황금 속에도 거주하지 않는다. 혼이 다이몬의 거처이다.]

앎이란, 영혼이 단순한 자연력에 머무는 것을 그만두고 도덕적인 주체로서 파악될 때에 얻어진다. 이제 비로소 인간은 미지의 것에 대한 공포로부터, 정령에 대한 공포로부터 자유로워진다. 왜냐하면 그는 자신의 자기, 즉 자신의 내적인 것이 더 이상 어두운 신화적인 힘에 지배되어 있다고 느끼지 않고, 오히려 명확한 통찰에 기초하여, 즉 앎과 의지의 원리에 기초하여 자신의 자기를 형성할 수 있다는 것을 알기 때문이다. 그리하여 여기에서 신화에 대해 내적 자유의 어떤 새로운 의식이 소생한다. 애니미즘의 원시적인 단계에서는 인간이 그 정령에 의해 선택되고 세부적으로까지 형성된다는 사고방식이 오늘날에도 여전히 발견된다.[206]수마트라의 바탁 족의 경우, 영혼은 육화하기에 앞서 신들과 인간의 선조로부터 다양한 무생물들이 영혼에 제시되어 그 중 어떤 것을 택하게 되지만, 그 선택과 더불어 해당 인간의 운명이나 그의 특징, 그의 본성, 그리고 그의 생애의 전 과정은 미리 결정된다.[36] 영혼에 의한 선택이라는 신화의 이 기본적 주제를 플라톤도 『국가』 제10권에서 채택하고 있다. 하지만 그는 이것을 이용하여, 신화적 사고방법과 신화적 감정세계에 대립하는 어떤 새로운 귀결을 끌어들이려고 한다. 라케시스는 영혼을 두고서 이렇게 말한다. "다이몬이 그대들을 제비로 뽑는 게 아니라 그대들이 자신들의 다이몬을 선택하리라. 덕(德)에는 주인이 없다. 각 사람들이 덕을 존중하는가 경시하는가에 따라 보다 많은 덕을 갖게 되거나 보다 적은 덕을 갖게 되리라. 책임은 선택하는 자의 것이지 신에게 책임은 없다."(『국가』 617D) 이 말도 또한 필연성, 아낭케(Ananke) ―― 라케시스는 이 아낭케의 딸이다 ―― 의 이름으로 영혼에 분명하게 이야기된다. 하지만 신화적 필연성 대신에 도덕적 필연성이 등장함으로써 그 법칙은 최고의 도덕적 자유법칙에 합치하게 된다. 이제 자기책임이라는 관념 하에 인간에게 그의 참된 자아가 부여되며, 인간을 위해 비로소 자아가

• • •
36. 이에 관한 매우 특징적인 신화가 Warneck, *Die Religion der Batak*, S. 46 ff.에 거론되어 있다.

획득되고 확보된다. 그러나 물론 그리스 철학에서의 영혼개념의 이후의 전개는 철학적 의식에게조차 이제 이 개념이 포함하게 된 새로운 내용을 그 특수한 특성에서 유지하는 것이 얼마나 어려운 일인가를 보이고 있다. 플라톤으로부터 스토아학파로, 또한 신플라톤주의로 향하는 길을 더듬어 본다면, 여기에서 이전의 신화적인 영혼관이 점차로 또한 우월적 지위를 점하게 되는 경위가 밝혀진다. 플로티노스의 저서들 중에는 다시금 명백하게 "우리를 택한 다이몬[정령]"을 논한 논문이 있다.[37]

그러나 도덕적이라기보다는 오히려 순수하게 이론적인 관점에서 보더라도, 이론적-철학적 의식에서 수행된 주관성의 발견에는 신화적-종교적 의식에서의 주관성의 발견이 선행한다. 이미 신화적-종교적 의식은 그 자체 더 이상 사물과 같은 것이 아닌, 그리고 사물적인 것과의 유비에 의해서는 규정될 수 없는 '자아', 오히려 [207]모든 객체적인 것이 그것에게는 단순한 '현상'으로서 존재하는 데 지나지 않는 그러한 '자아'의 사상으로 발을 들여 놓고 있다. 신화적 직관과 사변적 고찰의 경계에서 유지되는 그러한 자아개념의 표현의 고전적인 사례가 인도적 사고의 전개 속에서 보여진다. 우파니샤드의 사변 속에는, 여기에서 통과해야 했던 도정의 매 단계들이 지극히 명료하게 두드러져 있다. 종교적 사고가, 파악하기 어렵고 개념화하기 어려운 자기라든가 주관을 나타내기 위해 항상 새로운 상을 찾고자 노력하는 사정, 하지만 그럼에도 최종적으로는 종교적 사고가 모든 이러한 형상적 표현은 불충분하고 부적합하다고 여겨 다시금 방기하는 것을 통해서만이 자기를 규정할 수 있다는 그 사정이 여기에서 간파된다. 자아란 가장작은 것이면서 가장 큰 것이다. 마음속의 아트만은 쌀알이나 기장의 낟알보다도 작지만, 대기보다도 하늘보다도 또 전 세계보다도 크다. 이 아트만은 공간의 일정한 경계 내, 즉 '여기'나 '저기'에 구속되는 것도 아니고 또한

• • •

37. *Ennead.* III, 4. 스토아와 신플라톤주의에서의 '인격적 수호령(守護靈)'의 위치에 관해서는 특히 Hopfner, *Griechisch-ägyptischer Offenbarungszauber*, Leipzig 1921, § 35 ff. (S. 10 ff.), § 117 ff.(S. 27 ff.)

시간성의 법칙, 생성이나 소멸, 능동이나 수동에 묶여있는 것도 아니며, 모든 것을 포괄하고 모든 것을 지배한다. 왜냐하면 존재하는 모든 것, 일어나는 모든 것에 대해 아트만은 단순한 방관자로서 마주해 있으며, 그는 자신이 보고 있는 것 속으로 휩쓸려 들어가지 않기 때문이다. 이 순수한 바라봄이라는 작용에 의해 아트만은 객관적인 형식을 지닌 모든 것, '형상과 이름'을 지닌 모든 것으로부터 구별된다. 아트만에 대해서는 "그것은 존재한다"라는 단순한 규정밖에 가능하지 않고 그 이상의 특수화나 성격규정은 될 수 없다. 이리하여 자기는, 알 수 있는 모든 것에 대비되지만 그럼에도 그와 동시에 알 수 있는 모든 것의 핵심이기도 하다. 이것을 알지 못하는 자만이 이것을 알고, 이것을 아는 자는 이것을 알지 못한다. 그것은 알고 있는 자에 의해서는 알 수 없는 것이며, 알지 못하는 자에 의해 알려지는 것이다.[38] 지적 충동의 긴장은 모두 이것에로 향해진다. ── 하지만 동시에 앎의 모든 문제가 여기에 포함되어 있다. 인식에 의해 보여지게 되는 것은 사물들이 아니며, 오히려 보여지고 들려지고 이해되는 것은 자기이다. 자기를 보고 듣고 이해하고 아는 자는 전 세계를 알게 될 것이다. 그럼에도 이 모두를 아는 자 자신은 알 수 없다. "왜냐하면 둘이 있는 곳에서는 한 쪽이 다른 쪽을 보고 한 쪽이 다른 쪽을 냄새 맡고 한 쪽이 다른 쪽을 듣고 한 쪽이 다른 쪽에게 말을 걸고 한 쪽이 다른 쪽을 알 뿐이기 때문이다. …… 하지만 정작 그 한 쪽은 무엇에 의해 이들 모두를 아는 것인가, 그 한 쪽은 어떻게 해서 이들 모두를 안다는 것인가, 그 한 쪽은 이것들을 아는 자를 어떻게 안다는 것인가?"[39] 바로 여기에서 정신에게 어떤 새로운 확실성이 개시되어 있음을 이 이상 더 선명하게 말할 수는 없다. [208]앎의 원리로서의 그 확실성은 앎의 어떠한 대상이나 형성물과도 비교될 수 없고 따라서 이 대상적 형성물을 위해 규정되어 있는 어떠한 인식방법이나 인식

• • •

38. *Kena Upanishad* 11; *Kāthaka Up.* VI, 12(Deußen 역, *Geheimlehre des Veda*, S. 148, 166)를 볼 것.
39. *Brihadaranyaka Upan.* II, 4, 4 und 14(Deußen 역, a. a. O., S. 30 ff.).

수단에 의해서도 접근될 수 없는 것이다. 하지만 여기로부터 우파니샤드의 자아개념과 근대의 철학적 관념론의 자아개념의 내적 친연성이나 심지어 그 동일성을 추론하려고 한다면, 그것은 마찬가지로 경솔하다고 말할 수밖에 없다.[40] 왜냐하면 종교적인 신비사상이 순수한 주관성을 파악하고 그 내용을 규정하려고 할 때 의거하는 **방법**은 앎과 그 성립에 대한 비판적 분석의 방법과는 명확히 구별되기 때문이다. [하지만] 운동 자체의 일반적인 **방향**, 즉 '객관적인 것'으로부터 '주관적인 것'으로 향하는 그 방향은, 이 운동이 최종적으로 끝나는 목표는 모두 다름에도 불구하고, 일치하는 계기임에는 틀림없다. 신화적-종교적 의식의 자기와 '선험론적 통각'의 자아를 가르는 간극이 아무리 크다고 할지라도, 그럼에도 역시 신화적 의식 자체의 내부에 이미 그에 못지않은 커다란 간격, 즉 영혼적 다이몬에 대한 최초의 원시적인 사고방식과 자아가 의지와 인식의 주체로서의 어떤 새로운 '정신성'의 형식 속에서 파악되기에 이르는 완성된 사고방식 사이의 간격이 존재해 있는 것이다.

• • •

40. 이에 관해서는 도이센의 사고방식이나 서술에 맞서 올덴베르크가 제기한 비판적 견해(*Die Lehre der Upanishaden und die Anfänge des Buddhismus*, S. 73 f., 196 ff.)를 참조할 것.

제2장

신화적인 통일감정과 생명감정에 기초한 자기감정의 형성

1. 생명 있는 것의 공동체와 신화적 유(類) 형성. 토테미즘

209.'주관'과 '객관'의 대비, 즉 사물적으로 주어져 있고 사물적으로 규정되어 있는 모든 것으로부터 자아를 구별하는 것만이, 아직 미분화된 보편적인 생명감정으로부터 '자기'라는 개념과 의식으로의 진전이 행해지는 유일한 형식은 아니다. 순수한 지(知)의 영역에서는 이러한 진행은 무엇보다도 우선 지의 원리가 지의 내용으로부터, 인식하는 자가 인식된 것으로부터 분리되는 모습으로 행해지지만, 신화적 의식과 종교적 감정은 이와는 다른, 보다 기본적인 대립을 포함하고 있다. 여기에서는 자아는 직접적으로 외적 세계와 연관되는 것이 아니라 오히려 본래 자신과 동종의 인격적인 존재나 생명과 관계되어 있다. 주관성이 그 상관항으로 갖는 것은 어떤 외적인 사물이 아니라 오히려 '너'나 '그'인 것이다. 이 경우 주관성은 한편으로는 이 '너'나 '그'로부터 자신을 구별하지만 이는 다른 한편에서 자신을 그것과 통합하기 위함이다. 이 '너'나 '그'야말로 자아가 거기서 자신을 발견하고 거기서 자신을 규정하기 위해 필요한, 참된 대극(對極)을 이루는 것이다. 왜냐하면 여기에서도, 개체적인 자기감정이나 개체적인 자기의식은 출발점

에 있는 것이 아니라 전개의 종결점에 있는 것이기 때문이다. 우리가 거슬러 올라갈 수 있는 한에서의 이 전개의 최초의 단계에서는 자기감정이 도처에서 아직 직접적으로 신화적-종교적인 **공동체감정**과 융합되어 있는 것이 보여진다. 자아는 공동체의 일원으로서 파악되는 한에서만, 즉 타자와 함께 가족, 종족, 사회집단이라는 통일체에 편입되어 있는 한에서만, 자신을 느끼고 아는 것이다. 이러한 통일체 속에서만, 이러한 통일체를 통과해서만 자아는 자기 자신을 소유한다. 이 자아의 고유한 인격적 존재와 그 생명은 그 온갖 표현들에서 마치 눈으로 볼 수 없는 주술적인 결속에 의해 [210]포괄적인 전체의 생활에 결부되어 있는 것과 같은 것이다. 이 결속이 극히 천천히 느슨해지고 풀려지게 되면 자아를 포섭하는 생명권역에 대한 자아의 자립성이 성립하게 된다. 그리고 이 경우에도 또한 신화는 이 과정에 수반하는 것만이 아니라 이것을 매개하고 조건짓는 것이며, 신화야말로 이 과정의 가장 중요하고 효과적인 추동력의 하나를 이루고 있는 것이다. 자아가 공동체에 대해 점하는 새로운 위치는 모두 신화적 의식 속에 표현되고 우선 영혼신앙의 모습에서 신화적으로 객관화되는 것이기 때문에, 영혼개념의 발전은 개체적 자기가 획득되고 파악되는 '주관화' 작용을 나타낼 뿐만 아니라 그 작용을 위한 정신적인 도구가 되고 있다.

신화적 의식의 단순한 내용을 고찰하는 것만으로도 이미, 신화의 이 내용이 결코 전면적으로 직접적인 자연직관의 권역에서 유래하는 것도 아니며 또는 주로 거기에서 유래하는 것도 아니라는 것이 명확해진다. 조상신앙과 **조상숭배**를 특히 허버트 스펜서에 의해 주장되고 구축된 '조령숭배(祖靈崇拜, manism)' 이론의 의미에서 신화적 사고의 참된 기원으로 간주하지 않는 경우조차도, 일반적으로 영혼의 표상이 명확히 완성되고 영혼의 고향이나 기원에 대한 일정한 신화적 '이론'이 형성되어 있는 곳에서는 반드시 조상신앙이 결정적인 역할을 수행하고 있음이 증명될 수 있는 것으로 보인다. 문화적으로 위대한 종교들 가운데서 특히 조상신앙에 뿌리를 두고 그 근원적인 특징을 가장 순수하게 보존하고 있다고 생각되는 것은 중국의 종교이다. 이 신앙이 지배하고 있는 곳에서는 개개인은 가족의 조상들과 연속적인 생식과정을 거쳐 연결되어 있다고 느끼는 것만이 아니라 자신이 조상들과 동일하다는 것을 알고 있다. 조상의 영혼들은 사멸해버린 것이 아니다. 그 영혼들은 계속 존속하고 지금도 존재하고 있어서, 자손들 속에서 다시금 육체를 부여받으며 새로 태어나고 있는 세대들 속에서 끊임없이 갱신되어가는 것이다. 그리고 이러한 신화적-사회적인 관점의 최초의 권역이 확대되어 가족으로부터 부족으로, 부족으로부터 국가로 옮겨가게 되면, 이 진행의 각 국면들이 말하자면 그 신화적인 '지수(指數)'를 지니고 있는 것을 알 수 있다. 사회적 의식의 모든 변화가 신들의 형식과 형상으로 나타나는 것이다. 그리스인의 경우에는 가족의 신들, θεοὶ πατρῷοι[테오이 파트로오이]의 위에 씨족의 신들, θεοὶ φράτριοι[테오리 프라트리오이]와 부족의 신들, θεοὶ φύλιοι[테오이 퓔리오이]가 두어지며, 다시금 이 신들 위에 도시국가의 신들과 보편적인 민족신이 위치한다. 이리하여 '신들의 국가'는 사회생활의 조직의 충실한 모사가 되고 있는 셈이다.' [211]신화적 의식의 형식과 내용을 인간사회의 그때그때의 경험적 연관으로부터 도출하려고 하고 이러한 의미에서 사회적 존재를 종교의 기반으로 삼고 사회학을 종교학의 기반으로 삼으려고 하는 이러한 시도에 대해서는 물론 이미 셸링이 이전부터 결정적인 반론을 제기한 바 있다. 그는『신화철학』에서 다음과 같이 말하고 있다. "지금까지 어느 누구도 위화감을 갖지 않았던 다음과 같은 물음, 즉 신화가 한 민족으로부터 또는 한 민족 아래서 발생하는 것이 과연 가능한가라는 이 점이야말로 확실히 탐구할 필요가 있다고 생각된다. 왜냐하면 무엇보다도 우선 민족이란 무엇인가, 무엇이 그것을 민족으로

• • •

1. 이미 아리스토텔레스의 『정치학』이 '신들의 국가'라는 관념을 이것과 결부시키고 있다. καὶ τοὺς θεοὺς διὰ τοῦτο πάντες φασὶ βασιλεύεσθαι, ὅτι καὶ αὐτοὶ οἱ μὲν ἔτι καὶ νῦν οἱ δὲ τὸ ἀρχαῖον ἐβασιλεύοντο.(Polit. I, 2, 1252b.)[모든 사람들은 자기 자신이 지금도 여전히 왕에 의해 다스려지고 있으므로, 모든 신들도 또한 왕에 의해 다스려지고 있다고 말하는 것이다.]

만들어내는가가 문제이기 때문이다. 논란의 여지없이 민족이란, 수의 많고 적음이 어떠하든 일정 수의 신체적으로 동종적인 개인들이 공간적으로 단지 공존해 있다는 것이 아니라 그 개인들 간의 의식의 공동성일 것이다. 이 의식의 공동성이 직접 나타나는 것은 공통 언어에서만이다. 하지만 이 의식의 공동성 자체 또는 그 근거는 공통의 세계관이 아니라면 어디에서 발견될 것인가? 그리고 더 나아가 이 공통의 세계관은 한 민족의 신화에서가 아니라면 과연 어디에서 그 민족에게 근원적으로 포함되어 있고 주어져 있겠는가? 그러고 보면, 한 민족 내의 개인들의 창안에 의해서라 할지라도 이미 현존해 있는 민족에게 나중에 신화가 부가된다거나 또는 신화가 한 민족에게서 공통의 본능적인 산출에 의해 발생한다는 것은 불가능해 보인 다. 이러한 것이 불가능하다고 보여지는 것은 또한 하나의 민족이 신화 없이 존재한다는 것은 생각될 수 없기 때문이기도 하다. 어쩌면 사람들은 한 민족이 예를 들면 농업, 상업과 같은 과업을 공동으로 추구하고 공통의 습속, 입법, 행정 등을 지님으로써 결속을 이루는 것이라고 반박하고 싶어 할지 모른다. 확실히 이것들 모두는 민족의 개념에 속하고는 있다. 하지만 모든 민족들에서 공권력, 입법, 습속, 심지어 직업들이 신들에 대한 표상과 얼마나 밀접하게 연관되어 있는가를 떠올려보는 것은 거의 불필요해 보인 다. 문제는 오히려 이들 전제되는 모든 것 그리고 민족과 함께 주어져 있는 모든 것이 신화 없이는 존재할 수 없는 모든 종교적 표상을 빠뜨린 채 생각될 수 있는가라는 점에 있다."[2]

셸링의 이 구절은, '민족' 대신에 보다 원초적인 어떤 사회적 공동체를 두고 [212]실재적인 기본형식으로서의 그 공동체로부터 종교적 의식의 이념적 형식을 이끌어내는 경우라면, 방법론으로서는 여전히 유효하다. 왜냐하면 이 경우에도 또한 우리는 어떤 특정한 한 지점에서 관점을 역전시키지 않으면 안 되기 때문이다. 즉 신화적-종교적 의식이 사회형식의 사실적인

• • •
2. Schelling, a. a. O., S. W., 2. Abteil., I., 62 f.

존립으로부터 단순히 결과하는 것이 아니라 오히려 이 의식이야말로 사회구조를 성립시키는 조건들 중 하나이며, 결국은 공동체감정과 공동체생활의 가장 중요한 요인들 중 하나인 것으로 보인다. 신화란 그 자체로 '나'와 '너'의 결합을 처음으로 가능하게 하고, 개인과 공동체 사이에 특정한 통일성과 특정한 대립, 즉 공속의 관계와 긴장의 관계를 만들어내는 어떤 정신적 종합들 중 하나인 것이다. 사실 신화적 및 종교적인 세계는, 우리가 거기에서 무언가 이미 현존하고 있는 분리——그것이 자연적 존재에 속하든 사회적 존재에 속하든 간에——의 표현만을, 즉 그 단순한 모사만을 알아챘다면, 그 참된 깊이에서는 이해될 수 없다. 오히려 우리가 거기에서 인식해야만 하는 것은 '위기'[또는 분리]의 매개물 자체, 즉 애초의 막연했던 생명감정의 혼돈으로부터 사회적 의식이나 개인적 의식의 특정한 근원형식이 비로소 발생하게 되는 것을 도와주는 정신의 위대한 특수화 과정의 매개물인 것이다. 이 과정에 있어서는 사회적 존재의 요소들도 자연적 존재의 요소들도 소재를 제공하는 데 지나지 않으며, 이 소재가 참된 형태화를 얻는 것은 소재 그 자체 속에 갖추어져 있던 것도 아니고 또한 소재로부터 이끌어질 수 있는 것도 아닌, 정신의 어떤 기본적 범주에 의한 것이다. 이 경우 신화라 불리는 방향의 특질을 무엇보다도 잘 나타내는 것은, 신화가 '내적인 것'과 '외적인 것'의 경계설정을 예를 들면 경험적-인과적인 인식형식에서 행해지는 것과는 전적으로 다른 방식에서 수행하며, 그 경계선을 전적으로 다른 위치에 설정한다는 데에 있다. 여기에서는 객관적 직관과 주관적인 자기감정·생명감정이라는 두 계기가 이론적 인식의 구축에서와는 전적으로 다른 상호관계를 맺기 때문에, 정신적인 강조점의 이러한 이동에 의해 존재와 사건의 모든 기본적 척도들이 변화된다. —— 현실적인 것의 다양한 권역과 차원이, 지각세계의 단지 경험적인 질서나 분절, 즉 단순한 경험과 그 대상의 구축에 유효한 바와는 전적으로 다른 관점에 따라 서로 가까워지거나 서로 분리되거나 하는 것이다.

종교형식과 사회형식 간의 연관들을 세부에 걸쳐서 논증하는 일은 오늘날 독자적인 문제와 방법을 지닌 개별과학으로서 성립하고 있는 특수 종교사회학의 과제이다. [213]이러한 일 대신에, 우리의 관심은 이러저러한 특수한 사회적 조직형식에서보다는 오히려 공동체의식 일반의 기본적 형식의 구성에서 작용하고 있는 가장 보편적인 종교적 범주를 제공하는 것에 향해져 있다. 이 범주의 '선험성'은 비판적 관념론이 인식의 기본형식에 대해 상정하고 인정한 것과 전적으로 다른 의미에서 주장되어선 안 된다. 여기에서도 또한, 항상 도처에서 동일하게 반복해 나타나면서 공동체의식의 구축에서 동일한 작용을 하는 어떤 불변하는 종교적 표상영역을 분리해 내는 일이 중요한 문제일 수는 없다. 오히려 확립되어야 할 것은, 신화적-종교적인 사고방식도 세계의 분절화도, 또한 공동체의 조직화조차도 그 아래에서 수행되고 있는 것으로 나타나는 어떤 통일적인 '시점(視點)', 즉 문제의 어떤 특정한 방향을 구하는 일이다. 이 시점은 개개의 구체적인 공동체가 존립하고 발전하게 되는 특수한 생활조건들에 의해 비로소 한층 더 면밀한 규정을 얻게 된다. 하지만 이 점이, 그 형성작용에 그 어떤 보편적이고 일관적인 정신적 계기가 작용하고 있음을 인정하는 데 지장을 주는 것은 아니다. 신화의 발달은 우선 매우 명백하게 하나의 모습을 보이고 있다. 그것은, 인간의 유적(類的) 의식의 가장 보편적인 형식조차도, 즉 인간이 모든 생명 형태로부터 자신을 구별하여 자신과 유사한 것들과 함께 하나의 자연적 '종'으로서 통합되는 그 방식조차도, 신화적-종교적 세계관의 **출발**점으로서 처음부터 주어져 있는 것이 아니라 신화적 세계관의 매개된 소산, 그 결과로서 이해되어야만 한다는 것이다. 인간이라는 종의 경계는 신화적-종교적 의식에게는 결코 고정된 것이 아니라 전적으로 유동적인 경계이다. 신화가 출발점으로 삼는 어떤 보편적 생명감정이 점차 응집되고 점차 수축해감으로써만, 서서히 신화는 인간에 특유한 공동체감정에 도달한다. 초기 단계의 신화적 세계관에서는 인간을 생명 있는 것의 전체, 즉 동물이나 식물의 세계로부터 분리시키는 명확한 절단면은 아직 어디에도 없다. 그리하여 특히 **토테미즘**적 표상영역의 특질은, 인간과 동물 간의 '친연관계'나

일정한 씨족과 그 토템이 되는 동물 내지 식물 간의 개개의 친연관계가
결코 어떤 비유적인 의미에서가 아니라 엄밀하게 말 그대로의 의미에서
성립되고 있다는 바로 그 점에 있다. 그 행위와 [214]활동에서도, 그 생활형태
와 생활방식 모두에서도, 인간은 자신이 동물과 어떠한 점에서도 분리되어
있다고는 느끼지 않는다. 부시맨들은 오늘날에도 인간과 동물의 차이에
대해 그들에게 물어보아도 그 차이를 단 하나도 제시할 수 없다고 보고되어
있다.[3] 말레이인에게는, 호랑이와 코끼리가 정글 속에 자신들의 도시를 가지
고 있고, 거기에서 그들은 집에 거주하며 모든 점에서 인간과 동일하게
행동하고 있다는 신앙이 있다.[4] 감각적-구체적인 차이나 지각가능한 형태
상의 차이를 파악하는 예민함에 바로 그 특징이 있는 원시적-신화적 의식에
있어서도, 생물의 '종들' 간의 그러한 혼동이 일어날 수 있고 또한 자연적
및 정신적 경계가 완전히 뒤섞여 있을 수 있다는 것, 이것은—— 토테미즘의
의미와 발생에 대해 아무리 **특수한** 설명이 받아들여지더라도—— 신화적
사고의 '논리'의 어떠한 일반적 특징에, 즉 그 개념형성과 유(類, Klasse)
형성 일반의 형식과 방향에 근거하고 있음에 틀림없다.

　신화적인 유 형성이 우리의 경험적-이론적 세계상에서 이용되고 있는
유 형성과 구별되는 것은 무엇보다도 우선 후자가 소유하고 끊임없이 사용
하고 있는 본연의 사고의 도구가 전자에는 결여되어 있다는 점에 의한
것이다. 경험적이고 합리적인 인식이 사물의 존재를 종(種)이나 유(類)로
나누는 경우, 그것이 고찰의 수단으로 삼고 일관된 실마리로서 사용하는
것은 인과적인 추리나 추론의 형식이다. 대상들이 유나 종으로 총괄되는
것은 순수하게 감각적으로 파악될 수 있는 유사성이나 차이에 의해서가
아니라 오히려 그 인과적 의존관계에 의해서이다. 우리는 대상들을, 그것들
이 외적 지각이나 내적 지각에 어떠한 것으로서 **나타나는가**에 의해서가

• • •
3. Campbell 의 보고 (Fronenius, *Die Weltanschauung der Naturvölker*, Weimar 1898, S. 394에서
　인용).
4. Skeat, *Malay Magic*, S. 157.

아니라 그것들이 우리의 인과적 사고의 규칙에 따라 '함께 공속하는' 방식에 의해 질서짓는다. 이리하여 예를 들면 우리의 경험적인 지각공간의 구성작용 전체가 이러한 사고의 규칙에 의해 규정되어 있다. 우리가 이 공간 속에서 개개의 형태들을 부각시키고 서로 대조되게끔 하는 방식, 우리가 그 형태들 상호간의 위치나 거리를 규정하는 방식——이 모든 것은 단순한 감각, 즉 시각적 인상이나 촉각적 인상이라는 소재적 내용에 의거하는 것이 아니라 [215]그 인과적인 배분과 결합의 형식, 즉 인과적 추론의 작용에 의거하는 것이다. 그리고 우리가 생물의 형태학적 형식들인 생물의 유와 종을 분류하고 한정하는 방식도 또한, 그것이 본질적으로는 혈통의 규칙으로부터, 즉 생식작용과 탄생의 계기적 연속과 인과적 연관에 대한 통찰로부터 추출되는 규준에 의거하고 있는 한에서, 마찬가지로 동일한 원리에 따르고 있다. 우리가 생물의 어떤 특정한 '유(Genus)'라는 말을 할 때에는, 그 생물의 발생이 일정한 자연법칙에 따르고 있다는 관념이 그 근저에 놓여 있다. 즉 유의 통일성의 사고는, 우리가 유라는 것을 연속된 일련의 생식작용에 의해 증식되고 끊임없이 새로운 자기를 산출해가는 것으로 간주하는 그러한 사고방식에 바탕을 두고 있다. 「다양한 인종들에 관하여」(1775)라는 논문에서 칸트는 이렇게 말하고 있다. "동물계에서는, 유와 종으로의 자연적 구분은 생식(生殖)이라는 공통법칙에 근거하고 있으며, 그리고 유의 통일성이란 다양한 동물들에 일관적으로 행해지는 생식력의 통일성에 다름 아니다. …… 학교에서 행해지는 유사성에 따른 분류에서 문제로 되는 것은 유(類)이지만, 생식상의 친연관계에 따라 동물을 구분하는 자연적 분류에서 문제로 되는 것은 계통(系統)이다. 전자는 기억을 위한 학교용의 체계를 제공하는 것이며 후자는 이해를 위한 자연적 체계를 제공한다. 전자는 피조물을 항목 하에 분류하려고 의도하며, 후자는 그것을 법칙화하려고 한다." 이러한 '이해를 위한 자연적 체계', 유를 계통으로 환원하고 생식이라는 생리학적 법칙으로 환원하는 것은 신화적 사고방식으로선 전혀 알고 있지 않은 것이다. 왜냐하면 신화적 사고방식에게는 생식작용과 출산 자체가 단순한 '자연적인' 과정, 보편적이고 고정된 법칙에 따르는 과정이 아니라 본질적으로 주술적인 사건들이기 때문이다. 성교라는 행위와 출산이라는 행위는 서로 '원인'과 '결과'의 관계에 있는 것도 아니며, 어떤 통일적인 인과연관의 시간적으로 구분된 두 단계라는 관계에 있는 것도 아니다.[5] 토테미즘의 어떤 기본형식을 가장 순수하게 유지하고 있다고 보여지는 오스트레일리아의 원주민 부족의 경우에는, 여성의 임신은 특정한 장소, ²¹⁶즉 선조의 정령이 묵고 있는 어떤 토테미즘 상의 중심지와 관계되어 있다는 신앙이 널리 미치고 있다. —— 즉 여성이 이러한 장소에 머무르고 있으면, 선조의 정령이 다시 태어나기 위해 그녀의 신체 속에 들어간다는 것이다.[6] 프레이저는 토테미즘 체계 전체의 유래와 내용을 이 기본적인 사고방식으로부터 해명하려고 시도했다.[7] 그런데 과연 그러한 해명이 허용되는가 그리고 충분한 것인가 어떤가는 차치하더라도, 이러한 사고방식 자체는 일반적으로 신화적인 유개념과 종개념의 형성이 수행되는 그 형식에 밝은 빛을 던져준다. 신화적인 관점에서 보자면 종의 구성은, 특정한 요소들이 그 직접적인 감각적 '유사성'에 기초를 두거나 또는 그 간접적인 인과적 '공속성'을 기초로 해서 하나의 통일체로 총괄됨으로써 행해지는 것이 아니다. 그 통일성은 전적으로 다른, 근원적으로 주술적인 유래를 지니는 것이다. 동일한 주술적인 작용영역에 그 성원으로서 속하고 서로

• • •

5. W. Foy, *Archiv f. Religionswiss.* VIII(1905)를 참조할 것(Dieterich, *Mutter Erde*, Leipzig 1905, S. 32. 에서 인용). "중앙오스트레일리아의 신앙과 마찬가지로, 북동부 전체(오스트레일리아 민족들)에서는 어머니가 되는 것과 성교 간에는 어떠한 관계도 없다. …… 이미 완성된 인간의 태아가 인간 이상의 어떠한 존재에 의해 모태 속으로 들어가는 것이다." 또한 특히 Strehlow-Leonhardi, *Die Aranda- und Loritja-Stämme in Zentral-Australien*, I, 2, S. 52 f.를 참조할 것.

6. 상세한 것은 Spencer & Gillen, *The native tribes of Central-Australia*, S. 265; *The northern tribes of Central-Australia*, S. 170; Strehlow-Leonhardi, a. a. O., I, 2, S. 51 ff.

7. 프레이저의 [토템 성지에 있는 선조 영혼이 여성 몸속으로 들어간다고 보는] 'conceptional totemism[임신형 토테미즘]' 이론에 관해서는 *Totemism and Exogamy*(1910), IV, S. 57 ff.를 참조할 것.

협력하면서 어떤 특정한 주술적 기능을 실현하고 있는 그러한 요소들은, 예외 없이 융합하여 그들 배후에 내재하는 신화적 동일성의 단순한 현상형식이 되려는 경향을 보인다. 우리는 이전에 신화적 사고형식의 분석에서 이 융합을 신화적 사고형식의 본질로부터 파악하려고 시도해본 적이 있다. 이론적 사고는, 특정한 종합적 결합을 야기하는 항들을 바로 그렇게 결합되고는 있어도 각각 자립된 요소들로서 유지하며, 그것들을 서로 관계지으면서도 동시에 분리하고 구별하는 데 대해, 신화적 사고에서는 상호 관계지어진 것, 마치 어떤 주술적인 끈에 의해 하나로 된 것처럼 보이는 것이 무차별한 하나의 형상 속으로 융합된다.[8] 이렇게 해서 직접적인 지각의 입장에서 보자면 전혀 유사하지 않고 우리의 '합리적인' 이해의 입장에서 보더라도 전적으로 이질적인 것들도, 그것들이 동일한 주술적 복합체에 그 항으로서 들어가기만 하면, '유사한 것', '동일한 것'으로 보일 수 있는 것이다.[9] 동등성의 범주는 ²¹⁷하등의 감각적 특징들이나 추상적-개념적 계기들의 합치를 기초로 적용되는 것이 아니라 주술적인 연관의 법칙, 주술적 '공감'의 법칙에 의해 그 적용이 조건지어져 있는 것이다. 이 공감에 의해 언제나 하나로 되는 것, 주술적으로 '상응'하고 서로 지지하면서 촉진하는 것, 바로 그것들이 통합되어 하나의 신화적 유가 된다.[10]

• • •

8. 이 책 108쪽 ff. 참조.

9. '영혼'과 '신체' 사이에는 토테미즘적인 견해에서 보자면, 어떠한 '유기적-인과적' 연관도 없으며 있는 것은 단순한 '주술적' 연관뿐이다. 따라서 영혼은, 자신에게 속하고 자신으로부터 생명이 부여되는 단 하나의 신체만을 '갖는' 것이 아니라, 모든 '생명 없는' 사물도 그것이 어떤 특정한 토템에 속하는 특징을 지니고 있는 한, 그 영혼의 신체로서 이해된다. 어떤 토템의 조상의 화신인 나무나 돌로 된 도구 tjurunga[추룽가]는, 해당 토템에 의거해 지정되어 있는 개인의 신체로서 간주된다. 할아버지는 손자에게 그러한 추룽가를 보이면서 이렇게 말한다. "이것이 네 몸이란다. 이것은 네 분신이지. 네가 이 추룽가를 다른 곳에 두거나 하면, 넌 고통을 느낄 게야." Strehlow-Leonhardi, *Die Aranda- und Loritja-Stämme in Zentral-Australien*, I, 2, S. 81(또한 이 책 248쪽 각주 16 을 참조할 것).

10. 주술적 '융합'의 이러한 과정을 보여주는 매우 특징적인 증거는 [멕시코 서부 시에라 마드레 산맥에 거주하는 소수 종족인] 후이촐(Huichol) 인디언의 '상징체계(Symbolismus)'에 관한 룸홀츠(Lumholtz)의 서술에 나타나 있다. 명백히 단순한 상징표현(Symbolik) 이상의

신화적 '개념형성'의 이 원리를 인간과 동물의 관계에 적용한다면, 토테미즘의 특수한 분기(分岐)나 지류(支流)에까지는 미치지 않는다고 할지라도, 적어도 토테미즘의 일반적인 기본적 형식을 이해할 수 있는 길이 열려진다. 왜냐하면 우리는 신화적인 단위설정의 하나의 본질계기, 하나의 주요요건이 이 관계에 있어서는 처음부터 채워져 있다는 것을 발견하기 때문이다. 원시적 사고가 인간과 동물 사이에서 인정하는 근원적인 관계는 결코 일방적-실제적인 관계도 또 경험적-인과적인 관계도 아니며, 순수하게 주술적인 관계이다. '원시인'의 직관에서는 동물은 다른 어떠한 존재자보다 더 특별한 주술적인 힘을 타고난 것으로 보여진다. 말레이인에 대해, 그들이 [현재] 믿고 있는 이슬람교조차도 그들 속에 깊이 뿌리내린 동물에 대한 두려움과 외경심을 근절할 수 없다는 것이 보고되어 있다.[218] 그들에게서는 특히 대형의 동물들, 즉 코끼리, 호랑이, 코뿔소에게 일반적으로 초자연적인 '악령적' 힘이 있다고 여겨지고 있다.[11] 잘 알려져 있듯이, 원시적인 관점에서는 일 년의 특정한 계절에 모습을 나타내는 동물이 대부분의 경우 그 계절을 낳고 가져오는 자라고 여겨졌다. 신화적 사고에 있어서는 여름을 '만드는' 것은 사실 제비이다.[12] 그리고 동물이 자연이나 인간에 가하는 작용이 일관되게 이러한 주술적 의미에서 이해되고 있는 것과 같이, 이와 동일한 점이 동물에 대한 인간의 모든 형식의 능동적-실천적 관계에 대해서

• • •

것을 포함하고 있는 이 '상징체계'에서는 예를 들면 사슴은 선인장의 일종인 페요테(Peyote)와 동일한 본질을 지닌 것으로 생각되는데, 이는 양자가 동일한 '주술적 역사'를 가지고 있기 때문이자 또한 주술적-실천적 행동에 있어서 동일한 위치를 점하기 때문이다. '그 자체로서는' 즉 우리의 경험적 및 합리적 개념형성의 법칙에서 보자면, 전혀 다른 종인 사슴과 페요테가 여기에서는 '동일한 것'으로서 생각되는 것인바, 그 이유는 양자가 후이촐족의 세계관 전체를 지배하고 규정하고 있는 주술적-신화적 제의 속에서 서로 상응하기 때문이다. 보다 상세한 것은 Lumholtz, *Symbolism of the Huichol Indians* (*Memoirs of the Amer. Mus. of Natural History*, New York 1900, S. 17 ff.). 또한 Preuß, *Die geistige Kultur der Naturvölker*, S. 12 f.도 참조할 것.

11. Skeat, *Malay Magic*, S. 149 f.
12. 이 책 84쪽 참조.

도 말할 수 있다. 사냥만 하더라도 그것은 결코 야생동물을 추적하고 죽이는 단순한 기술인 것이 아니며 또한 그 성공 역시 단지 일정한 실천적 규칙의 준수에 의해 달성되는 것도 아니다. 오히려 그것은 인간이 자기 자신과 사냥감 사이에 설정하는 주술적 관계를 전제로 하고 있다. 북미 인디언의 경우에 널리 보여지듯이, '실제' 사냥에 앞서 우선 주술적인 사냥이 행해지지 않으면 안 되는데, 그것은 흔히 며칠에서 몇 주간에 걸쳐 일어나며, 전적으로 특정한 주술적인 안전조치, 즉 많은 타부[금기]규정들에 묶여 있다. 그리하여 예를 들면 들소 사냥 이전에는 들소춤이 추어지는데, 이 춤에서는 야생동물을 잡아 죽이는 모습 하나하나가 모방적으로 표현된다.[13] 그리고 이 신화적 의례는 단순한 연회나 가면극에 그치는 것이 아니라 이 의례의 충실한 수행에 사냥의 성공이 걸려있는 이상, '현실적인' 사냥의 특징의 불가결한 일부를 이룬다. 엄격하게 치러진 이와 유사한 의례는, 획득물을 발견하여 죽이는 일에 대해서와 마찬가지로, 식사의 준비와 그 음식에 대해서도 행해진다. 이러한 모든 것으로부터 원시적인 것의 관점에 있어서는 동물과 인간이 서로 관류하는 주술적 연관 속에 놓여 있으며, 그들이 지닌 주술적인 힘이 끊임없이 서로 이행하고 유입되고 있다는 점이 엿보인다.[14] 하지만 바로 작용의 이러한 통일은 [219]신화적 사고의 입장에서 보자면 그 근저에 본질의 동일성이 있지 않다면 일어날 수 없을 것이다. 그렇다면 여기에서는 우리의 이론적인 자연의 분류——상호 구별되는 특정한 생존형식, 즉 '종'이나 '유'로의 분류——에서 작용하고 있는 관계가 역전되게 된다. 종의 규정은 생식의 경험적-인과적 규칙에 근거하는 것이

• • •

13. 이러한 들소춤에 대한 서술은 Catlin, *Illustrat. of the Manners, Customs and Condition of the North American Indians* I, 128, 144 ff.를 볼 것. 사냥이나 고기잡이에 대한 보다 상세한 민족학적 자료에 관해서는 Lévy-Bruhl, *Das Denken der Naturvölker*, S, 200 ff.에 정리되어 있다.

14. 여기에서 생각해낼 수 있는 점은, 의식적 반성, 즉 우리의 분석적-인과적 및 분석적-분류적인 사고가 만들어낸 억압이 제거된 곳은 어디에서나 인간과 동물의 이러한 본질적 동일성이 재현되고 있음이 통례라는 사실이다. 정신병리학적인 증상보고는 이러한 종류의 사례들로 넘쳐나고 있다. 예를 들면 Schilder, *Wahn und Erkenntnis*, S. 109.

아니다. '유'의 표상 또한 gignere[출산함]과 gigni[태어남]의 경험적 연관에 의존하는 것이 아니다. 오히려 인간과 동물의 상호 주술적 태도를 기초로 싹트는 유의 동일성에 대한 신념이야말로 가장 우선하는 것이며, 공통의 '혈통'이라는 표상은 그로부터 간접적으로 생겨나는 것이다.[15] 이 경우, 동일성은 결코 단지 '추론된' 동일성이 아니라 주술적으로 체험되고 감지되었기 때문에 신화적으로 믿어지고 있는 동일성인 것이다.[16] 토테미즘적 [220]사고방

• • •

15. '임신형 토테미즘'의 관념이 지배하고 있는 곳에서야말로 이것은 특히 현저하게 나타난다. 그 이유는 여기에서도 또한 토테미즘 상의 특정 그룹의 통일성은 이 그룹의 성원들이 태어나는 방식에 기초를 두는 것이 아니라, 오히려 생식(生殖)행위의 과정이 이미 이러한 그룹의 통일성을 전제로 하고 있기 때문이다. 왜냐하면 토템의 정령이 숨어드는 것은, 정령 자체가 자신과 '본질적으로 근친'이라고 인정한 여성에 한해서이기 때문이다. 슈트렐로우는 이렇게 말한다(Strehlow-Leonhardi, a. a. O., S. 53). "어떤 선조로부터 환생한 신체가 있는 장소를 한 사람의 여성이 지나가게 되면, 이미 그녀를 고대하면서 그녀 속에서 자신과 동일한 부류에 속하는 모성을 인지하고 있는 라타파(ratapa)가 그녀의 허리를 통해 그 신체 속으로 들어간다. … 그 후, 자식이 태어나게 되면, 그 아이는 해당 altjirangamitjina[토템신들]에 속하게 된다."

16. 토템적 '체계들'의 이러한 순수 감정적 기반은, 토테미즘이 갖는 표상 상의 구성요소들이 이미 후퇴하여 간신히 개개의 잔존물 속에서나 인정되어 있는 곳에서도, 여전히 증명될 수 있는 것으로 보인다. 이 점에 관해 매우 유익한 자료가 최근 발표된 브루노 굿만의 논문에 의해 제공되어 있다. Bruno Gutmann, *Die Ehrerbietung der Dschagganeger gegen ihre Nutz- pflanzen und Haustiere*(*Archiv für die gesamte Psychologie*, Bd. 48[1924], S. 123 ff.). 여기에서는 토템적 '사고형식'의 근저에 놓여있는, 말하자면 토템적 '생활형식'이 지극히 생생하고도 가시적인 방식으로 제시되어 있다. 우리는 굿만의 묘사 속에서 인간과 동물의 '동일성'이나 인간과 식물의 '동일성'이 개념으로서 정립되거나 논리적-반성적으로 생각되고 있는 것이 아니라, 그것이 직접 신화적으로, 운명적인 통일성이나 동일한 측면으로서 경험되어 있는 표상의 어떤 층위를 발견할 수 있다. "근원적인 힘이 되고 있는 것은 …… 동물이나 식물과의 생명적 일체감이요, 또한 이들 동식물 모두가 완전히 보충되고 외부로부터 차단된 하나의 권역으로 마감지어 인간이 지배하는 하나의 공동체로 형성하려고 하는 소망인 것이다."(S. 124) 이와 같이, 오늘날에도 여전히 [동아프리카 탄자니아 킬리만자로 산의 남부와 동부 사면(斜面)에 거주하는 농경민인] 차가(Chaga) 흑인은 "자신의 삶의 단계들과 바나나를 동일시하여, 바나나를 삶의 단계들의 유사물로 삼고 있다. …… 청년교육이나 그 후의 결혼식에서는 바나나 나무가 중요한 역할을 담당한다. …… 이 교육의 많은 요소가 조상숭배에 의해 규정된 현재의 형태로 가려져 있고 바나나를 취급하는 방식은 단지 상징적인 특성밖에 보이지 않지만, 그럼에도 그 교육은 바나나와 새롭게 시작해야 하는 인간생활 간의 직접적인 생명적 연관을 전적으로 은폐할 수는 없다."(S.

식이 아직 그 참된 강도와 생명력을 유지하고 있는 곳에서는 어디에서든, 오늘날에도 여전히 다양한 부족의 성원들은 단지 다양한 동물의 선조에서 유래할 뿐만 아니라 실제로 이 종의 동물 자체, 즉 수생 동물이거나 재규어이거나 또는 붉은 앵무새라는 신앙이 발견된다.[17]

그러나 신화적 사고가 지닌 일반적 경향으로부터 토테미즘이 지닌 기본적 전제의 하나가 이해가능하게 되더라도, 그리고 이 사고에 있어서는 생물의 '종들'은 경험적인 지각이나 경험적-인과적인 고찰에 있어서와는 전적으로 다른 방식으로 서로 구획됨에 틀림없다는 것이 이해될 수 있다고 하더라도, 그럼에도 그것에 의해서는 아직 토테미즘이 우리에게 부과하는 참된 문제가 해결된 것은 아니다. 왜냐하면 우리가 통상 토테미즘이라는 보편적 개념 하에 총괄하고 있는 현상들이 갖는 특수한 성질은, 여기에서는 인간 일반과 특정 종의 동물 사이에 어떤 연결이 상정되고 거기에 어떤 신화적 동일성이 설정된다는 점에 있는 것이 아니라, 각각 특수한 군(群)이 특수한 토템동물을 지니고 그 군이 그 동물과 특수한 관계에 있으며 좁은 의미에서의 '근친관계'와 '공속성'을 지니는 것으로 보이는 점에 있기 때문이다. 토테미즘의 기본적 형식을 이루고 있는 것은 다름 아닌 그 사회적인 후속현상과 수반현상——그 중에서도 족외혼(族外婚)의 원칙, 즉 동일한 토테미즘 군에 속하는 자들끼리의 결혼의 금지가 우선 첫째로 문제가 된다——을 동반하는 이 차이화인 것이다. 하지만 여기에서 객관적 존재를 직관하거나 이 존재를 인간을 위한 개개의 '유'로 분절하거나 하는 그 방식이 최종적으로는 인간의 작용의 종류나 방향의 차이에 귀착한다는 점을 견지하기만 한다면, 바로 이 차이화에 대한 이해에도 한층 더 근접하리라 보여진다. 이 원리가 신화적 직관의 세계의 전체 구성을 어떻게 지배하고 있는 것인가, 신화적 대상들의 세계는 거의 모두 인간의 행위의 단순한 객관적 투영에

• • •
133 f.)
17. 이에 대해서는 K. v. 슈타이넨의 보로로(Bororo) 족에 관한 보고를 참조할 것(이 책 112쪽 참조).

다름 아니라는 점이 어떻게 해서 증명될 수 있는가라는 것은 추후 한층 더 상세하게 고찰되어야 할 것이다.[18] 여기에서는 신화적 사고의 가장 낮은 단계, 즉 '주술적' 세계관 내에서조차도 이미, ——[221]모든 사건이 의존하는 주술적인 힘들이 존재의 전 영역에 균일하게 미치고 있는 것이 아니라 그 전 영역에 전적으로 불균등하게 배분될 수도 있는 한에서——그러한 발전으로의 최초의 맹아가 보여진다는 것을 떠올려보는 것으로 충분하다. '주체적인' 행위의 관점이 아직 너무 개별화되지 않아, 전 세계가 막연한 주술적인 힘으로 채워져 있고 대기가 말하자면 정령의 전기(電氣)로 충전되어 있는 듯 보이는 곳에서도, 개개의 주체들은 이 보편적으로 확산된, 그 자체로는 비인격적인 힘에 각각 전적으로 정도(程度)를 달리하면서 관여하고 있는 셈이다. 많은 개인들과 개개의 계층이나 신분들에는 우주를 관통하고 지배하는 주술적인 힘(Potenz)이 특별한 고조를 띠면서 강화되고 농축된 모습으로 나타난다. —— 힘 자체에 있는 보편적 마나(Mana)가 전사(戰士)의 마나, 수장(首長)의 마나, 사제의 마나, 의사의 마나라는 특수한 형식들로 분해되는 것이다.[19] 하지만 주술적인 힘이 마찬가지로 여전히 어떤 공통의 전이가능한 소유물처럼 여겨져서 개개의 위치나 개개의 사람들 내에 말하자면 저장되어 있는 것 같이 생각되는 이 같은 양적인 특수화와 병행하여, 이미 이른 시기부터 그 질적인 특수화가 나타나기도 하고 또한 나타나 있음에 틀림없다. 왜냐하면 아무리 '원시적인' 종류의 공동체라 할지라도, 전체의 존재와 작용에 대한 관점을 넘어서 부분들의 작용의 의식에 도달하지 못할 법한 단순한 집합체란 생각될 수 없기 때문이다. 오히려 이미 일찍부터 개인적으로든 사회적으로든 차이화로의 적어도 최초의 맹아가 생겨나 있음에 틀림없으며, 인간의 활동의 다양한 분할과 계층화가 일어나 그것이 그 후 신화적 의식에도 어떠한 모습으로 표현되고 반영되고 있음에 틀림없

• • •

18. 이 책 302쪽 ff. 참조.

19. 이에 대해서는 Fr. Rud. Lehmann, *Mana*, S. 8 ff., 12 ff., 27 ff. 참조.

다. 반드시 모든 사람, 또는 반드시 모든 단체나 집단이 모든 것을 해낼
수 있다고는 말할 수 없다. 오히려 각각의 개인이나 집단에 어떤 특수한
활동권역이 확보되어 있어, 거기에서 각각이 자신의 힘을 시험하지 않으면
안 되는 것이며, 그 권역 바깥에서는 그 힘도 없어져버린다. 신화적인 관점에
있어서는 이 능력의 한계로부터 출발하여 서서히 존재의 경계, 그 다양한
유나 종의 경계가 규정되기에 이른다. 순수한 인식, 순수한 '이론'의 본질적
특징은 보는 것의 권역이 작용하는 것의 권역보다도 넓다는 점에 있는
데 반해, 신화적 직관은 이 직관이 주술적—실천적으로 이용되거나 이 직관
이 주술적—실천적으로 지배되는 영역에서 우선 나타난다. 신화적 직관에는
괴테의 프로메테우스의 말이 적용될 수 있다. 신화적 직관에게 있는 것이라
곤 [222]그것이 자신의 활동력으로 충족시키고 있는 권역뿐이어서, 그 아래에
도 아무것도 없고 또 그 위에도 아무것도 없다. 하지만 그로부터 동시에,
여기에서는 활동의 각각의 특수한 종류나 경향에, 존재나 존재요소의 연관
의 특수한 국면이 대응하고 있음에 틀림없다는 것도 밝혀진다. 인간은 이러
한 모든 것과 자신을 통합시켜 파악하여 존재의 통일체를 형성하며, 그로부
터 직접적인 작용을 받아들이면서 또한 거기에 직접적인 작용을 끼치기도
하는 것이다. 동물에 대한 인간의 입장 또한 이러한 기본적인 사고방식에
따라 규정되며, 이 사고방식에 따라 특수화되고 있음에 틀림없다. 사냥꾼,
목동, 농경민 —— 이러한 사람들은 모두 자신들이 그 직접적인 활동에서
동물과 연결되어 있고 동물에 의존하며 따라서 신화적 개념형성의 모든
것을 지배하는 기본적 규칙에 따라 동물과 '친연관계에 있다'고 느낀다.
하지만 이러한 공동체는 그들 각각에게서 전적으로 다양한 생명권역으로,
다양한 동물의 유와 종으로 이르고 있다. 아마도 이 점으로부터 생각한다면,
인간이 모든 생명체와 균일하게 연결되어 있다고 느끼게 되는, 그 자체
막연하다고 여겼던 근원적인 통일적 생명감정이 서서히 특수한 관계로
이행되어가며, 인간의 어떤 특수한 군(群)이 동물의 어떤 특정한 유와 연결된
다고 하는 사태도 이해될 수 있을 것이다. 사실 지극히 면밀하게 관찰되고

연구되어온 토테미즘 체계들이, 토템동물의 선택은 원래 결코 단지 외적·우연적인 것이 아니라, 즉 결코 단순한 '문장학(紋章學)'이라는 의미밖에 갖지 않는 것이 아니라 거기에는 오히려 어떤 특수한 생활태도나 정신적 태도가 보여지고 객관화되어 있다는 점에 대한 수많은 징후를 나타내고 있다. 확실히 '원시적'이라고는 볼 수 없고 오히려 토테미즘의 본래의 모습이 이미 수많은 우연적 규정들에 의해 은폐되어 인지될 수 없게 되어버린 현재의 상태에서도, 이러한 기본적 특징이 여전히 나타나 있는 일이 적지 않다. 주니 족의 신화사회학적 세계상에 있어서는 토테미즘적 분절화가 신분적 분절화와 광범하게 일치하고 있기 때문에, 전사, 사냥꾼, 농경민, 무술(巫術) 의료인들은 각각 특정한 토템동물로 특징지어지는 특수한 군(群)에 속해 있다.[20] 그리고 때로는 부족과 그 토템동물의 친연관계가 지극히 긴밀한 까닭에, 과연 개개의 부족이 어떤 특정한 토템동물을 그 특성에 따라 선택한 것인지 또는 오히려 그 부족이 이 동물의 특성에 따라 자기 자신을 형성한 것인지를 거의 결정하기 어려울 정도이다. 야생의 강한 동물은 전투적인 부족에, 사람을 따르는 동물은 우호적인 부족이나 직업에 대응하고 있다.[21] [223]그것은 마치 개개의 부족이 그 토템동물 속에 말하자면 자기 자신을 객관화하여 바라보고 또한 거기에서 자신의 본성, 특수성, 행위의 기본적 경향을 인식하고 있는 것과 같은 것이다. 그리고 토테미즘의 완성된 체계들에서는 이러한 분절화가 개개의 사회적 군들에 머무르지 않고 모든 존재와 사건에 동심원적으로 확장됨으로써,[22] 전 우주가 그러한 '친화성'에 따라

• • •

20. Cushing, *Outlines of Zuñi Creation Myths* (*13th. Ann. Rep. of the Bur. of Ethnol.*, S. 367 ff.)를 볼 것.

21. 이에 관해서는 *The Cambridge Expedition to Torres Straits*, V, 184 ff.의 보고가 있다(Lévy-Bruhl, *Das Denken der Naturvölker*, S. 217 f.). 또한 Thurnwald, Die Psychologie des Totemismus, *Anthropos* XIV(1919), S. 16 f.도 참조할 것.

22. 이러한 동심원적인 확장은 [남뉴기니아 섬의] 마린드-아님(Marind-anim) 족의 토테미즘 체계에서 특히 명료하게 나타나 있다. 이에 관해서는 위르츠(P. Wirz)가 상세하게 서술한 바 있다(*Die religiösen Vorstellungen und Mythen der Marind-anim und die Herausbildung der totemistischen Gruppierungen*, Hamburg 1922). 자세한 것은 나의 시론 *Die Begriffsform im*

구분되고 명확하게 구별된 특정한 신화적인 유와 종으로 나누어지게 된다.[23]

[224]그러나 신화적 의식과 신화적 감정에 있어서는 비록 이러한 구분이 점차 선명하게 나타나긴 하지만, 그럼에도 불구하고 그러한 모든 구분 속에서 **생명의 통일성**의 이념이 조금도 쇠퇴해지지 않은 채 여전히 유지되고 있다. 생명의 역동성과 율동성은—— 비록 그것이 아무리 다양한 객관적 형태를 띠면서 나타난다고 할지라도—— 동일한 하나의 것으로서 느껴진다. 게다가 그것은 단지 인간과 동물에서 동일한 것만이 아니라 인간과 식물계에서도 또한 동일한 것이다. 토테미즘의 전개과정에서도 동물과 식물이 엄밀하게 구분되는 것은 아니다. 개개의 부족은 토템동물에 대한 것과 동일

• • •

mythischen Denken, S. 19 ff., 56 ff.를 참조할 것.
23. 이들 구별이 신화의 '구조적 사고'의 보편적인 기본적 특징에 의해 얼마나 규정되어 있는가는, 이러한 관점에 서서 토테미즘의 체계를 내용적으로는 전혀 다른 신화적인 유(類, Klasse) 형성, 특히 점성술의 체계들과 비교해보면 명확해진다. 점성술에서도 존재의 '유(類, Genera)', 즉 존재의 모든 개개의 요소들 상호간의 종속관계는, 우선 특정한 주술적 작용권역이 구분되고 그 정점에 각각 그 권역의 지배자인 행성 하나가 위치하게 됨으로써 획득된다. σύμπνοια πάντα[만물의 합일]이라는 신화적 원리는 이것에 의해 어떤 차이화를 겪게 된다. 즉 반드시 모든 존재요소가 직접 다른 모든 요소들에 작용하는 것이 아니라, 그것이 직접 작용하는 것은 항상 자신에게 본질적인 친연관계에 있고 사물이나 사건의 동일한 주술적-점성술적 '연쇄' 속에 있는 요소에 대해서만인 것이다. 따라서 예를 들어 이러한 연쇄의 하나를 끄집어내어 보자면, 화성(火星)은 [중세 유럽의 대표적인 마술서인] 『피카트릭스』의 설명에 의하면 인력의 근원으로, 자연과학, 수의학, 외과의술, 발치(拔齒), 채혈(採血), 할례 등을 자신의 보호 하에 둔다. 언어 가운데는 페르시아어가 이것에 속한다. 외부기관으로서는 오른쪽 콧구멍, 신체 내부에서는 붉은 담즙, 천으로는 포플린, 토끼와 표범과 개의 모피, 직업으로는 철물공과 불을 다루는 일, 맛으로는 심한 쓴맛과 건조한 쓴맛, 귀금속으로는 홍옥수(紅玉髓), 금속으로는 황화비소, 유황, 나프타 유(油), 유리와 구리, 색으로는 심홍색 등등이 화성에 속한다(상세한 것은 Hellmut Ritter, *Picatrix, ein arabisches Handbuch hellenistischer Magie*, Bibliothek Warburg, I, 1921/22, S. 104 ff.). 그리고 여기에서도 또한, 존재의 지극히 다양한 내용을 포괄하고 하나의 통일성으로 결합시키는 동일한 주술적인 유(類, Genus)의 표상에 뒤이어, 생식행위 즉 gignere[출산함]와 gigni[태어남]의 표상이 생겨난다. 왜냐하면 항상 어떤 특정한 행성 아래에 있는 것, 그 주술적인 작용영역에 속해 있는 것은 그 행성을 선조로 삼고, 이와 행성적 친자관계로 결합되어 있기 때문이다. 이 점에 대해서는 '행성의 자식들'의 유명한 그림을 참조할 것. 상세한 것은 Fritz Saxl, *Beiträge zu einer Geschichte der Planetendarstellung im Orient und Okzident*, Islam III, 151 ff.

한 외경심을 토템식물에 대해서도 보이고 있다. 토템동물의 살해를 금지하거나 또는 일정한 조건을 준수하고 일정한 주술적 의식(儀式)을 이행한 아래에서만 그것을 허용하는 금지 명령은 토템식물의 음식에도 적용된다.[24] 인간이 특정 식물 종의 '혈통'이라는 것, 그리고 인간이 식물로 또 식물이 인간으로 형태를 변화시킨다는 생각은 신화나 신화적 설화의 일관된 주제를 이루고 있다. 여기에서도 또한 외적인 모습이라든가 특수한 물리적 형태나 성질은 지극히 간단하게 단순한 외관으로 떨어져버린다. 생명 있는 모든 것이 공동체를 이루고 있다는 감정이 애초부터 모든 가시적인 차이나 분석적-인과적 사고에 의해 설정될 수 있는 모든 차이를 지워버리거나 또는 그러한 차이를 단지 우연적 및 우유적인 차이로서 느끼게 하기 때문이다. 이 감정이 가장 강력한 지지물을 얻는 것은, 모든 생명을 항상 도처에서 비슷하게 재현되고 있는 특정 국면들 속으로 자리바꿈하게 하는 신화적인 시간직관의 특성에서이다.[25] 이들 국면은 모두 우리가 사건을 인위적이고 자의적으로 구획짓는 때에 사용하는 단순한 척도들이 아니다. 오히려 그 국면들 속에, 일관된 질적 통일체로서의 생명 자체의 본질과 기본적 성질이 나타나 있다. 이리하여 인간은 특히 식물계의 생성과 성장, 쇠퇴와 소멸에서 단지 자신의 존재의 간접적이고 반영적인 표현을 보는 것만이 아니라 거기에서 직접 자기 자신을 파악하고 인지한다. 인간은 거기서 자신의 운명을 체험하는 것이다.[225]베다의 잠언은 이렇게 말하고 있다. "참으로 겨울로부터 다시금 봄이 소생한다. 겨울로부터 다시금 봄이 존재로 되돌아오기 때문이다. 따라서 이것을 아는 자 또한 진정 이 세계에 다시금 존재로 되돌아오게 된다."[26] 문화적 대(大)종교들에서는 특히 페니키아의 종교가 이 신화적인 기본적 감정을 가장 순수하게 유지하고 가장 집약적으로 완성하고 있다. '생명의

• • •

24. 예를 들면 Strehlow-Leonhard, a. a. O., I, 2, S. 68 ff.의 아란다 족과 [오스트레일리아 서부사막의 원주민인] 루리챠(Luritja)의 토템식물의 일람표를 참조할 것.

25. 이 책 173쪽 ff. 참조.

26. Oldenburg, *Die Lehre der Upanishaden und die Anfänge des Buddhismus*, S. 29.

관념'이야말로, 거기로부터 다른 모든 것이 방사되어 나오는 이 종교의 중심관념으로 일컬어져 왔다. 페니키아의 신들 중, 바알 신[태양신]들은 비교적 늦게 나타난 형상인 것으로 생각되는데, 이 신emf은 자연적 힘들의 인격화로서보다는 오히려 부족의 주인으로서 그리고 대지의 지배자로서 나타나고 있는 데 반해, 여신 아스타르테에게는 원래 국가와의 그러한 연결은 없다. 이 여신은 오히려 대모신(大母神) 자체를 의미하며, 따라서 모든 생명을 자신의 태내로부터 낳는 것이어서, 부족만이 아니라 모든 물리적-자연적 존재를 항상 새로이 분만하고 있는 것이다. 그리고 영원의 산출자이자 무진장한 풍요의 형상으로서의 이 아스타르테에게 그 자식인 청년신의 형상이 대비되고 있다. 이 청년신은 분명 죽음을 극복할 수는 없지만 그러나 부단히 죽음으로부터 벗어나 새로운 모습의 존재로 부활한다.[27] 죽지만 다시 부활하는 신이라는 이 이미지는 역사적 종교들 대부분에서 나타날 뿐만 아니라 다양하게 변화하면서도 본질적으로는 동질적인 모습으로 원시인들의 종교적 표상영역에서도 거듭 발견된다. 그리고 도처에서 바로 이 이미지로부터 지극히 강력한 신앙의 힘이 흘러나온다. 원시인의 식물제사를 바빌로니아의 [식물의 신] 타무즈 제사, 페니키아의 [식물의 신] 아도니스 제사, 프리기아의 [죽음과 부활의 신] 아티스 숭배, 트라키아의 디오니소스 숭배와 비교해본다면, 이들 모두에서 전개상의 동일한 기본노선과 종교 특유의 흥분의 동일한 원천이 보여진다. 이들 중 어느 곳에서도 인간은 자연현상의 단순한 직관에 머물지는 않았다. 어느 곳에서든 인간은 자신과 생명 전체를 갈라놓는 장벽을 허물어버리고 자신 속의 생명감정의 강도를 증가시켜나가, 그렇게 함으로써 유적인 것이든 개체적인 것이든 **특수화**로부터 자신을 해방하도록 추동되는 것이다. 야성적이고 열광적인 춤에서 이 해방이 달성되고 모든 생명의 원천과의 동일성이 회복된다. [226]여기에서 중요한 것은 자연현상에 대한 단순한 신화적-종교적 해석이 아니라 자연현상과의 직접

• • •
27. 이에 관해 상세한 것은 특히 W. v. Baudissin, *Adonis und Esmun*, Leipzig 1911을 볼 것.

적인 합치이며, 종교적 주제가 자기 자신 속에서 경험하는 참된 드라마이다.[28] 신화적 설화는 대부분 이러한 내적 사건의 외적 반영에 지나지 않으며, 이 드라마가 거기에 비쳐 보이는 얇은 피막에 지나지 않는다. 이리하여 디오니소스 숭배에서는 그 제사의 형식에서부터, 티탄[거인족]들에 패배하여 산산이 찢겨지고 삼켜져 그 결과 하나의 신적 존재가 이 세계의 다양한 형태들과 다양한 인간들로 되었다 — 왜냐하면 제우스가 자신의 번개로 쳐부순 티탄들의 재로부터 인류가 태어나기 때문이다 — 는 디오니소스-자그레우스의 이야기가 생겨난 것이다.[29] 이집트의 오시리스 제사도 신과 인간 사이에 상정되는 동일성에 근거해 있다. 여기에서는 망자 자체가 오시리스가 된다. "오시리스가 살아 있는 것이 진실이듯이, 망자도 또한 살아 있다. 오시리스가 죽지 않듯이 망자도 또한 죽지 않는다. 오시리스가 멸망하지 않듯이 망자도 또한 멸망하지 않는다."[30] 발달된 형이상학적 의식에 있어서는 불사(不死)의 확신은 무엇보다도 이 의식이 '신체'와 '영혼', 물리적-자연적 존재의 세계와 '정령적' 존재의 세계 사이에 설정하는 명확한 분석적

• • •

28. 아도니스 제사, 아티스 제사, 오시리스 제사와 그 '원시적' 대응물에 관해서는 특히 프레이저의 총괄적 서술 Adonis, Attis, Osiris(Goulden Bough Vol. IV), 3 Aufl., London 1907. 또한 식물제사에 관해서는 Preuß, Phallische Fruchtbarkeitsdämonen als Träger des altmexikanischen Dramas, *Archiv für Anthropologie* N. F. I, 158 ff., 171 ff. 게르만의 발데르(Balder)신화도 동일한 사고방식의 권역에 속해 있으며, 뿐만 아니라 발데르와 아도니스-타무즈[타무즈는 바빌로니아의 곡물신이다] 사이에는 직접적인 발생상의 연관이 있다는 점이 최근 Gustav Nickel, *Die Überlieferungen vom Gotte Balder*, Dortmund 1921에 의해 확실한 것으로 여겨지고 있다.

29. 디오니소스-자그레우스의 전설의 기원과 의미에 대해서는 특히 Rohde, *Psyche*[2], II, 116 ff., 132를 볼 것.

30. Erman, *Die ägyptische Religion*[2], S. 111 ff.; Le Page Renouf, *Lectures on the origin and growth of religion as illustrated by the religion of ancient Egypt.*, London 1880, S. 184 ff.를 볼 것. 프리기아의 아티스 숭배에서도 동일한 기본적인 사고방식과 동일한 신화적 정식(θαρρεῖτε, Μύσται, τοῦ θεοῦ σεσωσμένου. ἔσται γὰρ ἡμῖν ἐκ πόνων σωτηρία[용기를 가져라, 충실히 따라온 신의 신자들이여, 왜냐하면 우리에게는 괴로움에서야말로 구원이 일어나는 것이기 때문이니라])이 재현되어 있다. 상세한 것은 Reitzenstein, *Die hellenistischen Mysterienreligionen*, Leipzig 1910, S. 205 ff.

구분을 근거로 삼는다. 하지만 신화적 의식은 본래 그러한 구별이나 그러한 이원론과는 무관하다. 여기에서는 오히려 영생의 확신이 그 역의 관점에 근거해 있다. 즉 여기에서는 그 확신은 자연을 항상 새로운 재생의 순환으로 보는 관점에 의해 언제나 거듭 강화되고 있다. [227]왜냐하면 모든 성장과 생성이 서로 관계 맺으며 주술적으로 서로 침투되어 있기 때문이다. 일년 중 특정한 결정적인 국면, 특히 추분의 태양의 하강이라든가 [춘분의] 태양의 상승과 같은 빛이나 생명의 회복의 시기에 행해지는 축제적 관습들에서 명백하게 나타나는 점은, 외적 사건의 단순한 반영이나 모방적 모사가 중요한 것이 아니라 거기에서는 인간의 행위와 우주적 생성이 직접적으로 서로 얽혀져 있다는 사실이다. 이른바 '복합적인' 신화적 표상은 본래 존재를 서로 명확하게 구별되는 생물학적 '종들'의 다양성으로 분해하지 않지만, 또한 마찬가지로 이 신화적 표상에 있어서는 생명을 부여하고 산출하는 자연의 힘들도 서로 분리되지 않는다. 식물의 성장이 맡겨져 있는 것과 인간의 탄생이나 성장이 맡겨져 있는 것은 동일한 하나의 생명력인 것이다. 따라서 주술적 세계관이나 주술적 활동의 문맥 속에서는 일반적으로 양자는 치환가능하다. '경작지 위에 신부의 침상'을 두는 유명한 관습에서 성행위를 하거나 또는 그것을 연기하는 것이 직접적으로 대지의 수태와 풍작을 가져오듯이, 거꾸로 대지의 수태를 모방적으로 표현하는 것이 사후의 영혼에 재생의 힘을 부여해주고 이것을 가능하게 하는 것이다. 대지를 풍요롭게 하는 비는 인간의 정자에, 쟁기는 남성의 성기에, 밭고랑은 여성의 자궁에 각각 주술적 '대응물'을 지니며, 이 중 한편이 설정되고 주어지면, 주술적으로 다른 한편도 설정되고 주어지게 된다.[31]

따라서 '어머니인 대지'의 표상 또는 이에 대응하는 아버지인 대지의 표상이야말로 원시인의 신앙으로부터 종교적 의식의 가장 높은 형태들에

. . .

31. 이 모든 것에 관해서는 Mannhardt, *Wald- und Feldkulte* 를 볼 것. 특히 4~6장. 또한 *Mythologische Forschungen*, Straßburg 1884, Kap. VI: Kind und Korn (S. 351 ff.).

이르기까지 거듭 되풀이하여 그 힘을 입증하고 있는 핵심이자 기본적 사상이다. [페루나 콜롬비아에 거주하는] 우이토토 족의 경우에는 작물이 수확되지 않는 기간 내내 작물은 지하의 아버지가 있는 곳에 내려가 있다고 생각한다. 작물이나 식물의 '영혼'이 아버지의 거주지로 향해 가는 것이다.[32] 대지가 인간의 자식을 낳는 공통의 어머니이고 인간은 사후 그곳으로 돌아가 생성의 순환에 의해 새로이 재생한다는 것은 [228]그리스적 신앙의 기본적 견해이기도 하며, 이것은 아이스킬로스의 「제주(祭酒)를 바치는 여인들」에서 엘렉트라가 아가멤논의 묘에 바치는 기도 속에 직접 표현되어 있다.[33] 그뿐만 아니라 플라톤의 『메넥세노스』에서도 대지가 여성의 수태와 생산을 흉내 내는 것이 아니라 여성이 대지의 수태와 생산을 흉내 내는 것이라는 구절이 있다. 하지만 본래의 신화적인 견해에서 보자면, 여기에서는 일반적으로 선후의 관계라든가 어느 쪽이 먼저라는 순서는 없으며, 양 과정의 나누기 어려운 완전한 뒤섞임이 있을 뿐이다. 신비 제의들은 이러한 일반적 신앙을 개체적인 것으로 돌린다. 생성과 죽음과 재생의 근원적 비밀을 나타내는 장엄한 행위가 집행됨으로써 입문자(入門者)는 재생의 보증을 얻고자 한다. 이시스 제사에서는 녹색 씨앗의 창조자 이시스가 그 숭배자들에게는 모든 인간에게 생명을 주는 성모(聖母)이자 대모신(大母神)이며 여주인인 것이다.[34] 그리고 여기에서는, 다른 신비 제의에서와 마찬가지로, 입문자는 그가 자신의 새로운 정신적 존재에, 즉 그 정신적 '변용'에 이르기에 앞서 우선 자연과 자연적 생명의 영역 전체를 통과해 있지 않으면 안 된다는

• • •

32. Preuß, *Religion und Mythologie der Uitoto*, S. 29와 Preuß, *Archiv für Religionswiss.* VII, S. 234를 참조할 것.

33. Choephoren Vers 127 ff.; Wilamowitz, *Einleitung zur Übersetzung der Eumeniden des Äschylos*, Griech. Tragöd. II, S. 212를 참조.

34. 상세한 것은 Dieterich, *Nekyia*², S. 63 ff., *Eine Mithrasliturgie*, S. 145 f., *Mutter Erde*, S. 82 ff. 셈 계 민족권에서의 어머니 대지의 표상에 관해서는 특히 Th. Nöldeke, Mutter Erde und Verwandtes bei den Semiten, *Arch. f. Religionswiss.* VIII, 161 ff. und Baudissin, *Adonis u. Esmun*, S. 18 ff.

것, 그리고 그는 모든 원소와 모든 형성물 속에 —— 대지, 물, 공기, 동물, 식물 속에 —— 존재해 있어야 한다는 것, 천체와 동물의 전(全) 형태를 편력하고 변천하는 여행을 완수해 있어야만 한다는 것을 분명히 가르치고 있다.[35] 이리하여 정신적인 것과 신체적인 것의 명확한 분리, 심신 이원론으로 향하는 기본적 경향이 보여지는 곳에서조차도, 이러한 근원적인 신화적 통일감정이 거듭 되풀이하여 나타나는 것이다. 인간의 사회생활의 기본적 범주들도 최초에는 '정신적'임과 동일한 정도로 '자연적'인 것으로서 파악되고 사용된다. 특히 인간의 가족의 원형인 아버지, 어머니, 자식이라는 삼자의 구성은 자연의 존재로부터 읽어내어진 것이기도 하면서 동시에 직접 그리로 투영되는 것이기도 하다. 베다 종교에서는, 게르만적 북구에서와 마찬가지로, '어머니인 대지'는 '아버지인 하늘'에 대립한다.[36] [229]폴리네시아 권내에서도 인간의 기원은 인류의 시조로서의 하늘과 땅에까지 거슬러 올라간다.[37] 아버지와 어머니와 자식의 삼자의 구성은 이집트 종교에서는 오시리스, 이시스, 호루스라는 형상으로 나타나고, 더 나아가 거의 모든 셈 계 민족들 아래에서도 반복하여 재현되며, 이보다 적지 않은 게르만인,[38] 이탈리아인, 켈트인, 스키타이인, 몽골인 아래에서도 그 같은 구성이 입증되어 있다. 그러므로 우제너는 이 삼자의 구성에 대한 신의 표상 속에서 신화적-종교적 의식의 기본적 범주의 하나, 즉 "깊은 뿌리를 두고 있고, 때문에 자연적 충동의 힘을 갖춘 직관형식"을 보고 있다.[39] 그리스도교의 역사에서

• • •

35. Reitzenstein, *Die hellenistischen Mysterienreligionen*, S. 33 ff.를 참조할 것.
36. 상세한 것은 Oldenberg, *Religion des Veda*², S. 244 f., 284; L. v. Schröder, *Arische Religion*, I, 295 ff., 445 ff.
37. 이 전설은 'The children of Haeven and Earth'라는 명칭으로 Grey, *Polynesian Mythology*, Auckland 1885, S. 1 ff.에 보고되어 있다.
38. 게르만의 발데르, 프리그, 오딘의 세 신들에 대해서는 특히 Neckel, *Die Überlieferung vom Gotte Balder*, S. 199 ff.를 참조할 것.
39. Usener, *Dreiheit. Rhein. Mus.* N. F. Bd. 58을 볼 것. 셈 계 민족 권역에서 아버지, 아들, 어머니의 삼중구조의 분포에 관해서는 현재로는 Nielsen, *Der dreieinige Gott in religionshistorischer Beleuchtung*, Kopenhagen 1922, S. 68 ff.; 이집트, 바빌로니아, 시리아에 대해서는 Bousset

도 '신의 아들'에 대한 종교적-도덕적인 파악방식은 이 관계에 대한 특정한 구체적-자연적인 관점으로부터 매우 점진적으로 전개되어온 것에 지나지 않는다. 여기에서도 또한 부활의 희망은, '경건한 자는 아버지인 신과 육체적인 친연관계에 있으며 신의 육화된 아들이다'라는 오래된 원시적 종교의 근본사상을 그 증거로서 기꺼이 끌어들이고 있는 셈이다.[40]

이와 같이 신화에서는 모든 자연적 존재가 인간적-사회적 존재의 언어로 말해지며, 모든 인간적-사회적 존재가 자연적 존재의 언어로 말해진다. 여기에서는 한편의 계기가 다른 한편의 계기로 환원되는 것은 있을 수 없으며 양자가 서로 일관된 상관관계를 이룸으로써 비로소 신화적 의식의 독자적인 구조와 독자적인 체질을 규정하고 있는 것이다. 따라서 사람들이 신화의 형상물을 순수하게 사회학적으로 '설명하려고' 하는 것은 이것을 순수하게 자연주의적으로 설명하려고 하는 것 못지않게 일면적이다. 이러한 설명의 가장 철저하고도 가장 정합적인 시도는 현대의 프랑스 사회학파, 특히 그 창시자 에밀 뒤르켐에 의해 시도된 바 있다. 뒤르켐은 애니미즘이나 '자연숭배(Naturismus)' 모두 종교의 참된 근원일 수 없다는 점에서 출발한다. 왜냐하면 만일 그러한 것이 종교의 근원이라면 이는 바로 모든 종교생활이 [230]전혀 어떤 견고한 사실적 기반도 갖지 않고 단순한 허상의 총체, 환상의 전체에 지나지 않는다는 의미가 되기 때문이다. 종교는 이러한 불안정한 근거 위에서 기인할 수 없다. 종교가 자신에 대해 어떠한 종류의 내적 진리를 요구할 수 있다면 그 종교는 어떤 객관적 실재의 표현으로서 인정될 수 있지 않으면 안 된다. 이 실재성이란 자연이 아니라 사회이다. 종교는 자연적인 것이 아니라 사회적인 성격의 것이다. 종교의 참된 대상, 즉 모든 종교적 형성체와 모든 종교적 견해가 그리로 귀착되는 단 하나의 근원적인 대상은, 개개인이 불가분적으로 거기로 귀속되고 또 개개인의 존재와 의식을 일관

●●●

의 논문 'Gnosis'(Pauly-Wissowa)를 볼 것.

40. 이에 관한 증거는 Nielsen, a. a. O., S. 217 ff.; 특히 Baudissin, a. a. O., S. 498 ff.에서의 '살아있는 신'이 취하는 술어에 관한 종교사적 분석을 참조할 것.

되게 완전히 조건짓고 있는 사회적 결합이다. 바로 이 사회적 결합이야말로, 신화와 종교의 형식을 규정함과 꼭 마찬가지로, 모든 이론적 이해나 모든 현실 인식의 기본적 도식과 모델을 또한 포함하고 있다. 왜냐하면 이러한 현실을 담을 수 있는 모든 범주들—공간이나 시간의 개념, 실체나 인과성의 개념—은 개인적인 사고의 소산이 아니라 사회적인 사고의 소산이기 때문이며, 따라서 그 종교적-사회적인 전사(前史)를 지니고 있기 때문이다. 이 범주들의 기원을 그 전사에서 찾으며, 일견 순수하게 논리적인 것으로 보이는 그것들의 구조를 특정한 사회구조로 되돌리는 것, 그것이야말로 이 개념을 설명하는 것이자 결국 이들 개념을 그 참된 '선험성(Apriorität)'에서 이해하는 것이다. 개인에게 '선험적인 것', 즉 보편타당하고 필연적이라고 생각되는 것은 모두 자기 자신의 활동에서가 아니라 유(類)의 활동에서 유래하는 것이기 때문이다. 그러므로 개인을 그 가족, 그 부족, 그 종족과 연결하는 참된 끈이야말로 그 세계의식의 이념적 통일성을 위한, 그리고 우주의 종교적 및 지적 구성을 위한 증시(證示)가능한 궁극적 근거이다. 뒤르켐이 스스로 이 학설에 부여한 인식론적 정초에 관해서는, 즉 범주의 '선험론적(transzendental)' 연역 대신에 그 사회학적 연역을 행하려고 하는 그의 시도에 관해서는, 여기에서 이 이상의 논의에 들어갈 생각은 없다. 하지만 여기에서도 물론 다음과 같은 점은 물어져야 할 것이다. 즉 그것은, 그가 사회의 존재로부터 도출되어야 한다고 생각하는 범주들이 도리어 이 사회의 존재의 성립조건이 되어 있는 것은 아닌가, 순수한 사고형식과 순수한 직관형식이란 우리가 '자연'이라고 부르는 현상들의 저 경험적인 합법칙성을 가능하게 하는 것과 마찬가지로 사회의 존립도 가능하게 하고 구성하는 것은 아닌가라는 점이다. 혹은 만일 우리가 이러한 물음을 보류해 두고, 전적으로 신화적-종교적 의식의 현상 영역 내에 머문다고 할지라도, 보다 정밀하게 고찰해 볼 경우, 이 점에서도 [231]뒤르켐의 이론은 최종적으로는 ὕστερον πρότερον[휘스테론 프로테론, 부당가정의 허위]로 귀착하게 됨이 밝혀질 것이다. 왜냐하면 자연의 객관적 대상의 형식, 즉 우리의 지각세계의 합법칙성이 단순히 직접적으로 주어져 있는 것이 아닌 것과 마찬가지로, 사회의 형식도 또한 단순히 주어져 있는 것은 아니기 때문이다. 전자가 감성적 내용의 이론적인 해석과 가공에 의해 비로소 성립하는 것이듯이, 사회의 구조도 또한 하나의 매개된 존재, 이념에 의해 조건지어진 존재이다. 사회구조란 정신적 범주, 특히 종교적 '범주'의 궁극적인 존재론적, 실재적 원인이기보다는 오히려 그러한 범주에 의해 결정적으로 규정되어 있는 것이다. 그러한 범주를 사회의 현실적 형태의 단순한 반복된 표현이라거나 말하자면 그 복사로 간주하여 설명하려고 하는 것은 바로 이 현실적인 형태 속에 이미 신화적-종교적 형태화의 과정과 기능이 침투되어 있음을 잊고 있는 것과 다름없다. 우리는 아무리 원시적인 것이라고 할지라도 이미 어떠한 종류의 종교적 '각인'을 나타내 보이지 않는 듯한 사회형식은 알지 못한다. 그리고 사회 자체가 그와 같이 각인된 형식으로서 보여질 수 있는 것은 이 각인의 종류나 방향이 이미 암묵적으로 전제되어 있는 경우와 다름없는 것이다.[41] 뒤르켐이 자신의 기본적 견해의 정당성의 참된 시금석이라고 여기는 토테미즘에 대한 그 설명도 또한 이러한 연관을 간접적으로 입증한다. 뒤르켐에게 토테미즘은 일정한 내면적-사회적 결합이 외부로 투사된 것에 다름 아니다. 개인은 자기 자신의 생활을 어떤 포괄적인 사회집단의 내부에서만 알게 될 뿐이며, 이 집단 내부에서도 다시금 특수한 군(群)이 두드러지고 각각의 특징을 지닌 단위들로 서로 분리되는 것이기 때문에, 객관적 존재도 또한 체험의 이러한 기본적 형식으로부터 출발함으로써만

• • •

41. '각인'의 이 과정 ── 종교적 의식이 사회의 존재를 자신에 의거하여 형성하고 형식을 부여해가는 그 방식 ── 의 구체적이고 역사적인 실례를 얻고자 할 경우, 막스 베버의 '종교사회학'에 관한 기초적 업적을 지시하는 것만으로 충분할 것이다. 그의 논구들에서는, 일반적으로 종교적 의식의 특수한 형식은 특정한 사회구조의 소산이기보다는 오히려 그 성립조건이라는 점이 제시되어 있으며, 따라서 앞서 인용된 셸링의 명제들에서 표명되어 있었던(이 책 269쪽 f.) 바와 동일한 '종교의 우위'라는 사고가 현대적인 표현과 용어법으로 주장되고 있는 셈이다. 막스 베버 자신에 의한 그 종교사회학적 방법에 관한 소견을 참조할 것. *Gesamm. Aufs. zur Religionssoziologie*, Tübingen 1920, I, 240 f.

지적으로 파악될 수 있으며, 결국에는 모든 존재와 사건도 '종(種)'이나 '유(類)'로 구분된 세부에까지 미치는 분절화의 힘을 빌려서만 이해될 수 있을 것이다. 토테미즘이 행하는 것은 [232]인간이 사회적 조직체의 성원으로서 직접적으로 체험하는 여러 공속관계나 친연관계를 자연 전체에 전이하는 것에 다름 아니며, 말하자면 사회라는 소우주를 대우주에 모사하는 것이다. 이리하여 뒤르켐에게는 여기에서도 또한 종교의 참된 대상으로 여겨지는 것은 사회인 것이며, 반면 토템이란 어떠한 대상이 사회적으로 유의미한 것이라는 각인이 찍혀지고 또 그러한 것에 의해 종교의 영역에까지 고양되기 위한 단순한 감성적 기호(記號)로만 보여질 뿐이다.[42] 하지만 토템이란 말하자면 우연적 기호, 다소간 자의적인 기호에 지나지 않고 오히려 그 배후에 전적으로 다른 간접적인 숭배의 대상이 있다고 보는 명목론적인 이론은 바로 토테미즘의 중심문제를 간과하는 셈이다. 분명히 신화와 종교는 일반적으로 그러한 형상, 즉 감각적으로 현전해 있는 그러한 기호를 필요로 한다는 것이 인정된다고 하더라도, 그럼에도 개개의 신화적-종교적 상징들의 특수성은 기호 부여라는 일반적 기능을 시사하는 것만으로는 여전히 해결될 수 없는 하나의 문제로서 남아 있다. 사실 어떻게 온갖 존재형태들이 특정의 동물이나 식물의 형태와 연관되는 것일까를 해명하는 데에는, 바로 그러한 연관이 갖는 특수한 명확함을 신화적 사고나 신화적 생명감정의 특정한 기본적 방향으로부터 이해하고 그러함으로써 토테미즘의 기호들에—물론 고정된 사물적인 상관항, 즉 fundamentum in re[사물 속에 존재하는 기초]를 제공할 수는 없지만—신화적-종교적 의식 속에 존재하는 어떤 기초를 제공할 필요가 있다고 생각된다. 바로 인간 사회의 존재와 형식은 그러한 기초 마련을 필요로 하는 것이다. 왜냐하면 우리가 경험상의 가장 이른 시기의 가장 원시적인 형태를 띤 사회를 눈앞에 보고 있는 경우를

• • •

42. 그 전체에 관해서는 Durkheim, *Les formes élémentaires de la vie religieuse*, Paris 1912. 특히 S. 50 ff., 201 ff., 314 ff., 623 ff.를 볼 것. 또한 Durkheim et Mauss, *De quelques formes primitives de classification*, *Année Sociologique*, VI, S. 47 ff.를 볼 것.

떠올려 볼지라도, 그것마저도 결코 단지 주어져 있기만 한 것이 아니라 정신적으로 조건지어지고 정신적으로 매개된 것이기 때문이다. 모든 사회적 존재는 공동체나 공동체감정의 특정한 구체적 형식에 뿌리를 두고 있다. 그리고 사회의 이 참된 뿌리를 드러내면 낼수록, 일차적인 공동체감정은 오늘날 우리가 발달된 생물학에 의거한 유(類) 개념에서 설정하는 한계들에서 결코 정지하는 것이 아니라 그러한 한계를 넘어 생명체 전체로 확장된다는 것이 더욱 더 분명해진다. 인간이 자기 자신을, 특별한 힘에 의해 탁월함을 지니고 있고 특별히 우월한 가치를 가짐으로써 자연 전체 속에서 두드러져 있는 그러한 특히 선택된 종이나 유로서 인식하기 훨씬 이전부터, [233]인간은 자신이 생명 일반의 연쇄 속의 한 항임을 알고 있다. 이 연쇄 속에서는 개개의 존재가 전체와 주술적으로 연결되어 있으며, 따라서 어떤 존재로부터 다른 존재로의 변화나 부단한 이행이 단지 가능한 것만이 아니라 오히려 필연적이며, 그것이 곧 생명 자체의 '자연적' 형식으로서 여겨진다.[43]

이로부터, 신화가 본래 그 안에 살고 있고 또 신화의 본질적 특징을 직접 구체적으로 구현하고 있는 그런 이미지 형상들에 있어서도 신과 인간과 동물의 특징들이 결코 서로 명확히 구별되지는 않는다는 점도 이해될 수 있다. 여기에서 점차로 하나의 변화, 즉 어떤 정신적 변화의 명백한 징후, 인간의 자기의식의 전개상에서의 위기[분리]의 징후인 하나의 변화

• • •

43. 토테미즘을 신화적 사고의 기본적 현상이자 근원적 현상으로 제시하려는 시도가 자주 있어왔지만, 지금까지의 기술(記述)민족학적 사실들은 오히려 우리를 전도된 결론으로 이끄는 것으로 보인다. [즉] 토테미즘은, 생명을 애당초 종과 유로 분류하는 것이 아니라, 단일한 힘으로서, 모든 구분에 앞선 하나의 전체로서 간주하는 하나의 일반적인 신화적 관점에 깊이 묻혀있는 것으로 생각되는 것이다. [그러나] 동물숭배 자체만 하더라도 그것은 엄밀한 토테미즘보다 월등히 일반적인 현상인 것으로, 토테미즘은 어떤 특정한 조건들 하에서 이 동물숭배로부터 발전해온 것에 지나지 않는 것으로 생각된다. ── 이리하여 예를 들면 고전적인 동물숭배가 행해지고 있는 지역인 이집트에서도, 동물제사의 토템적 기반을 증명할 수 없는 것이다. 이에 관해서는 조르주 푸카르가 이집트학과 비교종교사의 관점으로부터 이른바 '토테미즘 법전'의 일반성에 가한 예리한 비판을 참조할 것(Georges Foucart, *Histoire des réligions et methode comparative*[2], S. LII ff., 116 ff. 등).

가 예비된다. 이집트 종교에서는 신들이 동물의 형상을 취하는 것이 일관된 규칙으로서 하늘은 암소로서, 태양은 새매, 달은 따오기, 사신(死神)은 자칼, 물의 신은 악어의 모습을 취하고 있지만, 베다에서도 지배적인 의인관(擬人觀)과 함께 보다 오래된 의수관(擬獸觀)의 흔적이 명료하게 보여진다.[44] 그리고 신들이 이미 분명하게 인간의 모습을 취한 채 나타나는 곳에서조차도, 신들과 거의 대부분 무한한 변신능력을 지닌 동물적 자연 간의 친연관계가 흔히 이야기되곤 한다. 그리하여 게르만 신화의 오딘은 그때그때 임의의 모습으로, 즉 새나 물고기, 곤충이 될 수 있는 위대한 주술사이다. 그리스의 원(原)종교도 이러한 연관을 부정하는 것은 아니다. [그리스 펠로폰네소스 반도의 산악지역인] 아르카디아의 위대한 신들은 말의 모습이나 곰과 늑대로서 나타나고 있었다. 데메테르와 포세이돈은 말의 머리를 한 모습으로, 판(Pan)은 산양의 모습으로 보여진다. [234]아르카디아로부터 이러한 관점을 추방했던 것은 호메로스의 시가 최초였다.[45] 그리고 바로 이 점이 시사하는 바는, 만일 여기에서 다른 동기나 다른 정신적 힘들이 함께 작용하지 않았다면, 신화가 이 시점에서 독자적으로는 자기 자신의 본성, 즉 그의 '복합적' 직관과 사실상 양립하지 않는 엄밀한 구별에 이르지 않았을 것이라는 사실이다. 우선 예술이 인간을 도와 인간 자신의 상(像)을 얻게 함으로써 말하자면 인간의 특수한 이념 자체를 발견해냈다. 신들의 조상적(彫像的) 표현 속에서 거의 한 걸음 한 걸음씩 여기에서 수행된 발전의 자취가 더듬어진다. 이집트 예술에서는 여전히 일관되게 신이 이미 인간의 모습을 취하면서 동물의 머리, 즉 뱀이나 개구리나 새매의 머리를 지닌 것으로서 보여지거나 다른 한편으로는 신체가 동물의 모습을 하고 있으면서 얼굴에는 인간의 특징이 보여지거나 하는 이중형식 내지 혼합형식이 나타난다.[46] 하지만 그리

• • •

44. 상세한 것은 Oldenberg, *Religion des Veda*², S. 67 ff.
45. 이에 대해서는 빌라모비츠의 『에우메니데스』 번역의 서론, *Griech. Trag.* II, 227 ff.를 참조할 것.
46. Erman, *Ägyptische Religion*², S. 10 ff.의 그림 자료를 참조할 것.

스 조각은 이 점에서 명확한 단절을 수행하고 있다. 그것은 순수한 인간의 모습을 조형함으로써 신들 자체의 새로운 형식 그리고 신이 인간에 대해 맺는 관계의 어떤 새로운 형식에까지 관통해 나아간다. 그리고 이 조형예술에 뒤지지 않는 힘으로 시(詩)가 이 인간화와 개성화의 과정에 참여하고 있다. 물론 여기에서도 또한 시적 형성작용과 신화적 형성작용은 단순한 '원인'과 '결과'의 관계에 있는 것은 아니고 또 단순히 한 쪽이 다른 쪽에 선행하는 것도 아니며, 양자가 동일한 하나의 정신적 발전의 상이한 지수(指數)에 지나지 않는다. 셸링은 이렇게 말한다. "신들의 표상들을 분리함으로써 의식의 몫이 되었던 그러한 해방이야말로 그리스인들에게 최초로 그들의 시인을 주었으며, 또한 역으로 그들에게 시인을 주었던 그 시대가 비로소 완전히 전개된 신들의 역사를 가질 수 있었던 것이다. 시, 적어도 실제의 시가 선행했던 것은 아니다. 그리고 시가 신들의 역사의 명확한 표명을 진정으로 가져왔던 것도 아니다. 어느 한 쪽이 다른 한 쪽에 선행한 것이 아니라 양자는 그 이전의 상태, 즉 포함과 침묵의 상태에 대한 공통적이고 동시적인 종언이다. …… 신들의 세계가 신들의 역사로 전개되는 전환기(Krisis)는 시인 바깥에 있는 것이 아니라 시인들 속에서 일어나며, 그 전환기가 그들의 시를 만드는 것이다. …… 신들의 역사를 만드는 것은 그들 개인이 아니라, 그들 속에 일어난 신화적 의식의 위기(Krisis)이다."[47] [235]하지만 물론 시는 이 위기를 단지 반영하는 것만이 아니라 그것을 고조시키고 그럼으로써 그것의 완성과 결정을 가져온다. 여기에서 정신의 모든 발전을 지배하고 있는 기본적 규칙이 새로이 증명된다. 즉 정신은 자신을 외화함으로써만 비로소 그 참되고 완전한 내면성에 도달한다는 규칙이 그것이다. 내적인 것이 자신에게 부여하는 형식이 소급적으로 작용하여 내적인 것의 본질과 내용을 규정하게 된다. 이 의미에서는 그리스의 서사시는 그리스의 종교사의 발전에 개입하고 있다. 여기에서 중요한 것은 서사시라는 기술적(技術的)

• • •

47. Schelling, *Einl. in die Philos. der Mythologie*, S. W., 2. Abteil., I, 18 ff.

인 형식이 아니다. 왜냐하면 전적으로 보편적인 신화적 내용 역시도 서사시라는 이 형식을 취할 수 있는 것이며, 이는 이 내용에게는 개성화라는 것이 우의적(寓意的)인 가벼운 외피에 지나지 않기 때문이다. 예를 들어 바빌로니아의 길가메시 서사시는 한층 명료하게 보편적인 성좌적 성격을 띠고 있다. 여기에서도 영웅 길가메시의 행위나 고난의 이미지 배후에, 태양신화, 즉 태양의 일 년 간의 운행의 묘사나 두 전환점에서의 이 운행의 반전 등이 잠재되어 있음이 인정된다. 길가메시 서사시의 12표는 태양이 일 년 간에 경과하는 황도대(黃道帶, 12궁)의 12상(像)과 관련되어 있다.[48] 하지만 호메로스 시의 형상들에 있어서는 그러한 성좌적 해석은 비록 그것이 얼마나 자주 시도되어 왔던 간에 모두 좌절되지 않을 수 없다. 여기에서 다루어지고 있는 것은 더 이상 태양이나 달의 운명이 아니다. 여기에 있는 것은 영웅이며, 이 영웅 속에서 발견되는 것은 행위하고 고뇌하는 주체로서의 개인적 인간이다. 그리고 이 발견과 더불어 비로소 신과 인간 사이의 최종적인 장벽이 붕괴된다. 양자 사이에 영웅이 나타나서 양자를 매개하는 것이다. 영웅, 즉 인간적인 인격이 신들의 권역으로 높여지는 것처럼 보여지지만, 그와 함께 다른 한편으로는 신들이 인간적 사건의 권역에 긴밀히 관여하여, 그 사건에 단순한 방관자로서가 아니라 전사이자 협력자로서 참가한다. 이 영웅과의 관계에 의해 비로소 신들은 인격적인 존재나 활동의 영역에 완전히 끌어들여지지만, 여기에서 신들은 새로운 형태와 명확성을 획득하게 된다. 그리고 그리스 서사시에서 시작한 것이 극에서 그 종결과 완성을 발견하게 된다. 그리스 비극도 또한 신화적-종교적 의식의 심층에서 성장해 온 것이며 자신의 이 참된 생활기반으로부터 [236]결코 완전히 해방되지는 않았던 것이다. 비극은 제의적인 행위로부터, 즉 디오니소스제(祭)와 디오니소스의 합창으로부터 직접 발생한다. 하지만 비극이 수행하는 발달은 점점

• • •

48. 상세한 것은 Ungnad-Gressmann, *Das Gilgamesch-Epos*(1911); P. Jensen, *Das Gilgamesch-Epos in der Weltliteratur*, Straßburg 1906. 특히 S. 77 ff.를 볼 것.

그 명료함의 정도를 높이면서 그것이 의거하고 있는 광란의 디오니소스적 근본 분위기에 계속 사로잡히는 것이 아니라 그러한 분위기에 대립하여 거기에 전적으로 새로운 인간상, 즉 새로운 자아감정과 자기감정이 나타나는 사정을 인식하게끔 한다. 디오니소스 제의는 모든 커다란 식물제사와 마찬가지로 자아라는 것 속에서 생명의 보편적 근원으로부터의 폭력적인 이탈만을 감지할 뿐으로, 이 디오니소스 제의가 지향하는 것은 이 근원에의 회귀이며, 영혼이 신체와 개체성의 속박을 끊고 다시금 보편적 생명과 결합하고자 하는 '망아상태(Ekstase)'이다. 따라서 여기에서는 개체성이라는 것이 갖는 단지 하나의 계기, 즉 비극적인 분리의 계기밖에 파악되지 않는 것이며, 이는 티탄에 의해 찢겨지고 삼켜지는 디오니소스-자그레우스의 신화에서 직접적으로 나타나 있다. 하지만 예술적인 직관은 개체적 존재에서 이러한 분리보다는 오히려 특수화를, 즉 자기완결적인 형태로의 통합을 간파한다. 예술적 직관에게는 우선 명확한 조형적 윤곽이 완성의 보증이 된다. 그리고 이 완전성 자체는 그것이 진정 확고한 규정과 경계를 요구하는 것인 만큼 유한성을 요구하기 마련이다. 서사시나 조각에서와 마찬가지로 그리스 비극 내에서도 이 요구는 관철된다. 왜냐하면 우선 합창단 전체로부터 합창 지휘자라는 인물이 등장하고 그는 독자적인 정신적 개체로서 부각되기 때문이다. 하지만 극은 여기에 머물러 있는 것이 아니라, 그것이 요구하는 것은 한 사람의 인물보다는 복수의 인물이고, '나'와 '너'의 관계이며, 양자 사이의 갈등이다. 그리하여 무엇보다도 아이스킬로스에게서 두 번째 배우, 즉 '상대역'이 도입되며, 뒤이어 소포클레스의 경우 세 번째 배우가 추가된다. 그리고 이러한 극의 발달과 단계적 진행에, 인격감정과 인격의식의 진전된 심화가 대응한다. 사실 이러한 의식의 표현으로서 우리가 사용하는 '인격(Person)'이라는 용어도 처음에는 배우가 착용하는 가면을 의미하는데 지나지 않았다. 서사시에서도 또한 영웅의 모습, 즉 인간 주관은 객관적 사건의 권역으로부터 두드러지게 눈에 띈다. 그러나 영웅이 이 사건의 권역으로부터 자신을 구별하는 경우에도 영웅은 이 권역에 능동적이기보다는 오히려 수동적으로 대처하고 있다. 영웅은 이들 사건에 휩쓸려가지만, 그 사건은 영웅 자체로부터 직접 일어나는 것도 아니며 또한 그에 의해 필연적으로 조건지어져 있는 것도 아니다. 그는 여전히 우호적 내지 적대적인 힘, 신적 내지 악령적인 힘에 농락당하는 놀이공과 같은 존재로서, 이러한 힘이 그를 대신해 사건을 규정하고 이끌고 있는 것이다. 이 점에서 [237]호메로스의 서사시, 특히 『오디세이아』도 또한, 신화나 신화적 전설과 직접 경계를 접하고 있다. 영웅이 자신의 운명을 이끌고 있는 듯 보이는 그의 간계나 능력, 현명함이란 그 자체 외부에서 그에게 주어진 악령적-신적인 선물이다. 그리스 비극이 처음 이러한 수동적인 관점에 대해 자아라는 새로운 원천을 발견한 것은, 그것이 인간을 자발적이고 자기 책임을 지는 것으로 간주하고 또 그럼으로써 비로소 참된 의미에서 인간을 도덕극의 주체로 형상화한 덕분이다. "그대에게 책임이 없다고 말할 수 있는 자가 어디 있겠습니까" —— 아이스킬로스의 「아가멤논」에서 클리타임네스트라가 남편의 살해를 자신이 아니라 집에 늘 따라다니는 악령에 전가하려고 했을 때, 합창단은 그녀에게 이렇게 대꾸한다. 그리스 철학의 내부에서 헤라클레이토스의 ἦθος ἀνθρώπῳ δαίμων[인간에게는 그 성격(ethos)이야말로 그의 악령이다]라는 말이나, 데모크리토스, 소크라테스, 플라톤에서의 이 말의 계속된 영향 속에서 그 가장 순수한 표현을 발견하는[49] 것과 동일한 전개가 여기에서는 극의 모습을 띠고서 나타나고 있는 것이다. 그리고 신들도 또한 이 전개 속으로 이끌린다. 왜냐하면 신들도 또한 비극의 지고한 신인 디케의 말에 따르지 않으면 안 되기 때문이다. 나이 많은 복수의 여신 에리니에스 자매들 자신도 아이스킬로스의 「자비로운 여신들」에서 최종적으로는 정의의 판결에 굴복한다. 서사시와는 대조적으로 비극은 사건의 중심을 바깥에서 안으로 옮김으로써, 그와 함께 도덕적 자기의식의 새로운 형식이 생겨나며, 이를 통해 이제 신들의 본질과 모습도 변하게 된다.

• • •

49. 이 책 261쪽 f. 참조.

그러나 개개 신들의 모습에서 나타나는 종교적 의식의 위기는 동시에 공동체 의식의 내부에서 생긴 어떤 위기를 지시한다. 원시적 종교, 예를 들면 토테미즘을 지탱하고 있는 사고나 감정의 권역에서는, 인류와 동식물의 유 사이에 명확한 분리가 없는 것 같이, 전체로서의 인간군과 이것에 속하는 개인 사이에도 명확한 구별이 없다. 개인의 의식은 부족의 의식에 결부되고 그리로 융화되어 있다. 신 자체도 우선 무엇보다도 부족의 신이지, 개인의 신이 아니다. 따라서 부족을 버린 개인 또는 부족으로부터 추방된 개인은 그 신 또한 잃어버린다. "가서 다른 신들을 섬기거라"라는 것이 추방의 말이다.[50] 자신이 생각하거나 느끼는 것, 영향을 미치거나 영향을 입는 것 모두에서 개인은 자신이 공동체에 결부되어 있음을 알고 있으며, [238]공동체도 개인과 확고히 결부되어 있음을 느낀다. 개인이 겪는 모든 오욕, 그가 범한 모든 살인이 직접적인 신체적 감염에 의해 군(群) 전체에 전해진다. 왜냐하면 살해된 자의 영혼의 복수는 살해자에게서 끝나지 않고, 그와 직간접적으로 접촉하고 있는 모든 것에 미치기 때문이다. 하지만 종교적 의식이 인격적인 신들의 관념이나 모습으로까지 높여지자마자 개인이 전체와 이루는 이러한 얽힘도 또한 풀려지기 시작한다. 이제 비로소 개인이 유의 생활에 대해 자신의 자립적인 각인과 또한 말하자면 그 인격적인 얼굴을 가지게 된다. 그리고 이 개성에의 지향에 —— 일견 이와 모순되는 듯 보이지만 실은 이와 상관적인 관계에 있는 —— 보편에의 새로운 경향이 결부된다. 왜냐하면 부족이나 군(群)이라는 좁은 통일체를 넘어 좀 더 포괄적인 사회적 통일체가 성립되기 때문이다. 호메로스의 인격적 신들은 그리스의 최초의 민족신들이며, 그러한 것으로서 이 신들은 바로 보편적인 헬레니즘 의식의 창시자가 되었던 것이다. 왜냐하면 그들은 올림포스 신들, 즉 보편적인 하늘의 신들로서, 결코 개개의 장소나 토지와도 또 특수한 제사

• • •

50. 「사무엘 서」 26:19. 또한 Robertson Smith, *Die Religion der Semiten*(독역판 Freiburg 1899, S. 19 ff.)를 참조.

장소와도 결부되어 있지 않기 때문이다. 그리하여 이 지점에서 인격적 의식으로의 해방과 민족적 의식으로의 고양이 종교의 형성이라는 동일한 하나의 기본적 작용 속에서 달성된다. 여기에서도 다시금, 신화적 및 종교적 표상의 형식이 사회구조의 일정한 사실들을 단지 반영하고 있는 것이 아니라 오히려 그 형식이야말로 살아있는 공동체 의식을 구성하는 요인들이 되고 있다는 점이 입증된다. 인간이 자신의 종의 한계를 정신적으로 규정하게 되기까지 거쳐 온 그 같은 차이화 과정이 인간을 한층 더 진전된 방향으로 이끌며, 그 종 내부에서도 더욱 명확한 경계선을 끌어들여 자아의 특수한 의식으로까지 도달하게끔 한다.

2. 인격의 개념과 인격신. 신화적 자아개념의 위상

이제까지의 고찰은, 인간이 자기 자신의 내면의 세계를 발견하고 그것을 자기 자신의 의식으로서 규정할 수 있게 되는 데에는, 이 내면을 신화적 개념들에서 사고하고 신화적 형상 속에서 직관하는 방도를 취할 수밖에 없음을 제시하고자 한 것이었다. 하지만 이 고찰에서 기술되었던 것은 신화적-종교적 의식의 전개에서의 단지 하나의 방향에 지나지 않는다. 여기에서도 또한 내면으로의 길은, 언뜻 보기에 상반된 것처럼 보이는 길, [239]즉 안에서 바깥으로의 진행과 일체를 이룸으로써 비로소 그 보완을 얻는다. 왜냐하면 인격의식의 구축에서의 가장 중요한 요인은 어디까지나 작용의 요인이며, 이 작용에는 물리적인 의미에서도 또 순수하게 정신적인 의미에서도 '작용'과 '반작용'의 동등성이라는 법칙이 해당되기 때문이다. 인간이 외부세계에 행사하는 작용의 본령은 단지 완성된 하나의 사물로서의, 즉 자기완결적인 '실체'로서의 자아가 외부의 사물을 자신의 권역으로 끌어와 그것을 자신의 소유물로 삼는 데 있는 것이 아니다. 오히려 모든 참된 작용에는 이중의 의미에서 형성적임이 입증되는 성격이 숨어 있다. 즉 자아는,

처음부터 갖추어져 있는 자기 자신의 형식을 대상에 내리누르는 것만이 아니라, 자신이 대상에 행사하고 또 대상으로부터 받아들이는 모든 작용 속에서 비로소 이 형식을 발견하고 획득하는 것이다. 따라서 내적 세계의 한계가 정해지고 그 이념적 형태가 가시화될 수 있기 위해서는 존재의 권역이 행위에 의해 답사될 수밖에 없다. 여기에서는 자기(自己)가 그 활동으로 채우는 권역이 커지면 커질수록, 객관적 현실의 성질도 또 자아의 의미와 기능도 더욱 더 명확하게 나타나게 된다.

우리가 이 과정을, 그것이 신화적–종교적 의식이라는 거울에 반사되어 우리에게 나타나는 바대로 파악하고자 한다면, 이 의식의 최초의 단계에서는 자아에게 '사물'은 그것이 자아 속에 정감적인 힘을 발휘할 때 —— 즉 그것이 자아 속에 희망이나 두려움, 욕망이나 공포, 만족이나 실망이라는 특정한 정서적 자극을 환기할 때 —— 에만 '존재한다'는 것이 밝혀진다. 자연도 또한, 그것이 직관의 대상이 되거나 하물며 인식의 대상이 되기 훨씬 이전부터, 오로지 이러한 방식으로 인간에게 주어져 있다. 특정한 자연적 대상이나 특정한 자연력의 '의인화'와 그 숭배를 신화적 의식의 시초로 간주하고자 하는 모든 이론은 이 점에서 이미 좌절되어버린다. 왜냐하면 '사물'과 '힘'은 이론적 의식에게도 신화적 의식에게도 처음부터 주어져 있는 것이 아니고 오히려 그러한 사물이나 힘 속에는 이미 상당히 진전된 '객관화'의 과정이 나타나있기 때문이다. 이러한 객관화가 시작되기에 앞서, 즉 세계의 전체가 지속적이고 통일적인 특정한 형태들로 분해되기에 앞서, 그 전체가 인간에게 단지 막연한 감정 속에 나타나는 단계가 존재한다. 이러한 막연한 감정으로부터 그 특수한 강도(強度), 즉 그 강함이나 절박함에 의해 공통의 배경에서 두드러지는 개개의 인상들만이 풀려나온다. [240]그리고 이에 대응하는 것이 최초의 신화적 '형성체'들이다. 이들 형성체는, 특정한 대상들에 머물러 그 지속적 특성, 즉 그 항상적인 본질 특징을 확정하고자 하는 고찰의 소산으로서 성립하는 것이 아니라 아마도 결코 동일한 모습으로는 반복되지 않을 일회적인 의식상태의 표현으로서, 의식의 순간적 긴장이나 이완으로부터 생겨나는 것일 터이다. 우제너는, 신화적 의식의 이 독자적이고 근원적 생산력이 월등히 진보된 단계에서도 유지되며 더욱 더 강력하게 작용하게 된다는 것을 제시한 바 있다. 즉 확고하게 규정된 '특수신들'의 형성이나 또한 명확한 윤곽을 지닌 인격적인 신들의 형상의 형성에 의해 특징지어지는 단계에서조차도, 이러한 '순간신들'이 끊임없이 새로이 만들어질 수 있는 것이다. 만일 이러한 사고방식이 적절하다고 한다면, 우리로서는 자연신이나 자연 정령들은 보편적인 자연력이나 자연과정의 의인화에 의해서가 아니라 오히려 개별적 인상들의 신화적 객관화에 의해 생겨난다고 생각하지 않을 수 없다. 이와 같은 인상들이 막연하고 파악하기 어려운 것일수록, 또 이들 인상이 '자연적'인 사건의 과정 전체 속에 편입되어 있지 않다고 생각되면 될수록, 그리고 이들 인상이 무매개적이고 뜻하지 않게 의식과 맞닥뜨릴수록, 이들 인상이 의식에 끼치는 자연적인 위력도 그만큼 더 커지게 된다. 민간신앙은 오늘날도 여전히 신화적 표상의 이러한 근원적인 힘이 직접적으로 살아 있고 작용하고 있음을 보이고 있다. 여기에서 신앙은 들판이나 경작지, 숲이나 삼림에 살고 있는 헤아릴 수 없을 만큼 무수한 자연 정령들에 의거하고 있다. 나뭇잎들의 살랑거림, 바람이 불거나 휘몰아치는 모습, 종잡을 수 없는 무수한 소리와 울림, 빛의 교란과 반짝임, 이 모든 것에서 신화적 의식에게는 무엇보다도 우선 숲의 생명이 감지된다. 즉 그것들은 숲에 사는 무수한 자연정령, 숲의 신들, 요정이나 괴물, 나무의 정령이나 바람의 정령의 직접적인 나타남으로서 느껴지는 것이다. 하지만 **삼림** 제사나 **경작지** 제사가 이루는 발전은, 신화가 어떻게 해서 이러한 형상들을 넘어 점차 성장하는가, 이들 형상을 완전히 압살해버리는 것은 아니지만 이들 형상을 어떻게 사고와 감정의 또 다른 층위에서 유래하는 다른 형상이 되게끔 하는가를 그 한 걸음 한 걸음에서 우리에게 보이고 있다. 자아가 단순한 감정적인 반응에서 행위의 단계로 옮겨지고 자신이 자연과 맺는 관계를 더 이상 단순한 인상의 매체에 의해서가 아니라 자기 자신의 행위라는 매체에 의해 보게 됨에 따라, 단순한 자연적 정령들의 세계가 새로운 세계에 자리를 양보하게 된다. 이 행위의 규칙으로부터, 즉 [241]그 행위의 작용이 항상 변화하되 어떤 특정한 순환 속에서 반복되는 단계들로부터, 자연의 존재도 또한 비로소 그 참된 존재와 그 확고한 형태를 받아들인다. 그리하여 특히 농경에의 이행, 논밭의 규칙적인 경작으로의 이행은 식물신화와 식물제사에서의 결정적인 전환점을 의미한다. 여기에서도 또한 물론 인간은 자연에 즉각 자유로운 주체로서 대결하는 것이 아니라 자신이 자연과 내적으로 합체를 이루고 운명을 공유하고 있다고 느낀다. 식물의 싹틈과 말라죽음, 그 개화(開花)와 시듦이 인간 자신의 삶과 죽음과 하나로 관통하는 연관 속에 있는 셈이다. 대규모 식물제의는 모두 이러한 연대감에 기초를 두고 있는 것이며, 이것을 신화적 형상에 의해서만이 아니라 직접적인 행위에 의해서도 표현한다. 즉 식물제의에서는 식물계의 고사(枯死)와 재생이 드라마로서, δρώμενον[드로메논, 행해진 것]으로서 나타나는 것이다.[51] 그리고 다른 활동에서도 이러한 운명적 결합이라는 사고방식은 살아남아 있다. 가족이나 개인 모두 그 탄생의 나무나 운명의 나무를 갖고 있어, 이 나무의 번식과 시듦이 그 가족이나 개인의 건강과 질병, 삶과 죽음을 결정한다. 하지만 이러한 단순한 귀속성, 즉 절반은 자연적이고 절반은 신화적인 이 결합을 넘어서더라도 인간과 자연은 동시에 다른 형식의 공동관계에 의해 연결되어 있다. 인간은, 단지 자신의 존립에 관해서만 자신이 자연 속의 무언가 특수한 존재나 또는 자연 전체와 결부되어 있다고 느끼는 것이 아니라, 자연을 직접 자신의 작업 권역 내에 끌어들이기도 한다. 마치 인간에 붙어있는 '악령(Dämon)'이 점차 그의 수호정령이 되고 '천재(Genius)'가 되듯이, 자연 속에서도 자연력의 유령들이 수호신이 된다. 민간신앙은 이들 형상을 오늘날까지 충실히 보존해오고 있다. 만하르트는 이렇게 말한다. "튀링엔과 프랑켄의 숲의 처녀, 바덴의 야생인, 티롤의 숲의 요정들은 수확 때에는 농부를 도와준다. …… 숲의 여자, 숲의 난쟁이, 숲의

· · ·

51. 이 책 285쪽 ff. 참조.

요정은 늘 인간들에게 봉사하고 축사 안의 가축을 보살피며 가축과 저장실에 은혜를 베푼다."[52] 지금도 살아있는 이러한 형상들이 신화적인 사고나 감정의 전형적인 기본적 사고방식에서 유래한다는 것, 그리고 그것들이 신화적 사고의 일정한 단계에 필연적으로 속한다는 것은, 우리가 '원시인'의 신앙으로부터 개개의 문화적 대(大)종교의 권역에까지 그 흔적을 추적할 수 있는 이른바 '직업신'과 비교해본다면 명확해진다. 토테미즘에 의해 분절되어 있는 [서아프리카의] 요루바(Joruba) 족에게는 각각의 ²⁴²씨족이 그 선조인 씨족신을 지니며, 이 신의 명령에 의해 생활과정 전체가 규제되어 있다. 하지만 이러한 분절 외에 또 그것으로부터 비교적 독립된 모습으로, 신들의 세계의 일종의 직능적 분절이 행해지고 있다. 전사, 대장장이, 사냥꾼, 목수는 그들이 어떠한 토템에 속하는가와는 관계없이 공동의 한 신을 숭배하며 그에게 제물을 바친다. 이러한 기술상의 분화, 이러한 '분업'은 신화적 세계의 세부에까지 고루 미친다. 대장장이, 황동 세공사, 주석 주조자를 아우르는 하나의 신이 있어서, 그 신이 인간에게 최초로 합금의 방법을 가르쳤다고 한다.[53] 하지만 각각 특정한 분야에 할당되어 말하자면 주술적으로 거기에 사로잡혀 있는 직업신이라는 이 사고방식이 가장 정밀하게 완성되어 있는 것은 로마에서의 신들에 대한 신앙에서 보여진다. 여기에서는 낱낱의 업무, 특히 논밭의 경작에 필요한 낱낱의 행위가 저마다 각각의 신과 독자적인 제관(祭官)조직을 지니고 있다. 제관들은, 이들 행위 하나하나에서 그 수호자가 되는 신이 올바른 이름으로 불리며, 신들 모두가 정확한 순서에 따라 불려지는가를 주시한다. 신들의 호명이 규칙에 따르지 않으면 행위 자체도 무규칙이 되며 따라서 결실을 가져오지 않는다. "모든 행위와

• • •

52. Mannhardt, *Wald- und Feldkulte*², I, 153 f.
53. 상세한 것은 Frobenius, Und Afrika sprach, S. 154 ff., 210 ff. 또한 그러한 '직업신(職業神)'은 예를 들면 [북아메리카 북서부 해안의 퀸 샤로트 섬들 등의 원주민인] 하이다 족 등 다른 장소에서도 보여진다. Swanton, Contributions to the Ethnology of the Haida. *Mem. Americ. Mus. of Natur. History*, VIII, 1, 1905.

상태에 특정 신들이 형성되어 있고 명확한 특성을 띤 언어로 불린다. 더욱이 행위나 상태가 전체로서 이와 같이 신격화되는 것만이 아니라 그러한 행위들 가운데서 어떤 면에서든 두드러지는 부분이나 작용, 계기들도 또한 신격화된다. …… 농경 공희(供犧)의 경우 플랑드르인[벨기에 북부의 게르만인]은 텔루스(Tellus)와 케레스(Ceres) 외에 12신들을 불러내지 않으면 안 되었는데, 이 신들은 농사꾼의 열두 가지 일들에 대응하고 있다. 베루악토르(Veruactor)는 휴한지(休閑地, ueruactum)에서 맨 처음 땅을 갈고, 레파라토르(Reparator)는 두 번째로 흙을 갈아엎고, 인포르키토르(Inporcitor)는 세 번째이자 마지막으로 갈아엎는 일을 담당하며, 그 다음엔 고랑(lirae)이 파내지고 이랑(porcae)이 만들어진다. 인시토르(Insitor)는 씨를 뿌리고, 오바라토르(Obarator)는 씨 뿌린 다음 흙을 덮어주고, 오카토르(Occator)는 써레로 경작지를 고루 마무르고, 사리토르(Saritor)는 제초(Sarire), 즉 괭이로 잡초를 없애고, 수브룬키나토르(Subruncinator)는 잡초를 뽑아내고, 메소르(Messor)는 수확자의 작업, 콘벡토르(Convector)는 수확된 곡물의 반입, 콘디토르(Conditor)는 저장, 프로미토르(Promitor)는 [243]저장고나 곡물창고에서 곡물을 꺼내는 작업에 해당한다."[54] 그때그때의 행위 하나하나의 동기에 의거해 그리고 명확히 구분된 그 방향에 따라 신들의 세계를 이와 같이 구축하고 완성하는 작업 속에서, 우리가 언어 속에서 작용하고 있음을 발견했던 것과 동일한 형식의 객관화 작업이 입증된다. 음성적 형상과 마찬가지로 신화적 형상도 또한 이미 현존하는 구별을 단순히 지시하는 데 사용되는 것만이 아니라 그 구별을 의식에 대해 우선 정착시키고 그 구별을 그것으로서 비로소 가시화하는 데에도 사용된다. 즉 신화적 형상은 미리 성립되어 있는 이 구별을 재현할 뿐만 아니라 그 구별을 참된 의미에서 불러내는 것이다.[55] 의식이 개개의 활동범위의 명확한 구분이나 그 활동이 성립하기 위한 여러

• • •

54. Usener, *Götternamen*, S. 75 f. 로마의 indigitamenta[수호신=기능신]에 대해서는 특히 Wissowa, *Religion und Kultus der Römer*[2], S. 24 ff.

55. 이에 관해서는 제1권, S. 257 ff. 참조.

객관적 주관적 조건들의 명확한 구분에 이르는 것은, 의식이 이 활동범위의 모든 각각을 하나의 고정된 중심점에, 하나의 특정한 신화적 형상에 결부시킴에 의해서만이다. 각각의 활동을 할 때 그 활동을 관리하고 있는 특수한 신이 수호자이자 구원자로서 불려짐으로써 물론 행위의 '자발성'이 놓쳐지고 모든 행위가 바로 이 신의 단순한 '나타남'으로서, 따라서 안으로부터라기보다는 오히려 바깥에서 유래하는 작용으로서 여겨지는 것처럼 보인다. 하지만 다른 한편으로 직업신이라는 이 매체를 통과함으로써 비로소, 만약 그렇지 않으면 그 수익이나 생산물 때문에 잊힐 우려가 있는 행위가 그 순수한 정신성에서 파악되게 된다. 이러한 여러 신화적 지수(指數)에 의해 비로소 행위는 조금씩 자신을 인식하고 이해하는 법을 배우는 것이다. 이러한 다수의 신들의 형상 속에서 인간은 단지 자연대상이나 자연력의 외적인 다양성을 보는 것이 아니라 거기에서 자기 자신을, 즉 그 기능의 구체적 다양성과 특수화를 갖춘 자기 자신을 간파한다. 인간이 만들어내는 무수한 신들의 상은, 인간을 단지 대상적인 존재나 사건의 권역을 통과하도록 이끌 뿐만 아니라 무엇보다도 우선 인간 자신의 의욕과 실행의 권역을 통과하도록 이끌고 이 권역을 안으로부터 밝게 비춘다. 낱낱의 구체적인 활동이 그 독자적인 방향과 그 기본방침을 진정으로 의식하게 되는 것은, 그 활동이 자신에 속하는 특수신의 상 속에서 자기 자신을 객관적으로 보는 것에 의해서만이다. 행위의 명확한 구별, 상호 명확하게 구분된 자립적인 작용들로의 그러한 분해는 추상적-논증적인 개념형성에 의해서가 아니라 [244]거꾸로 이 작용 하나하나가 하나의 직관적 전체로서 파악되고 하나의 자립적인 신화적 형상으로 구체화됨에 의한 것이다.

　　이러한 신화적 과정을 그 내용 면에서 파악하고자 한다면, 그 과정은 신화적 의식이 단순한 자연신화에서 문화신화로 나아가는 그 전개 속에서 가장 명료하게 나타난다. 이제 근원에 대한 물음이 점점 더 사물의 영역으로부터 인간 특유의 영역 쪽으로 이동해가는 것이다. 왜냐하면 신화적 인과성의 형식은 세계의 성립 또는 그 안의 개개의 대상의 발생을 설명하기보다는 오히려 인간의 문화재의 유래를 설명하는 데 도움이 되기 때문이다. 물론 이러한 설명도, 인간의 신화적 표상작용의 특성에 따라, 이러한 문화재가 인간의 힘이나 의지에 의해 만들어진 것이 아니고 인간에게 주어져있는 것이다라는 관점에 머물러 있다. 이들 문화재는 인간을 매개로 하여 만들어 낸 것이 아니라 앞서 완성된 것으로서 인간에 의해 직접 받아들여졌다고 간주되고 있는 것이다. 불의 사용, 특정한 도구의 제작, 농경 또는 수렵의 전수(傳受), 개개의 의료 지식이나 문자의 발명, 이 모든 것들은 신화적 힘들이 선물한 것으로서 생각되고 있다. 인간은 여기에서도 또한 자신의 행위를 자신으로부터 떼어놓고 외부로 투사함으로써 그 행위를 이해하는 것이다. 그리고 이 투사로부터 신의 상(像)이 생겨나는데, 이때 신은 더 이상 단순한 자연력으로서가 아니라 문화적 영웅으로서, 광명과 구제를 가져오는 자로서 나타난다.[56] 그러한 구제자(救濟者)의 형상이야말로 문화적으로 각성하고 진보해가는 자의식에 대한 최초의 신화적-구체적 표현이다. 이러한 의미에서 제의는 모든 문화 발전의 담당자이자 통과점이다. 왜냐하면 제의야말로 문화 발전의 과정에 있어, 그것이 자연의 단순한 기술적 극복과 구별되며 자신에게 특유한 성격, 자신에게 독자적인 정신적 성격을 형성하는 바로 그러한 계기를 견지하고 있기 때문이다. 종교적인 숭배는 단순히 실천적인 쓰임새를 추구하는 것이 아니라 오히려 그 숭배야말로——예를 들면 불의 사용에 대해 추정해왔듯이——여러 가지 모습으로 인간에게 이 사용을 최초로 선물한 것이다.[57] 동물의 사육조차도 아마도 종교적 기반 위에서 그리고 전적으로 특정한 신화적-종교적 전제, 특히 토테미즘적 전제 아래에서 비로소 발전되었다. [245]여기에서도 신화적 형상세계는 언어나 예술의 형상세계와 마찬가지로 자아와 세계의 '분리'가 수행되기 위한 기본적 수단의 하나로서 작용한다. 이 분리는 말하자면 자아와 세계 사이에 신이나

• • •

56. 이러한 '구제자'라는 사고의 의미와 일반적 분포에 대해서는 Kurt Breysig, *Die Entstehung des Gottesgedankens und der Heillbringer*, Berlin 1905를 참조할 것.

57. Bousset, *Das Wesen der Religion*, Halle 1904, S. 3, 13.

구제자의 상(像)이 들어옴으로써 가능해진다. 이들 상은 자아와 세계를 서로 연결함과 동시에 서로 분리시키기도 한다. 왜냐하면 인간의 자아, 즉 그 참된 '자기'는 신적 자아를 우회해서 비로소 자기 자신을 발견하기 때문이다. 신이 좁게 한정된 특정한 활동 영역에 결부되어 있는 단순한 특수신의 형태로부터 인격신의 형태로 이행한다는 것은 자유로운 주관성 자체의 직관으로 이르는 길에 새로운 걸음을 내딛는 것을 의미한다. 우제너는 이렇게 말한다. "특수신의 집적으로부터 보다 포괄적인 세력권을 지닌 인격적인 신들이 등장하는 것은 낡은 개념형성이 고유명사로 응고되며, 신화적 표상들이 휘감겨 붙는 확고한 핵심이 된 때이다. …… 고유명사 속에서 비로소 유동적인 표상이 응고되어 하나의 확고한 핵심, 즉 인격의 담지자가 될 수 있는 핵심이 된다. 이 고유명사는 사람을 부르는 이름과 마찬가지로 그것이 독점적으로 적용되는 어떤 특정한 인격만이 떠올려지도록 작용한다. 이와 함께, 의인적 표상들의 범람이 거의 공허한 형식 속으로 흘러들어갈 수 있는 길이 열린다. 여기에서 비로소 개념이 신체성, 말하자면 살과 피를 획득하게 된다. 개념이 마치 인간처럼 행동하거나 영향을 받을 수 있게 된다. 특수신의 투명한 개념에게 자명한 술어였던 표상들이, 고유명사의 담지자에게는 신화가 되는 것이다."[58] 하지만 물론 이 이론은, 사람들이 그 일반적 방법론상의 전제 —— 즉 언어형성과 신화형성 사이에 일관된 상관관계가 있다는 전제 —— 를 받아들인다고 하더라도, 아직 해결되지 않은 곤란과 어떤 독특한 역설을 포함하고 있다. 신화가 단순한 '특수신'으로부터 인격신의 직관으로 높여지는 도정은 우제너에게는 언어가 개개 사물의 표상과 명명으로부터 보편적인 것의 표상과 명명에 도달하는 길과 동일하다. 그에 따르면 둘 중 어느 쪽에서든 동일한 '추상' 과정, 즉 개별적 지각으로부터 유적(類的) 개념으로의 진행이 일어나고 있는 것이다. 하지만 바로 보편으로의 이 전환, 일반화하는 추상으로 향하는 이 방향 속에, 개성

• • •

58. Usener, *Götternamen*, S. 323, 331.

화, 즉 '인격신'으로 향하게 하는 지시가 발견된다는 것은 어떻게 이해되어야 하는가? 객관적으로 볼 때, 공간적 시간적 개개 사물로부터 점차 더 강력한 이반(離反)이 진행되는 가운데 알려지는 바가, [246]주관적 생활의 측면에서 보면 오히려 인격의 단일성과 단독성의 형성으로 향하는 일이 어떻게 가능한 것인가? 그러고 보면, 그 작용방식에 있어서, 일반화하는 개념형성이 취하는 방향과는 대립되는 방향을 갖는 또 다른 계기가 여기에서 함께 작용하고 있음에 틀림없다. 사실 행위의 세계나 '내적' 체험의 세계의 구축에서의 '특수'로부터 '보편'으로의 진행은 '외적' 존재의 구축, 즉 사태나 사물의 세계의 형성에서의 그것과는 다른 의미를 지니고 있다. 신화에서 특수신의 형상 속에서 파악되고 표시되는 특정한 행위영역이 확장되면 될수록, 따라서 그 행위와 관계되는 대상의 다양성이 확장되면 될수록, 행위의 순수한 에너지 자체도 보다 순수하게 그리고 보다 강력하게 높아지고 행위하는 주체의 의식도 보다 두드러진다. 이 의식은 분명 아직은 그때그때의 특수한 종류나 형식 속에 나타나지만, 그러나 더 이상 이 형식에 묶이지는 않고 또한 더 이상 그 형식 속으로 완전히 해소되어버리지도 않는다. 따라서 인격의 명확성의 감정은 직능의 특수성으로부터 점차 해방되어감에 의해 사라지는 것이 아니라 오히려 이것과 더불어 높여지고 강화되는 것이다. 이제 자아가 자신을 알고 파악하게 되지만, 그것은 모든 특수한 활동을 넘어 그 배후에 숨어 있는 단순한 추상체로서, 즉 비인격적인 보편자로서가 아니라, 행위의 모든 다양한 방향을 서로 결합하고 결속하는 자기동일성을 지닌 구체적인 통일체로서이다. 행위의 항상적 기반이 되는 이러한 동일적인 것에 견주어본다면, 개개의 특수한 창조작용은 언제나 그 부분적 실현에 지나지 않기 때문에, 항상 우연적이고 '우유적(偶有的)'인 것으로 여겨질 뿐이다. 이리하여 '특수신'이 그 최초의 좁게 한정된 권역을 넘어감에 따라, 그 특수신에 인격성의 계기가 보다 명확하게 각인되며, 그 계기가 보다 자유로이 전개되는 사태도 이해될 수 있다. 단순한 사물적 직관의 영역 내에서라면, 전통적인 논리학이 가르치는 대로 어떤 개념의 외연의 확대로부터는 동시에 그 내용의 빈곤화가 초래된다. 즉 개념이 개별적 표상의 넓은 범위를 포섭하면 할수록, 그 개념은 그 만큼 구체적인 명확성을 잃게 되는 것이다. 그에 반해 여기에서는 보다 광대한 영역으로의 확대, 즉 증대하는 외연이야말로 동시에 작용 자체가 갖는 강도와 자각됨의 증대를 의미한다. 왜냐하면 인격의 통일성이란 다름 아닌 그 대립에서, 즉 그것이 다종다양한 구체적인 활동형식들 속에서 나타나고 자신을 관철하는 방식에서 보여질 수 있기 때문이다.[247] 신화적 감정이나 신화적 사고가 이 길을 계속 걸어가면 갈수록, 마침내 최고의 창조신의 모습이 단순한 특수신의 권역으로부터 그리고 많은 다신교의 신들로부터 더욱 더 명확하게 두드러진다. 이 창조신에서 행위의 모든 다양성이 말하자면 단 하나의 정점으로 총괄되어 있는 것으로 보인다. 즉 이제 신화적-종교적 의식은 규정하기 어려울 만큼 다수의 개별적인 창조력의 총체를 보는 관점에서가 아니라 창조라는 순수한 작용 자체를 보는 관점에 서 있는 것으로, 여기에서는 이 창조작용이 창조신 자체와 마찬가지로 하나의 것으로서 파악되며 이리하여 이 의식은 창조의 통일적 주체라는 관점으로 더욱 더 강력하게 향하게 된다.

물론 창조자라는 관념은 이미 그 이상의 어떠한 도출이나 '설명'도 할 수 없고 또 그러할 필요도 없는 것으로 보이는, 신화의 근원적 계기의 하나이다. 창조자라는 관념은 이미 종교적 표상작용의 전적으로 원시적인 층위에서조차 때로는 놀랄 만큼 명확하게 나타나는 것으로 보인다. 특히 토테미즘적 표상영역의 내부에서, 씨족이 그 기원으로 삼는 선조의 표상마저도 넘어, 토테미즘적 선조와는 명확히 구별되는 지고한 존재의 관념이 세워지기에 이르는 과정을 추적할 수 있는 경우가 적지 않다. 이 지고한 존재는 한편으로는 자연물의 발생이 되고, 다른 한편으로는 성스러운 의례나 제사의 의식이나 춤 등의 제정의 기원이 되고 있다. 하지만 이 존재는 통상적으로는 더 이상 제의의 대상이 되지 않으며, 인간이 세계 전체를 채우고 있는 개개의 정령적인 힘에 대해서처럼 이 존재와 직접적인 관계, 즉 무매개적-주술적인 관계에 들어가는 것도 아니다.[59] 그러므로 모든 '원시적인' 종교를 지배하고 이것에 그 특징적인 특질을 부여하는 감정적 및 의지적 동기들의 한가운데에, 이미 그 가장 최초의 단계에서 마치 단번에 순수 사상적, '이론적'인 동기가 우리와 조우되는 것처럼 보인다. 하지만 물론 좀 더 면밀히 고찰해보면, '창조'라든가 '창조자'라는 일견 추상적인 표상이 여기에서는 아직 참된 보편성에서 파악되고 있는 것은 아니라는 점, 요컨대 창조작용이 어떠한 개별적 구체적인 조형작용이나 형성작용으로서만 생각되고 있다는 점이 밝혀진다.[248]이리하여 원시인에 의한 '창조자 사상' 형성의 전형적인 예로서 통상 제시되는 오스트레일리아의 바이아미 (Bäjämi)도 사물의 '조각가'로서 생각되고 있다. 그는 개개의 대상을 만들어내지만 그것은 마치 나무껍질로 인형을 만들거나 동물의 모피 또는 가죽으로 구두를 만들어내는 것과 같은 식이다.[60] 창조작용에 관한 사고방식은 아직 전적으로 장인(匠人)이나 조형예술가의 활동에 의거해 있으며, ── 그 것은 마치 플라톤과 같은 철학에서조차도 최고의 창조신을 '데미우르고스' [우주를 제작하는 신적인 장인]라는 신화적 형상을 모델로 하여 비로소 파악할 수 있었던 것과 같다. 이집트에서는 프타하 신이 위대한 창조의 신으로서, 최초의 근원적인 신으로서 숭배되어 있다. 하지만 이 신은 동시에 그 행동에 있어서는 인간 예술가에 비견될 만한 것으로 보이며, 사실 이 신은 예술가와 장인의 참된 수호자로서도 간주된다. 이 신의 [상징적인] 지물(持物)은 [도자기 제조용] 녹로(轆轤)인데, 조각가이면서 신인 이 신은 그것을 사용해 신들의 존엄이나 인간의 형상을 조형했던 것이다.[61] 하지만

• • •

59. '원시적' 종교들의 권역 내에서의 '창조자신앙'의 분포에 대해서는 무엇보다도 P. W. Schmidt, *Der Ursprung der Gottesidee*, Münster 1912에서의 자료의 집성을 참조하기 바란다. 또한 Söderblom, *Das Werden der Gottesglaubens*, S. 114 ff.의 탁월한 요약을 볼 것. 아메리카의 종교들에 대해서는 특히 Preuß, Die höchste Gottheit bei den kulturarmen Völkern, *Psychol. Forschung* II, 1922를 볼 것.

60. Brinton, *Religions of primitive peoples*, S. 74, 123.

61. 상세한 것은 Brugsch, *Religion und Mythologie der alten Ägypter*, S. 113; Erman, *Die ägyptische Religion*², S. 20.

이와 같이 구체적으로 특수화된 행위를 경유하여, 이제 신화적–종교적 사고는 점차 행위의 보편적인 파악방식을 향해 계속 전진해간다. 베다 종교에서는 이미 일찍부터 순수 자연신들과 병행하여, 행동의 특정영역과 유형을 나타내는 다른 신들이 보여진다. 불의 신 아그니(Agni)나 뇌우의 신 인드라 (Indra) 외에도, 예를 들면 자연이나 인간생활에서의 모든 운동을 야기하는 '고무(鼓舞)의 신' 내지 '자극의 신(Savitar)', 수확을 돕는 '모으는 신', 길을 잃은 가축이 돌아오도록 보살피는 '데리고 돌아오는 신(nivarta, Nivartana)' 등이 있다. 이러한 신들에 관해 올덴베르크는 이렇게 말한다. "언어사의 모든 시기에는, 과거로부터 계승된 어형(語形) 속에 보존되고 있을 뿐 이미 그 효력을 상실한 조어(造語)요소와는 별개로, 생명으로 충만해 있으며 또한 말하는 개개인에 의해 부단히 새로운 말의 산출을 위해 사용될 수 있는 조어요소가 있다. 종교사에서, –tar[통상의 로마자 표기에서는 –tri]가 붙는 이름을 가진 신들의 조어법에서도, 베다의 시대나 그 직전 시대에서는 최고 도의 생명력과 생산력이 부여되고 있음에 틀림없다. Tratar('수호자')의 신, Dhatar('제작자')의 신, Netar('지도자')의 신이 있고, 그것에 대응한 여성형의 여신 Varutrit('수호여신') 등도 있다." [62] [249]여기에서, 언어의 안내 하에 행위나 행위자의 핵심이 되는 표상을 포함하는 어미(語尾)가 자유로이 사용되고 또한 새로운 신의 이름을 만들어내는 데 자유로이 이용된다는 사실에는, 물론 행위의 관점이 거의 무제한적으로 분할된다는 가능성과 위험성이 잠재해 있다. 하지만 다른 한편으로는 언어상의 형식의 공통성의 힘을 빌린 이러한 류의 조어(造語)는, 작용의 목적이나 작용 대상의 특수성과는 무관하게, 작용 자체의 보편적 기능을 지시하고 있기도 하다. 이리하여 베다 종교에서는 최초의 군(群)과 유사한 조어들—즉 어떤 특정한 신을 어떤 특정 영역의 '지배자'로 부르는, 예컨대 '자손의 지배자(prajapati)'라든가 '논밭의 지배자', '장소의 지배자', 더 나아가 '사고의 지배자', '진리의 지배자' 등등

* * *

62. Oldenberg, *Religion des Veda*^{2}, S. 60 f.; *Vedaforschung*(1905), S. 78 ff.를 참조.

의 신적 형상을 가능하게 하는 조어들——이, 이러한 여러 상이한 지배영역을 최종적으로는 단 하나의 최고의 지배자 아래에 종속시키는 방향으로 더욱 더 향해간다. '자손의 지배자' 프라자파티도 처음에는 다른 신들과 같은 단순한 하나의 특수신이었지만 이것이 ['베다'에 속하는 문헌군(群)인] 『브라흐마나』 성립기[기원전 800년을 중심으로 하는 수백 년간]에 참된 세계 창조자가 되었다. 이제 프라자바티는 "세계공간 전체의 신"으로서, "단번에 대지와 하늘을 변화시키고 또한 세계와 극(極)과 광역(光域)을 변화시켰으며, …… 그는 세계질서의 혼란을 해결했다. 그는 세계를 바라보고 또한 세계가 되었다. 왜냐하면 그 자신이야말로 세계였기 때문이다."[63]

그리고 다른 점에서도, 베다 경전들 속에는 신화적-종교적 사고가 세계창조와 세계창조자라는 생각에 도달할 수 있기에 앞서 반드시 필요로 했던 다양한 중간단계들이 보여진다. 존재의 전체를 창조라는 범주 아래에 파악한다는 것은 신화에게 처음에는 도저히 달성할 수 없는 과제이다. 대체로 신화가 사물의 발생이나 우주의 탄생을 말하는 때에는 신화는 이 탄생을 단순한 변화로서 파악한다. 언제나 거기에는, 대부분 전적으로 감성적으로 표상된 특정한 기체(基體)가 전제되어 있으며, 생성은 거기에서 출발하고 또 거기에 입각해 진행한다. 때로는 그것은 세계알[卵]이고 때로는 세계나무이고 때로는 하나의 연꽃이며 또 때로는 인간이나 동물 신체의 부분들이어서, 이들로부터 우주의 개개 부분들이 생겨나고 형성된다. 이집트에서는 근원수(根源水) 눈(Nun)으로부터 맨 먼저 알이 한 개 생겨나고 그 다음 거기에서 빛의 신인 태양신 라(Ra)가 탄생한다. 이 신은 아직 하늘[天]도 없고 다양한 벌레도 만들어지지 않았던 때에 태어났다. [250]이 신이 처해 있는 장소에는 그 이외 아무도 없으며, 자신이 서 있는 장소도 아직은 없었다.[64] 여기에서

• • •

63. Deussen, Die Geheimlehre des Veda, *Ausgew. Texte der Upanishad's*, Leipzig 1907, S. 14 f. 를 참조할 것. 프라자바티의 역사에 관해서는 특히 Deussen, Philosophie des Veda(*Allg. Gesch. der Philos.* I, 1), Leipzig 1894, S. 181 ff.를 볼 것.

64. Erman, *Die ägyptische Religion*², S. 20, 32를 볼 것.

이미, 신화적인 창조사상은 그것이 명확한 모습으로 나타나기 위해서는, 한편으로는 반드시 어떠한 구체적인 기체에 의거하지 않으면 안 되지만 그러나 다른 한편으로는 바로 그 기체를 점점 더 부정하고 거기에서 떨어져 나오려고 하는 사태가 엿보여진다. 그와 같이 진행하는 일련의 부정(否定)작용을 우리는 『리그베다』의 유명한 창조 찬가에서 볼 수 있다. "그때는 존재도 없었고 비존재도 없었다. 그 저편에는 공기도 없고 하늘도 없었다. 움직인 것은 무엇인가? 어디에서? 누구의 보호 아래? 물에서 생긴 것은 깊은 연못이던가? 그 시절엔 죽음도 없고 불사(不死)도 없었다. 낮과 밤의 구별도 없었다. 그것은 바람도 없이 숨을 쉬며, 제 스스로 있는 그것뿐 그 이외에는 아무것도 없었다."[65] 이리하여 여기에서는 존재의 근거를, 순수한 ἄπειρον[아페이론, 무한정한 것]으로서, 모든 규정을 결여한 '[그]것'으로서 파악하고자 하는 시도가 행해진다. 하지만 다른 한편에서 이 우주론적 사변은 이 '[그]것'을 어떠한 점에서 한층 더 면밀하게 규정하거나 또는 구체적인 토대, 만물이 그로부터 발생하는 '자재'가 무엇인지를 묻지 않을 수 없다. 창조자가 거기에 서있으며 창조자의 버팀목이 되고 있는 이 기반에 대한 물음은 거듭 제기된다. "모든 것을 보는 비슈바카르만(Visvakarman)이 거기에 서서 대지를 창조하고 그 힘으로 하늘을 드러낸 그 거점, 그 지점은 어떠한 것이었는가? 하늘과 땅이 만들어진 것은 어떠한 목재로부터였는가, 어떠한 나무로부터였는가? 그대 현자들이여, 비슈바카르만이 하늘과 땅을 유지했을 때 그가 몸을 지탱한 것은 무엇이었는가를 마음에 물을지어다."[66] 우파니샤드의 후기의 철학적 교설은 이 창조의 '제1질료', πρώτη ὕλη[프로테 휠레]에 대한 물음을, 자신의 사상적 전제들을 지양함으로써 극복하고자 했다. 만물이자 일자인 브라만의 사고에서는 다른 모든 대립과 마찬가지로 '질료'와 '형상(形相)'의 대립도 또한 사라져버린다. 하지만 여러 대립들의 이러한 범신론적

• • •

65. 『리그베다』 제10권 제129찬가. 이에 관해서는 Hillebrandt, *Leider des Rigveda*, Göttingen 1913, S. 133.
66. 『리그베다』 제10권 제81찬가(Hillebrandt, a. a. O., S. 130).

해소의 길이 개척되지 않았던 곳에서는, 그리고 오히려 그 대신에 종교의 발달이 창조사상 자체를 순수하고 명확하게 완성해낸 곳에서는, 이 창조사상을 말하자면 다른 차원으로 옮기고 그것을 [251] 자연적-물질적인 것과의 접촉이나 그 부착으로부터 해방시켜 그것에 순수한 '정신적' 각인을 하려고 하는 노력이 더욱 더 강화된다. 창조자가 이 세계를 존재로 불러들이기 위해 사용하는 수단에 대한 사고방식 속에서 이미 이 진행이 추적될 수 있다. 이 수단에 대한 서술은 처음에는 철저하게 특정한 감성적-사물적인 유비나 비유에 의지하는 것이 관례이다. 이집트의 가장 오래된 문헌에서는 창조신 툼-라(Tum-Ra)는 모든 생물의 선조인 신들을 형성함에 있어 인간과 같이 그 정자를 흘러들게끔 하거나 또는 그 입에서 최초의 신 한 쌍을 내보냈다고 가르치고 있다. 하지만 이미 일찍부터 『피라미드 텍스트』에는 그것과는 다른 '보다 정신적인' 견해가 관철되고 있다. 거기에서는 창조의 작용은 더 이상 개별적인 물질적 형상에 의해 특징지어지는 것이 아니다. 오히려 창조자가 사용하는 기관(器官)으로서 나타나는 것은 오직 그의 의지의 힘으로서, 이것은 그의 목소리와 말의 힘에 응축된다. 이 말이 그 자체로부터 신들이나 하늘과 대지를 만들어내는 힘을 형성하는 것이다.[67] 일단

• • •

67. 이에 관해서는 예를 들면 Moret, *Mystères Egyptiens*, Paris 1913, S. 114 ff., 138 f.를 참조할 것. "헬리오폴리스에서는 태고 시대에 토룸-라(Torum-Râ)가, 살아있는 것 모두의 선조인 신들을 인간과 같은 방식으로 정자(精子)를 발사하여 창조했다거나 또는 헬리오폴리스의 페닉스 신전 땅에 선 채로 최초의 신 한 쌍을 침(唾)으로 뱉어냈다고 알려져 있었다. 조화(造化)의 신이라는 자격을 부여받고 있는 다른 신들도 각각 다른 방법을 취했다. 멤피스의 [삼주신(三柱神)의 주신인] 프타하, 엘레판티네의 [나일강의 신] 크눔은 돌림판으로 신이나 인간을 만들었다. [지혜의 신인] 토트-이비스는 헤르모폴리스에서 알을 부화했다. 사이스의 대(大)여신 네이트는 독수리 내지 암소에서, 아직 아무것도 존재하지 않았던 때에 태양신 라(Râ)를 낳았다. 아마도 이것들이 가장 오래되고 또 가장 널리 보급되어 있었던 창조의 설명일 것이다. 그러나 세계가 신의 유출물이라는 한층 더 세련되고 한층 더 비물질적인 설명방식은 『피라미드 텍스트』 이후에 보여진다. 거기에서는 데미우르고스의 목소리가 존재나 사물을 창조하는 동인의 하나가 되고 있다. …… 이로부터, 파라오 시대, 그리고 그리스도 탄생 이전 몇 천 년에 이르는 시대의 교양 있는 이집트인에게 있어, '신은 창조의 도구로서의 지성'으로 생각되고 있었다는 점이 귀결된다. …… 창조하는 것이자 계시하는 것인 로고스의 이론에 의해, 헤르메스 문서는 이집트의 고대사상, 즉 거기에서 지적, 종교적, 도덕적인

언어와 말이 세계창조의 그러한 정신적 도구로서 생각되면, 그와 함께 창조의 작용 자체가 순수하게 '정신적인' 또 다른 의미를 획득하게 된다. 이렇게 되면, 자연적–물질적인 **사물**들의 총체로서의 세계와, 창조하는 말 속에서 파악되고 포함되어 있는 신적인 **힘** 사이에는, 이제 더 이상 직접적인 이행은 불가능하다. 왜냐하면 양자는 존재의 서로 다른 영역에 속해 있기 때문이다. 따라서 종교적 사고가 그럼에도 불구하고 이 양자 사이에 요청하는 관계는 ²⁵²특정한 매개항에 의지하고 그것을 통과하는 간접적인 관계일 수밖에 없다. 이 관계를 설정하고 표현하기 위해 이제 존재 전체 속에 새로운 단면이 들어와야만 하며, 대상이 되는 자연적 존재의 근저에 순수하게 '이념적인' 다른 존재형식이 자리 잡지 않으면 안 된다. 이 사상 동기가 진정 정신적으로 완성되고 전개되는 것은 철학적 인식의 내부에서이며, 가령 플라톤의 『티마이오스』의 창조신화에서이다. 하지만 이러한 사상 동기가 그것과는 무관하게 순수하게 정신적인 원천과 종교 자체의 문제구성으로부터도 생겨난다는 사실의 독자적이고 현저한 예가 종교사 속에서 보여진다. 유대적 일신교 권역 바깥의 문화적 대(大)종교들 내에서 특히 이란의 종교야말로 창조의 범주를 완전히 명확한 것으로 발전시켜, 창조자의 인격을 정신적–도덕적 인격으로서 순수하게 조형하기에 이른 것이다. 이란–페르시아 종교의 신조는 지고한 지배자 아후라 마즈다(Ahura Mazda)에게 호소하는 것으로 시작한다. 이 신이야말로 그 '신성한 정령'과 그 '선한 사유'에 의해 모든 존재와 존재 질서, 인간과 하늘과 대지를 만든 자이다. 그러나 여기에서는 창조가 사고와 정신의 원천으로부터 발현하기 때문에 그 창조는 처음에는 그 원천 속에 전적으로 포함되어 있게 된다. 물질적–사물적 상태에서의 우주가 신의 의지로부터 직접적으로 생기는 것이 아니라, 신의 의지로부터 우선 산출되는 것은 우주 자체의 순수하게 정신적인 **형식**이다. 아후라 마즈다의 최초의

• • •
문화의 오랜 기저의 본질적 부분을 이루고 있던 사상을 새롭게 하는 데 지나지 않는 것이다 ……." 상세한 것은 나의 시론 *Sprache und Mythos*, Leipzig 1924, S. 38 ff.를 참조.

창조작용이 관계되는 것은 감성적 세계가 아니라 '예지적' 세계인 것이다. 그리고 최초의 장대한 기간인 3천년 동안, 세계는 이 비물질적이고 빛으로 충만한 정신적 상태 속에 머무르며, 그 다음에 비로소 이미 현재하고 있는 이 형식을 기초로 해서 감성적으로 지각가능한 형태로 변형되어 가는 것이다.[68] 이제 여기에서 다시 한 번 지극히 좁게 한정된 활동 권역에 단단히 묶여있고 거기에 제한되어 있는 다양한 '특수신들'로부터 시작해 유일한 창조신의 무제약적인 정신적 활동으로 향해 나아가는 신화적-종교적인 사고방식의 계열 전체를 조망해보면, 거기에서도 또한 다시금, 이 과정의 '의인적인' 성격에 관해 사람들이 통상 가지는 평범한 사고방식이 불충분하며,[253] 그러한 사고방식은 어떤 결정적인 점에서 역전될 필요가 있다는 점이 분명해진다. 왜냐하면 인간이란 그저 단순히 완전하게 형성된 자기 자신의 인격을 신에게 전이시키고 신에게 자기 자신의 자기감정이나 자기의식을 빌려주는 것이 아니라, 신들의 모습에서야말로 인간은 비로소 이 자기의식을 발견하는 것이기 때문이다. 신의 직관이라는 매개에 의해, 인간은 행위하는 주체로서의 자기 자신을, 행위의 단순한 내용이나 그 사물적 성과로부터 벗어나게 한다. 따라서 순수한 일신교가 최종적으로 도달한 '무로부터의 창조'라는 사상, 창조의 범주가 비로소 진정 철저한 자신의 표현을 얻는 이 사상은, 이론적 사고의 관점에서 보자면 여하튼 간에 하나의 역설을, 아니 더 나아가 하나의 이율배반을 이루고 있는 것이 될지도 모른다. 하지만 그럼에도 불구하고 종교적인 견지에서는 이 사상은 궁극적인 것이자 최고의 것이다. 왜냐하면 순수한 의지의 존재와 순수한 행위의 존재에 도달하기 위해 사물의 존재를 폐기하고 근절하지 않으면 안 되는 종교적 정신의 강력한 추상력이 이 사상에서야말로 완전하고 무제한적인 힘을 발휘하기에 이르기 때문이다.

• • •

68. 상세한 것은 H. Junker, *Über iranische Quellen der hellenistischen Aion-Vorstellung*(*Vortr. der Bibl. Warburg* I, 127 f.), 또한 Darmesteter, *Ormazd et Ahriman*, S. 19 ff., 117 ff.

그리고 또 다른 방향에서 행위의 의식의 형성은, 행위가 낳는 단순한 대상적 소산이 말하자면 더욱 더 멀어져가고 그 감성적 직접성을 더욱 더 잃어가는 사태와 결부되어 있다는 점이 추적될 수 있다. 주술적 세계관의 최초의 단계에서는 단순한 소망과 그것이 향해 있는 대상 사이에는 분명하게 느껴지는 어떠한 긴장도 없다. 여기에서는 소망 자체에 어떤 직접적인 힘이 내재해 있는 것이며, 그 소망의 **표현**을 최고도로 높이기만 하면 바로 그 표현 속에서 자신으로부터 소망된 목적의 달성으로 이끌어주는 어떤 **효력**을 발현시킬 수 있는 것이다. 모든 주술은 이와 같이 인간의 소망이 지닌 현실적 힘, 즉 실현하는 힘에 대한 신앙, '관념의 전능'에 대한 신앙에 의해 관철되어 있다.[69] 그리고 이 신앙은 인간에게 가장 가까운 활동범위에서 인간이 거듭 겪는 체험에 의해, 즉 인간이 자기 자신의 신체에, 그리고 그 신체 및 그 부분의 운동에 미치는 영향에 의해, 항상 새롭게 증강됨에 틀림없다. 직접 체험되고 직접 느껴지는 것으로 보이는 이 영향도 후에 인과개념의 이론적 분석에 있어서는 문제가 된다. 흄은 이런 식으로 설명한다. 즉 나의 의지가 나의 팔을 움직이게끔 하는 것은 나의 의지가 자신의 궤도를 따라 진행하는 달을 중지시킬 수 있다는 것보다 더 알기 쉽고 '더 이해하기 쉬운' 것이 아니라는 것이다.[254] 하지만 주술적 세계관은 이 관계를 역전시킨다. 즉 나의 의지가 나의 팔을 움직이게끔 하기 때문에, 이와 동일하게 확실하고 동일하게 이해하기 쉬운 연관이 나의 의지와 '외적' 자연의 모든 사건 사이에도 성립한다는 것이다. 객체의 영역들에 어떠한 고정된 경계선도 없고 또한 현실적 요소들의 인과적 **분석**에 착수하기 위한 어떠한 단서도 없다는 점에 의해 그 특성이 주어져 있는 신화적 사고방식에 있어서는,[70] 사실 [주술적 세계관의] 이 '추론'은 설득력을 갖는다. 여기에서는 작용과정의 개시로부터 그 종결까지 어떤 특정한 순서를 밟는 식으로 일이

• • •
69. 이 책 240쪽 참조
70. 이 책 80쪽 ff. 참조

진행되기 위한 중간항들이 필요하지 않다. 오히려 의식이 출발점 속에서, 즉 단순한 의지의 작용 속에서, 동시에 목적에 해당하는 의지작용의 결과나 성과를 파악하고 양자를 서로 결합하고 있는 것이다. 이 두 계기가 점차 서로 멀어져감에 따라 소망과 충족 사이에 이것을 분리시키는 중간물이 끼어들며, 이와 함께 의지된 목적을 실현하기 위한 특정한 '수단'이 필요하다는 의식이 싹튼다. 하지만 이러한 매개성이 이미 상당한 정도 성립해 있는 경우에도, 그것이 즉시 그것으로서 의식된다고는 할 수 없다. 인간이 자연에 대한 주술적 관계를 기술적 관계로 이행시킨 뒤, 즉 인간이 일정한 원시적인 도구의 필요성과 사용을 습득한 이후조차도, 역시 이 도구 자체는 인간에게 처음에는 아직 주술적인 성격과 주술적인 작용방식을 띠고 있다. 여기에서는 지극히 단순한 인간적 도구들조차도, 이제 그것에 특유한 자립적인 어떤 활동형식, 즉 그것에 내재하는 특정한 정령의 힘이 있다고 여겨진다. 스페인 령(領) [서아프리카의] 기니(Guinea)의 팡구아(Pangwe) 족은, 인간에 의해 만들어진 도구 속에 그 사람의 생명력의 일부가 들어가 있고, 이제 이 힘이 자립적으로 나타나며 계속 작용할 수 있다고 믿고 있다.[71] 일반적으로 특정한 노동도구, 즉 특정한 도구나 무기에 깃들어 있는 주술적 힘에 대한 신앙은 전 세계에 퍼져 있다. 그러한 기구나 도구에 의해 수행되는 활동은 특정한 주술적인 지지와 원조를 필요로 하며, 그것 없이는 그 활동은 완전하게는 성취될 수 없다. 주니 족의 경우에는 여성들이 빵을 만들기 위해 돌로 된 반죽 통 앞에 꿇어앉을 때 노래 하나를 부르는데, 그것은 맷돌이 자아내는 여러 음들의 희미한 모방을 포함하고 있다. 그들은, [255]이렇게 하면 도구가 한층 더 잘 작동한다고 믿고 있는 것이다.[72] 따라서 특정의 우수한 기구나 도구에 대한 숭배와 제사는 종교적 의식과 기술 문화의 발달의 중요한 계기를 이루고 있다. 오늘날에도 [서아프리카의] 에웨 족의

• • •

71. Tessmann, Religionsformen der Pangwe, Zeitschr. f. Ethnologie, 1909, S. 876을 볼 것.
72. O. T. Mason, *Woman's share in primitive culture*, London 1895, S. 176(Bücher, *Arbeit und Rhythmus*², S. 343 f.에서 인용).

경우에는 매년 돌아오는 얌(Jam) 수확제에, 모든 기구나 도구, 즉 도끼, 대패, 톱, 쇠줄에 제물이 바쳐진다.[73] 하기야 주술과 기술은 단지 발생적으로만 서로 분리될 수 있는 것은 아니며, 또한 인류의 진보의 과정에서 자연의 주술적 지배로부터 기술적 지배로 이행한 그 특정의 시점을 제시할 수도 없지만, 그럼에도 도구를 그것으로서 사용하는 것에는 정신적 자기의식의 발전과 형성에서의 어떤 결정적인 전환이 포함되어 있다. 이제 '내적인' 세계와 '외적인' 세계의 대립이 한층 더 날카롭게 강조되기 시작하며, 소망의 세계와 '현실'의 세계의 경계가 한층 더 명확하게 두드러지기 시작한다. 한편의 세계가 다른 한편의 세계로 직접 개입하거나 이행하는 일은 없어지고, 도구 속에 주어져 있는 매개하는 '객체'의 직관에 의거해, 매개된 '행위'의 의식이 점차로 전개되어 간다. 헤겔의 종교철학은 주술적 활동의 형식과 기술적 활동의 형식의 가장 보편적인 대립점을 다음과 같이 그려 보인다. "우리가 주술이라는 이름을 부여하고 있는 종교의 최초의 형식은, 정신적인 것이 자연을 제어하는 힘이다라는 점이지만, 그러나 이 정신적인 것은 아직 참된 정신, 즉 그 보편성 가운데에 있는 것이 아니라 인간의 개별적 우연적인 경험적 자기의식에 지나지 않으며, 인간은 그 자기의식 —— 비록 아직 단순한 욕망에 불과하지만 —— 속에서 자신이 자연보다 뛰어난 것을 알고 있는 바, 즉 이 자기의식이 자연을 제어하는 하나의 힘이라는 것을 알고 있다. …… 이 힘은 자연 일반을 지배하는 **직접적인** 힘으로서, 그것은 우리가 도구를 통해 개개의 자연적 대상에 행사하는 간접적인 힘과는 비교가 되지 않는다. 문화적으로 개화된 인간이 개개의 자연적 사물에 행사하는 그러한 힘은 [이미], 자신이 이 세계로부터 물러나 세계가 자신에 대해 외부성을 유지하고 있음을, 그리고 자신이 이 외부성에 자신에 대한 어떤 **자립성**과 독자적인 질적 규정들과 독자적인 법칙을 지니는 것을 허용하고 이들 사물이 각각 질적으로 확정되어 있으면서 서로 상대적으로 대립하고 있어, 서로

• • •

73. Spieth, *Die Religion der Eweer in Süd-Togo*, S. 8.

여러 연관 속에 있다는 것을 전제하고 있다. …… 이것에는, 인간이 자신 속에서 **자유롭다**라는 것이 필요하다. [256]인간 자신이 자유로울 때 비로소 외부세계, 즉 다른 인간들이나 자연적 사물을 자신에 대해 자유로이 대립하게 할 수 있는 것이다."[74] 하지만 인간 고유의 내적인 자유의 전제를 이루는 대상으로부터의 이 후퇴는, '문화적으로 개화된' 순수하게 이론적인 의식에 의해 비로소 행해지는 것이 아니라 이미 신화적 세계관의 영역 내에서도 그 최초의 맹아적 발단이 보여진다. 왜냐하면 인간이 사물에 대해 단순한 초상의 주술이나 이름의 주술에 의해서가 아니라 도구를 통해 작용하려고 하는 그 순간에, 인간에게——그 작용 자체는 우선은 아직 전적으로 주술이라는 익숙한 궤도를 움직이고 있다고 하더라도—— 하나의 정신적 분리, 내적 '위기'가 일어나고 있기 때문이다. 단순한 소망이 일으키는 전능은 이제 완전히 붕괴된다. 행위는 일정한 객관적 조건들 아래에 두어지며, 이 조건들로부터 일탈할 수 없다. 그러한 조건들의 분화 속에서 비로소, 외부세계는 인간에게 그 확고한 존재성과 확고한 분절을 획득하게 된다. 왜냐하면 원래 인간에게 세계라 함은, 어떠한 방식으로든 인간의 의지와 인간의 행위에 접촉하는 것만을 뜻하기 때문이다. '내적인 것'과 '외적인 것' 사이에 이제 하나의 장벽이 세워지고, 그것이 감성적 충동에서 그 충족으로 곧장 뛰어넘는 것을 방해하며, 또한 충동과 그것이 향해 있는 것 사이에 계속 새로운 중간단계가 끼어드는 것에 의해 비로소, 주체와 객체 사이에 참된 '거리'가 설정된다. 자기 자신 속에 어떤 고유한 존립을 가지며, 그것에 의해 직접적인 욕구나 욕망에 '대항한다'는 바로 그 점에 의해 특징지어지는 어떤 확고한 '대상' 권역이 여기에서 분리되어 나타난다. 특정한 목적의 달성에 불가결한 수단에 대한 의식이, 우선 '내적인 것'과 '외적인 것'을 하나의 인과적 구조의 두 항으로서 파악하는 것을 가르치며, 이 구조 속에서

• • •

74. Hegel, *Vorles. über die Philosophie der Religion*, T. II, Abschn. I: Die Naturreligion, S. W. XI, 283 f.

각각 대체 불가능한 고유한 위치를 두 항에 할당하는 것을 가르친다. 그리고 이로부터 이제 점차 참된 '성질'과 상태를 지닌 사물의 세계에 대한 경험적-구체적인 직관이 생겨난다. 작용의 매개성으로부터 비로소 존재의 매개성이 결과하는 것이며, 그것에 의해 존재는 상호 관계하고 의존하는 개개의 요소들로 구분되어가게 된다.

이리하여, 도구를 순수하게 그 기술적 측면으로부터 물질적 문화 구축을 위한 기본적 수단으로서 고찰한다고 하더라도, 마땅히 이 도구의 작용을 참되게 이해하고 [257]그 가장 깊은 내실에 따라 평가해야한다고 한다면, 그 작용만을 따로 떼어놓고 파악해서는 안 된다는 것이 분명해진다. 그 기계적 기능에는 여기에서도 또한 어떤 순수하게 정신적 기능이 대응하는데, 후자는 단지 전자로부터 발전하는 것이 아니라 처음부터 전자를 조건지으며 그것과 어떤 풀기 어려운 상관관계에 있는 셈이다. 이 경우 도구라는 것은, 이미 완성된 모습으로 단지 주어져있을 뿐인 '소재'로서 간주되는 외부세계를 지배하고 극복하기 위해서만 도움이 되는 것이 아니라 오히려 도구를 사용함으로써 비로소 인간에게 외부세계의 상(像), 그 정신적-이념적 형식이 만들어지게 되는 것이다. 이러한 상의 형식과 그 개개 요소들의 분절화는 단지 수동적인 감관지각이나 또는 직관의 단순한 '감수성'에 의존하는 것이 아니라 오히려 인간이 대상에 미치는 영향의 종류와 방향으로부터 결과한다. 에른스트 캅(Ernst Kapp)은 『기술의 철학』에서 이 과정을 서술하고 제시하기 위해 '기관(器官)-투사(Organ-Projektion)'라는 개념을 만들어냈다. 이 '기관-투사'라는 것에서 생각되고 있는 점은, 모든 원시적인 도구나 기구란 우선 인간이 자기 자신의 신체기관, 즉 자신의 사지(四肢)에 의해 사물에 미치는 효과를 확장한 것에 지나지 않는다는 사실이다. 특히 대부분의 인공적 도구의 모범이 된 것은 자연의 도구로서의 손 —— 아리스토텔레스에 따르면 ὄργανον τῶν ὀργάνων[오르가논 톤 오르가논, 기관 속의 기관]—— 이었다. 망치, 손도끼, 도끼, 더 나아가 칼, 끌, 송곳, 톱, 집게 등과 같은 원시적인 손도구는 그 형태와 기능 면에서 확실히 손의 연장(延長)이자 손의 힘을 강화하는 것이며, 따라서 손이라는 기관 자체가 수행하고 의미하는 것의 또 하나의 발현이다. 하지만 이 원시적인 도구로부터 그 다음에는 특수한 직업 활동을 위한 도구, 공장기계, 무기, 예술이나 과학의 기계나 장치, 요컨대 기계 기술에 속하는 온갖 필요에 도움이 되는 모든 인공물에까지도, 이 개념은 확장되어간다. 이 모든 것들 속에서, 그 구조의 기술적 분석이나 그 발생에 관한 문화사적 고찰에 의해, 이것들이 인간 신체의 '자연적' 분절과 연관된다는 것을 보이는 명확한 계기들이 제시될 수 있다. 그리고 처음에는 전적으로 무의식 속에서 유기조직을 모델로 해서 형성된 기계조직(Mechanismus)이, 이번에는 역으로, 인간의 유기조직(Organismus)의 해명과 이해의 수단으로서 사용된다. 인간은 자신이 만들어내는 도구나 인공물에 입각해 비로소 자신의 신체의 성질이나 구조를 이해하는 것을 배운다. [258]인간이 자기 자신의 자연(Physis)을 파악하고 이해하는 것은 단지 자신이 만들어낸 것을 반사시키는 가운데서이며 —— 인간이 만들어낸 매개적 도구의 존재방식이 인간으로 하여금 그의 신체의 구조와 그의 개개의 부분의 생리학적 작용을 지배하고 있는 법칙의 지식을 열게끔 한다. 하지만 '기관-투사'의 가장 깊은 본연의 의미는 결코 그것으로 끝나는 것은 아니다. 오히려 그 의미는, 여기에서도 또한 자신의 신체의 유기조직에 대한 자각의 진행에 정신의 과정이 평행하게 나아간다는 것, 그리고 인간은 이 앎을 매개로 해서 비로소 자기 자신에, 즉 자신의 자기의식에 도달하는 것임을 숙고할 때, 비로소 분명해질 것이다. 따라서 인간이 발견하는 새로운 도구 하나하나가 단지 외부세계의 형성만이 아니라 인간의 자기의식의 형성으로 향하는 새로운 걸음을 의미하게 된다. 왜냐하면 "한편으로는 감관활동의 증강의 수단으로서의 넓은 의미에서의 도구 하나하나가 사물의 직접적인 표면적 지각을 넘어가게끔 하는 유일한 가능성인 것이며, 다른 한편으로는 뇌와 손의 활동의 소산으로서의 그 도구들 각각이 인간 자신과 본질적으로 지극히 밀접한 친연관계에 있기 때문에 인간은 자신의 손의 창작작용 속에서 자기 자신의 존재의 어떤 무엇을, 소재 속에 구체화된 자신의 표상세계를,

자신의 내면의 거울상과 모상을, 요컨대 자신의 일부를 보는 것이다. ……
문화적 수단의 총체를 포괄하는 외부세계의 이 영역을 이와 같이 수용하는
것은 인간 본성의 사실상의 자기고백이며, 모사상을 바깥에서 안으로 되찾
는 작용에 의해 자기의식으로도 되는 것이다."[75]

『기술의 철학』이 여기에서 '기관-투사'라고 칭하면서 부각시키고자
했던 개념에는 기술적인 자연지배와 기술적인 자연인식의 영역을 훨씬
넘어서는 의미가 내재해 있음을, '상징형식의 철학'을 정초함에 있어 나타내
보인 바 있다. 기술의 철학은, 인간이 외부세계에 그 특정한 형태와 특성을
부여할 때 의거하고 있는 직간접적인 감성적 신체기관과 관계되는 것이지
만, 상징형식의 철학은 그 물음을 정신적 표현기능들 전체로 향하는 것이다.
이 철학은 그러한 표현기능 속에서도 존재의 모사나 복사를 보는 것이
아니라 [259]형성작용의 방향과 방식을 본다. 즉 지배의 '기관'이 아니라 의미
부여의 '기관'을 보는 것이다. 그리고 여기에서도 또한 이들 기관의 작용은
우선 전적으로 무의식적인 모습으로 행해진다. 언어, 신화, 예술, 이들은
각각 자신으로부터 독자적인 형성물의 세계를 만들어내지만 그 형성물은
정신의 자립적 활동, '자발성'의 표현으로서밖에 이해될 수 없다. 하지만
이 자립적 활동은 자유로운 반성의 모습으로 수행되는 것이 아니며, 따라서
자기 자신에게는 인지되지 않고 숨겨져 있다. 정신은 일련의 언어적, 신화적,
예술적 형상들을 산출하면서도 그 형상들 속에서 작용하는 창조원리로서의
자기 자신을 재인(再認)하는 것이 아니다. 이리하여 정신에게는, 이러한 계열
의 하나하나가 자립적인 '바깥'의 세계가 된다. 즉 여기에서는 자아가 사물
속에, 소우주가 대우주 속에 반영된다는 것이 문제인 것은 아니다. 여기에서
는 자아가 자기 자신의 소산들 속에, 자신에게 전적으로 객관적인 것, 순수하
게 대상적인 것으로서 나타나는 일종의 '대립물'을 만들어내는 것이다.

• • •

75. Ernst Kapp, *Grundlinien einer Philosophie der Technik*, Braunschweig 1877, S. 25 f., 특히
S. 29 ff., 40 ff. —— 전체에 관해서는 Ludwig Noiré, *Das Werkzeug und seine Bedeutung für
die Entwicklungsgeschichte der Menschheit*, Mainz 1880, S. 53 ff.도 참조할 것.

이 같은 종류의 '투사'에 의해서만 자아는 자기 자신을 바라볼 수 있다. 이러한 의미에서 볼 때, 신화의 신적 형상들 또한, 신화적 의식의 계속적인 자기계시에 다름 아니다. 이 의식이 아직 완전히 순간 속에 얽매여 있고 순간에 완전히 지배되어 있는 동안에는, 즉 이 의식이 그러한 순간적인 충동이나 자극에 단지 굴복하고 그것에 붙잡혀 있는 동안에는, 신들도 또한 이 단순한 감성적인 현재 속에, 즉 순간이라는 이 하나의 차원 속에 갇혀 있다. 그런데 행위의 범위가 넓혀짐에 따라, 그리고 더 이상 충동이 개개의 순간이나 개개의 대상 속에 해소되어버리는 것이 아니라 앞을 예견하고 뒤를 돌아다보면서 여러 동기나 여러 행위의 다양성을 포괄하게 됨에 따라, 아주 천천히 신들의 작용 권역도 다양성을 띠고 그 넓이와 풍부함을 지니게 된다. 우선 이러한 방식으로 서로 분리되는 것은 자연의 대상들이다. 이들 대상은 그 각각이 독자적인 신적 힘의 표현으로서, 즉 신이나 정령의 자기계 시로서 파악됨으로써 의식에 대해 서로 명확히 분리되는 것이다. 하지만 이렇게 해서 생기는 개개 신들의 계열은 그 단순한 범위에 따라서만으로도 무규정적으로 확장될 가능성이 있지만, 또한 다른 한편 거기에는 이미 내용 적인 한정의 맹아와 단서도 잠재해 있다. 왜냐하면 신들의 작용의 모든 다양성, 즉 모든 특수화와 분화는, 신화적 의식이 이 작용을 더 이상 그것이 관계하는 객체의 면으로부터가 아니라 그 기원의 면으로부터 고찰하자마 자, 자취를 감추어버리기 때문이다. [260]단순한 작용의 다양성이 이제 통일적 인 창조작용이 되어, 거기에서 창조의 원리의 통일성이 더욱 더 명확하게 나타난다.[76] 그리고 신 개념의 이러한 변화에 이제 인간과 그 정신적-도덕적

• • •

76. 다신교적 자연종교의 영역 내에서도 이 경향이 점차로 지배적이 되어 갔던 사정은 이집트의 종교 속에서 추적될 수 있다. 이집트의 신들이 보이고 있는, 개개의 자연력들의 신격화의 한가운데에, 이미 일찍부터 하나의 신의 사상, 즉 '처음부터 존재하고' 있었으며, 현재 있는 모든 것과 앞으로 있게 될 모든 것을 자신 속에 포함하고 있는 하나의 신의 사상으로 방향을 돌리는 경향이 보여진다. (상세한 것은 Le Page Renouf, *Lectures on the origin and growth of religion as illustrated by the religion of ancient Egypt.*, London 1880, S. 89 ff. 또한 Brugsch, *Religion und Mythologie der alten Ägypter*, S. 99를 참조할 것.) 종교적 통일관이라는

인격성에 대한 어떤 새로운 사고방식이 대응한다. 이리하여 인간이 자기 자신의 존재를 파악하고 인식하는 것은 인간이 자신의 신들의 상(像) 속에서 자신을 가시화할 수 있는 한에서라는 점이 다시금 입증된다. 인간이 도구를 만들고 작품을 만드는 것에 의해 비로소 [261]자신의 신체나 그 부분의 구조를 이해하는 것을 배우듯이, 인간은 그 정신적 형성물인 언어, 신화, 예술로부터 자기 자신을 헤아리기 위한, 그리고 자신을 독자적인 구조법칙을 지닌 하나의 자립적인 우주로서 이해하기 위한 객관적 척도를 이끌어낸다.

• • •

근본사상에로의 의식적인 전향(轉向)이 보여지는 것은 그 후 유명한 아메노피스 4세의 종교개혁(기원전 1500년경)에서이지만, 물론 그것은 이집트 종교사에서 하나의 에피소드를 이루는 것에 지나지 않는다. 거기에서는 다른 신들은 모두 억압되고 제사는 다양한 태양신들에 한정되어 있되, 이들 태양신은 모두 다시금 단일한 태양신 아톤의 다양한 화신들로서 생각되며, 그러한 것들로서 숭배되고 있다. 이러한 의미에서 텔 엘 아마르나에 있는 묘의 비문에는 옛 태양신 호루스, 라, 툼이 하나의 신성의 부분들로서 나타난다. 새매의 머리를 한 태양신의 형상 옆에, 원판의 모양을 한 태양이 모든 방향으로 광선을 방사하고 있는 다른 형상이 묘사되어 있고, 그 광선 하나하나는 손이 되어 생명의 표시를 제공하고 있다. 그리고 여기에서도 또한, 새로운 종교적 보편주의의 이 상징체계 속에는, 명백히 새로운 도덕적 보편주의의 표현, 즉 '인간성'의 새로운 이념의 표현이 엿보인다. 에르만(Erman)은 이렇게 판단한다. "아톤 숭배 속에 성립된 태양에의 새로운 찬가를 옛 태양신의 찬가와 비교해보면, 거기에는 근본적인 차이가 있음을 간과할 수 없다. 둘 다 신을 세계와 모든 생명의 창조자이자 수호자로서 찬미한다는 점은 공통되어 있다. 그러나 새로운 찬가는 태양신의 다양한 옛 이름, 그 왕관, 왕홀, 신성한 도시에 대해서는 아무것도 모른다. 신의 배[船]나 그 선원, 거대한 뱀 아포피스에 관해서도 전혀 알지 못하며, 명계(冥界)의 여행, 그곳의 거주자들의 기쁨에 관해서도 전혀 모른다. 그 찬가는, 시리아인이나 에티오피아인도 또한 마찬가지로 태양을 찬미하여 부를 수 있는 노래인 것이다. 사실상 이 찬가에는 이들 나라와 거기에 거주하는 사람들이 언급되어 있어, 마치 이집트인이 비참한 야만인들을 멸시해온 그 자만심에 종지부를 찍으려고 하는 양 보여지기도 한다. 모든 인간은 신의 자식들이다. 신은 그들에게 다른 피부색, 다른 언어, 다른 토지를 주었다. 하지만 신은 모든 사람들을 동일하게 마음에 두고 있는 것이다. ……" (Erman, *Die ägyptische Religion*², S. 81. 또한 Wiedemann, *Die Religion der alten Ägypter*, S. 20 ff.를 참조할 것.)

제3장

제사와 공희(供犧)

[262]신화적 및 종교적 의식이 진전해감에 따라 조성되는 인간과 신의 상호관계는, 지금까지는 주로 이 관계가 신화적-종교적인 표상세계에서 나타내는 형식에 의거해 고찰되어 왔다. 하지만 이제 그 고찰의 범위를 확장할 필요가 있다. 왜냐하면 종교적인 것의 실질적 내용이 그 본래의 가장 깊은 뿌리를 내리고 있는 것은 표상세계에서가 아니라 감정과 의지의 세계에서이기 때문이다. 따라서 인간이 현실에 대해 획득하는 새로운 정신적 관계는 그 표상작용과 '신앙' 속에 독점적으로 나타나는 것이 아니라 그 의욕이나 행위에서도 나타난다. 자신이 숭배하는 초인적인 힘들에 대한 인간의 태도는 신화적 상상이 떠올리는 개개의 형태나 형상에서보다도 한층 더 명료하게 이 의욕이나 행위 속에 나타남에 틀림없다. 따라서 우리는 신화적-종교적인 기본적 감수성의 참된 객관화를 단지 신들의 상 속에서만이 아니라 오히려 신들에 바쳐지는 제사 속에서 발견하게 된다. 왜냐하면 제사란 인간이 그 신들에 바치는 **능동적인** 관계이기 때문이다. 제사에서는 신적인 것이 단지 간접적으로 표상되거나 제시되는 것이 아니라 신적인 것으로의 직접적인 작용이 행해지기 때문이다. 따라서 일반적으로 이 작용의 형식 속에, 즉 제의(祭儀, Ritual)의 형식들 속에, 종교적 의식의 내재적

진행이 가장 명확하게 나타난다. 신화적 설화는 대부분의 경우 이 직접적인 관계의 반영에 지나지 않는다. 많은 신화적 주제 속에서 더욱 명확하게 제시될 수 있는 것은, 그것이 본래 자연과정의 직관에서가 아니라 제사 과정의 직관에서 유래하는 것이라는 점이다. 어떠한 자연적인 존재나 사건이 아니라 인간의 능동적인 **행동**이야말로 신화의 주제의 원천이며, 그 주제들에 명시적으로 나타나는 계기이다. 제사 속에서 끊임없이 반복되는 일정한 과정은, 그것이 일회적인 시간적 사건에 결부되어 그 재현이나 거울상으로 보일 때, 신화적으로 해석되며 신화적으로 '이해'되었다고 간주된다. 263하지만 실제로는 반영은 여기에서 오히려 역방향으로 이루어진다. 행위야말로 최초의 것으로서, 신화적 설명, ἱερὸς λόγος[히에로스 로고스, 신성한 말]은 나중에 거기에 결부되는 것이다. 이 설명은 신성한 행위 자체 속에 직접적인 현실로서 현존해 있는 바를 보고라는 형식으로 제시하고 있는 것에 지나지 않는다. 이리하여 이 보고가 제사의 이해에 열쇠를 제공하는 것이 아니라 오히려 제사야말로 신화의 전(前)단계이자 그 '객관적인' 기반을 이루고 있는 것이다.[1]

현대의 경험적인 신화연구는 이 연관을 수많은 개별적 사례에 입각해 제시해 왔지만, 사실상 이 연구는 우선 최초로 헤겔의 종교철학의 사변적인

• • •

1. 이에 관해서는 이 책 72쪽 ff.를 참조할 것. ─ 신화에 대한 제사의 '우위'라는 사고방식은 최근의 종교사와 종교철학의 문헌에서는 특히 로버트슨 스미스에 의해 주장되고 있다 (Robertson Smith, *Die Religion der Semiten*, deutsche Ausgabe von Stübe, Freiburg i. Br., 1899, 특히 s. 19 ff.). 스미스가 셈 계 종교들의 고찰에서 얻은 기본적 견해는 그 후 최근의 민족학적 연구에 의해 본질적인 점에서 입증되고 있다. 마레트는, '의식(儀式, Ritus)'이 '교의(教義, dogma)'에 선행한다는 이 이론이야말로 민족학과 사회인류학의 '중추적 진리'이라고까지 말하고 있다(Marett, The birth of humility, *The threshold of religion*[2], S. 181). 이에 관해서는 James, *Primitive ritual and belief*, S. 215를 참조할 것. "일반적으로 말해, 의례는 신앙보다 훨씬 이전에 발달하고 있다. 원시인은 '춤추는 것에 의해 종교를 만들어내는' 것이기 때문이다. 미개인은 자신의 생각을 언어로 나타내는 것은 용이하지 않다고 보고, 그리하여 시각언어에 호소하는 것이다. 그들은 분절화된 소리에 의해서보다는 오히려 자신의 눈으로 생각한다. 따라서 원시적 종교의 근본감정이란 의례의 연구에 의해서야말로 도달될 수 있는 것이다."

보편성에서 파악되었던 사고방식을 확증하고 있는 데 지나지 않는다. 헤겔에게선 일반적으로 제사와 특수한 제사형식이 종교적 과정의 해석의 중심에 위치하고 있다. 왜냐하면 그는 이 종교적 과정의 보편적 목적과 의의에 대한 자신의 사고방식이 제사에서 직접 입증된다고 생각하기 때문이다. 만일 종교적 과정의 목적이 자아를 절대자로부터 분리하려고 하는 입장을 단념하는 데 있으며, 또한 이러한 입장을 참된 것이라고 주장하는 것이 아니라 오히려 그것을 자신의 덧없음의 자각으로 단정하는 데 있다고 한다면, 이 단정을 계속 추진하면서 수행하는 것은 바로 제사이다. "주관과 그 자기의식의 이 통일, 화해, 회복, 즉 절대자에 참여하고 관여하고 있다는 적극적인 감정, 절대자와의 일체성을 실제로 인정하는 것, 요컨대 분열의 이러한 폐기야말로 제사의 영역을 이루고 있는 것이다."[2] 따라서 헤겔에 의하면 제사란 단지 외면적인 행위라는 좁은 의미에서만 받아들여져서는 안 되고, 오히려 내면성도 외면적인 현상도 함께 포괄하는 행위로서 받아들여지지 않으면 안 된다. [264]제사란 "일반적으로 자신을 그 본질과 동일화하려고 하는 주체의 영원한 과정이다." 왜냐하면 제사에서는 분명 신이 한편에, 자아 내지 종교적 주체가 다른 한편에 나타나기는 하지만, 그러나 그 사명은 양자의 구체적인 일체화이며, 그것에 의해 자아는 신 속에서, 신은 자아 속에서 의식되기 때문이다. 이러한 의미에서 헤겔의 종교철학은, 개개의 역사적 종교들이 전개되어가는 때의 변증법적 연속이란 무엇보다도 우선 제사의 보편적 본질과 그 특수한 형식들의 전개 속에서 실증된다고 보고 있다. 각각의 종교의 정신적인 실질 내용과, 이들 종교가 종교적 과정 전체 내의 필연적 계기로서 지니는 의미는 이 실질 내용이 그 외적 현상을 갖는 그 제사형식들에서야말로 완전히 제시된다.[3]

　　이러한 전제가 타당하다면, 헤겔이 변증법적 구조를 사용해 이루려고

• • •
2. Hegel, *Vorles. über die Philosophie der Religion*, S. W. XI, 67.
3. a. a. O., S. W. XI, 204 ff. u. s.

하는 연관은 정반대의 측면, 즉 순수하게 현상학적인 고찰의 측면으로부터도 보여질 수 있지 않으면 안 된다. 제사의 외적인 형식들, 즉 그 감성적인 형식들 자체는 비록 우선은 우리 앞에 경험적으로 다종다양한 것으로 나타난다고 할지라도, 그럼에도 거기에는 동시에 어떤 통일적인 정신적 '경향', 즉 진행하고 있는 '내면화'의 방향이 나타나기 마련이다. 여기에서도 또한 우리는 모든 정신적 표현형식을 이해하기 위한 규준이 되는 '내적인 것'과 '외적인 것'의 관계가 입증된다는 것, 즉 일견 자아의 외화로 보여지는 것이야말로 자아가 자기 자신을 발견하고 이해하는 바로 그 장면에 다름아니라는 것을 기대해도 좋을 것이다. 우리는 이 관계를 명확히 하기 위해, 제사와 종교적 제의가 일정한 높이로까지 발달되어 있는 곳에서는 일반적으로 발견되는 하나의 기본적 주제를 논의의 실마리로 삼을 수 있다. 제사와 제의가 명확히 형성되면 될수록, 더욱 더 뚜렷하게 공희(供犧, Opfer)가 그 중심을 점하게 된다. 공희는 지극히 다양한 형식으로, 즉 공물(供物)로서의 공희, 정화(淨化)의 공희, 기원의 공희, 감사의 공희, 속죄의 공희 등으로 나타난다. 하지만 공희는 이러한 온갖 현상형식을 취하면서도 항상 제사적인 행위로 귀결되는 하나의 견고한 핵을 이루고 있다. 종교적 '신앙'은 이 공희에서 참된 가시성을 획득한다. 즉 여기에서 신앙은 그대로 행위로 전환하는 것이다. 공희의례의 방향은 완전히 확정된 객관적 규칙, 즉 말과 행위의 정해진 순서에 의해 구속되어 있으며, 공희가 그 목적을 달성하는 데 그르침이 없기 위해서는 이 규칙은 지극히 세심하게 지켜지지 않으면 안 된다. 하지만 전적으로 외면적인 이 규정이 겪는 형성작용과 변형작용 속에서,[265] 동시에 또한 다른 것, 즉 종교적 주관성의 점진적인 전개와 변용이 추적될 수 있다. 종교적인 형식언어의 항상성과 그 진보가 이 점에서 동일하게 명확한 표현을 얻게 된다. 왜냐하면 종교적 행동의 보편적이고 전형적인 원형이 여기에서 주어지고 있지만, 그것은 그럼에도 항상 새로운 내용으로 채워질 수 있고 또 그러한 방식에서 종교적 감수성의 모든 변화에 순응하며 그것을 자신 속에 표현할 수 있기 때문이다.

모든 공희는 그 본래의 의미에서 보자면 **부정적 계기**를 포함하고 있다. 즉 그것은 감각적 욕망의 제한, 자아가 자신에게 부과하는 단념을 의미한다. 여기에서 공희가 지닌 본질적 계기의 하나가 있으며, 이것에 의해 공희는 처음부터 주술적 세계관의 단계를 넘어선다. 왜냐하면 주술적 세계관은 무엇보다도 그러한 자기제한에 대해선 아무것도 알지 못하고 인간의 소망의 전능에의 신앙에 안주하기 때문이다. 주술은 그 기본적 형식에서 말하자면 소망 충족을 위한 원시적 '기술(技術)'에 다름 아니다. 주술을 가짐으로써 자아는, 모든 외적 존재를 자신의 지배하에 두고 자신의 권역으로 끌어들이는 도구를 소유하고 있다고 믿는다. 여기에서는 대상은 어떠한 자립적 존재도 갖지 않으며, 낮은 차원의 정령이나 고차의 정령 모두, 즉 악령이나 신들 모두, 정당한 주술적 수단의 적용에 의해 인간에게 도움이 되게끔 하는 것을 거부할 만한 고유한 의지라는 것을 갖지 않는다. 주문(呪文)은 자연의 지배자로서, 이 주문에 의해 자연은 자신의 존재나 경과의 고정된 규칙으로부터 벗어날 수 있게 된다. "carmina vel caelo possunt deducere lunam [주문은 하늘로부터 달을 끌어내릴 수도 있다]." 신들에 대해서도 주문은 무제한의 힘을 발휘한다. 신들의 의지를 굽히게 하거나 그것에 강제를 가하는 것이다.[4] 이리하여 인간의 힘에는 감정과 사고의 이 영역에서 분명 경험적 —사실적인 한계가 있긴 하지만, 원리적인 제한은 주어져 있지 않은 셈이다. 자아에는 아직, 넘어서려고 노력해야 하는 제한이라든가 때로는 넘어설 수 없는 제한이라는 것은 없다. 이에 반해, 이미 공희의 최초의 단계에서는 인간의 의지와 행위의 다른 **방향**이 나타난다. 왜냐하면 공희에서 인정되는 힘은 공희에 함의되어 있는 자기겸손에 기초를 두고 있기 때문이다. 종교 발전의 극히 기초적인 단계에서도 이미 이러한 연관이 지적될 수 있다. 원시적인 신앙이나 원시적인 종교활동의 기본적 존속에 통상 속해 있는

• • •

4. 그리스-이집트의 주술에서의 신들의 '강제이름(ἐπάναγκοι)'에 대해서는 호프너의 특징적인 예증을 참조할 것. Hopfner, *Griechisch-ägyptischer Offenbarungszauber*, Leipzig 1921, § 690 ff.(S. 176 ff.)

금욕의 형식들은, [266]자아의 힘의 확대나 고양이 그와 대응하는 억제에 의해 조건지어져 있다는 사고방식에 의거하고 있다. 모든 중요한 기도(企圖)에는 특정한 자연적 충동의 충족에 대한 절제가 선행하지 않으면 안 된다. 오늘날에도 거의 모든 자연민족들의 경우 전쟁이나 수렵, 고기잡이는, 그러한 금욕적인 보증조치, 즉 며칠에 걸쳐 단식하고 잠을 줄이며 장시간 성행위를 절제하는 것이 선행되지 않으면 성공할 수 없다는 신앙이 널리 미치고 있다. 인간의 신체적-정신적 생활에서의 결정적인 전환기, '위기'도 또한 그러한 예방조치를 요구한다. 개개의 입문(入門)의례, 특히 성인식에서는 입문하는 자는 미리 일련의 극히 고통스러운 결핍과 시련을 감내하지 않으면 안 된다.[5] 그럼에도 불구하고 절제와 '공회'의 이 모든 형식들은 여기에서는 우선 전적으로 자기중심적인 의미밖에 갖고 있지 않다. 즉 자아가 일정한 신체적인 결핍에 몸을 맡김으로써 달성하려고 하는 것은 다른 한편에서 자신의 마나(Mana)를, 즉 자연적-주술적인 힘이나 활동력에 대한 자신의 소유를 강화시키는 것에 다름 아니다. 따라서 여기에서 우리는 아직 완전히 주술의 사유세계와 감정세계 속에 서있다. 하지만 그 한복판으로부터 이제 어떤 새로운 계기가 나타난다. 감성적인 소망이나 욕망은 더 이상 모든 측면을 향해 균일하게 흘러나오는 것도 아니고, 또 더 이상 방해받지 않고 직접 현실로 전환하고자 하는 것도 아니다. 오히려 그 소망이나 욕망은 어떤 특정한 지점들에서 억제되어, 그 결과 여기서 자제되고 이른바 비축된 힘이 다른 목적들을 위해 자유롭게 풀려나게 된다. 그 욕망의 범위를 좁힘으로써 — 이것이 금욕이나 공회라는 부정적인 행위로 나타난다 — 이 욕망은 그 내용 면에서 최고의 긴장도를 지닌 통합과 그리고 그것과 함께 어떤 새로운 형식의 의식성에 도달한다. 자아의 외견상의 전능에 대립하는 힘, 그러나 다른 한편으로 그 힘이 힘 자체로 파악됨으로써 자아에 비로소

• • •
5. 이에 관해서는 레비 브륄에 의한 민족학적 자료의 집성이 있다. Lévy-Bruhl, *Das Denken der Naturvölker*, deutsche Ausgabe, S. 200 ff., 312 ff.; Frazer, *Goulden Bough* III, 422 ff.

그 한계를 부여하고 이와 더불어 일정한 '형식'을 부여하기 시작하는 힘, 그러한 힘이 자기를 주장하는 것이다. 왜냐하면 장벽이 장벽으로 느껴지고 의식될 때에만, 이것을 점차 극복하려고 하는 길도 열리기 때문이다. 인간이 신적인 것을 자신보다 우월한 힘으로서——즉 주술적인 수단으로는 제압될 수 없고 [267]기원과 공희에 의해 진정될 수밖에 없는 힘으로서——인정하는 한에서만, 인간은 그 힘에 대해 점차 자신의 자유로운 자기감정을 획득하는 것이다. 여기에서도 또한 자기(自己)는 바깥으로 투사됨에 의해서만 자신을 발견하며 자신을 구성한다. 신들의 자립성의 증대야말로 인간이 자기 자신 속에서, 서로 갈라져 흘러가는 개개의 감성적 충동의 다양성에 맞서, 고정된 중심점, 즉 의지의 작용의 통일성을 발견하기 위한 조건인 것이다.

공희의 모든 형식 속에서 이 전형적인 전환을 추적할 수 있다.[6] 공물로서의 공희에서도 이미 신성에 대한 인간의 새롭고 보다 자유로운 관계가 나타나 있다. 공물이란 바로 자유로운 증여물로서 바쳐지는 것이기 때문이다. 여기에서도 또한 인간은 직접적인 욕망의 대상으로부터 말하자면 물러나며,——즉 대상은 인간에게 직접 향유의 대상이 되는 것이 아니라 일종의 종교적인 표현수단, 즉 인간이 자신과 신적인 것 사이에 만들어내는 결합의

• • •

6. 여기서 우리는 이 다양한 형식들을 그 이념적인 의미에 의거해서만 고찰한다. 즉 그 형식들을, 공희의례의 근저에 놓여있는 통일적인 '이념'의 다양한 특징과 계기로서 고찰하는 것이다. 이에 반해, 다른 다양한 공희의 형식들이 전개되어 나온 공희의 원형이 증명될 수 있는가 라는 **발생적인** 물음은 이러한 종류의 문제설정에서는 조금도 고려될 수 없다. 주지하듯이, 이 물음에 관해서는 매우 다양한 답변들이 이미 시도되어 있다. 스펜서나 타일러는 '공물로서의 공희'를 원형으로 간주하고 있는 데 비해, 다른 사람들, 예를 들면 제번스(Jevons)나 로버트슨 스미스(Robertson Smith)는 신과 인간의 'Communion[합일]'의 관점을 근원적이고 결정적인 것으로 강조한다. 홉킨스에 의한 이 문제에 관한 최근의 상세한 연구는 다음과 같은 결론, 즉 입수가능한 경험적 자료를 근거로 해서 어느 쪽의 이론에 유리한 결정을 내리는 것은 불가능하며, 오히려 공희의례의 동일한 정도로 근원적인 다양한 동기들을 병존시켜 인정하는 것에 만족할 수밖에 없다는 결론에 도달해 있다(Hopkins, *Origin and evolution of religion*, New Haven 1923, S. 151 ff.). 어쨌든 여기서 시도되고 있는 이들 동기의 정신적 '층위구조'는 그 경험적-역사적 발생의 문제, 즉 시간적으로 어느 쪽이 이르고 어느 쪽이 늦는가라는 문제와는 무관하다.

수단이 된다. 그와 함께, 자연적인 대상 자체에 다른 조명이 비추어진다. 왜냐하면 자연적 대상이 그 개별적인 현상에서의 모습, 즉 지각 대상으로서 나 또는 특정한 충동을 직접 만족시키는 수단으로서 존재하는 모습의 배후에는, 이제 어떤 보편적인 활동력이 보여질 수 있기 때문이다. 이리하여 예를 들면 식물제사에서는 밭의 마지막 이삭은 다른 이삭들과 동일하게 수확되지 않고 소중하게 남겨진다. 그 이삭에 의탁하여, 성장력 자체, 장래의 수확의 정령이 숭배되기 때문이다.[7] 물론 다른 한편으로는 ^{268}공물로서의 공희는 그것이 주술적인 세계관과 여전히 긴밀하게 얽혀 있고 또한 그 경험적인 현상방식에서 보더라도 거기로부터 단절될 수 없는 그러한 단계로까지 거슬러 올라가 추적된다. 이리하여 예를 들면 베다에서 왕의 권력의 최고의 종교적 표현으로서 나타나는 준마(駿馬)의 공희에서도, 거기에 지극히 오래된 주술적 요소가 개입되어 있음은 여전히 명백하다. 점차 시간이 경과하여 비로소 이 주술적 공희에 다른 특성들이 덧붙여지고, 그것이 공희를 공물로서의 공희라는 표상영역으로 이끌어갔다.[8] 하지만 공물로서의 공희의 형식이 순수하게 발달된 곳조차도, 정신의 결정적 전환은 달성되지 않은 것으로 보인다. 왜냐하면 거기에서는 신들을 강제한다는 주술적-감성적인 관념이 단순히 그에 못지않은 감성적인 교환의 관념에 의해 대체되어 있을 뿐이기 때문이다. "나에게 주오, 나도 그대에게 드리리다. 날 위해 두면 나도 그대를 위해 두겠소. 그대여, 나에게 공물을 내리소서, 나도 그대에게 공물을 바치리다"라고 베다의 한 기도문에서 희생을 바치는 자가 신에게 말하고 있다.[9] 따라서 주고받는 이 행위에서 인간과 신을 서로 연결시키고 양자를 동일한 정도로 또 동일한 의미에서 서로 묶고 있는 것은 상호의 필요성밖에 없다. 왜냐하면 인간이 신에 의존하듯이 여기에서는 신도 또한

· · ·

7. 상세한 것은 Mannhardt, *Wald- und Feldkulte*^{2}, 특히 I, 212 ff.를 참조할 것.

8. 이에 관해서는 베다에서의 준마의 공희에 대한 올덴베르크의 서술을 볼 것. *Religion des Veda*^{2}, S. 317 f., 471 ff. 또한 Hopkins, *The Religions of India*, S. 191.

9. Oldenberg, a. a. O., S. 314; Hopkins, *Origin and evolution of religion*, S. 176을 참조.

인간에 의존해 있기 때문이다. 신은 인간의 힘 속에 있는 것이며, 아니 신은 그 존립 자체에 있어서도 희생을 바치는 자의 헌납에 의존하고 있다. 인도 종교에서는 소마 음료는, 인간의 힘과 같이 신들의 힘도 거기에서 솟아나오는, 모든 것을 활성화하는 수단이다.[10] 하지만 바로 여기에서 이제 더욱 더 첨예하고 명료한 전환이 일어나며, 이것이 이후 공물로서의 공희에 전적으로 새로운 의미와 새로운 깊이를 부여하게 된다. 이 전환은, 종교적 고찰이 더 이상 일면적으로 공물의 내용으로 제한되지 않고 그 대신에 바치는 형식, 봉헌하는 형식 자체에 집중하며 거기에 공희의 참된 핵심이 포함되어 있음을 보게 됨으로써 달성된다. 단지 물질적인 의미에서 희생을 바치는 것으로부터 이제 사고는 그 내적 동기와 그 규정근거로 나아간다. '숭배(upanishad)'라는 이 동기야말로, 공희에 그 의미와 가치를 부여하는 바로 그것이다. 우파니샤드의 사변과 불교의 사변이 초기 베다의 제의적-전례적(典禮的) 문헌과 구별되는 것은 무엇보다도 이 근본사상에 의해서이다.[11] [269]이제 공물이 단지 내면화되는 것만이 아니라, 오히려 종교적인 가치로 충만하고 종교적 의미를 갖는 유일한 공물로서 나타나는 것은 바로 인간의 내면성 그 자체이다. 말이나 산양, 소나 양이라는 [신에 대한] 강압적인 공희는 효과적이지 않다. 오히려 —— 불교 경전에 있듯이 —— 바람직한 공희 란 모든 종류의 생명체를 파멸시키는 것이 아니라 부단히 바쳐지는 데에 있다. "그리고 그것은 왜인가? 성자도 또 깨달음의 길에 발을 들여놓은 자도 폭력 행사로부터 해방된 그러한 공희를 행할 터이기 때문이다. 그러한 희생을 바치는 자에는 구제(救濟)가 주어지며 불행이 없어진다."[12]

그런데 불교에서는 종교적인 근본 물음이 이와 같이 단 하나의 점에 전적으로 집중하는 것, 즉 인간의 혼의 구원으로 집중하는 것에 어떤 주목할

• • •

10. 이에 관해서는 Hillebrandt 역, *Lieder des Rigveda* 특히 S. 29 ff.를 참조할 것.

11. Oldenberg, *Die Lehre der Upanishaden und die Anfänge des Buddhismus*, S. 37, 155 ff.; Hopkins, *The Religions of India*, S. 217 ff.

12. Anguthara-Nikāya II, 4, 39; Udana I, 9 (Winternitz, a. a. O., S. 263, 293에서 인용).

만한 귀결이 결부되어 있다. 모든 외적인 것을 내적인 것으로 되돌림으로써, 그 결과 외적인 존재나 행위만이 아니라 자아의 정신적-종교적 대극(對極)인 신들 또한 종교적 의식의 중심으로부터 사라져버리는 것이다. 불교도 신들을 존재하게는 한다. ── 하지만 불교가 제기하는 본질적인 근본 문제, 즉 구제에 대한 문제에서는 신들은 더 이상 어떠한 의미도 없고 어떠한 도움도 주지 않는다. 그리고 이와 더불어 신들은 진정 결정적인 종교적 과정 일반으로부터 쫓겨난다. 자아를 신성에까지 넓히기보다는 오히려 무로 소멸시켜버리는 순수한 명상만이 참된 구제를 가져온다. 이와 같이 불교에서는 사고의 사변적인 힘이 그 최종적인 결론 앞에서 움츠러들지 않는 데 반해, 다시 말해 그 힘이 자기의 **본질**로 육박하기 위해 자기라는 형식을 무로 돌리는 데 반해, 도덕적-일신교적 종교의 기본적 성격은 그 정반대의 길을 택한다. 그러한 종교들에서는, 인간의 자아도 신의 인격성도 최고도의 간결함과 명확성을 띠면서 형성된다. 하지만 이 양극이 명확히 특징지어지고 서로 명확히 구별되면 될수록, 양자 사이의 대립과 긴장도 더욱 뚜렷하게 된다. 참된 일신교는 이 긴장을 해소하려고는 하지 않는다. 왜냐하면 이 종교에게는 이 긴장이야말로 종교적 생활과 종교적 자기의식의 본질이 존립하기 위한 어떤 독자적인 동역학의 표현이자 조건이기 때문이다. [270]예언자 종교도 또한, 우파니샤드나 불교에서 달성되는 것과 동일한 공희개념의 전환에 의해 비로소 예언자 종교가 된다. 하지만 여기에서는 이 전환이 다른 목적을 지닌다. "너희들이 바치는 무수한 제물이 내게 무슨 유익이 있겠는가"라고 신은 「이사야 서」에서 말한다. "나는 숫양의 번제와 살진 짐승의 기름에 싫증나 있다. …… 선행을 배우고 정의를 구하며 학대받는 자를 도와주며 고아를 위하여 신원하고 과부를 위하여 변호하라."(「이사야 서」 1:11 이하) 예언자 종교가 지닌 이러한 도덕적-사회적 정념에서는 자아는 자신과 마주해 있는 것, 즉 자아가 거기에서 비로소 진정 자신을 발견하고 자신을 확인하는 '너'가 강력하게 자신과 대립함으로써 유지된다. 그리고 자아와 너 사이에 순수하게 도덕적인 상호관계가 맺어지듯이, 이제 같은 정도의 엄밀한 상호관계가 인간과 신 사이에도 맺어지게 된다. 헤르만 코헨은 예언자 종교의 근본사상의 특성을 이렇게 그려 보인다. "인간이 신의 순수함을 경험할 수 있는 것은 제물 앞에 서거나 사제 앞에 서는 것에 의해서가 아니다. …… 상호관계가 성립되고 맺어지는 것은 인간과 신 사이에서인 것이며, 거기에 그것 이외의 다른 항이 끼어들 필요는 없다. …… 어떤 다른 것의 관여는 그것이 무엇이든 신의 유일성을 허물어버린다. 왜냐하면 신의 유일성은 창조를 위해서보다는 구제를 위해 필요한 것이기 때문이다."[13]

하지만 이와 더불어, 공물로서의 공희는 최고도의 종교적 변용을 이루는 가운데 저절로 다시금 공희의례의 또 다른 기본적 동기와 합류하게 된다. 왜냐하면 그 다양한 온갖 형식들에서 어떤 특정한 방식으로 재현되는 공희의 보편적 의미로서 나타나는 것은 바로 공희가 신적인 것의 영역과 인간적인 것의 영역 사이에 가져오는 매개이기 때문이다. 공희의 보편적 '개념'을 그 경험적-역사적 현상형식 전체에 대한 개관으로부터 얻어내고 추출하여, 이것을 바로 다음과 같이 정의하려고 했던 사람이 있다. 즉 공희란 모든 경우에서 '신성한 것'의 세계와 '세속적인 것'의 세계 사이에 어떤 연결을 설정하려는 데 향해져 있으며, 더욱이 어떤 성별(聖別)된 것을 매개항으로서 설정하는 것이지만, 이 매개항 자체는 신성한 행위의 경과 중에 무(無)로 돌아가 버린다는 것이다.[14] 사실상 공희가 항상 그러한 결합에의 노력에 의해 특징지어지긴 하지만, 그럼에도 거기에서 수행되는 종합에는 지극히 다양한 단계들이 있을 수 있다. 그 종합은 단순한 물질적인 동화로부터 시작하여 순수하게 271이념적인 공동성의 최고 형식들에 이르기까지 모든 시기와 단계를 경유한다. 그리고 여기에서는 새로운 종류의 방법이 나타날 때마다, 그것은 동시에 그 최종점에 있는 목표에 관한 사고방식도 변화시킨다. 왜냐하면 종교적 의식에게 있어 목표의 관점을 규정하고 형성

• • •
13. Hermann Cohen, *Die Religion der Vernunft aus den Quellen der Judentums*, S. 236.
14. Hubert et Mauss, *Mélanges d'histoire des réligions*, Paris 1909, S. 124를 참조할 것.

하는 매체가 되는 것은 언제나 우선 방법 자체이기 때문이다. 신과 인간 사이의 대립과 이 대립의 극복이 파악될 수 있는 가장 기초적인 형식은, 분리와 공동성의 회복 양자가 특정한 자연적 근본관계와의 유비에 의해 이해되는 데서 성립한다. 그리고 여기에서는 단순한 유비라고 말하는 것만 으로는 충분하지 않고, 신화적 사고의 기본적 특질에 따라 이 유비는 모두 참된 동일성으로 전환한다. 인간을 근원적으로 신과 연결시키는 것은 혈통을 같이하는 실재적인 끈이다. 부족과 그 신 사이에는 직접적인 혈통적 친연관계가 있다. 신은 부족이 성립되어 나온 공통의 시조인 것이다. 이 기본적인 관점은 참된 토테미즘적 표상방식을 지닌 권역에 널리 분포되어 있다.[15] 그리고 이제 공희의 참된 의미도 또한 이 관점에 의해 규정된다. 토테미즘의 기본적 형식으로부터 고도로 발달된 문화적 종교들에서의 동물 공희의 형태에 이르기까지 이 점에 관한 어떤 특정한 단계가 추적될 수 있는 것으로 보인다. 토테미즘에서는 일반적으로 종교적 의무로서 토템 동물의 보호가 행해지지만, ── 그러나 이와 병행하여 그 동물은 물론 개인 이 먹어버리는 것은 아니지만 그러나 씨족 전체가 일정한 의례와 관례를 따르는 가운데서 공통의 성찬(聖餐)으로 먹게 되는 경우가 있다. 토템 동물을 이와 같이 공동으로 먹는 것은 개인들 상호간 및 개인들과 그 토템을 이어주는 혈통의 공동성을 확인케 하고 갱신시키는 수단으로 간주된다. 특히 이 공동성이 위험에 처하고 그 존재가 위협을 당하는 고난의 시기에는, 그 자연적-종교적 근원력을 갱신하는 것이 필요해진다. 하지만 신성한 행위의 참된 역점은 공동체가 전체로서 그 행위를 수행한다는 것에 두어져 있다.

• • •

15. 이 점은, 셈 계 민족들의 권역에 대해서는 예를 들면 Baudissin, *Adonis und Esmun*, Leipzig 1911에 의해 상세하게 논구되어 있다. 여성적 주신들(이슈타르, 아스타르테)에게는 항상 특정한 자연적 기반이 있고, 이 신들은 끊임없이 자신을 계속 낳아 죽음으로부터 새로이 재생하는 생명이라는 이념을 나타내고 있는 데 비해, 바우디씬에 의하면 바알신들은 분명 이들도 또한 번식력을 나타내고 있지만 그러나 무엇보다도 우선 아버지들을, 따라서 실재적 인 생식(生殖)의 계열에 의해 유래의 시작을 이루는 부족의 지배자들을 나타내고 있다(상세한 것은 a. a. O., S. 25, 39 ff.).

토템 동물의 고기를 먹음으로써 씨족의 통일성 그리고 [272]그 토테미즘적 시조와의 연관이 직접적인 통일성, 즉 감성적-신체적인 통일성으로서 다시금 확립된다. 즉 거기에서 그 통일성이 말하자면 항상 새로이 각인되는 것이다. 그러한 생명공동체와 부족공동체를 이러한 방식으로 강화한다는 사고방식, 부족의 아버지로서의 신과 인간의 '합일(Kommunion)'이라는 사고방식이 그 중에서도 셈 족의 종교권에서 동물공희의 근원적 동기의 하나가 되어 있다는 것은 로버트슨 스미스의 기초적 연구에 의해 증명된 것으로 보인다.[16] 이러한 합일은 우선은 단지 물질적인 모습으로만, 즉 공동으로 먹고 마시며 동일한 하나의 것을 신체적으로 향유하는 모습으로만 수행될 수 있다. 하지만 바로 이러한 행위가 이제 그 지향하는 사태 자체를 동시에 어떤 새로운 이념적 영역으로 들어올린다. 공희란 '세속적인 것'과 '신성한 것'이 서로 접하는 것만이 아니라 불가분하게 서로 교류하는 지점이다. 공희 속에서 단지 자연적으로 현존하고 거기에서 어떠한 기능을 수행하고 있는 것이 이후 신성한 것, 성별된 것의 권역 내에 들어간다. 하지만 다른 한편 거기에서 함의되는 점은, 공희라는 것이 본래 일반적으로 인간의 일상적 세속적 일과로부터 명확히 분리된 특별한 행위가 아니라, 오히려 그 단순한 내용 면에서 볼 때 아직 지극히 감성적-실천적인 것인 임의의 실행 모두가 종교 특유의 '관점' 아래에 옮겨져서 그것에 의해 규정될 경우 곧바로 공희가 될 수 있다는 사실이다. 먹고 마시는 것 이외에 특히 성행위를 하는 것에 이러한 종교적 의미가 주어지는 일이 있다. 사실 종교적 발전이 월등히 진전된 단계에서도 매춘이 '공희'로서, 신에의 봉사를 위한 희생으로서 나타나는 경우가 있다. 여기에서 종교의 힘이 입증되는 것은 바로 종교가 존재나 행위의 여전히 미분화된 전체를 포괄한다는 점, 그리고 종교가 물리

• • •

16. 특히 Robertson Smith, *Die Religion der Semiten*, deutsche Ausg., S. 212 ff., S. 239 ff. 여기에서 주장되고 있는 공희에 관한 기본적인 견해의 증명과 보충을, J. 벨하우젠이 특히 아라비아의 종교문헌에 기초해 제공하고 있다(J. Wellhausen, *Reste arabischen Heidentum*[2], Berlin 1897, S. 112 ff.)

적—자연적 존재의 어떠한 권역도 자신에게서 배제하는 것이 아니라 오히려 그러한 존재를 자신의 기본적—근원적 요소들 속으로까지 채우고 있다는 바로 그 점에서이다. 헤겔은 이러한 상호관계 속에서 이교적(異敎的) 제사의 기본적 계기의 하나를 보고 있지만,[17] 그러나 종교사적 연구는 도처에서 ²⁷³그리스도교의 출발에서도 또 그 후의 전개에서도 공회사상에서의 이 감성적 동기와 정신적 동기의 뒤섞임, 뒤얽힘이 더욱 더 강력하게 발휘되고 있음을 말해주고 있다.[18] 그리고 이 뒤얽힘 속에서 종교적인 것이 비로소 구체적—역사적인 실효성을 얻게 되면, 물론 거기에서 동시에 그 한계도 발견된다. 인간과 신은, 거기에서 마땅히 양자 간의 참된 통일성이 성립해야 한다면, 결국은 동일한 피와 살로 이루어져 있지 않으면 안 된다. 이리하여 공회의 행위에 의한 감성적인 것의 정신화는 직접적인 귀결로서 정신적인

• • •

17. Hegel, *Vorles. über die Philosophie der Religion*, S. W. XI, 225 ff. 참조.: (이교의 제사에서는) "인간이 일상적 생활양식으로 생각하고 있는 것이 이미 그대로 제사인 것이어서, 인간은 이 실체적인 통일성 속에서 살고 있다. 거기에서는 제사와 생활은 구별되지 않고, 절대적 유한성의 세계가 무한성에 아직 대립되어 있지 않다. 이리하여 이교도들에게는 신이 그들 가까이에서 민족의 신, 도시의 신으로서 존재한다는 지복(至福)의 의식(意識)이 지배하며, 또한 신들은 자신들에게 우호적이고 자신들에게 가장 훌륭한 것을 누리게끔 한다는 감정이 지배하고 있다. …… 따라서 여기에서는 제사란 결코 특수한 것, 생활의 다른 부분으로부터 분리된 것이 아니라, 빛의 나라와 선(善) 가운데서의 영속적인 생활이라는 규정이 본질적으로 제사에 부여되어 있다. 현세의 이 곤궁한 생활, 이 직접적인 생활이 그 자체 제사인 것으로, 주관은 자신의 본질적 생활을, 아직은 그 현세적 생활의 유지나 직접적이고 유한한 생존을 위한 생업으로부터 구별하고 있지는 않은 것이다. 이 단계에서 [추후] 나타나야 하는 것은 아마도 자신의 신을 신으로서 삼는 명백한 의식, 절대적 존재의 사상에의 고양, 그 존재를 숭배하고 찬미하는 것일 터이다. 하지만 이는 우선은 자신에 대한 추상적인 관계인 것이며, 거기에서는 구체적 생활이란 개입되지 않는다. 제사라는 사태가 한층 더 구체적으로 형성되자마자, 그것은 개인의 외적 현실 전체를 거두어들이며, 그리고 일상적인 하루하루의 생활, 즉 먹고 마시고 자는 것 및 자연적 요구를 충족하기 위한 모든 행위가 제사와 관계를 가지며, 그리고 이러한 모든 행위와 일의 경과가 하나의 신성한 생활을 만들어내는 것이다."

18. 이 관계에 대한 많은 개별적 예증을 드는 대신에, 여기에서는 단지 Hermann Usener의 논문 Mythologie, *Archiv für Religionswissenschaft*, VII(1904), S. 15 ff.의 간결한 요약과 탁월한 판단을 지시해두고자 한다.

것의 감성화를 가져온다. 감성적인 것은 그 사실존재, 그 자연적 존재라는 면에서는 파기된다. 그리고 이 파기에 의해 비로소 그것은 그 종교적 기능을 완수한 것이다. 희생동물을 죽이거나 먹음으로써 비로소 그 동물은 개인과 그 부족의 '매개자'로서의, 부족과 그 신 사이의 매개자로서의 힘을 얻는다. 하지만 이 힘은 전적으로 감성적인 명확성을 지닌, 그리고 의례가 규정하고 있는 온갖 세목이나 특정사항을 지닌 비의(祕儀)의 집행과 결부되어 있다. 그 집행상의 아주 경미한 일탈이나 차질만으로도 공희로부터 그 의미와 효과가 상실되어버린다.

　이 점은 거의 모든 곳에서 공희에 수반되는, 그리고 공희와 결부됨으로써 비로소 제사행위의 완성을 보이는, 제사의 또 다른 주요계기에서도 입증된다. [274]공희와 마찬가지로, 기도도 또한 신과 인간 사이의 간극을 메우는 사명을 지니고 있다. 하지만 기도에서 양자의 간격이 폐기되는 것은 말의 힘에 의한 것이다. 요컨대 단지 자연적인 것이 아니라 상징적-이념적인 것에 의한 것이다. 그러나 이 경우에도 또한, 신화적-종교적 의식이 출발한 때에는 감성적 존재의 영역과 순수한 의미의 영역 사이에 어떤 명확한 경계는 없다. 기도 속에 내재해 있는 힘은 주술적인 유래와 주술적인 성격을 지닌다. 이 힘의 본령은 말의 마력을 통해 신의 의지에 강제를 가하는 데에 있다. 이러한 기도의 의미가 가장 완전한 명확함으로 나타나 있는 것은 베다 종교의 시원과 그 이후의 발전 속에서이다. 여기에서는 온당하게 행해진 공희와 기도의 행위에는 언제나 오류도 없고 저항도 할 수 없는 힘이 마련되어 있다고 여겨진다. 공희와 기도는 사제가 신들을 붙잡는 어망이자 그물망이며 올가미이다.[19] 성가(聖歌)나 성스러운 잠언, 노래나 운율이 존재를 형성하고 통치한다. 세상 이치의 모습은 이러한 것들을 사용하는 방법, 이러한 것들을 올바르게 사용하는가 그릇되게 사용하는가에 달려있다. 아침에 해가 뜨기 전에 희생물을 바치는 제관(祭官)은 그것에 의해 태양신

* * *

19. Geldner, *Vedische Studien*, Stuttgart 1899, I, 144 ff.를 참조할 것.

자체를 출현하게 하고 태어나게 하는 것이다. 이리하여 모든 사물과 모든 힘은 브라만(Brahman), 즉 기도의 말이라는 하나의 힘으로 짜여지는 것이며, 이 브라만이 인간과 신 사이의 장벽을 뛰어넘는 것만이 아니라 이것을 허물어버리는 것이다. 베다의 경전에는, 사제가 기도와 공희의 행위 한복판에서 스스로 신이 된다고 명백하게 기술되어 있다.[20] 그리고 동일한 기본적 견해가 그리스도교에서도 그 초기에까지 추적될 수 있다. 교부들에게서도 기도의 참된 목적은 여전히 인간과 신의 직접적인 합일과 융합(τὸ ἀνακραθ ῆναι τῷ πνεύματι[영(靈)에 의해 떠받쳐지고 있는 것])에 있었던 것으로 보인다.[21] 그러나 기도의 그 이후의 종교적 전개는 점차 이 주술적 권역을 밀어낸다. 이제 기도는 그 순수하게 종교적인 의미에서 파악됨으로써 단순한 인간적인 소망이나 욕망의 영역 너머로 높여지는 것으로 보인다. 기도는 상대적이고 개별적인 선(善)으로 향해지는 것이 아니라 신의 의지와 등치되는 객관적으로 선한 것으로 향해진다. [275]에픽테토스의 '철학적인' 기도는 신들의 의지 속에 있는 것 이외의 그 무엇도 자신에게 허락하지 않기를 신들에게 간구하며, 신의 의지에 비해 인간의 자의를 허무한 것으로 느끼고 이를 근절하는 것이지만, —— 이러한 기도는 종교사의 내부에서도 특징적인 그 대응물을 지니고 있다.[22] 이러한 모든 점들로부터 공희와 기도는 전형적인 종교적 표현형식들임이 증명되는바, 이 형식들은 자아라는 미리 규정된 권역, 고정된 경계를 지닌 권역으로부터 신들의 권역으로 이끌어가는 것이 아니라 오히려 이 두 권역을 비로소 각각 규정하고 양자의 경계선을 계속 다른 곳으로 끌어내는 표현형식이다. 이 종교적 과정에서 신적인 것의 영역

• • •

20. 상세한 것은 Gough, *The philosophy of the Upanishads*, London 1882와 Oldenberg, *Die Lehre der Upanishaden und die Anfänge des Buddhismus*, 특히 S. 10 ff.를 참조할 것.

21. Origines, περὶ εὐχῆς[『기도에 관하여』] c. 10, 2(Farnell, *The evolution of religion*[3], New York 1905, S. 228에서 인용).

22. 상세한 것은 Marett, From spell to prayer(*The threshold of religion*[3], S. 29 ff.). 또한 Farnell (a. a. O., S. 163 ff.)를 참조할 것.

과 인간적인 것의 영역으로 불리는 것은, 미리 서로 고정된 모습으로 구획되거나 공간적 장벽과 질적 장벽에 의해 분리된 두 존재영역이 아니다. 오히려 여기에서 중요한 것은 종교적 정신의 운동의 근원형식, 대립하는 두 극이 끊임없이 상호견인하고 상호배척하는 운동의 근원형식이다. 이리하여 기도와 공희의 발전에서도 다음과 같은 점이 진정 결정적인 것으로 보인다. 즉 기도와 공희는 단지 신적인 것과 인간적인 것이라는 양 극단을 상호 매개하는 매체로서 나타나는 것만이 아니라 이 두 극단의 내용을 비로소 확정하고 그 내용을 비로소 발견하는 것임을 가르친다는 점이다. 양자의 각각의 새로운 형식이 신적인 것과 인간적인 것의 새로운 내용과 양자의 새로운 관계를 개시한다. 이 양자 사이에 설정되는 상호 긴장관계가 양자 각각에게 비로소 그 특성과 의미를 부여한다. 이렇게 보면, 기도와 공희에 의해, 종교적 의식에게는 처음부터 있었던 간극이 단순히 메워지는 것이 아니다. 오히려 이 의식이 간극을 만들어내고, 그런 다음에 이것을 메우는 것이다. 즉 이 의식은 신과 인간 사이의 대립에 더욱 더 선명한 형태를 부여하고, 바로 이 대립 속에서 그 극복의 수단을 발견하는 것이다.

이 점은, 무엇보다도 우선 여기에서 수행되는 운동이 거의 예외 없이 순수하게 가역적인 운동으로서 나타난다는 것, 그 운동의 '의미'에는 항상 동시에 대체로 등가적인 특정한 '반대 의미'가 대응한다는 것에서도 나타난다. 왜냐하면 기도와 공희의 목적인 신과 인간의 합일, ἕνωσις[헤노시스]는 처음부터 이중의 방식으로 파악되고 기술될 수 있기 때문이다. 즉 합일에서는 인간이 신으로 되는 것만이 아니라 신도 또한 인간으로 되는 것이다. [276]이 관계는 공희의 의식에 대한 용어 속에서 하나의 주제가 되어 나타나지만, 그 주제가 갖는 중요성과 유효성은 가장 '원시적인' 신화적 표상이나 관습으로부터 우리의 문화적 종교들의 기본적 형식에 이르기까지 추적될 수 있다. 공희의 의미는 신에게 바쳐지는 것에서 끝나는 것이 아니다. 오히려 그 의미는 신 자신이 희생으로서 바쳐지거나 자신을 희생으로서 바치는 곳에서야말로 비로소 완전히 나타나며 그 진정한 종교적 및 사변적인 깊이에서 나타나는 것으로 보인다. 신이 고난을 겪고 죽는 것에 의해, 즉 신이 자연적이고 유한한 현실존재 속에 얽혀 들어와서 거기에서 죽음으로 바쳐 지는 것에 의해, 다른 한편에서 이 현실존재가 신적인 것으로 높여지고 죽음에서 해방되는 것도 이루어지는 것이다. 위대한 신비제의들은 예외 없이 신의 죽음에 의해 매개되는, 죽음으로부터의 이 해방과 재생이라는 근원적인 비밀을 둘러싸고 움직이고 있다.[23] 그리고 신의 희생으로서의 죽음 이라는 주제가 인류의 참된 신화적-종교적인 '근본사상'이라는 것 —— 이는 특히 신대륙이 발견되었을 때 아메리카의 토착종교들 속에서 거의 변하지 않은 채로 재발견되었던 점에 의해 입증되었다. 주지하듯이 [당시] 스페인 의 선교사들은, 아즈텍의 공회 관습에는 성찬식이라는 그리스도교적 비의 (秘儀)에 대한 악마적인 비웃음과 '패러디'가 있다고 말하는 식으로만 그 현상을 설명할 수 있었다.[24] 사실 이 점에서 그리스도교가 다른 종교들과 구별된다고 한다면, 그것은 주제의 내용에 의한 것이 아니라 주제에서 얻어 낸 순수하게 '정신적인' 새로운 의미에 의한 것이다. 그렇지만 다른 한편으 로 그리스도교적 중세의 의인론(義認論)의 추상적 사변들조차도 그 대부분은 여전히 오랜 관성이 된 신화적 사상의 궤도 위에서 움직이고 있다. 예를 들면 캔터베리의 안셀무스가 자신의 저서 『쿠르 데우스 호모(*Cur Deus homo*)』에서 전개하고 있는 속죄론(贖罪論)은 이 사상과정에 순수하게 개념적 인 형식, 즉 스콜라적-이성적인 형식을 부여하려고 하는데, 이는 우선 인간 의 무한한 죄가 무한한 희생에 의해서만, 즉 신 자신의 희생에 의해서만 보상될 수 있었다는 점에서 출발하고 있다. 하지만 중세의 신비사상은 이 점에서 한 걸음 더 앞으로 나아간다. 이 신비사상에 있어서는, 문제는 더

• • •

23. 이 책 284쪽 ff. 참조. 민족학적 및 종교사적 자료는 특히 프레이저의 *Goulden Bough*, Vol. III: The Dying God, 3. Aufl., London 1911의 집성을 참조할 것.
24. Brinton, *Religions of primitive peoples*, S. 190 f. —— '대속(代贖)의 공회'는 바빌로니아의 비문에서도 발견된다. 이에 관해서는 H. Zimmern, *Keilschriften und Bibel*, Berlin 1903, S. 27 ff.를 볼 것.

이상 [277]신과 인간 사이의 간극은 어떻게 메워질 수 있는가라는 모습을 취하지 않는다. 왜냐하면 이 사상은 그러한 간극을 알지 못하기 때문이며, 그 기본적인 종교적 태도에서 이미 그러한 간극을 부정하고 있기 때문이다. 신비사상에게는, 인간과 신의 관계 내에 더 이상 어떠한 분리도 없으며, 있는 것은 단지 서로의 공존과 상호 원조뿐이다. 여기에서는 신은 인간에 대해, 인간이 신에 대해 그러한 것과 같이, 필연적이고 직접적인 관계를 맺고 있다. 이 점에서는 모든 민족, 모든 시대의 신비사상이 동일한 언어를 말하고 있는 것으로, 가령 루미[25]와 안겔루스 질레지우스[26]도 동일한 것을 말하고 있다. 예컨대 전자는 "우리 사이에는 나와 너는 없어져버렸다. 나는 나로 있지 않고 너는 너로 있지 않으며, 또한 네가 나인 것도 아니다. 나는 나이면서 동시에 너이고, 너는 너이면서 동시에 나이다"[27]라고 말한다. 공희 개념의 전환 및 그 진행상의 정신화에서 나타나는 종교적 운동은 여기에서 어떤 결론에 도달했다. —— 지금까지 순수하게 자연적이거나 순수하게 이념적인 매체로서 여겨지고 있었던 것이 이제 순수한 **상관관계**로 지양되고 그 관계 속에서 신적인 것과 인간적인 것 각각의 특수한 의미가 비로소 규정되기에 이른다.

• • •

25. [역주] 일반적으로 '루미'(Rumi, 1207-1273)로 불리는 잘랄 앗딘 무함마드 루미(Jalāl ad-Dīn Muḥammad Rūmī, 카시러는 Dschelai al-din Rumi로 적고 있다)는 13세기 페르시아의 신비주의 시인이자 이슬람 법학자, 신학자이다. 37세 때부터 시를 짓기 시작하여 불후의 명작 『정신적 마스나비(Maṭnawīye Ma'nawī)』를 완성하였다. 전 6권으로 된 이 방대한 시집은 '페르시아어의 코란'으로 간주되며 신비주의 시 가운데 가장 위대한 작품으로 평가된다.

26. [역주] 안겔루스 질레지우스(Angelus Silesius, 1624-1677)는 독일의 바로크 시대의 신비주의적 종교시인이다.

27. Dschelal-al-din Rumi. Goldziher의 번역에 의한 4행시(*Vorles. über den Islam*, Heidelberg 1910, S. 156).

제 4 부

신화적 의식의 변증법

²⁸¹지금까지의 고찰은 '상징형식의 철학'이 제시하는 보편적 과제에 따라 신화를 정신의 하나의 통일적 에너지로서 나타내고자 했다. 즉 신화가 지극히 다양한 객관적 표상재료 속에서 자신을 관철하려고 하는 어떤 자기 완결적인 파악형식임을 보이고자 했다. 우리는 이러한 입장으로부터 신화적 사고의 기본적 범주들을 제시하려고 시도하였는데, 그것은 그 범주들 속에 정신의 최종적으로 확정되고 고정된 도식(圖式)이 들어있다는 의미에서가 아니라 그 범주들 속에서 형성작용의 특정한 근원적인 **방향**을 살펴본다는 의미에서였다. 따라서 예상하기 어려울 만큼 무수한 신화적 형성물의 배후에, 이러한 방식으로 통일적인 형성력과 이 힘의 작용이 따르는 법칙이 보여지지 않으면 안 되었다. 하지만 만일 신화가 지닌 이 통일성이 대상을 결여한 단일성을 의미하는 것에 불과하다면, 신화는 결코 참된 **정신**의 형식이라고는 말할 수 없을 것이다. 신화에서의 그 기본적 형식의 전개 그리고 항상 새로이 만들어지는 주제나 형상에 이 기본적 형식이 가하는 형성작용이란 단순한 자연과정의 방식으로 수행되는 것이 아니다. 다시 말해 그것은, 처음부터 현존해 있고 미리 형성되어 있는 맹아가 특정한 외적 조건만 갖추어지면 스스로를 전개하고 명확하게 나타나는 고요한 성장의 방식으로

진행되는 것이 아니다. 그 발전의 각 단계들은 단순히 서로 연결되어 있는 것이 아니라 오히려 대부분은 날카롭게 대립을 보이면서 서로 맞서있다. 그 진행은, 이전 단계들의 어떤 기본적 특징, 어떤 정신적인 규정태가 그대로 계속 형성되거나 보완되는 것만이 아니라, 오히려 그것이 부정되고 더 나아가 완전히 근절되는 방식으로 수행되는 것이다. 그리고 이 변증법은 신화적 의식의 내용의 개조 속에서 나타날 뿐만 아니라 이 의식의 '내적 형식'도 지배하고 있다. 신화적 형태화 작용의 기능 자체도 또한, 이 내적 형식에 의해 규정되어 있고 안쪽에서부터 변형되어간다. 이 기능은 그 진행과 함께 자신으로부터 항상 새로운 형상들—— 즉 신화의 시야에 비쳐지는 대로의 내적 우주와 외적 우주의 객관적 표현인 새로운 형상들—— 을 만들어내는 것 이외에 달리 작용할 수 없다. 하지만 이 기능은 이러한 길을 나아갈 때에 그 도상에서 하나의 [282]전환점이자 회귀점에 도달한다. —— 그것은 이 기능에게 있어 자신이 따르고 있는 법칙 자체가 **문제**로 되고 있는 지점이다. 물론 이것은 언뜻 보기에는 이상하게 생각될 것이다. 왜냐하면 신화적 의식의 '소박함'에는 통상 이러한 단절은 부합하지 않는 것으로 보이기 때문이다. 그런데 사실 여기에서 문제가 되는 것은, 신화가 그 안에서 자기 자신을 파악하고 또 자기 자신의 기반이나 전제에 등을 돌리는 그러한 의식적 **이론적** 반성의 작용이 아니다. 결정적인 것은 오히려, 이와 같이 등을 돌리면서도 여전히 신화가 자기 자신 속에 머무르고 계속 지속하고 있다는 점이다. 신화는 결코 자신의 권역에서 벗어나지 않으며, 전적으로 다른 '원리'로 이행하는 것도 아니다. 하지만 신화가 자기 자신의 권역을 완전히 채울 때, 종국에는 이 권역을 부숴버리지 않을 수 없다는 것도 명백하다. 동시에 극복이기도 한 이 충족은 신화가 자신의 **형상세계**(Bildwelt)에 대해 취하는 입장으로부터 생겨난다. 신화는 이 형상세계 이외 다른 어떤 곳에서도 자신을 계시하거나 표출할 수 없다. 그러나 신화가 진전하면 할수록, 이 표출된 것은 신화에게 그 본래의 표현의지에 완전하게는 적합하지 않은 '외적인 것'이 되기 시작한다. 여기에 갈등의 근거가 있는바, 이것이 점차로 한층 첨예하게 나타날 때 신화적 의식 속에 내부 분열을 야기하게 되지만, 그러나 동시에 그것은 이 갈라진 곳 속에서 신화의 궁극적 근거와 깊이를 비로소 진정으로 발견하게도 된다.

특히 **콩트**에 의해 기초지어진 역사와 문화에 대한 실증주의적 철학은 인류가 의식의 '원시적인' 단계로부터 이론적인 인식으로, 그리고 그것과 함께 현실의 완전한 정신적 지배로 점차 높여져가는 정신적 발전의 단계적 진행을 상정한다. 그 제1단계를 점하며 이를 특징짓고 있는 허구, 공상, 신앙에 의거하는 표상들로부터, 길은 점점 더 명확하게 현실을 순수한 '사실들'로 이루어진 현실로서 파악하는 과학적 이해로 나아간다는 이유에서이다. 이 과학적 이해의 단계에서는 정신의 단순한 주관적 부가물은 모두 떨어져나가지 않으면 안 된다. 여기에서는 인간은 실재 자체에 마주 서 있어, 그 실재는 있는 그대로의 모습으로 인간에게 주어지게 되지만, 인간은 이전에는 이 실재를 자신의 감성이나 욕망 또는 자신의 심상이나 표상이라는, 인간을 기만하는 매체를 통해서만 보았다는 것이다. 콩트에 의하면, 이 발전이 경과하는 세 단계는 그 본질에서 볼 때 '신학적', '형이상학적', '실증적'이라고 불리는 단계들이다. 제1단계에서는 인간의 주관적 소망이나 주관적 표상이 인간에 의해 악령이나 신들로 변형되고, 제2단계에서는 그것들이 추상적 개념으로 변형되며, —— 그리고 최종 단계에 비로소 [283] '내적인 것'과 '외적인 것'을 명확히 분리시키며 내적 경험 및 외적 경험에 주어져 있는 사실들에 만족하려고 하는 태도가 완성된다. 따라서 여기에서는 신화적-종교적 의식은 자신과 무관한 외적인 힘에 의해 점차 배제되고 극복되기에 이른다. 실증주의의 도식에 따르면 일단 고차의 단계가 달성되면, 그 전(前)단계는 불필요하게 되며 거기에 포함되어 있던 내용은 이제는 고사(枯死)해도 좋고 또한 고사할 수밖에 없다. **콩트** 자신이 이러한 귀결을 이끌어내고 있는 것은 아니며, 오히려 그의 철학이 실증적 지식의 체계에 머물지 않고 실증주의적 종교에, 그뿐만 아니라 실증주의적 제사에까지 뻗어나갔던 것은 잘 알려져 있다. 종교나 제사가 여기에서 뒤늦게 자신을 인지하도록 강요되었던 것은 콩트 자신의 정신적 전개에 있어 그 성격을 잘 드러내는 중요한 특징을 이루고 있을 뿐만 아니라 거기에서는 동시에 실증주의적인 역사구성의 실질적인 결합의 승인이 간접적으로 말해지고 있는 셈이다. 이 삼단계의 도식, 콩트의 'trois états[삼단계]'의 법칙은 신화적-종교적 의식이 달성하는 일을 순수하게 내재적으로 평가하는 것을 허용하지 않는다. 신화적-종교적 의식이 추구하는 목표는 여기에서는 이 의식 자체의 바깥에서, 즉 원리적으로 그것과는 다른 것 속에서 찾아지지 않으면 안 된다. 하지만 그러한 방법으로는 신화적-종교적 정신의 참된 성질도 그 순수하게 내적인 변화도 파악되지 않는다. 오히려 이 변화는, 신화적인 것과 종교적인 것이 자기 자신 속에 고유한 '운동의 기원'을 지닌다는 것, 그것들은 그 최초의 단서로부터 그 최고의 소산에 이르기까지 고유한 원동력에 의해 규정되고 고유한 원천에 의해 길러지고 있는 것임이 보여질 때 비로소 진정으로 밝혀진다. 이 최초의 단서를 멀리 뛰어넘는 그런 곳에서조차도 신화적인 것이나 종교적인 것은 그 정신적 모태로부터 반드시 전적으로 해방되어 있는 것은 아니다. 그것이 행하는 긍정들이 돌연 무매개적으로 부정으로 바뀌는 것이 아니라, ── 오히려 그 자신의 내부에서 이미, 그것이 밟아나가는 한 걸음 한 걸음이 말하자면 이중의 부호를 띠고 있는 것이다. 신화적인 형상세계의 부단한 구축에는, 그것을 넘어가려고 하는 부단한 배출(Hinausdrängen)이 대응하고 있다. 하지만 그 방식은, 이 긍정과 부정 양자가 신화적-종교적 의식의 형식 자체에 속해 있으며, 이 의식 속에서 불가분한 단 하나의 작용에 묶여있는 것이다. 파괴의 과정은 한층 더 깊이 고찰해보면, 실은 자기주장의 과정임이 밝혀지고, 또한 이 자기주장은 파괴의 힘을 빌려서만 수행될 수 있다. 이 양자가 하나로 묶여 부단한 협동작용을 이루는 가운데서 비로소 신화적-종교적 형식의 참된 본질과 참된 내용을 드러내는 것이다.

[284]우리는 이미 언어형식의 발전에 관해 세 단계를 구별하고 그것을 모방적, 유비적, 상징적 표현이라고 불렀다. 우리는 거기에서 그 제1단계가

다음과 같은 성격을 띠고 있음을 고찰했다. 즉 제1단계에서는 언어 '기호'와 그것이 지시하는 직관적 내용 사이에 아직 어떠한 참된 긴장도 없고 오히려 양자는 상호 융합하고 상호 합치에 도달하려고 노력한다. 기호는 모방적 기호로서는 자신의 형식 속에 내용을 직접 재현하려고 하며 말하자면 내용을 자신 속에 수용하고 흡수하려고 한다. 여기에서는 양자 간의 격차, 상호 간의 증대해가는 차이가 모습을 나타내는 것은 아주 점진적인 데 불과하다. 하지만 이 차이에 의해 비로소 언어의 특성을 이루는 근본현상, 즉 음성과 의미의 분리가 달성된다.[1] 이 분리가 이루어지고 나서 비로소 언어적인 '의미'의 영역이 그 자체로서 구성된다. 그 원래의 시원에서는 말은 아직 단순한 현실존재의 영역에 속해 있다. 즉 말에서 파악되는 것은 그 의미가 아니라 오히려 독자적인 실체적 존재와 독자적인 실체적 힘인 것이다. 말은 어떤 사물적인 내용을 지시하는 것이 아니라 그 위치 곁에 자신을 두고 있다. 말은 독자적인 종류의 '근원사태(Ursache, [=원인])'가 되며, 또한 내용이 되는 사건이나 그 인과적 연쇄 속에 개입하는 힘이 되는 것이다.[2] 말의 상징 기능이나 그것과 함께 말의 순수한 이념성에의 통찰이 수행되기 위해서는 이러한 최초의 관점으로부터의 전환이 필요하다. 그리고 언어기호에 적용되는 바는 동일한 의미에서 문자기호에게도 적용된다. 문자기호도 또한 즉각 기호로서 파악되는 것이 아니라 대상세계의 일부로서, 말하자면 대상세계에 포함되어 있는 모든 힘의 추출물로서 여겨진다. 모든 문자는 우선 모방기호로서, 그림기호로서 시작하지만, 그 경우 그 그림은 당장은 어떤 의미 있는 성격도 또 전달하는 성격도 아직 갖고 있지 않은 것이다. 그 그림은 오히려 대상 자체를 위해 나타나는바, 다시 말해 그것은 대상을 교체하여 대상을 대신한다. 문자도 또한 그것이 최초로 나타나 최초로 형성된 단계에서는 주술의 권역에 속해 있다. 문자는 주술적 취득이나 주술적

• • •
1. 제1권, S. 139 ff.를 볼 것.
2. 상세한 것은 나의 시론 *Sprache und Mythos*, Leipzig 1924, S. 38 ff.를 볼 것. 또한 이 책 77쪽 ff.도 참조.

방어에 사용된다. 즉 대상에 눌러 찍혀지는 기호가 그 대상을 자신의 활동 영역으로 끌어들여 다른 것으로부터의 영향을 멀리하는 것이다. 이러한 목적은, 쓰여 있는 문자가 그 나타내려고 하는 것과 닮으면 닮을수록, 즉 문자가 순수하게 대상문자이면일수록, 더욱 더 완전하게 달성된다. [285]따라서 문자기호가 대상의 표현으로서 파악되기 훨씬 이전부터, 그것은 대상으로부터 출발하는 작용의 실체적 전체로서, 즉 대상의 일종의 정령적 문자로서 두려움을 자아냈다.[3] 이러한 주술적 정감이 퇴색했을 때에 비로소 여기에서도 또한 고찰은 실재적인 것으로부터 이념적인 것으로, 사물적인 것으로부터 기능적인 것으로 방향을 바꾼다. 직접적인 그림문자에서 음절문자가, 그리고 마침내 표어문자나 표음문자가 전개되는 것이며, 여기에서 최초의 상형문자(Ideogramm), 그림기호가 순수한 의미기호, 즉 상징(Symbol)이 되었던 것이다.

그리고 우리는 이와 동일한 관계를 신화의 형상세계에서도 목격한다. 신화적인 상(像)도 또한 그것이 처음 나타나는 때에는 결코 상으로서, 즉 정신의 표현으로서는 의식되어 있지 않다. 오히려 그 상은 사태의 세계, 즉 '객관적' 현실과 객관적 사건의 직관에 깊이 용해되어 있어, 그 현실을 완성하는 존립요소로서 나타나고 있다. 따라서 여기에서도 또한 실재적인 것과 이념적인 것 사이에, 즉 '존재'의 영역과 '의미'의 영역 사이에 본래 어떠한 구별도 없는 셈이다. 두 영역간의 이행은 인간의 표상작용이나 신앙 속에서만이 아니라 행위 속에서도 끊임없이 일어난다.[4] 이 경우도 또한 신화적 행위의 시초에서 발견되는 것은 모방이다. 그리고 이 모방자는 결코 단순한 '미적인' 의미, 즉 단지 연기한다는 의미만을 가지는 것이 아니다. 신이나 악령의 가면을 쓰고 나타나는 춤추는 자는 단지 신이나 악령을 흉내 내는 것만이 아니라 신의 본성을 떠맡고 신으로 변하며 신과

• • •

3. 이에 관한 실례는 예를 들면 Th. W. Danzel, *Die Anfänge der Schrift*, Leipzig 1912를 볼 것.
4. 이에 대해서는 이 책 72쪽 ff.를 참조할 것.

융합하는 것이다. 여기에 있는 것은 단순한 '상(像)적인 것', 공허한 대용물이 아니다. 여기에서는, 현실성과 실효성을 동시에 갖지 않을 법한, 그저 단순히 사고되거나 표상된 또는 '사념된' 것이란 결코 존재하지 않는다. 하지만 신화적 세계관이 조금씩 진전해나감에 따라 여기에서도 분리가 시작된다. 그리고 이 분리야말로 종교 고유의 의식의 참된 출발점이 되는 것이다. 종교적 의식의 내용은 우리가 그것을 그 기원에까지 거슬러 추구해가면 갈수록, 신화적 의식과 구별하기 어려워진다. 양자는 서로 얽혀져 있고 연결되어 있어서, 양자가 실로 명확하게 분리되고 서로 맞서있게 되는 일이란 결코 없다. 종교의 신앙내용으로부터 신화적인 기본적 구성요소를 [286]풀어내고 떼어놓으려고 한다면, 더 이상 그 종교를 그 현실적인 모습, 즉 객관적-역사적인 모습 속에 붙잡아두지 못하고 단지 그것의 그림자상, 공허한 추상물만을 잡아두고 있는 것에 지나지 않는다. 하지만, 신화와 종교의 내용들은 이와 같이 서로 풀려지기 어려울 정도로 얽혀 있음에도 불구하고, 그럼에도 양자의 형식은 결코 동일하지는 않다. 그리고 종교적 '형식'의 고유성은 의식이 신화적인 형상세계에 대해 취하는 태도의 변화에서 엿보여진다. 의식은 이 신화적 세계 없이 계속해 갈 수 없으며, 이 세계를 즉각 배척해버릴 수 없다. 그러나 종교적 문제설정이라는 매체를 통해 보여짐으로써 신화적 세계는 조금씩 새로운 의미를 얻게 된다. 종교에 의해 열려진 새로운 이념성, 새로운 정신적 '차원'은 단지 신화적인 것에 지금까지와는 다른 '의미'를 부여하는 것만이 아니라, 신화의 영역에 바로 '의미'와 '존재'의 대립을 처음으로 이끌어 들이게 된다. 종교는 신화 자체에게는 무관한 절단을 수행하게 되는 것이다. 종교는 감성적인 상이나 기호를 이용함으로써 동시에 상이나 기호를 그것으로서 알게 되며, ── 즉 이 상이나 기호가 어떤 특정한 의미를 개시할 때, 동시에 필연적으로 그 의미에 남겨지는 표현수단이라는 것, 이 의미를 '지시'하기는 하지만 대체로 그 의미를 완전히 파악하고 길어낼 수는 없는 수단이라는 것을 알게 된다.

모든 종교는 그 발달과정에서 이러한 '위기[=분리]'를 극복하는 지점,

자신의 신화적 근거나 기반으로부터 자신을 해방하지 않으면 안 되는 지점에 이르게 됨을 알아차린다. 하지만 이 해방의 방식에 관해서는 여러 종교가 각기 상이한 길을 걷는다. 아니 오히려 이 점에서야말로 각각의 종교가 각기 특수한 역사적, 정신적 고유성을 보이는 것이다. 종교는 자신에게 신화적인 형상세계에 대한 어떤 새로운 관계를 부여함으로써 동시에 '현실'의 전체, 경험적 존재의 전체에 대한 새로운 관계에 들어선다는 점이 여기에서 재차 명확해진다. 종교는, 동시에 현실적 존재를 신화적인 형상세계로 이끌어 들이는 것 없이는, 이 형상세계에 대한 종교 특유의 비판을 행할 수 없다. 왜냐하면 여기에는 아직, 분리적인 이론적 인식이 생각하는 의미에서의 해방된 '객관적' 현실이라는 것은 없으며, 오히려 현실에 대한 관점이 신화적인 표상세계, 감정세계, 신앙세계에 말하자면 아직 용해되어 있는 채이므로, 의식이 이러한 신화적 세계에 대해 획득하는 새로운 온갖 태도도 또한 존재 일반에 대한 총체적인 관점에 반작용을 미치지 않을 수 없기 때문이다. 따라서 종교의 이념성은 신화적인 형상들과 힘들의 전체를 보다 낮은 차원의 질서에 속하는 존재에로 떨어뜨리는 것만이 아니라 이러한 모습의 부정(否定)을 감성적-자연적 존재의 요소들 자체에도 향하는 것이다.

[287]우리는 이러한 연관을 명료하게 하기 위해 두세 가지 의미 있는 실례, 즉 자기 자신의 신화적 기반이나 단서에 맞서는 이 싸움에서 종교사상이 도달한 전형적인 기본적 태도 몇 가지로 되돌아와 보기로 하자. 여기에서 행해진 위대한 전환이나 전향의 진정 고전적인 예는 두말할 여지없이 『구약성서』의 예언서들에 관철되어 있는 종교적 의식의 모습일 것이다. 예언자들의 도덕적-종교적 파토스 모두는 이 하나의 점에 집중해 있다. 그것은 예언자 속에 살아있는 종교적 의지의 힘과 확신에 의거하는 것이지만, —— 이 의지야말로 예언자들을 내몰아서 단지 주어져 있는 것의, 단지 현전할 뿐인 것의 일체를 넘어서게 한다. 새로운 세계, 구세주의 강림하는 세계가 되살아나야 한다면, 이 현실존재는 몰락하지 않으면 안 된다. 순수한 종교적 이념속에서만 보여질 수 있는 예언적 세계는, 항상 감각적 현재에만 관계되고

거기에 고착되어 있는 단순한 상에 의해서는 결코 파악될 수 없다. 따라서 우상숭배의 금지, 즉 천상에 있는 것이든 지상에 있는 것이든 지하의 수중에 있는 것이든 그 모상이나 유사 그림을 만들어서는 안 된다고 하는 금지령이 예언자들의 의식 속에서 전적으로 새로운 의미와 새로운 힘을 얻게 된다. 이 금지령이 그대로 다름 아닌 이 의식 자체의 구성 요소가 되는 것이다. 그것은, 마치 반성되지 않은 '소박한' 신화적 의식이 알지 못했던 균열의 자리가 이제 돌연 열어젖혀지는 듯한 것이다. 예언자에 의해 공격되었던 다신교의 표상세계에서는, 즉 '이교도'의 기본적 견해에서는, 신적인 것의 단순한 '모상'을 숭배하는 것이 특별히 죄는 아니다. 그들에게는 '원상'과 '모상'의 구별 자체가 본래 없기 때문이다. 이 표상세계는 그것이 신적인 것에 대해 만들어내는 상들 속에서 여전히 직접 신적인 것 자체를 소유하고 있거니와, 그것은 바로 이 표상세계가 상을 결코 단순한 기호로서가 아니라 구체적-감성적인 현현으로서 받아들이기 때문이다. 따라서 예언자들이 이러한 관점에 대해 가하는 비판은 순수하게 형식적으로 보자면 이른바 petitio principii[논점선취의 오류]에 의거해 있다. 왜냐하면 예언자들이 이교적 견해에 대해 비판하는 것은, [정작] 그 견해 자체 속에 내재해 있는 사고방식이 아니라, 이교적 견해가 마련하는 새로운 고찰이나 관점에 의해서만 가져와질 수 있는 사고방식을 겨냥하고 있기 때문이다. 이사야는, 인간이 자기 스스로 만들어낸 것을, 더욱이 자기 자신이 만들어낸 것임을 알고 있는 것을, 그럼에도 불구하고 신적인 것으로서 숭배하는 그 어리석은 행위에 대해 격한 분노를 담아 반대한다. "신을 만들며 무익한 우상을 주조해 만드는 자가 누구인가? …… 철 세공인은 철을 숯불에 불려 망치로 치고 …… ²⁸⁸목공은 줄을 늘여 재고 연필로 선을 긋고 대패로 밀고 컴퍼스로 측정한다. …… 그 중 반 정도는 불에 태우지만 …… 그러나 나머지는 신상, 즉 자신의 우상을 만들고 그 앞에 부복하여 경배하며 그것에게 기도하여 말하기를 너는 나의 신이니 나를 구원하라 하는구나. 그들이 알지도 못하고 깨닫지도 못하는 것은 그들의 눈이 가려져서 보지 못하며 그 마음이 어두워져서 깨닫지 못하기 때문이다. 그 마음에 생각도 없고 지식도 없고 총명도 없으므로 '나는 그 나무의 절반을 [음식을 굽기 위해] 불살라버리면서도 …… 그 나머지로 가증스런 물건을 만들겠는가. 나무토막 앞에 어찌 엎드려 절하겠는가'라고 말하는 자도 없도다."(「이사야 서」 44:9 이하) 충분히 이해되듯이, 여기에서 신화적 의식 내에, 지금까지와는 구별되는 새로운 긴장과, 아직 그것으로서 알려져 있지도 파악되어 있지도 않은 어떤 대립이 도입되고 있으며, 그것에 의해 이 의식은 안으로부터 해체되고 붕괴되어간다. 하지만 진정 적극적인 것은 이 해체 자체가 아니라 오히려 이 해체를 야기하는 정신적 동기이다. 그것은 종교적인 것 속에 내재해 있는 '심정'으로의 회귀에 놓여있으며, 이제 이 심정의 힘에 의해 신화의 형상세계는 단지 외면적인 것이자 단지 사물적인 것에 지나지 않는다는 것이 명확해진다. 예언자들의 기본적 견해로부터 보자면, 신과 인간 사이에 있는 것은 '나'와 '너' 사이의 정신적-도덕적 관계에 다름 아니기 때문에, 이제 이 기본적 관계에 속하지 않는 것은 모두 종교적인 가치를 박탈당하게 된다. 종교적 기능은, 순수하게 내면성의 세계를 발견한 이상, 외적 세계, 자연적 존재의 세계로부터 자신에게로 물러나며, 바로 그러한 순간으로부터 자연적 존재는 말하자면 그 혼을 빼앗기고 죽은 '사물'로 폄하되어버렸다. 그리고 그것과 함께 이 사물의 영역으로부터 취해 왔던 모든 상은 더 이상 이전처럼 정신적인 것, 신적인 것의 표현이 되지 않고 오히려 그것의 대립물이 되어버린다. 감성적인 상(像) 그리고 감성적 현상계의 영역 전체가 그 본연의 '의미 내용'을 박탈당하지 않으면 안 되는 것이다. 왜냐하면 그렇게 됨으로써만, 더 이상 사물적인 것 속에서 모사될 수 없는 순수한 종교적 주관성이 예언자들의 사고와 신앙에서 그런 정도로까지 깊어지는 것도 가능하게 되었기 때문이다.

존재의 영역으로부터 진정 종교적인 의미의 영역으로, 상(像)적인 것으로부터 상 없는 것으로 이행하는 다른 또 하나의 길을 개척한 것이 페르시아-이란의 종교이다. 헤로도토스는 이미 페르시아의 신앙에 대한 자신의 서술에서 이 신앙의 본질적 계기는 다음과 같은 점에 있다고 강조한다. 즉 페르시아인에게는 입상이나 사원이나 제단을 쌓는 풍습이 없으며, 오히려 그들은 그러한 것을 하는 사람들에게 그것은 어리석은 행위라고 말했다. [289]왜냐하면 그들은 그리스인들 마냥 자신들의 신들이 인간과 유사한 부류라고는 믿지 않기 때문이라는 것이다.[5] 사실 여기에서는 예언자들에게서 보여졌던 것과 동일한 도덕적-종교적 근본경향이 작용하고 있다. 왜냐하면 예언자들의 신과 마찬가지로, 페르시아의 창조주 아후라 마즈다는 순수한 존재와 도덕적 선이라는 술어 이외 다른 어떠한 술어로도 그 특성을 나타내 보일 수 없기 때문이다. 하지만 이러한 동일한 기반 위에 서면서도 자연이나 일반적으로 구체적-대상적 존재자 전체에 대해서는 다른 태도가 형성된다. 조로아스터교가 자연의 개개 기본요소나 자연력을 숭배하는 것은 잘 알려져 있다. 여기에서 불과 물을 향한 배려, 온갖 오염을 막으려고 하는 데서 생기는 두려움, 그리고 가장 중한 도덕적 과오에서와 마찬가지로 그러한 오염에 부과되는 징벌의 엄격함, 이러한 모든 것들은, 종교와 자연을 연결하고 있는 끈이 결코 끊어져 있지 않음을 보여주고 있다. 그러나 여기에서도 또한 만일 우리가 단순한 교의적-제의적 사태에서가 아니라 그 근저에 내재하는 종교적 동기에 주목한다면, 다른 하나의 연관이 보여진다. 즉 페르시아의 신앙에서 자연의 기본요소들이 숭배되는 것은 결코 그 자체 때문이 아닌 것이다. 그것들에 참된 중요성을 부여하고 있는 것은 최대의 종교적-도덕적 결단의 시기, 즉 세계의 지배를 둘러싼 선령(善靈)과 악령(惡靈)의 싸움의 시기에 그것들에게 부여되는 위치이다. 이 싸움에서는 모든 자연적 존재도 각각의 특정한 자리와 사명을 갖는다. 인간이 두 근본력 사이에서 어느 한 쪽을 결단하지 않으면 안 되는 것과 같이, 개개의 자연력도 또한 둘 중 어느 한 쪽에 서게 마련이다. —— 이리하여 이들 자연력은 유지의 일이나 파괴·파멸의 일 중 어느 한 쪽을 맡게 되는 것이다. 단순한 그

• • •

5. Herodot, I, 131; 특히 III, 29 참조.

물리적 형태나 물리적 힘이 아니라 이러한 의미에서의 그 기능이야말로 자연에 그 종교적 승인을 부여하는 요인이다. 이리하여 여기에서는 자연은 반드시 전적으로 탈신격화 될 필요는 없다. 왜냐하면 설사 자연은 결코 신적 존재의 직접적인 모상으로서 해석되어선 안 된다고 하더라도, 그럼에도 자연 자체 속에는 신의 의지나 신의 최종목적에로의 직접적인 관계가 존재하고 있기 때문이다. 자연은, 신의 의지에 대해 적대관계에 있어서 그 때문에 전적으로 악령적인 것으로 타락해버리든가, 그렇지 않으면 신과 동맹관계를 맺든가 둘 중 하나이다. 자연은 그 자체로는 선한 것도 악한 것도 아니며, '신적'인 것도 '악령적'인 것도 아니다. 하지만 종교적 사고가 자연의 내용을 단순한 존재요소나 존재요인으로서가 아니라 문화요소로서 고찰하고 그럼으로써 도덕적-종교적 세계관을 이끌었던 영역 내로 자연을 수용하는 한에서, 종교적 사고는 자연을 그러한 쪽으로 만든다. 자연은 ²⁹⁰아후라 마즈다가 아흐리만과의 싸움에서 가동시켰던 '하늘의 군사'에 속해 있고, 또한 그 자체로 숭배할 만한 것이다. 숭배할 만한 것으로서의 이 영역('야자타(Yazata) 신들')에는, 문화와 인간적 질서와 문명 전체의 조건이 되는 불과 물이 속해 있다. 불과 물의 단지 자연적인 내용이 특정한 목적론적인 내용으로 이와 같이 전환하는 것은, 페르시아 종교의 완성된 신학체계가 단지 자연적인 모든 것에 고유하다고 생각되는 선악에 대한 무차별성을 단호하게 제거하려고 세심한 노력을 기울이는 곳에서 특히 명료하게 나타나 있다. 이 신학은, 예를 들면 불이나 물로부터 시작된다고 여겨지는, 해악을 주거나 죽음을 가져오는 영향들은 불이나 물 자체 탓으로 간주해서는 안 되고 기껏해야 간접적으로만 관련되어 있다고 가르친다.[6] 여기에서 다시금, 다른 모든 종교들의 경우와 마찬가지로 원래 이란 종교의 근저에도 잠재해 있는 순수하게 신화적인 요소가 전적으로 배제되어버리는 것이 아니라 오히려 그 의미가 점점 개조되어가는 점이 명확하게 엿보인다.

• • •

6. 상세한 것은 Victor Henry, *Le Parsisme*, Paris 1905, S. 63.

이로부터 자연의 힘(Potenz)과 정신의 힘 간의, 사물적-구체적인 존재와 추상적인 힘 간의 주목할 만한 상호침투, 독특한 병립관계와 상관관계가 생겨난다. 『아베스타』의 몇몇 곳에서 불[火]과 '선한 생각(Vohu Manah[보후 마나=대천사])'은 구원을 가져오는 힘들로서 직접 상호 병렬적으로 등장한다. 거기에서는 악령이 선령의 창조를 습격했을 때, 보후 마나와 불이 도우러 와서 악령이 더 이상 강의 흐름이나 식물의 성장을 방해할 수 없도록 악령을 차단하고 패배시켜버린다고 말하고 있다.[7] 추상적인 것과 형상적인 것의 이 상호협력과 상호이행이야말로 페르시아 교의의 본질적이고 특수한 특징을 이룬다. 여기에서는 최고신은 분명 기본적으로는 일신교적으로 생각되고 있지만—최종적으로는 이 신은 자신의 적을 패배시키고 멸망시켜버리기 때문이다—그러나 다른 한편으로는 이 신은 자연의 힘들이나 순수하게 정신적인 힘들이 속해 있는 위계질서의 정점에 있다. 이 신에 가장 가까이 위치하는 것이 여섯 '불사(不死)의 성자(聖者)(Amesha Spenta[아메샤 스펜타])'이지만, 그 이름('선한 생각', '가장 훌륭한 정의' 등)은 명백히 추상적-도덕적 특성을 나타내고 있다. 이것에 뒤를 잇는 것이 마즈다 종교의 천사들인 야자타스(Yazatas)로서, 이들에게선 한편으로 예컨대 진리, 성실, 순종 등의 도덕적 힘들이, 다른 한편으로는 가령 불, 강 등과 같은 자연의 기본요소들이 의인화되어 있다. 이리하여 여기에서는 인간 문화라는 매개개념을 통해, 즉 문화를 종교적 구제의 질서로서 파악함을 통해,[291] 자연 자체가 종교적으로 분열된 이중의 의미를 얻게 된다. 왜냐하면 자연은 확실히 어떤 특정 영역 내에서 유지되는 것이지만, 그러나 유지되기 위해선 자연은 동시에 폐기되지 않으면 안 되기 때문이다. 즉 자신의 단순한 사물적-물질적인 규정성을 벗어버리고, 선과 악의 기본적 대립에의 관계를 통해 어떤 전적으로 다른 차원의 고찰로 향하게 되는 것이다.

종교의 언어는, 종교적인 실재의식의 이처럼 동요하는 미세한 이행을

● ● ●

7. 「야슈트(Yasht)」[『아베스타』 제4부] 13, 77.

나타내기 위해, 논리학이나 순수 이론적 인식의 개념적 언어에서는 거부되고 있는 특이한 수단을 갖고 있다. 개념 언어에 있어서는 '현실'과 '가상' 사이에, '존재'와 '비존재' 사이에 어떠한 중간항도 없다. 여기에서는 파르메니데스의 양자택일, ἔστιν ἢ οὐκ ἔστιν['있는가 없는가']라는 결정이 성립된다. 하지만 종교의 영역 내에서는, 특히 종교가 단순한 신화적인 것의 영역과 하나의 선을 긋기 시작하는 시점에서는, 이 양자택일이 반드시 무조건적으로는 성립하지 않고 구속력을 갖는 것도 아니다. 이제껏 의식을 지배하고 있었던 특정한 신화적인 형상들이 종교에 의해 부정되고 배제된다고 할지라도, 이 부정이 뜻하는 것은 결코 그 형상들이 완전한 무로 돌아가버린다는 의미는 아니다. 신화적 형성체는 그것이 극복된 후에도 결코 모든 내용과 힘을 잃어버리는 것은 아니다. 오히려 그것들은 계속 존속하되,— 다만 낮은 차원의 악령적인 힘으로서 살아간다. 그리고 이것들은 신적인 것에 대해서는 무력한 것으로 보이지만, 그럼에도 불구하고 이러한 의미에서 '가상'으로서 인정된 연후에도 또한 마찬가지로 실체적인, 어떤 의미에서는 본질적인 가상으로서 두려움을 자아낸다. 종교적 언어의 발전은 종교적 의식이 겪는 이러한 과정에 독특한 증거를 제공한다. 이리하여 예를 들면 『아베스타』의 언어에서는, 아리아 계의 빛과 하늘의 신들에 대한 오래된 이름이 어떤 결정적인 의미변화를 이루고 있다. deivos 내지 devas가 『아베스타』의 daêva로 되었지만, 이것은 악의 힘, 즉 아흐리만을 따르는 악령들을 일컫는 명칭이다. 여기에서 종교사상이 자연의 신화적인 신격화라는 원시적 층위 너머로 높여짐으로써, 이 층위에 속해 있는 모든 것이 말하자면 정반대의 부호를 취하게 되는 사정이 이해된다.[8] 하지만 그럼에도 불구하고 그것들은 이 변화된 부호를 붙인 채로 계속 살아간다. 악령의 세계, [292]아흐

- - -

8. 이러한 언어상–종교상의 의미변화에 대해서는 L. v. Schröder, *Arische Religion* I, 273 ff. 및 Jackson, *Grundr. der iranischen Philologie* II, 646을 볼 것. — 여기에서는 '언어상의 우연 (unaccident de langage)' 이상의 것이 문제로 된다는 사실이 다르메스테터에 반대해 빅터 앙리에 의해(Victor Henry, *Le Parsisme*, S. 12 ff.) 주장되어 있다.

리만의 세계는 허위의 세계이며, 가상과 오류의 세계이다. 선한 신 아후라 마즈다가 그 싸움에서 아사(Asha), 즉 진리와 정의 편에 서듯이, 아흐리만은 허위의 나라의 지배자이며, 더욱이 몇몇 군데에서는 허위와 전적으로 동일시되어 있다. 그리고 이것은 그가 허위와 기만을 자신의 무기로서 사용한다는 것만이 아니라 그 자신이 객관적으로 가상과 비진리의 권역에 결부되어 있음을 의미한다. 그는 **맹목적이고**──그리고 바로 이 맹목성, 이 무지 때문에 아후라 마즈다와 싸우도록 정해져 있는 것이며, 아후라 마즈다가 기대하는 대로 이 싸움에서 그는 자신의 최후를 맞이하게 된다. 이리하여 그는 자기 자신의 비진리성 때문에 결국은 몰락하는 것이다. 하지만 이 몰락은 일거에 일어나는 것이 아니라 '때의 마지막에' 비로소 일어나며, 인간의 역사와 인간의 문화의 발전이 진행하고 있을 때, 즉 '싸움의 시기'에는 아흐리만은 아후라 마즈다에 필적하고 또 그에 대항하면서 그 힘을 발휘하는 것이다. 이스라엘의 예언자들의 종교적 의식은 물론 이 점에서도 한 걸음 더 나아간다. 그것은 저급한 악령의 세계가 절대적인 무(無)임을 증명하고자 한다. 그 무에서는 표상에서도 신앙에서도 또한 공포의 감정에서도, 설령 아무리 간접적인 '실재성'일지라도 인정될 수 없다. 「예레미야 서」에는 이렇게 기술되어 있다. "이방 민족의 관습은 허무하기 때문이다. …… 그것들[이방 민족의 우상들]을 두려워하지 말라. 그것들은 해로움도 끼칠 수 없고 이로움도 줄 수 없기 때문이다. …… 그 우상들은 가짜이니 그 안에는 숨결이 없다. 이것들은 헛것이요, 미혹하는 소행이다."(「예레미야 서」 10:3 이하) 여기에서 알려지고 있는 새로운 신적 생활은, 그것에 대립하는 모든 것이 전적으로 비실재적인 것, 허위의 것임을 설명하지 않고서는 자기 자신을 표명할 수 없다. 그러나 여기에서도 또한 그러한 철저한 엄격함 하에 분리가 행해질 수 있는 것은 참된 종교적 천재, 위대한 개인의 경우에서만이며, 반면 종교사 일반의 발전은 또 다른 길을 취한다. 거기에서는 신화적 환상이 만드는 상(像)이 거듭 되풀이하여 밀려온다. 심지어 이들 상이 그 본래의 생명을 잃고 단순한 꿈의 세계, 그림자의 세계로 변해버린 뒤에도 그러하다. 신화적인 영혼신앙에서 망자가 그림자가 되면서도 여전히 힘을 발휘하고 존재하고 있듯이, 신화적인 형상세계도 또한, 설령 종교적 진리의 이름하에 그 존재와 진리성이 부정되더라도, 여전히 긴 세월 동안 그 오래된 힘을 계속 발휘하고 있다.[9] 여기에서도 또한 293 모든 '상징형식들'의 발전에 서와 마찬가지로 빛과 그림자가 서로 긴밀하게 결합된다. 빛은 자신이 던지는 그림자 속에서 비로소 자신을 알리고 나타낸다. 순수하게 '예지적인 것'은 분명 감성적인 것을 자신의 대립극으로 삼지만, 그러나 이 대립극은 동시에 그것의 필연적인 상관항을 이루고 있는 것이다.

종교적 사고와 종교적 사변이 진전됨에 따라 신화적 세계가 점차 공허한 것이 되어가는 양상을, 그리고 이 과정이 신화의 형상들로부터 다시금 경험적-감각적 존재자의 형상들로까지 확대되어가는 양상을 우리에게 보여주고 있는 세 번째의 위대한 사례는 우파니샤드 교의이다. 이 교의 또한 그 지고한 궁극적 목표에 도달하는 것은 부정(否定)의 길을 통해서이며, 이 부정이 이 종교에게 말하자면 기본적 범주가 되는 것이다. 절대자를 지칭하기 위해 최종까지 남는 단 하나의 이름, 단 하나의 표시는 부정 자체이다. 존재하는 자는 아트만이지만, 이것은 '아니, 아니'를 의미한다. 여기에는 "이리하여 그것은 존재하지 않는다"는 것 이상의 것은 아무것도 없다.[10] 그리고 불교가 이와 동일한 부정의 과정을 객관으로부터 주관에로까지 확장한다고 한다면 그것은 이 길의 마지막 걸음을 의미한다. 예언자적-일신

• • •

9. 종교적 의식의 이 독특한 중간상태 및 동요상태가 신화적 세계, '보다 낮은' 악령의 세계에서 주어지는 언어표현에 지금도 여전히 직접 명료하게 나타나는 일이 많다. 예를 들면 『아베스타』의 아흐리만이 허위(druj̃)의 지배자로 불리고 있지만 이 말이 포함되어 있는 인도게르만어의 어근 dhrugh(산스크리트어로는 druh)은 게르만어의 어근 drug에 재현되어, 독일어에서는 Trug와 Traum이라는 형태로 전개되어 있다. 악령이나 유령을 나타내는 게르만어의 말들(고대 노르만어 draugr = 유령, 옛 고지(高地)독일어 troc, gitroc 등)도 이에 속한다. 이러한 연관에 관해 상세한 것은 W. Golther, *Handbuch der german. Mythologie*, S. 85를 볼 것. 또한 Kluges, *Etymol. Wörterbuch der deuschen Sprache* 내의 항목 'Traum'과 'Trug'도 참조.
10. 이에 관해 상세한 것은 Oldenberg, *Die Lehre der Upanishaden und die Anfänge des Buddhismus*, S. 63 ff. 및 Deussen, *Philosophie der Upanishad's*, S. 117 ff., 206 ff.

교적 종교에서는 종교적 사고와 종교적 감정이 모든 단순한 사물적인 것으로부터 명확히 이탈하면 할수록, 자아와 신의 상호관계가 한층 더 순수하고 한층 더 활발하게 드러난다. 상(像)으로부터 해방되고 상의 대상성으로부터 해방된다는 것은 실은 이 자아와 신이 상호관계를 명확하고 선명하게 표출시킨다는 것 외에 다른 목적을 갖지 않는 것이다. 따라서 부정작용은 거기에서 끝내 제거하기 어려운 한계를 발견하게 된다. 왜냐하면 이 부정작용은 종교적 사태의 중심인 인격과 그 자기의식에는 닿지 않기 때문이다. 대상적인 것이 모습을 잃고, 그것이 신적인 것의 충분하고 적절한 표현으로서 나타나는 일이 없어짐에 따라, 새로운 형식의 형성작용, 즉 의지와 행위에 의한 형성작용이 한층 더 명료하게 부각된다. 하지만 불교는 이 최종적인 장벽도 타고 넘어버린다. 즉 불교에 있어서는 '자아'의 형식도 또한 다른 단순한 사물적인 형식과 꼭 마찬가지로 우연적이며 외적인 것이다.[294] 왜냐하면 불교가 말하는 종교적 '진리'는 단지 사물의 세계만이 아니라 의욕이나 활동의 세계도 넘어가려고 하기 때문이다. 불교의 입장에서 보자면, 활동과 의욕에는 바로 인간을 끊임없이 생성의 원환에 붙들어 매는 것, 인간을 '윤회 전생(輪廻轉生)'에 얽매이게 하는 것이 놓여있다. 행위(카르만[Karman, 業])야말로 환생의 부단한 연속 속에서 인간에게 그 길을 규정하는 것이자 또한 이와 함께 고(苦)의 마르지 않는 원천이 된다. 따라서 사물의 피안만이 아니라 무엇보다 행위와 욕망의 피안에 참된 해방이 있는 것이다. 이 해방을 달성한 자에게는, 자아와 세계의 대립만이 아니라 그에 못지않은 자아와 너의 대립도 소멸해버린다. 그에게는 인격성도 또한 더 이상 핵심이 아니라 외피에 지나지 않고 유한성과 형상성의 최후의 잔재일 뿐이다. 인격성은 어떠한 지속도, 고유의 '실체성'도 가지지 않고, 그 직접적인 현재성 속에서만 살고 있다. —— 즉 항상 새로워지는 여러 종류의 존재요소들의 오고 감, 생성과 소멸 속에서만 살고 있는 것이다. 따라서 자아도 또한, 설령 정신적 자아로서일지라도, 흘러가고 사라져가는 형상들의 세계, samkhāra[상카라=행(行)=현상(現象)]의 세계에 속해 있으며, 그 궁극적 원인은 무지 속에서 찾아지지 않으면 안 된다.[11] "숲에서 덤불 속을 두루 쏘다니는 원숭이가 큰 가지를 붙잡은 채로 또 다른 가지를 붙잡듯이, 정신이라든가 사고라든가 인식이라고 명명되고 있는 것은 밤낮 번갈아 나타났다가 사라져 간다." 이리하여 인격이나 자기란 우리가 덧없는 존재내용들의 복합체에 부여하는 이름 이상의 것이 아니다. 그것은 마치 '마차'라는 말이 멍에에 매인 가축과 차체(車體), 마차의 손잡이와 차바퀴의 전체를 가리키는 것일 뿐, 그 이상으로 그 자체로 존재하고 있는 어떤 특별한 것을 가리키는 것은 아닌 것과 같다. "거기에 어떤 실체가 있는 것은 아니다." 이 귀결에서도 또한 종교적 사고의 어떤 보편적인 기본적 방향이 특별한 간결함과 명확함으로 나타나 있다. 모든 존재 —— 사물의 존재이든 자아의 존재이든 내적 세계의 존재이든 외적 세계의 존재이든 —— 가 그 존립과 의미를 지니는 것은 이 존재가 종교적 과정 및 그 중심과 관련을 갖는 한에서라는 이 점이야말로 종교적 사고의 특성을 이룬다. 즉 근본적으로는 이 종교적 과정의 중심만이 유일한 실재인 것이며, 반면 다른 모든 것은 전적으로 허망한 것이거나 또는 이 과정 내의 계기로서 파생적인 존재, 제2의 질서에 속하는 존재를 가지는 것에 지나지 않는다. 따라서 이 종교적 과정을 보는 관점은 역사상의 개개 종교들 각각에 의해 [295]상이한 모습을 취하며, 거기에서 종교적 가치의 강조 방식도 다양하게 변화하는 것이지만, 또한 그에 상응하여 그 종교들에 의해 여러 요소들이 풀려나며, 플라톤 식으로 말하자면 "존재의 인장(印章)을 부여받게" 된다. 이 점에서 행위의 [능동적] 종교는 필연적으로 고난의 [수동적] 종교와는 다른 길을 취하며, 문화적 종교는 자연적 종교와는 다른 길을 취하는 것임에 틀림없다. 결국 종교적 직관과 종교적 사고에게 있어서는, 자기 자신의 중심으로부터 빛을 받는 내용만이 '존재하고 있다'고 말해지는 것이며, 중심이 되는 종교적 결단에 대해 전적으로 아무래도 좋은

• • •

11. 불교 교의에서의 행(行)[=현상]의 개념의 위치에 대해서는 특히 Pischel, *Leben und Lehre des Buddha*, Leipzig 1906, S. 65 ff.를 참조. 또한 Oldenberg, *Buddha*[4], S. 279 ff.도 볼 것.

것, ἀδιάφορον[아디아포론, 무차별]한 다른 모든 것은 무의 어두움 속으로 가라앉아버리는 것이다. 불교에 있어서는 자아도, 즉 개인과 개인의 '혼'도 이 무의 영역에 속하게 되지만, 그 이유는 이것들이 불교의 사고방식에서 보자면 종교상의 근본문제 속에 들어가지 않기 때문이다. 왜냐하면 불교는 비록 그 본질적인 내용과 목적에서 볼 때 순수한 구제종교라고 할지라도, 불교가 추구하는 구제는 더 이상 개개의 자아의 구제가 아니라 개개의 자아로부터의 구제[해탈]이기 때문이다. 우리가 혼이라고 부르고 인격이라고 부르는 것은, 그 자체 어떤 실재적인 것이 아니라 가장 통찰하기 어렵고 극복하기 어려운 최종적인 환영인 것이며, '형상과 이름'에 집착하는 경험적인 표상이 우리를 이 환영에 말려들게 하는 것이다. 이러한 형상과 이름의 영역을 완전히 포기한 자에게는 자립적 개체성이라는 가상도 또한 그 힘을 잃는다. 그리고 실체적인 영혼과 동시에 그 종교적 상관자이자 대립상인 실체적 신성도 또한 소멸해버린다. 불타는 민간신앙의 신들을 부정한 것은 아니다. 하지만 불타에게 그러한 신들은 모든 개개의 것들과 같이 생멸의 법칙에 예속되어 있는 개별적 존재의 하나에 지나지 않는다. 그 자체 생성의 원환에, 따라서 고통의 원환[윤회]에 주술적으로 사로잡혀 있는 신들로부터는 어떠한 구제도, 고통으로부터의 해방도 일어날 리가 없다. 이리하여 이 점에서 불교는 '무신론적 종교'의 유형에 속하게 된다. 왜냐하면 그것은 불교가 신들의 존재를 부정한다는 의미에서가 아니라 오히려 이러한 신들의 존재는 불교의 핵심적 문제, 주요문제에 비하자면, 아무래도 좋은 무의미한 문제에 불과하다는 훨씬 더 깊고 보다 기본적인 의미에서이기 때문이다. 하지만 만일 이러한 이유에서 불교를 종교라는 이름으로 부르는 것을 일반적으로 부인하고 그 대신에 거기서 단순한 실천적 도덕을 보고자 한다면, 그것은 종교 개념의 자의적인 협애화가 될 것이다. 왜냐하면 종교 개념에 편입되어도 좋은가 어떤가를 판별하는 기준이 될 수 있는 것은 교설의 내용이 아니라 그 형식뿐이기 때문이다. 즉 어떠한 존재의 주장이 아니라 특수한 '질서', 특수한 의미의 주장이야말로 [296]하나의 교설에 종교적이라는 각인을 하게끔 하는 것이다. 종교적 '의미부여'라는 일반적인 기능이 제대로 견지되고 있는 한, 존재요소는 어떠한 것이든 모두 —— 이 점에서 불교는 가장 중요한 사례들 중 하나이다 —— 부정될 수 있다. 여기에서는 종교적 '종합'의 기본적 작용은, 사건 자체가 파악되고 일정한 해석으로 끌어들여지기조차 하면서도 이 사건의 기체로 칭해지는 것은 모두 점차로 용해되고 마침내 무로 돌아가버리는 방향으로 움직이는 것이다.

그리스도교도 또한 그 전개 전체에서 동일한 투쟁을 벌이고 있다. 즉 종교적 '실재성'에 대한 자신에게 합당한 독자적 규정을 쟁취하기 위한 투쟁을 벌이고 있는 것이다. 그리스도교의 경우, 신화적 형상세계로부터의 이탈은 한층 더 곤란한 것으로 보인다. 그 자신의 기본적 교의에, 즉 그 교의내용에 몇몇 신화적 직관들이 깊이 뿌리를 내리고 있어, 이 내용 자체를 위험에 처하게 함이 없이 그 신화적 직관을 제거하는 것은 불가능하기 때문이다. 셸링은 이러한 역사적 사태를 근거로 하여, 그로부터 모든 '계시종교'에도 '자연종교'가 불가결한 전제가 되어 있고 또 그렇게 계속됨에 틀림없다는 결론을 이끌어낸다. "이것(계시종교)은 자신이 힘을 발휘하기 위한 재료를 자신으로부터 만들어내는 것이 아니라 자신과는 무관계한 것으로서 눈앞에서 발견한다. 계시종교의 형식적 의미는 단지 자연적인, 부자유한 종교를 극복하는 데에 있다. 그러나 바로 이 때문에, 지양한 것이 지양된 것을 포함하듯이, 계시종교는 자연종교를 포함하고 있다. …… 만일 이교 내에서 이 계시된 진리의 왜곡을 보는 것이 허용된다면, 거꾸로 그리스도교 내에서 올바르게 성립된 이교를 보아서는 안 된다고 하는 것도 있을 수 없을 것이다. …… 이 양자(신화와 계시)의 친연성은 양자가 외적 운명을 같이하고 있는 것에 이미 나타나 있다. 즉 그것은 양자가 형식과 내용을, 본질적인 것과 단순히 시대에 합당한 차림을 전적으로 똑같은 구별에 의해 합리화하려고 하며, 이것을 이성적인 의미로 또는 대부분의 사람들에게는 이성적으로 보이는 의미로 환원하려고 하는 점에 나타나고 있다. 이교적인 것을 배제해버리면, 그것과 함께 모든 실재성도 그리스도교로부터 빼앗겨버릴 것이다."[12] 셸링이 여기에서 표명한 바는, 그 자신이 거의 예상조차 할 수 없었던 정도로까지 그 후의 종교사적 연구에 의해 확증되었다. 오늘날에는 이들 연구를 기반으로 해서 그리스도교의 신앙의 세계 및 표상세계에는 그 신화적-이교적 대응물이 제시될 수 없을 듯한 비유나 상징은 거의 없다고까지 말할 수 있을 것이다.[13] [297]그리스도교 교의사(敎義史)의 전개 전체는 그 최초의 출발로부터 루터나 츠빙글리에 이르기까지 '상징'의 역사적 원(原)의미 —— 그 원의미에 따라 이 상징이 지금도 그대로 '성사(聖事)'라든가 '비의(秘儀)'로서 나타나 있다 —— 와 그 파생적 의미, 즉 순수하게 '정신적인' 의미 사이의 부단한 투쟁을 우리에게 보이고 있다. 이 경우에도 '이념적인 것'은 사물적인 것, 실재하는 현실적인 것에서 출발하여 매우 점진적으로만 완성될 뿐이다. 특히 세례와 성찬식은 처음에는 전적으로 이러한 실재적인 의미에서, 그것들에 고유한 직접적인 효력에 의거해 이해되고 평가되고 있다. 하르낙은 초기 그리스도교에 대해 이렇게 말하고 있다. "상징적인 것은 당시에는 객관적, 실재적인 것의 대립물로 생각되지는 않고 오히려 자연적인 것이나 세속적으로 명백한 것에 대립되는 비밀로 가득 찬 것, 신의 힘에 의해 야기되는 것(μυστήριον[뮈스테리온])이었다."[14] 이러한 종류의 사고방식에는 신화적 사고의 궁극적 근원으로까지 소급되는 하나의 구별이 나타나 있다.[15] 그리고 그리스도교가 지닌 이 장벽 내에서야말로 그 역사적인 힘의 대부분이 포함되어 있다. 만일 그리스도교가 온갖 개혁의 시도에도 불구하고 이 신화적인 '토착성'에 열광하고 이를 거듭 주장하는 일이 없었다면, 고대 말기를 특징짓는, 세계 지배를 둘러싼 동방 종교들의 패권 싸움 속에서 아마도 패배해버렸을 것이다. 그리스도교 예배의 다양한

• • •

12. Schelling, *Einl. in die Philos. der Mythologie*, S. W., 2. Abteil., I, 248.
13. 이에 관해서는, 이 연관을 전면적으로 추구하고 해명한 최근의 연구를 지시하는 것으로 만족하고자 한다. Eduard Norden, *Die Geburt des Kindes* (Studien der Bibl. Warburg, Nr. III), Leipzig 1924.
14. Harnack, *Lehrbuch der Dogmengeschichte*[3] I, 198.
15. 이 책 123쪽 ff. 참조.

요소들에서 이 연관은 면밀히 추적되고 예시될 수 있다.[16] 이리하여 여기에서도 또한, 그리스도교를 특징짓는 종교상의 새로운 경향, μετάνοια[메타노이아, 회개(悔改)]의 요구에 표명되어 있는 새로운 의미부여는 결코 직접적으로 나타나는 것도 아니며 또한 관철되지도 않는다. 오히려 이 새로운 형식은 여기에서 이른바 심리적-역사적 '소여(所與)'가 되어 있는 신화적 소재들에 입각하는 것으로밖에는 달리 표현될 수 없고 성숙될 수도 없는 것이다. '교의(Dogma)'의 전개는 더욱 더 이 두 계열의 조건에 의해 규정된다. 왜냐하면 교의란 모두, 인간이 순수하게 종교적인 의미내용을 어떤 표상내용, 존재내용으로서 말하려고 할 경우에, 그것이 취하는 틀에 다름 아니기 때문이다.

[298]하지만 여기에서도 또한, 경험적-감성적 존재나 감성적인 형상세계와 표상세계라는 '다른 것'이 얼마나 항상 따라다니는가와 관계없이, 종교 자체의 순수한 의미를 획득하려고 시도하는 것은 신비사상이다. 신비사상 속에서는, 경화된 외적 소여를 모두 벗기고 해소하려고 노력하는 종교적 감정의 순수한 역학이 영향을 미친다. 인간의 영혼이 신에 대해 맺는 관계는 결코 경험적 직관이나 신화적 직관의 형상언어 속에서도 '사실적' 존재나 경험적-실재적인 사건의 권역에서도 그 적절한 표현을 발견하지 못한다. 자아가 이러한 영역으로부터 완전히 물러나서 자신의 본질과 근거 속에 살며, 거기에서 상의 매개 없이 신의 단순한 본질에 의해 접촉될 때에만 비로소, 자아에 신과 인간의 관계가 지닌 순수한 진리와 순수한 내면성이 열려지는 것이다. 따라서 신비사상은 신앙내용이 되는 신화적 요소를 배제하는 것과 마찬가지로 역사적 요소도 배제한다. 신비사상은 교의의 극복을 위해 노력하는데, 그 이유는 교의가 순수하게 사상적인 표현을 띠면서 나타나는 경우조차도 교의 속에 여전히 상의 계기가 지배되고 있기 때문이다.

● ● ●

16. 이 점에 대해서도, 여기에서 상세하게 들어갈 수 없다. 몇 가지 '전례(典禮) 도상'에 관한 세밀한 분석을 떠올리는 것으로 충분할 것이다. Dieterich, *Mithrasliturgie*, 제2부, S. 92 ff.

왜냐하면 교의라는 것은 모두 분리시키고 한정짓는 태도를 취하는 것이어서, 종교생활의 역학 속에서만 이해할 수 있고 의미를 갖는 것을 명확한 표상으로 바꾸고 그 확고한 '형성물'로 변하게 해버리기 때문이다. 이리하여 신비사상의 입장에서 보자면 상과 교의, 즉 종교의 '구체적' 표현과 '추상적' 표현은 동일한 선 위를 움직인다. 신이 인간으로 되는 것은, 신화적인 것이든 역사적인 것이든 더 이상 하나의 사실로서 파악되어선 안 되고 그것은 항상 새로이 인간의 의식 속에서 달성되는 과정으로서 파악된다. 여기에서 보여지는 것은 자립적으로 존재하는 대립하는 두 '자연들'이 나중에 하나가 된다는 점이 아니다. 오히려 여기에서 일어나는 것은, 신비사상에게 단 하나 잘 알려져 있는 근원적 소여인 단일한 종교적 관계로부터 이 관계의 두 요소들이 나타난다는 점이다. 마이스터 에크하르트는 이렇게 말한다. "아버지는 자식을 끊임없이 낳는다. 그뿐만이 아니다. 신은 자신의 자식으로서의 나를 낳는 것만이 아니라 그 이상이다. 신은 나를 자신으로서, 자신을 나로서 낳는 것이다."[17] 순수한 상관관계로 해소되려고 하면서 그럼에도 불구하고 역시 양극성으로서 유지되지 않으면 안 되는 양극성이라는 이 근본사상이 그리스도교적 신비사상의 성격과 행로를 규정하고 있다. 이 행로는 '부정 신학'이라는 방법에 의해서도 특징지어지지만, 신비사상에서는 이 방법이 [299]직관과 사고의 모든 '범주들'을 통해 수미일관하게 수행되는 것이다. 신적인 것의 파악에로 도달하기 위해서는 먼저 유한적이고 경험적인 존재가 지닌 모든 조건, '어디서', '언제', '무엇'이라는 조건들이 모두 벗겨내지지 않으면 안 된다. 에크하르트와 [그의 제자인] 주조(Henry Suso)에 따르면, 신은 결코 특정한 '어떤 곳'도 갖고 있지 않다. 신은 "그 중심이 어디에나 있고 그 원주는 어디에도 없는 듯한 그러한 하나의 원환이다." 그뿐만 아니라 시간이 갖는 모든 구별과 대립, 과거, 현재, 미래가 신 안에서는 없어져버린다. 신의 영원성이란 시간에 대해서는 전혀 아는 바가 없는

• • •

17. Meister Eckhart, Ausg. von Fr. Pfeiffer, *Deutsche Mystiker des 14. Jahrh.* II, 205.

현재의 지금이다. 그리하여 신에게 남는 것은 '이름을 가지는 않는 무(無)'와 '형상을 가지지 않는 형상' 뿐이다. 그리스도교적 신비사상도 또한, 이 무와 무내용이 존재자와 마찬가지로 자아도 사로잡는 것은 아닐까라는 위험에 끊임없이 봉착한다. 그러나 여기에서는, 불교의 사변과는 대조적으로, 넘기 어려운 장벽이 마지막으로 남아 있다. 왜냐하면 개체적인 자아, 개별적인 혼의 문제가 중심에 있는 그리스도교에 있어서는, 자아로부터의 해방은 항상 동시에 자아를 위한 해방을 의미하는 방식으로만 생각될 수 있기 때문이다. 따라서 에크하르트와 타울러가 불교의 열반(Nirwana)과 인접한 경계에까지 나아간다고 여길 때조차도, 즉 그들이 자기(自己)를 신 안에서 소멸시켜버릴 때조차도, 그들은 말하자면 이 소멸 자체에 여전히 그 개체적인 형식을 남겨두려고 노력한다. 자아가 바로 이 자기포기를 아는 하나의 지점, '작은 불꽃'이 아직 남아 있는 것이다.

여기에서 다시금 신화적-종교적 의식의 전개 전체를 관통하는 앞서 말한 변증법이 한층 명확하게 나타난다. 신화적 사고방식의 하나의 기본적 특징으로서 우리에게 밝혀진 것은 그것이 두 항 사이에서 일정한 관계를 설정할 때에는 항상 이 관계를 동일성이라는 사태로 변하게 한다는 점이다. 여기에서는, 요구되고 있는 종합이 필연적으로 늘 되풀이하여 도달하는 곳은 바로 결합되어야 하는 요소들의 합치, 그 직접적인 '유착'이다.[18] 그리고 일체성 요구의 이 형식은 종교적 감정과 종교적 사고가 그 시원적 신화에 의한 제약을 능가하여 성장하고 있는 곳에서조차도 계속 그 반향을 유지하고 있다. 신과 인간 사이의 차이가 사라진 때에 비로소, 즉 신이 인간이 되고 인간이 신이 된 때에 비로소, 구원의 목적이 달성되는 것으로 보이는 것이다. 그노시스학파 내에서조차 이미, 진정한 최고의 목표로 여겨지는 것은 직접 신이 되는 것, 아포테오제(Apotheose, 神化)이다. τοῦτό ἐστι τὸ ἀγαθὸν τέλος τοῖς γνῶσιν ἐσχηκόσι θεωθῆναι[신이 되는 것, 이것이야

• • •
18. 이 책 109쪽 ff. 참조

말로 인식을 소유한 사람들을 위한 선한 결말이다](Poimandros. 1, 26).[19]
*300*여기에서 우리는 신화적-종교적인 사고방식과 보다 좁고 엄밀한 의미에서의 종교철학적인 사고방식의 경계선에 서있는 셈이다. 종교철학적 관점은 신과 인간의 일체성을 실체적인 것으로서가 아니라 오히려 참된 종합적통일로서, 즉 상이한 것의 통일로서 생각한다. 따라서 거기에서는 여전히분리가 불가결한 계기이자 일체화 달성을 위한 조건이다. 이 점은 플라톤에의해 고전적인 간결함으로 표명되어 있다. 『향연』에서의 디오티마의 이야기에서는 신과 인간의 관계가 에로스에 의해 맺어지는데, 에로스는 위대한매개자로서 신들에게는 인간에 의해 일어나는 것을, 인간에게는 신들에의해 일어나는 것을 전달하고 번역하는 일을 맡고 있다. 그는 양자의 중간에서 양자 사이의 간극을 채우고, 그 결과 이제 만물은 통합되어 통일체가되어 있다. "왜냐하면 신은 인간과 직접 섞이는 일은 없기 때문입니다.오히려 신들과 인간 사이의 왕래와 대화는——각성 상태든 수면 중이든——에로스를 통해 일어나는 것이지요."[20] 신과 인간의 '융합'을 이와 같이거부함으로써 변증법적 사상가인 플라톤은, 신화도 신비사상도 수행할 수없는 엄격한 단절을 달성한 것이다. 신과 인간의 동일성인 아포테오제[신화(神化)] 대신에, 이제 인간의 행위 내에서 이외에는, 즉 선(善)을 향한 부단한진행 내에서 이외에는 실현될 수 없는 ὁμοίωσις τῷ θεῷ[호모이오시스토 테오, 신과 닮은 것]의 요청이 등장하는데, 거기에서는 그럼에도 선자체는 '존재의 피안(ἐπέκεινα τῆς οὐσίας)'에 머물러 있게 된다. 여기에서알려지고 있는 것은, ——플라톤은 결코 신화적 형상 자체를 거부하고 있지는 않으며, 또한 내용상으로는 특정한 신화적 기본표상과 밀접하게 관계되

· · ·

19. 이 책 73쪽 f. 참조. 상세한 것은 Reitzenstein, *Die hellenistischen Mysterienreligion*[2], S. 38 ff. 또한 Norden, *Agnostos Theos*, S. 97 ff.

20. θεὸς δὲ ἀνθρώπῳ οὐ μίγνυται, ἀλλὰ διὰ τούτου πᾶσά ἐστιν ἡ ὁμιλία καὶ ὁ διάλεκτος θεοῖς πρὸς ἀνθρώπους, καὶ ἐγρηγορόσι καὶ καθεύδουσι["그런데 신은 인간과 직접 섞이는 것은 아니고 오히려 신들과 인간 사이의 교제와 대화는——깨어 있건 잠들어 있건 간에——모두 이 신령(神靈)을 통해 일어나는 것이지요."](『향연』 203A).

어 있는 것으로도 보이지만── 신화를 원리적으로 그 너머로 나아가도록 지시하는 어떤 새로운 사고형식이다. 공관(共觀, Synopsis)은 더 이상 συμπτῶ σις[쉼프토시스, 합생(合生)]로 나아가지 않는다. 그것은, 바로 상호관계에 의해, 즉 결합과 분리 사이의 폐기불가능한 상관관계에 의해 구성되는, 이데아의 직관의 통일성으로 되는 것이다.

이에 반해 종교적 의식은, 그것이 포함하고 있는 순수한 의미내용과 그 내용의 형상적 표현 간의 갈등이 이 의식 내에서 결코 잦아드는 것이 아니라 그 전개의 모든 단계에서 항상 갱신되어 나타난다는 것에 의해 특징지어진다.[301] 종교적 의식의 이 양극단 간의 화해는 항상 추구되면서 그럼에도 결코 완전히 달성되는 것은 아니다. [한편으로] 신화적인 형상세계를 넘어가려고 하는 노력과 [다른 한편으로] 바로 이 형상세계와의 불가분한 결합과 고착 속에서 종교적 과정 자체의 하나의 기본적 계기가 있는 것이다. 종교가 경험하는 최고의 정신적 승화조차도 이 대립을 소멸시키는 것은 아니다. 그것은 오히려 이 대립을 더욱 더 선명하게 부각시켜 이 대립의 내재적 필연성을 이해하게끔 하는 데 도움이 될 뿐이다. 이 점에서 종교의 길과 언어의 길 간의 비교가 다시금 [우리의 관심영역 위로] 떠오른다. 그리고 이 비교에서 중요한 것은, 서로 멀리 떨어져 있고 내용상으로도 상이한 정신의 두 영역 사이에 인위적인 매개를 설정하려고 하는 단지 주관적인 고찰이 아니다. 오히려 우리는 이 비교에 의해, 종교적 사변이 그 고유한 전개 속에서 거듭 그리로 이끌리어 갔음을 알아차렸고 또한 종교적 사변이 자신의 개념수단과 사고수단을 이용해 항상 새롭게 지칭하고 규정하려고 시도해 왔던 어떤 연관을 파악하는 것이다. 일상적, '세속적'인 세계관에게는 직접 주어져 있는 '사물'의 현실성으로 보이는 것, ──이것을 종교적인 사고방식은 '기호'의 세계로 바꿔버린다. 종교 특유의 관점은 바로 이 전환에 의해 규정되어 있다. 모든 자연적이고 물질적인 것, 모든 존재, 모든 사건이 이제 비유가 된다. 즉 어떤 정신적인 것의 신체적-형상적 표현이 되는 것이다. '상(像)'과 '사태'의 소박한 미분화, 즉 신화적 사고에서 성립하는 이 양자의 내재성이 바야흐로 무너지기 시작한다.[21] 그 대신에 종교적 의식이 이제 자기 자신 속에서 경험한 지 얼마 안 된 새로운 분리의 표명인 — 존재론적인 표현법을 써 본다면 — 어떤 '초월'의 형식이 더욱 더 선명하고 명확하게 형성되기에 이른다. 더 이상 어떠한 사물도 어떠한 사건도 단지 자기 자신을 의미하는 것이 아니라 '다른 것', '피안의 것'을 지시하는 것이 된다. '모상적' 존재와 '원상적' 존재의 이 엄밀한 분리에 의해, 종교적 의식은 비로소 그것에 고유한 참된 이념성으로 뚫고 나아가게 되며, 또한 동시에 여기에서 종교적 의식은 철학적 사고가 전적으로 다른 길 위에서 또 다른 전제 아래에서 서서히 만들어내는 어떤 근본사상과 접촉하는 것이다. 그 역사적인 실효성이라는 점에서 이념적인 것의 이 두 형식이 이제 직접 서로 개입하는 것이 가능해진다. 플라톤이 좋음[善]의 이데아는 '존재의 피안'에 있다고 가르쳤을 때, 그리고 그 때문에 좋음의 이데아를, [302]인간의 육안으로는 직접 볼 수 없고 단지 영상 속에서, 즉 물에 비친 거울상으로만 볼 수 있는 태양에 비유했을 때, 그는 이것에 의해 종교의 형식언어를 위해 하나의 전형적인 영속적 표현수단을 만들어냈던 셈이다. 그리스도교의 역사 속에서 이 표현수단의 전개와, 그 계속적 형성 및 종교적 심화를 추적할 수 있거니와, 즉 이는 신약성서로부터 중세의 교의적 및 신비주의적 사변에까지, 그리고 더 나아가 거기로부터 18, 19세기의 종교철학에까지도 미치고 있다. 바울로부터 에크하르트나 타울러에까지, 그리고 이들로부터 하만이나 야코비에까지 종교적 사고의 연쇄는 이 점에서 중단되지 않은 채 계속되고 있다. 그리고 여기에서는 종교의 문제가 기호(記號)라는 결정적 매개개념에 의해 언어의 문제와 거듭 연결되는 것이다. 하만은 라바터에게 다음과 같이 써 보내고 있다. "진심으로 말씀드립니다만, 나의 그리스도교는 모두 기호에 대한 애호, [세례 때의] 물과 빵과 포도주의 힘에 대한 취향 이외 아무것도 아닙니다. 여기에는 배고픔과 갈증

● ● ●
21. 이 책 72쪽 ff. 참조.

을 충족시켜주는 것이 있지요. 그것은 계율처럼 단지 장래의 선한 것들의 그림자를 드리우는 것만이 아니라 그러한 선한 것들이 거울에 의해 신비로서 나타나며 지금 여기에서 가시화될 수 있다는 의미에서 αὐτὴν τὴν εἰκόνα τν πραγμάτων[사물의 닮은 모습 자체]를 주는 것입니다. 왜냐하면 τέλειον[텔레이온, 온전함]은 피안에 있기 때문이지요.'[22] 에크하르트의 신비주의적 근본사상에서는 모든 피조물이 '신의 말씀'에 다름 아닌 것이듯,[23] 여기에서도 창조작용 전체 그리고 모든 자연적 사건과 모든 정신적-역사적 사건은 창조자가 피조물에게, 피조물을 통해 끊임없이 행하는 말인 것이다. "왜냐하면 하루는 그것으로 그 다음 날을 말하며, 밤은 그것으로 다음 밤을 알리기 때문입니다. 이들 암호는 모든 지역 너머로 세상 끝까지 돌아다니며, 그 소리는 어떠한 방언으로부터도 알아들을 수 있습니다."[24] 자신의 사고 속에서 [303]하만의 형이상학적-상징적 세계관의 기본적 요소들과 칸트적 요소들을 융합하려고 하는 야코비에 의해, 여기서 나타나는 객관적인 연관이 이번에는 주관적인 연관으로, 즉 심리학적-선험론적인 것(Transzendental)으로의 전환을 겪는다. 언어와 종교는 둘 다 동일한 정신적 근원에서 유래한다는 점에 의해 서로 관계되어 있고 서로 밀접하게 결부되어 있다. 즉 언어와 종교는 초감성적인 것을 감성적으로, 감성적인 것을 초감성적으로 파악하려고 하는 동일한 심정이 지닌 상이한 능력들에 다름 아니다. 인간의 '이성'은 모두 수동적인 '인지 작용'이기 때문에 감성적인 것의 도움을 필요로 한다. 이리하여 인간의 정신과 사물의 본질 사이에 항상 필연적으로, 그

• • •

22. Hamann an Lavater(1778), Schriften, hg. von Roth, V, 278. 하만의 '상징적'인 세계관, 언어관에 관해 상세한 것은 특히 Rudolf Unger, *Hamanns Sprachtheorie im Zusammenhange seines Denkens*, München 1905, *Hamann und die Aufklärung*, Jena 1911.

23. 예를 들면 Eckhart(Pfeiffer 판 II, 92 등)를 비교 참조할 것.

24. Hamann, *Aesthetica in nuce, Schriften* (Roth) II, 261. ── 신비사상에서 유래하는 이러한 기본적 사고방식 자체가 근대의 인식론에까지 여전히 얼마나 강한 영향을 미치고 있는가는 무엇보다도 버클리의 예에서 보여진다. 버클리의 심리학적 및 인식론적 이론은 감성적 지각의 세계 전체를, 신의 무한한 정신이 유한한 정신에 자신을 전달하는 때에 사용하는 감성적 기호의 체계에 다름 아니라고 보는 사상에서 그 정점에 달하고 있다(Bd. I, S. 79 f. 참조).

매개자로서 상(像)과 기호의 세계가 끼어들게 된다. "우리와 참된 본질 사이에는 항상 무언가가 있다. 감정과 상과 말이 그것이다. 우리는 도처에서 어떤 드러나지 않은 것을 볼 뿐이다. 하지만 우리가 드러나지 않은 것으로서 보고 느끼는 것은 동일한 것이다. 이 보여진 것, 감지된 것에 우리는 그 기호로서, 살아있는 기호로서 말을 할당해준다. 이것이야말로 말이 갖는 존엄이다. 말은 스스로를 굳이 열어보이지 않는다. 하지만 말은 그 개시(開示)를 입증하고 그것을 고정시키며 그렇게 고정된 것을 유포시킨다. …… 직접적인 개시와 해석이라는 이 선물이 없다면, 인간들 간의 언어의 사용은 성립되지 않았을 것이다. 이 선물과 더불어, 전 인류가 처음부터 동시에 언어를 발명한 것이다. …… 각각의 종족이 자신들의 언어를 만들었다. 어떤 종족도 다른 종족의 말을 이해할 수 없지만 그러나 모든 사람들이 말한다. ── 모든 사람들이 말을 하는 까닭은, 모든 이들이 동일한 정도로는 아닐지라도 비슷한 정도로 이성과 함께 이 선물을 받았기 때문이다. 외적인 것으로부터 내적인 것을, 개시된 것으로부터 드러나지 않은 것을, 볼 수 있는 것으로부터 볼 수 없는 것을 이해하고 인식하게끔 해주는 이 선물을 말이다."[25]

이와 같이 종교철학적 고찰과 언어철학적 고찰이 양자가 교차되는 한 지점을 지시하고 있으며, 이 한 지점에서 언어와 종교가 말하자면 단 하나의 매체, 즉 정신적 '의미'라는 매체에 의해 서로 합쳐지게 되는 것이라면, 또한 이 점으로부터 상징형식의 철학에서도 하나의 새로운 문제가 생겨난다. 이 철학에게 있어서는, 물론 언어와 종교의 종적(種的)인 차이를 어떠한 근원적 통일성 속으로 해소시키는 것이 문제가 될 수 없다. ── 설령 그 통일성이 객관적으로 파악되든 주관적으로 파악되든, 그것이 사물의 신적 기원의 통일성으로서 규정되든 '이성'의 통일성, 인간 정신의 통일성으로서 규정되든, 둘 중 어느 쪽일지라도 말이다. 왜냐하면 상징형식의 철학의

● ● ●

25. Jacobi, *Über eine Weissagung Lichtenbergs*(1801), Werke III, 209 ff.

물음은 기원의 공통성이 아니라 구조의 공통성에 관계하는 것이기 때문이다. 이 철학은 언어와 종교 사이에서 근거의 숨겨진 통일성을 찾는 것이 아니라 [304]전적으로 자립적이고 각각 독자적인 형성물들인 양자 사이에서 어떠한 기능상의 통일성이 보여질 수 있지 않은가 어떤가를 물어야만 한다. 만일 그러한 통일성이 성립한다면, 그것은 상징적 표현 자체의 하나의 기본적 방향 내에서밖에, 즉 상징적 표현이 발전되고 전개되는 때의 내적 규칙 내에서밖에 찾아질 수 없을 것이다. 우리는 언어의 고찰에서, 어떻게 해서 여기에서는 낱말과 언어음성이 그 순수 상징적인 기능을 파악하기 이전에, '사물'의 세계와 '의미'의 세계의 말하자면 아직 요동하는 중앙에 위치하고 있었던 일련의 중간단계를 통과하는 것인지를 추적해보려고 시도했다. 음성은 그것이 지향하는 내용을 '지시하기' 위해서는, 자신이 어떠한 방식으로든 그 내용에 동화되어야만 하며 또한 그 내용과 직접적 '유사성'의 관계 내지 간접적 '대응성'의 관계에 들어가지 않으면 안 된다. 기호는 그것이 사물의 세계에 대한 표현으로서 기능하려고 한다면, 어떠한 방식으로든 사물의 세계와 융합해야 하고 그것과 동종의 것이 되지 않으면 안 된다. 종교적 표현도 또한 그것이 당초 등장했던 시점에서의 형태는 감각적 존재에로의 이러한 직접적인 가까움에 의해 특징지어진다. 종교적 표현은 이러한 방식으로 감성적–사물적인 것에 견고하게 접합되어 있지 않다면, 존재 속으로 들어갈 수도 또 존재 속에서 유지될 수도 없을 것이다. 물론 아무리 원시적인 것이라고 해도 종교적 정신의 출현 속에서는, 언어음성에서 보여지는 것과 유사한 모습으로 이미 분리의 경향, 즉 머지않아 거기에서 일어나게 될 '위기[=분리]'를 짐작케 하지 않는 것은 없다. 왜냐하면 종교적인 것의 아무리 원초적인 형태에서조차도 항상 '신성한 것'의 세계와 '세속적인 것'의 세계 간의 어떤 분리가 일어나고 있기 때문이다. 하지만 두 세계의 이 분리는 두 세계 간의 부단한 이행, 즉 일관된 상호작용과 한결같은 상호 동화를 배제하는 것은 아니다. 오히려 신성한 것의 힘은, 이것이 무제한적인 힘, 직접적–감성적인 힘에 의해 모든 개별적인 자연적 존재나 사건을 지배하고, ─ 그러한 존재나 사건 속에 숨어들어 그것을 자신의 도구로서 사용할 채비가 항상 되어있다는 점에서야말로 나타나고 있다. 이리하여 여기에서는 아무리 개별적인 것, 우연적인 것, 감각적-특수적인 것일지라도 그야말로 모든 것이 동시에 고유한 주술적-종교적 '의미'를 가지는 것이며, 뿐만 아니라 바로 이 특수성이나 우연성 자체야말로, 사물이나 사건이 일상성의 권역으로부터 이끌려 나와 신성한 것의 권역으로 옮겨지고 있는 것의 징표가 된다. 주술과 공희의 기술(技術)은 '우연적인 것'의 이러한 혼돈 속에서 일정한 확정적인 선을 끌어들이며 거기에 특정한 분절화와 [305]일종의 '체계적' 질서를 도입하려고 한다. 그리하여 예를 들면 점술사는 새가 나는 것을 관찰하고서 천체 전체를 상이한 구역들로, 즉 각각의 신성이 거주하고 지배하는 구역들로 나누는 것이며, ─ 무엇보다 그는 그 구역들을 특정한 성스러운 영역들로서 이미 알고 있고 또 거기에 이름을 부여하고 있는 것이다. 하지만 '보편성'에로 향하는 최초의 경향을 보여주는 이러한 안정된 도식들이 없는 곳조차도, 설령 아무리 고립되고 떨어져나간 것일지라도 모든 개별적인 것이 언제라도 징후로서의 기능을 획득할 수 있다는 것은 항상 가능한 일이다. 비록 단지 존재하거나 일어나기만 하는 것일지라도 그것들은 주술적-종교적 복합체에, 즉 의미와 전(前)의미[=전조(前兆)]의 복합체에 속해 있다. 이리하여 모든 감성적 존재가 바로 그 감성적 직접성에서 동시에 '징후[=기호]'가 되고 '기적'이 된다. 왜냐하면 고찰의 이 단계에서는 징후와 기적이라는 이 양자는 필연적으로 공속하며, 동일한 하나의 사태의 상이한 표현에 지나지 않기 때문이다. 개별적인 것도, 그것이 그 단순한 시간적 공간적 존재에서 고찰되는 것이 아니라 오히려 악령적 내지 신적인 힘의 표현가(表現價)로서, 그 표시로서 보여지자마자, 징후가 되고 기적이 되는 것이다. 이리하여 여기에서는 종교적인 기본형식으로서의 징후는 모든 것을 자신과 관련시키고, 모든 것을 자신 속으로 변화시키되 ─ 하지만 여기에는 동시에, 징후 자체가 감성적-구체적인 존재의 전체 속으로 들어가 이것과 내적으로 융합하면서 결속된다는 점이 함의되어 있다.

그런데 언어의 정신적 발달은 그것이 감성적인 것에 달라붙어 있으면서도 그것을 넘어가려고 하는 것에 의해, 즉 단순한 '모방적' 기호라는 협소함을 넘어가려고 하는 노력에 의해 규정되어 있는바, 그와 마찬가지로 종교의 권역에서도 동일한 특징을 지닌 기본적 대립이 보여진다. 그리고 여기에서도 또한 그 이행은 직접 일어나는 것이 아니라, 오히려 두 극단 사이에서 이른바 정신의 중간적 태도 같은 것이 보여진다. 그 태도에 있어서는 감성적인 것과 정신적인 것이 더 이상 합치하는 것은 아니지만, 그럼에도 불구하고 양자는 항상 서로를 지시하고 있다. 양자는 서로 '유비(Analogie)'의 관계에 있으며, 이것에 의해 상호 분리되어 있는 동시에 상호 관계되어 있는 것으로도 여겨진다. 종교적 사고에 있어, 감성적인 것의 세계와 초감성적인 것의 세계, 정신적인 것의 세계와 물체적인 것의 세계가 엄격하게 분리되면서도 다른 한편에서 이 두 세계가 서로를 반영함으로써 각각이 구체적인 종교적 형성을 겪게 되는 곳에 있어서는 항상 이 관계가 나타난다. 따라서 이 '유비'는 항상 '알레고리'의 전형적인 특징을 띠고 있다. 왜냐하면 현실에 대한 모든 종교적 '이해'는 현실 자체로부터 그대로 유출되는 것이 아니라 그 현실이 어떤 '타자'에 결부되어 그 타자 속에서 그 의미가 인식된다는 조건을 갖고 있기 때문이다. [306]알레고리화라는 이러한 정신적 과정의 진행이 명료하게 보여질 수 있는 것은 무엇보다도 중세적 사고에서이다. 이 사고에서는 모든 현실적인 것은 종교 특유의 '의미부여'를 받는 정도에 상응하여 그 직접적 의의를 잃어간다. 그것이 지닌 자연적 내용은 단순한 외피나 가면에 불과하며, 그 배후에 그 정신적인 의미가 숨어 있다. 중요한 것은 이 의미를 해석하는 것이지만, 그것은 해석상의 네 겹의 형식으로 수행된다. 중세의 문헌에서는 이 형식이 역사적 해석의 원리, 알레고리적 해석의 원리, 비유적 해석의 원리, 신비적 해석의 원리라는 네 가지로 구분되어 있다. 첫 번째의 해석에서 특정한 사건이 그 순수하게 경험적인 사실성에서 파악되면, 다른 세 해석에서 비로소 그 참된 내용, 그 도덕적-형이상학적 의미가 밝혀진다. 단테조차도 또한, 그의 신학만이 아니라 그의 시학도 근거하고 있는 중세의 이 기본적인 사고방식을 견지하고 있다.[26] 이 알레고리적 표현의 형식에서, 현실을 바라보는 특징적인 새로운 '시점(視點)', 현실에 대한 원근(遠近)의 새로운 관계가 주어지게 된다. 이제 종교적 정신은 현실 속으로, 개별적이고 사실적인 것 속으로 매몰되면서 그럼에도 그것에 사로잡혀 있지 않을 수 있다. 왜냐하면 정신이 현실 속에서 보는 것은 그 직접성에서의 현실 자체가 아니라 거기에서 그 간접적인 표현을 발견하는 초월적인 의미이기 때문이다. 이제 기호 자체가 속해 있는 세계와 기호에 의해 표현되는 세계 사이의 긴장이 전적으로 새로운 넓이와 강도를 획득하며, 그럼으로써 기호에 대한 어떤 다른 고양된 의식성 또한 얻어진다. 고찰의 최초의 단계에서는 기호와 기호에 의해 지시되는 것은 말하자면 아직 동일 평면에 속해 있다. [307]즉 어떤 감성적인 '사물', 경험적인 '사건'이 다른 '사물'이나 '사건'을 지시하며 그 징후와 전조가 된다. 그에 반해 이 단계에서는 더 이상 그러한 직접적 관계가 아니라 반성에 의해 매개된 관계만이 지배하고 있다. '비유적' 사고는 모든 존재를 단순한 비유(Tropus)로, 은유(Metapher)로 바꾸어버린다. 하지만 이 은유를 해석하는 데에는 종교적 '해

• • •

26. 단테, 『향연』(Trattato secondo, cap. 1). "쓰여진 것은 주로 네 가지 의미에 따라서 이해될 수 있으며 또한 그것에 따라 설명해야 한다. 첫째는 자의적(字義的)이라 불리는 의미에서 문자 자체의 의미의 범위를 넘지 않는 것이다. …… 둘째는 알레고리라 불리는 의미에서, 이것은 이야기의 겉옷 속에 몸을 감추어두고 아름다운 허구 아래에 숨겨진 진리인 것이다. …… 셋째의 의미는 교훈적이라 불린다. 이것은 말하는 이가 이야기를 들려주면서 주의 깊게, 거기에서 자신과 듣는 사람에게 도움이 되는 의미를 찾아낼 때의 그 의미이다. 예를 들면 복음서에서 그리스도가 변용을 위해 산에 올랐을 때 열 두 제자 중 세 사람만을 데리고 갔다고 하지만, 그 점에 주목할 수 있다. 교훈적으로 해석한다면, 가장 비밀스러운 것에는 극히 소수의 사람에만 동반을 허용해야 한다는 점이 이해될 수 있다. 넷째의 의미는 신비적(anagogico), 즉 '위에 부가된 의미'이다. 그것은 쓰여진 것이 영적으로 해석된 경우의 것이다. 이때 성서는 글자 뜻 그대로의 의미에서도 참이지만, 나타난 사정을 통해 영원한 영광에 빛나는 천상의[신의] 일을 나타내는 것이다. 예를 들면 예언자의 찬가에서, 이집트로부터 이스라엘인이 탈출함으로써 유대(Judaea)가 성별(聖別)되고 자유롭게 되었다고 말해진다. 그것은 문자에 따라서도 참이지만, 영적으로 풀이해도 그에 못지않게 참이다. 즉 혼은 죄를 벗어났을 때 성(聖)이 되며 스스로 자유로이 되었다는 것이다."[원문은 이탈리아어].

석학의 독자적인 기술이 필요하며, 중세적 사고는 이것을 고정된 규칙으로 통합하려 하고 있는 것이다.

이러한 규칙을 확립하고 이것을 적용하고 관철하기 위해서는, 물론 정신적인 초월적인 '의미'의 세계와 경험적-시간적인 현실의 세계가, 거기에 내적인 차이나 대립이 있음에도 불구하고, 서로 간접적으로 접촉하는 ——아니 그뿐만 아니라 양자가 직접 융합하는 하나의 지점이 필요하다. 모든 알레고리적-비유적 해석은 구원이라는 근본문제 그리고 그것과 함께 고정된 중심점인 역사적 현실로서의 구원자와 관계된다. 모든 시간적 생성, 모든 자연적 사건, 모든 인간의 행위가 오로지 이 한 점으로부터만 비추어진다. 그것들은 종교적 '구원계획'의 필요항이 되고 이 계획에 합목적적으로 접목됨으로써, 의미충만한 우주의 질서에 편입된다. 그리고 이 단 하나의 정신적 중심으로부터 점차 해석의 범위가 넓혀진다. 텍스트의 어떤 대목이나 특정한 어떤 사건이 갖는 최고의 의미, 그 '신비적(anagogisch)' 의미가 발견되는 것은, 거기에서 초자연적인 것 혹은 그 직접적인 역사적 현상인 교회에의 암시가 발견되는 때이다.[27] 누구나 이해하듯이, 여기에서는 설령 아무리 광범하게 미칠지라도 자연적 존재에 대한 '정신적' 해석, 그 모든 '정신화'는, 로고스 자체가 감성적 세계로 내려 왔으며, 로고스가 그곳에 역사적 일회성으로 '육화(肉化)'한 것이라는 전제와 기본적 주제와 결부되어 있다. 하지만 이미 중세의 신비사상은 알레고리라는 이 형식에, 그리스도교 교의의 기본적 상징들이 지닌 다른 새로운 의미를 대립시키고 있다. 그것은

• • •

27. "알레고리라 함은, 마치 하나의 사실을 통해 다른 것이 이해되는 것처럼, 문자와 정신에서 각기 상대편이 울릴 때에 성립한다. 만일 그것이 보이는 것일 때에는 그것은 단순한 ἀλληγορία[알레고리아=우의적(寓意的) 해석]이다. 만일 그것이 보이지 않고 천상의 것이라면, 그때 그것은 ἀναγωγ[아나고게=신비적 해석]라 불리며, 그리스도의 임재나 교회의 성사(聖事)가 말이나 신비적 사물로 나타났을 때가 그러하다. 아나고게라고 말해지는 것은 미래의 인과응보와 미래와 생활에 관해 논해지면서 보이는 것으로부터 보이지 않는 것, 즉 그 고차의 것인 교회에로 이끌어가는 이해이다 ……."[원문은 이탈리아어] Guilelmus Durandus, *Rationale divinorum officiorum*(1286), Prooem. fol. 2 a. (Sauer, *Symbolik des Kirchengebäudes*, S. 52에서 인용.)

역사적 일회성을 영원성으로 지양하여, [308]종교적 과정으로부터 그것이 단순한 역사적 내용으로서 포함하고 있는 모든 것을 멀리 떼어놓았던 것이다. 구원의 과정은 자아의 깊이로, 영혼의 심연으로 되돌려져서, 거기에서 이 과정은 이질적인 것의 매개 없이 자아와 신, 신과 자아의 직접적인 상관관계 속에서 수행된다.[28] 그리고 여기에서 이제 모든 종교적 기본개념들의 의미는 그 개념들 안에서 작용하고 있는 상징적 표현(Symbolik)의 특성과 방향에 의존한다는 점이 밝혀진다. 왜냐하면 신비사상 속에서 행해지는 이 상징적 표현의 새로운 방향설정이 이제 모든 개별개념들에 새로운 내용을 부여함과 함께 말하자면 또 다른 정조나 색조 또한 부여하기 때문이다. 모든 감성적인 것이 기호이자 비유이며 계속 그렇게 존재한다. 하지만 사람들이 '기적'의 성격을 그 특수성에서, 즉 초감성적인 것의 개별적, 특수적 계시에서 본다고 한다면, 이 기호에는 더 이상 '기적'과 닮은 것은 어느 하나 부착되어 있지 않게 된다. 참된 계시는 더 이상 개별적인 것 속에서 일어나는 것이 아니라 전체 속에서 일어난다. 전체로서의 세계 속에서, 전체로서의 인간 영혼 속에서 일어나는 것이다.[29]

여기서 우리는 그 완전한 발전과 형성이 종교적 영역의 한계를 넘어서는 어떤 기본적인 사고방식에 직면한다. 신비사상 속에서 발현된 '상징'에 대한 새로운 관점이 그 완전한 사상적 각인을 받았던 것은 근대의 철학적 관념론의 역사에서이다. 라이프니츠는 모든 개별 존재는 '신의 족적'이라는

• • •

28. 이 책 370쪽을 참조.
29. Albert Görland, *Religionsphilosophie ald Wissenschaft aus dem Systemgeiste des kritischen Idealismus*, S. 263 f. "이러한 종교에게는 모든 '사물'이 자아로 향하는 '신의 족적'이 되고 또한 신으로 향하는 자아의 족적이 되기도 한다. 따라서 '세계'란 '신의 가까움'에 다가가기 위한 도정에 다름 아니다. 종교적 용어로서의 '세계'란 이러한 관계를 의미하고 있다. 그리하여 자아와 신의 관계는 영원성이되, 자아와 세계의 관계는 시간성인 것이다. 따라서 신과 자아의 중간 전체로서의 세계는 시간성 속에서 영원성을, 영원성 속에서 시간성을 발견하는 것을 의미한다. …… 모든 종교 내에서도 가장 명백한 모습으로 …… 에크하르트로 대표되는 독일 신비사상 속에서, 세계의 전면적 구원에 대한 요청이 종교적 체험의 가장 깊은 근거로부터 솟아난다는 증언이 보여진다."

에크하르트의 말을 명백하게 근거로 삼고 있다. 그는 「참된 신비주의 신학에 관하여」라는 논문에서 이렇게 말한다. "우리의 자기됨 속에는 전지전능한 신의 무한성이, 그 족적이, 그 똑같은 형상이 숨어 있다."[30] 그리고 이로부터 출발하여, 그에게선 신의 '조화'의 세계상, 즉 결코 어떠한 형식의 인과적 영향에 의한 것도 아니고 개별 존재의 상호작용에 의한 것도 아니라 그 근원적인 상호 '대응' 관계에 의거하는 세계상이 형성되는 것이다. 각각의 단자(單子, Monad)는 그 자체에서 전적으로 자립적인 것이자 자족적인 것이다. 하지만 바로 *이*이 고유성과 자족성에 의해서야말로 단자는 각각의 특수한 시점(視點)으로부터 우주를 표현하는 살아있는 '우주의 거울'인 것이다. 따라서 여기에서 일종의 상징적 표현이 새로 만들어진다. 그것은 모든 존재와 사건의 일관되고 빈틈없는 **합법칙성**이라는 사상을 배제하는 것이 아니라 오히려 그것을 함의하는 것이며, 뿐만 아니라 본질적으로는 바로 이 사상에 기초를 두는 것이다. 기호가 모든 특수성과 우연성을 결정적으로 벗어 버리고, 보편적 질서의 순수한 표현이 되어버린 것이다. 보편적 조화의 체계 속에는 더 이상 어떠한 '기적'도 없지만, 그러나 바로 이러한 조화 자체가 모든 개별적 기적을 자신 속에서 지양하고 그럼으로써 '흡수'해버리는 영속적이고 보편적인 기적을 뜻하는 것이다.[31] 더 이상 정신적인 것이 감성적인 것 속에 끼어들어 거기서 자신을 계시하는 개개의 모상이나 유사물을 만들어내는 것이 아니라, 오히려 감성적인 것의 **총체**가 정신적인 것의 참된 계시의 장(場)인 셈이다. ── 라이프니츠는 보쉬에(Bossuet)에게 이렇게 쓰고 있다. "Toute la nature est pleine de miracles, mais de miracles de raison.[자연 전체가 기적으로 가득 차 있습니다. 하지만 그것은 이성의 기적인 것입니다]."[32] 그리하여 여기에서 '상징적인 것'과 '이성적인 것' 사이에 어떤 새롭

• • •

30. Leibniz, *Deutsche Schriften*, hg. von Guhrauer, Berlin 1838, I, 411.

31. Leibniz, Réponse aux réflexions de Bayle(*Philos. Schriften*, hg. von Gerhardt, IV, 557). "놀랄 만한 보편은 놀랄 만한 특수를 말하자면 정지시켜 흡수해버린다. 보편은 특수의 근거를 설명해버리기 때문이다."[원문은 프랑스어]

고 독자적인 종합이 이루어졌다. 우리가 모든 존재와 사건을 이성적임과 동시에 상징적인 것으로 보는 관점에까지 높아져 갈 때 비로소, 우리에게 세계의 의미가 열려진다. 사실 라이프니츠의 논리학조차도 또한, 이 같은 '보편적 기호론' 사상의 매개를 통해 상징적인 것에 대한 그의 사고방식과 긴밀하게 결합되어 있으며 그것에 의해 관류되어 있다.

　　더 나아가 근대 종교철학의 내부에서 이 기본적 견해는 슐라이어마허에 의해 계승되어 그 체계적 전개와 정초과정을 겪게 되었다. 슐라이어마허의『종교론』은 이 문제를 라이프니츠가 이것에 부여한 것과 정확히 동일한 어법으로 수용하고 있다. 그리고 슐라이어마허의 '우주' 종교가 단순한 자연주의적인 '범신론' 너머로 나아갈 수 있었던 것은 바로 이 이념적, 정신사적 연관에 의해서이다. 슐라이어마허에 따르면 모든 개별적인 것을 전체의 부분으로서, 모든 유한한 것을 무한한 것의 표현으로서 받아들이는 것, 이것이 종교이다. 하지만 공간과 물질이 세계를 형성하는 것은 아니며, 따라서 그것들은 종교의 소재가 아니다. 거기에서 무한성을 찾는 것은 ^{310}어리석은 사고방식이다. "외적 세계에 있어 실제로 종교적 의미를 띠고 있는 것은 물질이 아니라 그 법칙이다." 그리고 바로 이 법칙이야말로 기적의 참되고 진실한 의미, 진정 종교적인 의미가 포함되어 있는 것이기도 하다. "그러면 기적이란 대체 무엇인가. 그것이 하나의 기호, 암시라고 말하지 않는 언어가 있다면 내게 말해 달라. …… 이 모든 표현들은 다름 아니라 현상이 무한, 우주와 직접적 관계에 있다는 것을 의미한다. 하지만 이것은, 현상이 유한한 것이나 자연에 대해서도 동일한 직접적인 관계에 있음을 배제하는 것일까? 기적이란 사건에 대해 종교가 붙인 이름일 뿐이다. 모든 사건은 비록 그것이 지극히 자연적인 사건일지라도 그것에 관한 종교적 관점이 지배적인 것이 될 수 있는 데 합당하다면, 하나의 기적이 되는 것이다."^{33} 여기에서 우리는, 상징적인 것이 객관적으로 실재하는 것, 직접 신에

• • •

32. *Oeuvres*, publ. par Foucher de Careil, I, 277.

의해 작용된 것, 하나의 신비를 의미한다고 보는 앞서의 근원적인 사고방식에 대한 하나의 대극(對極)에 서게 된다.[34] 왜냐하면 이제 하나의 사건의 종교적인 중요성은 더 이상 내용에서가 아니라 순수하게 그 형식에 달려 있기 때문이다. 다시 말해 그 사건이 무엇이고 그것이 직접 어디로부터 왔는가라는 것이 아니라 오히려 그것이 보여지는 정신적 양태, 그것이 종교적 감정과 종교적 사고 속에서 유지하는 우주와의 '관계'가 그것에 그 상징으로서의 성격을 부여하는 것이기 때문이다. 이 두 기본적인 사고방식 사이를 왔다 갔다 하고 활발하게 요동하는 곳에서야말로 종교적 정신의 운동의 본령이 있는 것이며, 이 운동 속에서 비로소 종교적 정신의 고유한 형식이, 그것도 정지된 형태로서가 아니라 오히려 독자적인 형태화의 방식으로서 구성되는 것이다. 여기에서, 두 사고방식 모두에서, 상징적 표현, 감성적-형상적 표현 일반의 본질에 깊이 근거해 있는 '의미'와 '상(像)' 간의 상관관계와 양자 간의 갈등이 나타난다. 한편으로는 가장 낮은 차원의, 즉 가장 원시적인 신화적 형상조차도 이미 의미의 담지자인 것이 분명하다. 왜냐하면 이미 그 형상들은, '신성한 것'의 세계를 '세속적인 것'의 세계로부터 거리를 둔 채 완성해가는 근원적 분할(Ur-teilung)의 기호 속에 존립해 있기 때문이다. 하지만 다른 한편으로는 종교적인 것의 최고의 '진리'조차도 여전히 감성적 존재에 —— 사물이나 상의 존재에 —— 남아 있다. 진리는, 그 궁극적인 '예지적' 목적을 향해 자신으로부터 벗어나게 하고 배출하도록 노력하고 있는 이러한 존재 속으로 끊임없이 되풀이하여 가라앉혀지지 않으면 안 된다. 왜냐하면 종교적 진리는 이러한 존재 속에서만 자신을 표현하는 형식을 지니며, 따라서 그 구체적인 현실성과 실효성을 가져올 수 있기 때문이다. 플라톤이 개념들, 즉 [311]이론적 인식의 세계에 관해, 여기에서는 하나의 여럿으로의 분해와 여럿의 하나로의 복귀에 시작도 결말도

• • •

33. Schleiermacher, *Reden über die Religion*, Zweite Rede, Jubil.-Ausg. von Rudolf Otto, Göttingen 1899, S. 33, 47, 66.

34. 이 책 371쪽 참조.

없으며, 오히려 그것은 우리의 사고와 언어의 "불멸적이고 결코 노쇠하지 않는 사건"으로서, 일찍이 있었고 지금도 있으며 앞으로도 있을 것이라고 말하고 있듯, 그와 마찬가지로 '의미'와 '상'의 상호융합과 상호대립은 종교적인 것의 본질적 조건에 속해 있다. 이러한 상호융합과 상호대립 대신에 언젠가 순수하고 완전한 균형이 주어질 수 있다면, 그것과 함께 '상징형식'으로서의 종교의 의미를 지탱하고 있는 내적 긴장도 또한 해소되어버릴 것이다. 그리고 보면 이러한 균형의 요청은 또 다른 영역으로 향하게 하는 셈이다. 우리가 신화적인 형상세계나 종교적인 의미의 세계로부터 예술이나 예술적 표현의 영역으로 시선을 옮길 때에 비로소, 종교적 의식의 전개를 지배하고 있는 대립은 설령 해소는 되지 않는다고 할지라도 말하자면 진정되고 가라앉혀진 채로 나타난다. 왜냐하면 미적인 것의 기본적 방향을 특징 짓는 것은, 상(像)이 순수하게 그것으로서 인정되며, 그 기능을 달성하기 위해 자기 자신과 그 내용을 전혀 포기할 필요가 없다는 점이기 때문이다. 신화는 상 속에서 언제나 실체적 현실의 한 단편을 보는 동시에 사물세계의 일부분을 보거니와, 이 단편, 이 부분은 원래의 현실이나 세계와 동일한 또는 그것 이상의 힘을 갖추고 있다. 종교적인 사고방식은 이러한 최초의 주술적 견해로부터 출발하여 더욱 더 순수한 정신화의 방향으로 나아가려고 노력한다. 그렇지만 이러한 종교적인 사고방식도 또한, 그 의미내용과 진리내용을 향한 물음이 그 대상의 현실성에 대한 물음으로 바뀌는 지점으로, 즉 그 대상의 '사실존재'의 문제가 엄격하고도 예리하게 세워지는 지점으로, 자신이 거듭 이끌려가고 있음을 깨닫는다. 이 문제를 진정으로 극복할 수 있는 것은 미적 의식뿐이다. 이 의식은 처음부터 순수한 '관찰'에 몸을 맡김으로써, 그리고 모든 형식의 행위와는 구분되고 대립되는 관조의 형식을 만들어냄으로써, 의식의 이러한 태도에서 떠올려지는 상조차도 이제 비로소 어떤 순수 내재적인 중요성을 획득하게 되는 것이다. 이 상은 사물의 경험적–실재적인 현실성에 대해서는 자신이 '가상'임을 인정한다. 하지만 이 가상은 자신에 고유한 진리를 지니고 있다. 왜냐하면 그것은 자기에 고유한 법칙성을 지니고 있기 때문이다. 이 법칙성으로 되돌아감에 의해, 동시에 의식의 새로운 자유가 성립한다. 이제 상은 더 이상 자립적인 사물로서 정신에로 소급하여 작용하는 것이 아니라, 정신에게 자신의 창조력의 순수한 표현이 되는 것이다.

옮긴이 후기

이 책은 에른스트 카시러(Ernst Cassirer, 1874-1945)의 『상징형식의 철학』(전 3권) 중 제2권 「신화적 사고」를 옮긴 것이다. (우리말 책 제목은 편의상 『상징형식의 철학 II: 신화적 사고』로 표기하였다.) 『상징형식의 철학』은 제1권 「언어」(1923)[1], 제2권 「신화적 사고」(1925), 제3권 「인식의 현상학」(1929)으로 구성되어 있으며, 여기에 덧붙여 제4권을 위한 미완의 유고집인 『상징형식의 형이상학』이 있다.

주지하듯이 카시러는 애초 신칸트학파의 인식론적 경향에서 출발하지만, 인간 현실의 전 영역을 더 이상 인식의 우위로서만이 아니라 언어·신화·종교·기술·과학이라는 '상징형식들'로서 파악하려는 새로운 체계적 '문화철학'을 구상해나간다. 이러한 착안은 그의 베를린 시기(1903-1919)의 마지막 몇 해 사이에 싹트기 시작하여, 그 실질적인 전환이 이루어진 것은 함부르크 대학 교수로 재직해 있던 14년 동안(1919-33)이다. 이 시기에 카시러는 자신의 주저(主著)인 『상징형식의 철학』을 완성하였을 뿐 아니라, 바르부르크 연구소 활동에도 깊이 관여하여 「신화적 사고에서의 개념형식」

• • •
1. 『상징형식의 철학: 제1권 언어』, 박찬국 옮김, 아카넷, 2011.

(1922), 「정신과학의 구축에서의 상징형식 개념」(1923), 「에이도스와 에이돌론. 플라톤 대화편에서 미와 예술의 문제」(1924), 「언어와 신화. 신들의 명칭 문제에 관한 고찰」(1925) 등을 이 연구소 연속간행물로서 출간한다. 또한 『아인슈타인의 상대성 이론』(1921), 『르네상스의 철학에서의 개체와 우주』(1927), 『영국의 플라톤 르네상스와 케임브리지학파의 사상조류』(1932), 『계몽주의의 철학』(1932)[2] 등은 이 시기 그의 빛나는 저작에 속한다.[3] 유태인으로서는 최초로 함부르크 대학 총장직을 맡기도 한 카시러는, 그러나 나치 정권이 득세한 1933년에 고국 땅을 떠나 망명길에 오른 뒤 영국, 스웨덴을 거쳐 미국에서 생을 마감한다. 영어권의 일반 독자들을 위해 저술한 『인간론』(1944)[4]은 『상징형식의 철학』 전체 내용을 풀어쓴 대중적 축약판이라 할 수 있다.

『상징형식의 철학 II: 신화적 사고』에서 다루어지는 것은 신화의 정신적 구조의 분석이다. 즉 카시러는 언어, 과학과 마찬가지로 신화 또한 인간 정신의 문화적 활동의 특정 형식임을 증명한다. 그에 따르면, 신화란 결코 개인이나 집단에 의해 꾸며낸 가상적 해석이나 판타지가 아니라, 앎의 독자적인 세계이자 "세계를 파악하기 위한, 필요불가결한 특정한 하나의 기능"(20쪽)이다. 때문에 '신화적 사고'에는 이론적 인식으로 환원되지 않는 독자적인 진리가 내포되어 있으며, 이 진리는 동서고금의 전 인류에 걸쳐 파악될 수 있는 생동하는 형식을 지닌다. 한편으로 세계 신화 속의 다양한 신들 및 그리스도교, 불교, 이란 종교, 이집트 종교 등에서 보여지는 신화적-

• • •

2. 『계몽주의 철학』, 박완규 옮김, 민음사, 1995.

3. <카시러 전집(Gesammelte Werke)>은 그의 사후 반세기가 더 지난 최근에 와서 총 26권으로 간행되었다(Hamburg: Felix Meiner, 1998-2009). 한편 이와는 별도로, 카시러의 강의 및 강연 원고, 연구 초고 등을 묶은 <유고집(Nachgelassene Manuskripte und Texte)>이 18권의 규모로 현재 발간이 진행 중이다. 그의 전집의 상세 '목록'에 대해서는 다음을 참조 카시러, 『상징 신화 문화. 에른스트 카시러의 1935-45년 에세이 및 강의』, 심철민 옮김, 아카넷, 2012, 443-449쪽.

4. 『인간이란 무엇인가-문화철학서설』, 최명관 옮김, 서광사, 1988.

종교적 사실들에 대한 예리한 비교 분석을 통해, 다른 한편으로 이들 "신화적-종교적 의식 전체를 관통하는 변증법"(374쪽)의 논증을 통해, 카시러는 '신화적-종교적 의식'이야말로 공동체감정과 공동체생활의 가장 중요한 요인들 중 하나임을 증명하며, 더 나아가 도구적 합리성에 맞선 다원주의적 문화철학의 실질적인 기초를 정립해보이고 있다.

수년에 걸쳐 아끼듯 조금씩 읽어오던 이 책의 번역을 다 마치고 나니, 뿌듯한 마음을 숨길 수 없다. 실은 우리말로 옮기는 내내 흥미진진한 느낌 못지않게 카시러의 진의를 파악하느라 숨이 턱에 찰 만큼 고된 순간들이 한두 번이 아니었다. 번역을 완료한 이후 재검토 과정을 다시 수차례 거치면서 불분명한 문맥들을 모두 개선한다고는 했으나, 혹여 여전히 이해가 어려운 대목이 있지 않을까 싶다. 만약 번역상의 오류나 정정할 사항이 있다면, 그때그때 '도서출판 b'의 홈페이지에 '바로잡기' 안내를 하고자 한다. (아울러 신화 자체에 대한 관심에서 이 책을 접하게 된 독자 분들께서는, 서론의 이론적 고찰 부분은 일단 건너뛰고 대략 68쪽에서부터 읽어나가면서 동시에 책 뒤의 '찾아보기'를 적극 활용하는 것도 한 방법일 듯하다.)

척박한 출판 환경 가운데서도 꾸준히 좋은 책으로 인문 정신의 든든한 기둥 역할을 다하는 '도서출판 b'의 존경하는 시인 조기조 대표, 편집을 맡아준 백은주 선생, 기획위원으로서 격려와 지원을 아끼지 않은 이신철 박사, 이성민 학형 이외 모든 분들께 감사와 우정의 인사를 전한다. 그리고 무엇보다도 헤겔의 텍스트 한 문장 한 문장을 새겨 읽으면서 그 논리를 깊이 깨닫게 해주신 이창환 선생님과의 오랜 강독 세미나의 경험이, 이번 번역과정에서도 커다란 밑거름이 되었음을 고백하며, 이 자리를 빌려 선생님께 존경과 감사의 인사를 드리고자 한다.

2012년 7월
심철민

찾아보기

바리에테 총서 14

상징형식의 철학 II 신화적 사고

초판 1쇄 발행 • 2012년 7월 30일

지은이 • 에른스트 카시러
옮긴이 • 심철민
펴낸이 • 조기조

펴낸곳 • 도서출판 b
등록 • 2003년 2월 24일 제12-348호
주소 • 151-899 서울특별시 관악구 미성동 1567-1 남진빌딩 401호
전화 • 02-6293-7070(대)
팩시밀리 • 02-6293-8080
홈페이지 • b-book.co.kr
전자우편 • bbooks@naver.com

ISBN 978-89-91706-54-5 93160
값 • 24,000원